本书为国家社会科学基金一般项目"少数民族权利保护的价值理念问题研究"（项目批准号：11BMZ039）的最终成果；国家社科基金重大项目"民族事务治理体系和治理能力现代化研究"（项目批准号：14ZDA060）的阶段性成果

权利的价值理念之维

以少数群体保护为例

周少青 著

中国社会科学出版社

图书在版编目（CIP）数据

权利的价值理念之维：以少数群体保护为例 / 周少青著 . —北京：中国
社会科学出版社，2016. 2

ISBN 978 – 7 – 5161 – 7941 – 3

Ⅰ. ①权…　Ⅱ. ①周…　Ⅲ. ①权利—研究　Ⅳ. ①D9

中国版本图书馆 CIP 数据核字（2016）第 070444 号

出 版 人　赵剑英
责任编辑　安　芳
责任校对　董晓月
责任印制　李寡寡

出　　　版　中国社会科学出版社
社　　　址　北京鼓楼西大街甲 158 号
邮　　　编　100720
网　　　址　http://www.csspw.cn
发 行 部　010 – 84083685
门 市 部　010 – 84029450
经　　　销　新华书店及其他书店

印　　　刷　北京君升印刷有限公司
装　　　订　廊坊市广阳区广增装订厂
版　　　次　2016 年 2 月第 1 版
印　　　次　2016 年 2 月第 1 次印刷

开　　　本　710 × 1000　1/16
印　　　张　20.75
字　　　数　385 千字
定　　　价　68.00 元

序

　　民族是历史形成的、具有共同语言、文化、传统、生活习惯乃至共同地域的群体。从世界角度看，虽然也有单一民族的国家和地区，但是多民族共居是普遍存在的事实。在不同民族之间，这些习惯和文化很大程度上是相通的，因此他们能够共生、共荣，起码相安无事；但也有不少是相悖的，发生宗教、种族、民族冲突也是常有的事。对于任何一个多民族的国家而言，如何妥善处理不同民族之间的关系，都是一件十分重要的事情。处理得好，民族兴旺，国家昌盛；处理不好，民族仇恨，甚至导致民族国家的解体。这是已被无数历史事实所证明了的，也被现实不断证明着。

　　周少青博士的新著《权利的价值理念之维：以少数群体保护为例》揭示了为什么要对少数民族权利进行保护背后的价值理念。他所梳理并深入挖掘的不同价值理念，即国家安全、尊重和保护人权、权利正义、多元文化主义和马克思主义的各民族一律平等的价值理念，对于多民族国家正确处理民族关系，制定科学、公正的民族政策和立法具有重要的理论和现实意义。这些价值理念实质上有一个共通的地方，即无论处于何种考虑，是站在占优势民族的立场，还是站在少数民族的立场，抑或是世界主义的立场；是利己主义、多元主义，还是普遍正义，保护少数族群的权利对于民族国家的长治久安是必不可少的条件。

　　中国自古以来就是一个多民族的国家，不同民族共同创造了中国文化。古代君王为了维护王朝的安宁，把少数民族事务纳入封建等级制，即朝贡体系之中，不是通过战争、征服和掠夺，而是通过经济往来等手段，平和与少数民族的关系。当然，朝贡制度是以经济和政治实力为前提的，朝贡的民族需要承认中央政府的至高地位，向中央政府俯首称臣。但是这种朝贡制度并不是西方殖民主义的掠夺经济，中国历代王朝的发展远远不是靠朝贡。许多情况下，中央政府为显示泱泱大国之风，给边疆少数族的赏赐甚至超过朝贡的价值。在政治经济实力不足的情况下，反向的朝贡也是经常有的事。为了保证边境的安宁，皇帝甚至把自己的女儿嫁到边陲。这些都是从国家安全的角度处理问题。当然，这种价值观还渗透着民族中心主义，以此为基础所确立的民族观归根结底不是从少数民族或族群利益出发，而是为了占主导民族的长远利益。这与民族平等的原则，多元文化主义，弱势群体保护的人权理念以及马克思主义的民族观不是在一个层次上。但它也给我们一个启示，即便是从本民族利益出发，也只有认真对待少数民族的权利，才能使自己的权利得到保障。强势民族只有善待少数民族，才能发展自己。

从多元文化主义的角度对待少数民族的权利，不是把视角站在占主导地位的民族或族群的立场评判少数族裔或民族的文化，而是尊重每种文化、每个民族的自觉。各个民族和文化，没有高低贵贱之分，都是多民族国家大家庭中的平等一员，要互相包容、互相交流、互相借鉴。但是多元文化主义的视角，只是在理论上、观念上解决了民族歧视问题，在实践层面如何解决不同民族、族群之间的经济、文化、受教育水平、生活水准方面的差距，不能只靠尊重文化多样性就能解决。如果只是尊重，而不在事实层面采取有力的措施，这种差距会越来越大。如果政府对少数民族给予物质上的支持或倾斜，帮助少数民族或族群发展经济和文化，政府出于好心，但是由此带来民族或种族的同化，甚至少数族裔的消失，事与愿违，往往会两头不讨好。联合国的《保护文化多样性公约》，一些国家建立的少数族裔的保护区，就是出于这种考虑。

从权利平等的角度对待少数民族权利，同对待其他弱势群体，如女性、未成年人、老年人、残疾人、同性恋者等的权利一样，是人权发展史上的一个的转折。谈到权利平等，人们往往想到的都是机会均等，机会对所有人都开放，不能有特权。但问题在于由于各种先天的或后天的条件的限制，人们在获得机会时往往是不平等的。年龄、性别、种族、出身、财产、文化程度、健康状况等都可能成为失去机会或减少机会的因素。民族也是一个影响机会平等的重要因素，而且这个因素往往和经济、政治、文化、宗教信仰等因素掺杂在一起，成为"不开化""未开化""野蛮人""蒙昧"的代名词。如果只讲机会均等，那么所有的机会毫无疑问会集中到具有各式优势的人群。因此，从 20 世纪 60 年代开始，发展权问题或集体人权问题，成了人权研究的重点。政府必须给予少数民族或族群以特殊的扶植和帮助，以减少他们在起点上的差距。美国从肯尼迪政府时期实行了"肯定性行动"，即政府部门对弱势群体在升学、就业方面的倾斜措施。中国多年来实行的民族区域自治政策，对少数民族的特殊待遇，都是基于此种考虑。当然，对少数民族或少数族裔在事实上加以特殊对待的原则和法律面前人人平等的原则，在实质正义与形式正义之间要保持平衡，否则不但不能解决民族、种族之间的矛盾，反而会引起更多的社会纷争。在中国和西方多民族国家的历史和现实中有无数这样的例证。

总之，少数民族权利保护是一个非常复杂而现实的问题，几种不同的价值理念相互碰撞，各有所长，也各有所短。在理念层面，反对种族歧视、民族歧视，坚持所有民族一律平等，尊重每个民族的权利无疑是正确的。必须摒弃形形色色的种族中心主义和民族优越主义。在操作层面，在实际发展层面，如何既保护少数族群的权利，又能平衡多民族国家的各种利益关系，既支持少数民族的发展，又能保持文化多样性，保持实质正义与形式正义的有机统一，还面临着大量的实际问题。

中国人民大学法学院朱景文

2016 年 1 月于世纪城

目　　录

导　论

　　价值理念问题是少数民族权利保护的深层次问题。不同的价值理念产生不同的政策和立法，继而产生不同的实践效果。甚至在一些情况下，即使政策和立法文本相同，但由于贯穿其中的价值理念不同，其实践效果也迥然不同。① 所谓价值理念，简单来说，就是"指在某种世界观的基础上对各种事物、行为及可能做出的选择等进行评价的标准和据此采取的某种行为的态度及倾向，人类社会的各种规范，实际上就是特定的价值观或价值标准的具体体现"②。具体到少数民族权利保护的价值理念，即是指对少数民族权利保护的政策、立法及实践进行评价的标准，以及基于此而采取的某种行为的态度及倾向。它是社会成员用来评价有关少数民族权利保护的规范、行为及"从各种可能的目标中选择自己合意目标的准则"。

　　少数民族权利保护的价值理念问题或许还可以置换成一个更为通俗的问题，那就是：我们为什么要保护少数人（少数民族）的权利？这对于曾经在少数人（少数民族）保护问题上腥风血雨的西方世界或许已不再是个问题。它们在少数人（少数民族）问题上的历史经历，本身就提供了某种答案。但对于东方尤其是当代的中国，"为什么要保护少数民族的权利"似乎还是一个需要进一步探讨的问题。③ 换句话说，保护少数民族

---

　　① 譬如非洲的卢旺达，其宪法和相关法律并不缺乏保护少数民族权利的内容，卢旺达还陆续签署和批准了一些重要的国际公约，如《防止及惩治灭绝种族罪公约》《公民权利和政治权利国际公约》《禁止并惩治种族隔离罪行国际公约》等，由于缺乏尊重人权的价值理念（当然还有其他因素），1994 年，占总人口 85％ 的胡图族对人口仅占 14％ 的图西族展开了灭绝人性的种族大屠杀，短短 100 天时间，卢旺达 80 万—100 万的图西族及其同情者被杀害。

　　② 中国大百科全书出版社编辑部：《中国大百科全书》（第 4 卷），中国大百科全书出版社 2004 年版，第 2572 页。

　　③ 有趣的是，笔者曾经在加拿大的约克大学和位于宁夏的北方民族大学做过一个主题相同的课堂调查："我们为什么要保护少数民族的权利？"两个国家的学生给出的答案竟然惊人地相似。他们都认为之所以要保护少数民族的权利，是因为"他们处于弱势""他们历史上受到压迫""有利于国家安全和社会稳定"。约克大学的一位法裔硕士生给出的答案是因为"他们有独特的文化"。这些答案在某种程度上体现了少数民族权利保护的东西方共识。

权利的共识在中国还有待于完善。这使得少数民族权利保护的价值理念问题研究具有某种迫切性。

一 少数人(少数民族)权利保护的国际共识①

(一) 民族国家初创时期少数民族权利保护的国际共识

16 世纪以降，伴随着宗教改革的历史性步伐，欧洲天主教普遍主义的天幕逐渐撕裂，出现了近代意义上的"少数人"——宗教少数民族。这些宗教上的少数民族在天主教占优势的国家遭到残酷镇压②，由此引发了一系列的（宗教）战争。战争的直接后果之一，是一个个以宗教信仰划界的诸侯或准民族国家的产生。为了不至于在频繁的战争中过度损害甚至毁灭，一些国家（诸侯）尝试通过谈判达成共识的方式来解决宗教少数民族的（权利）保护问题。第一个共识便是承认并保护宗教少数民族——新教徒的"礼拜权"，1606 年的《维也纳条约》和 1654 年的《林茨条约》就是这方面初步的成果。在条约中，各相关方承担了保护宗教少数民族的国家义务。

这一时期最能体现保护宗教少数民族（权利）共识的是 1648 年为结束欧洲"三十年宗教战争"而签署的《威斯特伐利亚和约》。该和约确认宗教上的少数民族——新教徒在神圣罗马帝国内的合法地位，确认路德教徒和加尔文教徒与天主教徒享受同等的权利。值得注意的是，《威斯特伐利亚和约》在保护宗教上的少数民族（权利）达成共识的同时，也在国家主权、国家领土及国家独立等一系列国际法原则上达成广泛共识，这种"共生性"的"双重共识"为其后的民族国家处理包括少数民族（权利）保护问题在内的一系列国际条约包括多边条约、双边条约及单边声明等奠定了国际法基础。

《威斯特伐利亚和约》以后，保护少数民族（权利）已开始成为一种"国际"共识。1660 年的《奥利瓦和约》规定，波兰的波美拉尼亚和利沃尼亚（Livonia）在割让给瑞典之后，当地居民"有权保持其原有的一

---

① 周少青：《少数民族权利保护的国际共识和国家义务》（一、二、三、四、五），《中国民族报》2012 年 6 月 15 日、22 日、29 日，7 月 6 日、13 日。

② 1572 年的圣巴托洛缪大屠杀即是其中著名的一例。在这次大屠杀中，法国天主教暴徒杀死了大约 10 万名（一说 7 万）新教徒（胡格诺派）。

切权利、自由和特权"①；1713年的《乌得勒支条约》规定，英国保证割让于其的领土上"一切宗教的和世俗的居民，得以安全地、和平地享有他们的一切产业和荣誉，并允许自由信仰罗马天主教"②；1773年的《波兰和奥地利的划分边界条约》规定"新教徒、加尔文教派和路德教派与遵奉罗马天主教的东方教派，在根据本条约让出的各省份内，享有他们在民事权利方面的所有物和财产权；在有关宗教方面，他们得完全维持现状，即仍能自由地做礼拜和执行教规"，"圣奉女皇陛下将永不行使其权力以损害新教徒、加尔文教派和路德教派，以及遵奉罗马天主教的东方教派在上述各地区内信奉宗教的现状"③，如此等等。

进入19世纪后，随着欧洲政治地图的重新划分，民族上的少数人（少数民族）权利保护问题浮出了水面。为了保护国土遭到第四次瓜分、在新的国家里沦落为少数民族的波兰人的利益，维也纳和会《最后议定书》规定，"波兰人分别作为俄罗斯、奥地利和普鲁士各国的臣民，应取得按照他们所属政府认为方便和适合他们的政治照顾的程度来规定的代表权和民族机构"④。维也纳《最后议定书》首次将民族上的少数民族（权利）保护问题提到国际法层面，并以"代表权""民族机构"等作为保护形式，初步反映了国际社会保护弱小民族的共识，也体现了欧洲列强试图通过一定的制度和机构设置来安抚被瓜分的弱小民族以维持既得利益的政治意愿。

及至1814—1815年维也纳和会，国际社会对少数民族（权利）的保护，主要侧重于保护他们原有的权利和自由，（准）国家对少数民族（权利）主要承担不侵害、不改变等义务。在受保护的权利类别上，主要侧重于民事（财产）权利和宗教权利等。

1848年，美国与墨西哥签署了所谓《和平、友好、划界和移居条约》，这个条约开辟了以全面的公民权利保护少数民族（权利）的新时期。按照这个条约，"现在定居在以前属于墨西哥而按照本条约的规定将

① Patrick Thornberry, *International Law and the Rights of Minorities*, Oxford: Clarendon Press, 1991, p. 25.
② 世界知识出版社编辑：《国际条约集》（1648—1871），世界知识出版社1984年版，第116页。
③ 同上书，第181页。
④ 同上书，第281页。

来是在美国的边界以内的领土上的墨西哥人",可以在适当的时候,由美国国会决定在"维护和保护他们自由享受其自由权和财产,并保证他们不受限制地自由地从事其宗教活动"的同时,"享有美国公民的一切权利"①。20年后美国与俄罗斯签订的《转让阿拉斯加专约》规定"转让的领土上的居民,如果他们宁愿留在被转让的领土上,他们应被允许享受美国公民的一切权利、利益和豁免及在自由地享有其自由、财产和宗教信仰方面应得到支持和保护"②。在这两个条约中,美国对原属墨西哥人和俄罗斯人的少数民族承担给予公民权利的国家义务。

如果说,上述有关少数民族公民权利保护的双边条约,因仅限于个别国家而缺乏普遍性的话,那么1878年,德、俄、英、奥、法、意、土等国缔结的《柏林条约》③则由于涉及国家、民族较多而明显具有某种普遍性。《柏林条约》对那些新独立的国家如保加利亚、门的内哥罗、塞尔维亚和罗马尼亚等明确设定了保护少数民族(权利)的义务。关于保加利亚的义务,条约第5条明确指出,"保加利亚的国家法应遵循下述原则:宗教信仰的差别不得成为排除或不承认某些人在下述各方面的权利能力的借口:行使公民权和政治权,担任公职,获得职业和奖励,或者在任何地区从事各种自由职业和手工业。确保所有在保加利亚出生的人,以及外国人享有自由并能公开举行任何宗教仪式;同时不得对各种宗教团体的圣秩制度及宗教团体同其宗教领袖交往做出任何限制"。条约第27、35、44条分别对门的内哥罗、塞尔维亚和罗马尼亚也作出了类似规定。

《柏林条约》的一个最显著的特点是,它第一次将保护少数民族(权利)的国际共识,用明确的条文固定下来,使之成为一些相关国家尤其是新独立国家必须遵循的义务。《柏林条约》也是明确将民族国家独立建国的权利与尊重和保护少数民族(权利)的义务相结合的典范。

《柏林条约》之后,保护少数民族(权利)已成为国与国之间缔结国际条约的一个不可忽视的方面。在1912年保加利亚和希腊签署的《同盟

---

① 世界知识出版社编辑:《国际条约集》(1648—1871),世界知识出版社1984年版,第401、402页。

② 同上书,第452页。

③ 世界知识出版社编辑:《国际条约集》(1872—1916),世界知识出版社1986年版,第32—54页。

条约》① 序言中，双方陈述了这样的共识："在土耳其的各个民族以真正的、名副其实的政治平等为基础的和平共处，和对帝国内各基督教民族根据条约或其他方式而获得的权利的尊重，是巩固东方局势的必要条件。"1913 年，土耳其与保加利亚签署的《君士坦丁堡条约》② 第 8 条明确规定，"所有保加利亚领土上的伊斯兰保加利亚臣民应享受具有保加利亚血统臣民所享受的同样的公民和政治权利。他们应享有思想自由，以及宗教自由和公开的宗教活动，伊斯兰教徒的习惯应受到尊重"。同年，土耳其与希腊签订的《雅典条约》③ 第 11 条规定，"在被割让给希腊的领土上的将受希腊管辖的居民的生命、财产、荣誉、信仰和习惯应严格地予以尊重，他们应充分享受与希腊本国臣民相同的公民和政治权利。应确保伊斯兰教徒自由和公开地进行他们的宗教活动"。

　　近现代意义上的少数民族权利保护问题发轫于 16 世纪以来的欧洲宗教改革。在截至"一战"前的近四百年的时间里，国际社会关于少数民族权利的保护共识，经历了重要的发展。从受保护的权利主体来看，宗教上的少数民族是最先达成共识的受保护群体（其中新教少数民族是最初的受保护群体，后来扩至其他宗教群体）。1814—1815 年维也纳和会后，民族上的少数人（少数民族）逐渐为各种国际条约所提及并逐步成为少数民族的重要部分。值得注意的是，这一时期，土著少数民族虽然也出现在某些国际条约中，但他们在很大程度上，不是受保护而是受限制或排斥的对象，如 1867 年美国与俄罗斯签订的《转让阿拉斯加专约》④ 规定"未开化的土著部落"不仅不得享受相关"权利、利益和豁免"及在自由、财产和宗教方面的支持和保护，而且还要"遵守美国对该国土著部落随时可能采取的法律措施"。甚至 1882 年墨西哥和美国还专门签署了《关于越界追逐印第安人的协定的议定书》⑤，双方就越界追逐"野蛮的"印第安人，制定了详细的程序和方法。从权利保护的范围来看，从一开始

---

　　① 世界知识出版社编辑：《国际条约集》（1872—1916），世界知识出版社 1986 年版，第 480—482 页。

　　② 同上书，第 502—519 页。

　　③ 同上书，第 520—525 页。

　　④ 世界知识出版社编辑：《国际条约集》（1648—1871），世界知识出版社 1984 年版，第 452 页。

　　⑤ 世界知识出版社编辑：《国际条约集》（1872—1916），世界知识出版社 1986 年版，第 520—525、69—71 页。

的"礼拜权"、财产权等,发展到后来的比较系统的宗教权利和民事权利,再发展到宗教自由、公民权、政治权等带有浓郁现代色彩的权利和自由,等等。这一时期还出现了"自己管理内政""协商解决"等带有"自治""协商"性质的新兴权利类型。当然,这种新兴权利实际上仅发生在潜在的民族国家与统治它的帝国之间。① 从权利保护的理念(动机)来看,这时期还出现了接近实质正义的所谓"真正的、名副其实的政治平等"等内容。②

此外,从国际共识发生的区域性来看,出现了欧洲向美洲、亚洲的扩展态势;从国家分布来看,出现了西方国家向东方国家转移的趋势。

总的来看,自16世纪宗教改革至"一战"前,少数民族权利保护的共识,从受保护的主体、权利保护的内容和范围及权利保护的区域延展等各个维度,都有了较大发展。如果仅从权利的"名目"来说,当前世界范围内少数民族所享有的绝大部分权利,都已经在这个时期出现。然而,如果从权利保护的价值理念来看,这一时期少数民族权利保护的共识,还主要甚至完全基于维持列强间的均势和既得利益及各个(准)民族国家的国家安全,少数民族权利保护问题更多的是作为列强之间制衡、牵制的筹码,这一点我们也可以从后来全面爆发的第一次世界大战的动因中看到。

(二)"一战"后少数民族权利保护的国际共识

第一次世界大战"长期的消耗,无效的战斗,无变动的战线,骇人听闻的人员伤亡"③ 使欧洲乃至整个世界为之震惊。由于少数民族问题在这场史无前例的战争中所起的触发作用,巴黎和会以及随后成立的国际联盟对少数民族的权利保护问题给予了很大的关注。巴黎和会专门成立了"新建国家和保护少数民族委员会",主要协约国和参战国坚持同那些存在着少数民族的新兴国家缔结保护少数民族的特别条约(款)。这些条约(款)规定了不分宗教、语言、出身和国籍的平等的生存权、自由权及就

---

① 参见世界知识出版社编辑《国际条约集》(1648—1871),世界知识出版社1984年版,第253页。

② 世界知识出版社编辑:《国际条约集》(1872—1916),世界知识出版社1986年版,第480页。

③ [美]帕尔默·科尔顿:《近现代世界史》,杨慧娟等译,商务印书馆1988年版,第940页。

业中的不受歧视权，私人和公共交往中的自由行使语言的权利等。为了保障这些条约权利的实施，国际联盟还建立了一套较为完整的制度和机制。

"一战"后国际联盟框架下的少数民族权利保护，是近代以来在保护少数民族权利方面获取共识最多的一次国际行动。在权利保护的内容上，国际联盟框架下的少数民族权利主要以无差别的公民权利、政治权利为基调，辅之以保护种族的、语言的和宗教的完整性为内容的"特殊权利"，这两类权利已经包括现代少数民族权利平等＋非歧视＋特殊保护的全部内容。

然而，应该看到，国联框架下的少数民族权利保护也存在着种种问题。首先，少数民族权利保护没能进入国际联盟盟约，成为一项重要的国际法原则，而是主要作为一些国家尤其是中、东欧国家的义务。少数民族权利在某种程度上说，是大国强加给小国的义务，不是基于一种严格意义上的国际共识，至少不是基于一种普遍的共识。其次，从实施效果上看，由于相关机制缺乏应有的实施能力，加上联盟自身的脆弱性，这种实施国别范围有限的少数民族权利在实践中没有起到应有的作用。当 1934 年波兰宣布不再接受少数民族条约的束缚时，国联框架下的少数民族权利保护机制便名存实亡。最后也是最重要的，与战前保护少数民族权利的理念或动机相似，战后国际联盟重视和保护少数民族权利的理念或动机主要在于防范战争悲剧的重演，在于维护欧洲国家的集体安全，在于以保护少数民族权利的名义赢得道义上的主动，甚至在于以保护少数民族（权利）为名实施武装干预，这种远离尊重人权和权利正义的实用主义理念或动机，不仅使"一战"后的少数民族保护事业难以为继，而且是"二战"爆发的一个重要诱因。

（三）"二战"后少数民族权利保护的国际共识

"二战"后，鉴于一些少数民族的悲惨命运严酷地影响了世界和平，也极大地影响了多数民族的命数，国际社会开始真正深刻反省少数民族权利的保护问题。联合国大会在一份名为"少数民族命运"的决议中，近乎沉痛地表示"再也不能对少数民族的命运漠然不顾了"[①]。

基于历史累加的沉痛教训和人权理念的广泛传播，国际社会就少数民族权利的保护问题达成了前所未有的广泛共识。从《联合国宪章》开始，

---

① The UN General Assembly resolution 217 C (Ⅲ), 1948.

在联合国的努力下，陆续颁布了一系列保护少数民族权利的公约、宣言和其他国际文件。这些公约、宣言和国际文件，从一般的和特殊的角度规定了少数民族的权利及其实现途径或机制，集中体现了国际社会对少数民族权利保护的共识。

与此同时，一些地区性的公约如《欧洲人权公约》也在少数民族权利保护上发挥了作用，体现了欧洲关于少数民族权利（主要是个人权利）保护的共识。

总之，"二战"后少数民族权利保护在世界范围内形成了名副其实的"国际共识"，产生了真正国际法意义上的有关少数民族权利保护的国际法文件。这些国际法文件，从受保护的权利主体来说，不仅包括了民族或种族、语言、宗教文化上的少数人（民族），而且"一战"前备受排斥的土著少数民族也被明确包括在内。从权利保护的范围和内容来看，不仅囊括现代（国家）公民所广泛享有的政治、经济、文化和社会权利，而且包括有利于维持少数民族特性和传统的群体权利。不仅如此，这一时期的少数民族权利和自由，已经上升为基本人权和自由，这一权利性质的转换，为约束国家行为提供了人权法意义上的保障。"二战"后主权国家不仅被要求承担"不干预"的消极义务，还被赋予了明确的积极义务。

从立法框架来看，"二战"后的少数民族权利保护立法，覆盖了全世界几乎所有的国家和地区。从法律实施的保障来看，以联合国为依托，建立起了正式的机构如人权委员会（人权理事会）、消除种族歧视委员会、"防止歧视和保护少数小组委员会（促进和保护人权小组委员会）"乃至安理会、国际刑事法院等，制度如报告及审查制度、缔约国指控处理及和解制度、个人申诉制度等，以及相应的机制，这些机构、制度和机制的建立和完善，使得以联合国为中心的少数民族权利保护系统大大超越了脆弱的国际联盟。在联合国的体制下，主权国家承担保护少数民族权利的义务不再完全取决于或受制于主权国家的所谓"国家利益"。

（四）冷战后少数民族权利保护的国际共识

冷战后，世界范围内的少数民族权利保护共识进一步发展，少数民族权利保护的范围进一步拓展。与此同时，由于欧洲再次出现了较大规模的既成国家分裂成若干小国的历史事件和相伴生的少数民族问题。国际社会再次认识到，日益升级的民族、种族和宗教冲突，已严重威胁到有关国家的经济、文化、社会和政治制度及领土完整①，"满足那些在种族、宗教、语言上属于少数的人的渴望，保障他们的权利，可以缓和民族间的紧张局势，有利于少数者所在国家的政治和社会稳定……也是国家和平与稳定的决定性因素"②。基于此，国际社会进一步加强了少数民族的权利保护。深受冲击的欧洲（尤其是中、东欧），更是率先采取了一系列措施加强少数民族权利的保护。

这一时期，从国际层面来看，比较突出的历史事件有联合国大会1992 年年底通过的《在民族或族裔、宗教和语言上属于少数群体的人的权利宣言》（简称《少数人权利宣言》）和 2007 年通过的《土著人民权利宣言》。其他比较重要的宣言和公约有《生物多样性公约》《世界人类基因组与人权宣言》《世界文化多样性宣言》《保护和促进文化表现形式多样性公约》等。

与此同时，作为受中、东欧既成国家裂变冲击最严重的欧洲，在少数民族权利保护方面表现出了更强的共识，采取了更多的行动，履行了更严格的国家义务。从 1990 年开始，欧洲委员会等区域性组织陆续出台了许多保护少数民族权利的建议、决定、公约或条约。通过这些建议、决定、公约或条约，欧洲形成了自己的少数民族权利保护的"欧洲共识"和标准。

为了充分保证上述少数民族权利保护的"欧洲共识"和标准能够在中、东欧国家推行，北约或欧盟还将其作为加入的前提条件。

少数民族的存在是一个长期的历史事实，但是少数民族权利保护问题则是一个相对新近的问题。历史地来看，少数民族权利保护与民族国家的形成密切相关，民族国家从政治管辖和疆域上阻断了属于同一宗教的、种族（民族）的和文化上的少数民族，使他们被分割在不同的主权国家，由此产生了少数民族问题。在少数民族权利保护问题上，几百年来，国际社会经历了无数次纷争和冲突，在一些历史关头，这些纷争和冲突甚至演变成世界性的大战。可以说，正是由于自 16 世纪以来残酷的宗教战争、第一次世界大战、第二次世界大战和冷战结束后的欧洲冲突，才使得现代（多）民族国家非常理性地认识到，少数民族的权利保护绝不仅仅是少数

---

① UN Human Rights Fact Sheet No. 18 on Minority Rights（1992）.
② 徐显明主编：《国际人权法》，法律出版社 2004 年版，第 337 页。

民族群体自身的利害问题，就其所关涉的问题来讲，它是整个国际社会、世界各国甚至人类自身共同生存、发展的重大问题。在此意义上，我们可以说，少数民族权利保护的国际共识的达成和相关国家义务的承担，是国际社会和世界各国"知利害"的结果。

从另一个向度来看，国际社会和世界各国最终能够在少数民族权利保护方面达成广泛共识、承担相应的国家义务，也源于人类政治文明的发展和现代人权理念的进步。20世纪后半叶以来，随着人权理念的广泛传播和人类社会政治文明的不断发展，少数民族权利保护国际共识的基础逐渐摆脱了传统的"知利害"的单向度，开始向"知道义"和"知利害"的复合向度发展，这一共识基础的转变，使少数民族的权利保护获得了理性（利害）和正义（道义）的双重支撑。

20世纪70年代以来，一些移民国家陆续开始实施包容不同文化和族群的多元文化主义政策，这使得保护少数民族权利保护的共识基础开始从"知利害""知道义""重人权"扩展至尊重多元文化和珍视人类文化完整性的多元文化主义理念。

二　中国对国际共识的分享及现状

由于在传统（国家）民族结构方面的国情差异和步入现代性方面的时序差别，中国的少数民族问题及国家对少数民族的保护在很多方面与西方国家有着很大的差异。中国共产党一贯践行马克思主义的各民族一律平等的价值理念，以深切的阶级关怀和实质的民族平等来保护少数民族。近三十多年来，中国在分享少数民族权利保护的国际共识、加入相关国际公约、承担相关国家义务方面，也取得了重大进展和重要进步。中国已经加入几乎所有重要的有关少数民族权利保护的国际公约，如《消除一切形式种族歧视国际公约》（1981年）、《防止及惩治灭绝种族罪公约》（1983年）、《禁止并惩治种族隔离罪行国际公约》（1983年）、《反对体育领域种族隔离国际公约》（1987年）、《儿童权利公约》（1992年）、《经济、社会及文化权利国际公约》（1997年）、《公民权利和政治权利国际公约》（1998年）。这些公约除《公民权利和政治权利国际公约》有待批准生效以外，其余均已对中国产生法律效力。在履约方面，中国政府不仅严格按期递交高质量的履约报告，接受条约机构的监督，而且在诸如"人权白皮书""民族政策白皮书"等官方文献中，通过大量的数字和事实向国际社会呈现中国的少数民族权利保护标准。不仅能够在立法、行政层面普遍贯彻相关国际条约的保护标准，而且通过"国家人权行动计划"来进一步提高包括少数民族权利保护在内的人权标准。可以说，中国政府在实践中执行的少数民族权利保护标准，远远高于一般的国际标准。这一点不仅为中国在国际上赢得了广泛的声誉，而且也是中国在民族问题上能够经受住种种考验，实现国家长治久安的重要原因。

当然也要看到，由于种种国内外复杂因素的影响，当前在少数民族权利保护问题上出现了不同声音，一些人认为对少数民族的"优惠"违反了人人一律平等的法治原则，构成了对多数群体的"逆向歧视"和新的不公平——尤其是当这种以族群身份划界的优惠在同一个地区实施时更是如此。还有人提出，过分强调族群文化差异的权利可能会给国家认同带来不利影响。在对待马克思主义的民族平等原则尤其是贯彻这一原则的民族区域自治制度方面，也有人提出不同意见①。

应该说，出现上述不同声音的原因，一方面的确反映了改革开放中出现了新问题、新情况和新趋势；但另一方面更重要的是，它暴露出我们在处理民族关系问题上教育和宣传的错位或缺失。时至今日，我们虽然制定和实施了被认为是世界上最先进的民族政策，但却没有让自己的人民（尤其是主体民族）很好地理解这些民族政策背后的价值理念。长期以来，我们只是简单地对各族人民进行民族平等、民族团结、民族区域自治和各民族共同发展繁荣政策的单线性教育，却没有能够有效地引导人们认识这些政策背后深层次的价值取向和决策依据。我们强调民族平等，但却没有使人们全面、准确地理解"平等"的多重内涵；我们珍视民族团结，但却没有使人们全面认识它的意义；我们实施民族区域自治，但却没有使人们完全理解它的政策内涵；我们坚持各民族共同发展繁荣，却没有让人们完全理解这种政策背后的价值理念。我们提出了"三个离不开"，却没有很好地阐述为什么"离不开"，等等。现实中人们在认识民族政策的必要性和重要性方面，压倒性的认识是这种政策关系着国家安全和社会稳

----

① 当前在对待民族区域自治制度方面，大约存在三种意见，第一种意见认为民族区域自治制度完全适合中国历史的和现实的国情，应该继续坚持并强调这一制度在实践中的落实；第二种意见认为民族区域自治制度基本适应中国国情，但强调对其进行一定程度的完善；第三种意见基于对"民族自治"可能演变成"民族自决"的担忧，倾向于弱化甚至取消民族区域自治制度。

定。人们被告知之所以坚持当前的民族政策，是因为在一个像中国这样的多民族国家，"维护民族团结有着特别重要的意义"，其一，它关涉国家的统一；其二，它涉及社会稳定；其三，它"是各项社会事业发展的重要保障"。学理上，人们倾向于把这三点高度抽象为"国家安全"。①

情况表明，如何使一国民众乃至精英群体了解保护少数民族权利背后的价值理念问题已成为超越权利保护问题本身的重大理论和实践问题。研究少数民族权利保护的价值理念问题，不仅有利于在理论层面完善和提升少数族群（民族）权利的基本理论，而且更重要的是，有利于在实践层面促进广大民众尤其是主体民族的民众对有关少数民族权利保护的政策、立法的宽容、理解和支持，有利于真正沟通与睦化多数民族和少数民族的关系，也有利于从根本上提升一国的族际正义和社会正义，从而为国家与社会的长治久安与和谐奠定重要的价值理念基础。

三　共识的凝聚：少数民族权利保护的价值理念

笔者通过对相关历史、理论、制度和政策文本的深入挖掘和分析，梳理归纳出 5 种少数民族权利保护的价值理念——按它们出现的大致历史时序，分别是：出于多数民族的利害或出于保护国家利益尤其是国家安全与统一利益的价值理念、尊重和保护人权的价值理念、权利正义的价值理念、多元文化主义的价值理念和马克思主义的各民族一律平等的价值理念，这些理念在不同的国家和地区，或者在相同国家的不同历史时期各有侧重，单独或共同作用于这些国家和地区的少数民族权利保护的理论和实践，产生了不同的政治和社会效果。

从历史时序看，除了马克思主义的各民族一律平等的价值理念外，其余 4 种价值理念即出于多数民族的利害或出于保护国家利益尤其是国家安全与统一利益的价值理念、尊重和保护人权的价值理念、权利正义的价值理念或多元文化主义的价值理念之间，存在着一种历史、法理和逻辑上的演进关系。

---

① 周少青：《我们为什么坚持这样的民族政策》，《中国民族报》2012 年 2 月 24 日。

（一）国家安全的价值理念

多数民族的利害或国家安全的价值理念是历史上最早出现的保护少数民族权利的价值理念（或者更准确一点来说是"价值动机"）。从最初无情的杀戮、俘虏和奴役，到后来的歧视、排斥甚至种族灭绝，再到后来的平等保护甚至特殊优惠，无不贯彻着多数民族对利害的权衡。由于民族国家与少数民族问题的历史同构性，为了避免无休止的宗教战争和冲突给新兴的（准）民族国家及地区的安全和稳定带来损害，16世纪中期以降，天主教和新教各邦诸侯（民族国家）签订各种和约，承诺保护各自境内的宗教少数民族。进入19世纪，随着民族主义"一族一国"趋势的进一步加强，出现了民族或种族意义上的少数民族问题。这一时期，为缓解国内民族冲突对各个民族国家的国家安全所造成的紧张，一些国际条约中出现了保护少数民族"平等权利"的内容。20世纪以来，世界形势发生重大变化，"一战""二战"和冷战及其以后的世界各国面临着各种来自内部和外部的安全挑战。少数民族的权利保护与国家安全问题成为这一时期许多国际（地区）条约、公约、宣言等的重要内容。

少数民族权利保护与（民族）国家安全问题具有较强的历史共生性，可以说，没有民族国家的以族划界建国，就不存在少数民族的权利问题。二者的关系在20世纪中叶以前，（民族）国家安全的考量始终居于无条件的支配地位。20世纪中叶后，国家安全的理念虽受到包括尊重人权在内的其他理念的制约，但仍处于支配性的地位。

以国家安全考量少数民族权利是一个普遍的历史和现实现象。毋庸置疑，在当代世界体系下，国家依旧是政治和社会秩序不二的缔造者和维护者。国家也几乎是所有公共产品的提供者。因此，对多数民族来说，国家安全的意义自不待多言。而且，就一般情况而言，国家安全对少数民族群体来说也意味着更大的利益。从这个意义上来看，国家安全具有普遍的实用主义和道德价值。

但是，也应该看到，以国家安全考量少数民族权利也存在着无法解决和难以自洽的困局。首先，从道义上讲，以国家安全（多数民族）的利害为标准裁量少数民族的权利（包括生存权利和体面生活的权利），面临着功利主义者所（曾经）面临的矛盾和困境；其次，从技术或操作上看，限制或鼓励少数民族权利哪个更有利于国家安全是一个难以在技术上求证的问题。或者说，在特定的多民族国家，哪些少数民族权利有利于国家安全而需要事先加以规定，而哪些（少数民族）权利需要在确保国家安全后才能赋予是一个难以操作的问题。实际上，在少数民族权利保护与国家安全的关系问题上，并没有一个可以在技术上一一对应的因果链条，少数民族权利保护是否有利于国家安全取决于一些中介性变量。再次，从终极价值来看，国家安全归根到底只具有中介性意义而不具有目的性意义，因为人类建构国家的初衷是为了满足个体与群体对维护肢体与生命安全的普遍性需要。换句话说，国家是人（民）追求安全与幸福的手段，而不是目的。

实践表明，在少数民族权利保护的价值理念方面，我们迫切需要一种能够超越国家安全与统一利益、更具有道德至上性与合法性的话语和评价系统。按照历史时序，首先从国家安全利益价值理念中分化或衍生出来的是尊重和保护人权的价值理念。

（二）尊重和保护人权的价值理念

所谓尊重和保护人权的价值理念是指将少数民族作为与多数民族一样平等的"人"来保护他们的权利和自由。虽然早在公元前5世纪的古希腊，就已经出现了人权的观念，但严格来说，直到第二次世界大战结束，少数民族才真正成为人权保护的对象和主体。

"二战"期间希特勒治下的德国对犹太等少数民族的残酷迫害和杀戮引起了战后人们对少数民族权利保护问题的深刻反省与再思。正是基于这种"反省与再思"，国际社会确立了以人权保护少数民族的价值理念。

尊重人权价值理念的核心内容是，少数民族与多数民族一样，平等地享有一切基本权利和自由。与享有平等的权利或法律面前一律平等等类似的权利原则相比，人权的价值理念具有实质平等或无限接近实质平等的价值意味。它包括两个嵌入式的内容，一是"非歧视"，二是"特殊保护"。

人权的价值理念对维护族裔文化公正也具有一定的作用。以尊重人权的价值理念保护少数民族权利意味着（多数民族）从同为平等的人类、享有平等的人类尊严和权利出发，以"待彼如待己"的价值理念对待和处理少数民族权利保护问题。与维护国家安全与统一利益的价值理念相比，尊重人权的价值理念大大超越了狭隘的主权安全（多数民族）的利害价值观（但并不排斥这种价值理念），使国家安全利益构筑在尊重与保护少数民族权利的价值理念之上。

然而也要看到，由于人权权利属性的多维性和内在矛盾，尊重与保护人权的价值理念在实践中或实际运作过程中，对少数民族权利保护的效果呈现出十分复杂的面相：人权的道德权利属性在确立人权崇高地位的同时，难以确保少数民族在实在法意义上享受到这些权利；人权的普遍权利属性在突出少数民族权利合法性的同时，也在消解着其群体权利的正当性，同时由于人权普遍性与主权国家"特殊性"的对峙，还使许多国家尤其是发展中国家对人权项下少数民族权利抱有高度的戒心；人权的反抗权利属性在强化其正当性的同时，也增加了它的不确定性。

从人权内在矛盾的向度来看，人权论证方法的超验路径和经验路径之争，在丰富少数民族人权内容和意蕴的同时，也在客观上影响了（少数民族）人权标准的稳定性和权威性；人权的理想和现实之冲突，在全面展示少数民族人权的理想和现实之维的同时，也凸显了（少数民族）人权标准自身的内在紧张；人权普遍性和多样性的矛盾，在正确揭示作为"人类的普遍权利"与"人类本身的多样性"之间的一般与特殊关系的同时，也深刻地暴露了"少数民族人权的悖论"，如此等等。

实践证明，在少数族群权利保护问题上，需要一种新的价值理念作为替代或补充。这种价值理念在少数族群权利保护的内容上应具有明确性或边界点，在权利实施的制度和机制上应具有常态性和可操作性，在权利话语的表达上应更具有合法性和与国家主权建设的兼容性。这个价值理念就是权利正义的价值理念。

（三）权利正义的价值理念

"权利正义"是少数民族权利保护的核心价值理念。所谓"权利正义"，从语义、结构和内涵上来看，是指权利作为一种资源、资格、荣誉、利益、机会、"权能"和"自由权"在公民中的分配，应该遵循正义的原则。

追求权利正义的理想伴随了人类政治文明发展的整个历史。粗略地说，迄今为止，人类追求权利正义的历史大致可以划分为三个阶段。其中第三个阶段是追求实质性权利正义阶段，这一阶段的特点是，权利正义理念在进一步追求所有个人的普遍权利正义的同时，关注到存在着文化、族裔（民族）、语言和宗教差别的少数族群群体及个人。

权利正义的价值理念主要体现于主权国家的基本社会结构的建构方面，涉及三个基本问题，一是民主权利的制衡问题，二是权利补偿问题，三是"国家的族裔非中立性"及结构化歧视的矫正问题。

为实现"每个人都能受到同样的尊重和关心"的正义原则，抑制民主的"过度庞大的权利"（贡斯当语），学者和政治家、法学家们设计出了种种制度、原则和机制，如分权原则、保护少数原则、协商民主制度、结社自由原则、差别（对待）原则等。这些制度、原则和机制对于保障少数民族在内的少数人权利，实现民主权利的制衡具有重大意义。

权利补偿是权利正义理念的重要组成部分。如果说民主权利的制衡是为了解决现实权利分配中的不公正，那么权利补偿则主要是为了解决历史上的权利分配不公问题。后者比前者有更多的共识。

矫正国家的族裔非中立性和结构化歧视也是权利正义价值理念的重要内容。提出或正视国家的族裔非中立性问题的目的，是为了通过揭示现代国家构建和运行过程中存在的族裔文化不公现象及所导致的少数民族（族群）遭歧视、排斥和边缘化的境况，为具有矫正和补偿功能的少数民族（族群）权利保护提供某种正当性支撑。

结构化歧视的事实和学理的确立，为纠正历史上遗留的和现实中不断新生的族裔间的不平等现象提供了坚实的基础。它提示我们"表面上公正和无视差异的社会不仅是违背人性的，而且其本身是高度歧视性的，尽管这种歧视往往是以含蓄的和无意识的方式表现出来的"。"所有已经从以往的和现存的制度化歧视的社会中得益的群体的成员，不应否认其负有帮助弱势群体的责任。"

在权利正义的价值理念方面，最值得关注的是威尔·金里卡教授，他的相关研究成果大大发展推进了少数族裔群体权利保护的权利正义价值理念。金里卡看到了自由主义的普世主义的保护方式对那些在人种、族裔、文化、宗教、语言等方面存在着差异的少数群体的无情忽略和严重不利，试图在自由主义能够容忍的框架内，引入对少数族群群体权利的保护理念和制度。事实证明，这一努力是有价值的，它不仅有利于缓和少数族裔与国家或主体民族的矛盾，而且大大提高了传统自由主义对族群差异政治的适应性和在解决民族问题上的生命力。

当然，也要看到，以"权利正义"为标识的自由主义在试图解决族群差异政治的同时，也面临着自身难以克服的矛盾。从这一点来看，自由主义解决少数族裔权利保护问题的理论或理念，远没有超越"权利正义"的马克思主义理论来得自洽、连贯和一致，也没有多元文化主义理论（念）来得更为直接、合理。

（四）　多元文化主义的价值理念

多元文化主义是 20 世纪初首先出现在美国的一种政治文化思潮。它的要旨在于：强调在一个多民族（族群）、多移民的国家，各个民族或族群在政治参与、经济分享和文化建设中具有平等的地位；强调各个民族（族群）在多民族国家建构中的均等机会。从少数群体与国家的关系角度来看，多元文化主义的价值理念既强调少数群体的权利保护，也强调多民族国家的统一与稳定。

多元文化主义价值理念主要包括两个方面的内容，一方面，多元文化主义价值理念强调文化的多样性对人类、国家、地区、人们共同体及个人自由的不可或缺的价值；强调多元的文化对于整个人类命运的重要影响；另一方面，多元文化主义价值理念强调宽容平等、正义、尊重差异和包容，强调不同族裔文化群体在尊重差异、包容多样基础上的和谐相处，强调不同"主义"之间的最低限度的公约或通约。

多元（文化）主义者思考人类前途和命运的逻辑是：多元文化是人类生活式样多样性的表现。保存多元文化不仅是理解人类自身完整性的一个必要方面，而且也是确保人类在事关自身前途命运选择的重大问题上不误入歧途的重要保障。多元性不仅是人类社会自身真实性的确切反映，不仅是人类各种群体丰富精神和文化生活的重要保证，也是保证人类社会整体不走偏的平衡器。

总的来说，多元文化主义的价值理念至少在三个方面上显示了其存在的意义。一是保护多元的文化（少数群体的文化）；二是为不同的人们共同体尤其是多民族国家处理内部和外部关系提供了重要价值准则；三是为少数民族权利保护与多民族国家构建提供了理念支撑。

当然，在积极肯定多元文化主义价值理念的积极作用的同时，我们也要看到它的某种局限性。首先，它的适用对象有限：主要适用于移民少数民族，是否可以合理地推及世居少数民族是有争议的；其次，多元文化主义理念具有被动应付的一面；再次，如何理解多元文化主义理念所包含的内容——"正义""平等""尊重差异""包（宽）容"，在现实中也是有争议的。从目前一些国家的实践情况来看，多元文化主义理念多停留在一种文化政策上的宽容层面，而未深入触及政治或体制方面的变革。这一点与"政治解决"为主导的马克思主义的各民族一律平等的价值理念相比，具有更为明显的局限性。

（五）马克思主义的各民族一律平等的价值理念

马克思主义的各民族一律平等的价值理念是马克思主义处理民族问题的观念、价值观的总和。马克思主义的各民族一律平等的价值理念既具有阶级性和历史性，又具有发展性和连续性。阶级性、历史性、发展性和连续性的统一是马克思主义的各民族一律平等的价值理念所独有的特色。

马克思主义的各民族一律平等的价值理念坚持从整个人类的解放和消灭阶级的角度把握少数民族的权利保护和最终解放问题，坚持把民族问题视为社会问题的一部分——马克思主义把民族问题看作社会总问题的一部分，认为民族问题的表现和解决涉及政治、经济、文化等各个领域，因而从一开始，社会主义国家的民族政策就是一套全方位的政策。对照前述四种价值理念，我们可以简单地把各民族一律平等的价值理念的特点总结为以下四个方面：超越民族主义的阶级利害观、基于解放全人类的（权利）正义观、消灭阶级压迫的人权观和承认多元文化的文化观。

马克思主义的各民族一律平等的价值理念是人类社会文明发展到一定阶段的产物。马克思主义的平等理念在其终极目标意义上超越了民族、阶级和各种文化、利益集团。它在思想体系上属于真正的"世界主义的"普遍主义体系和彻底的平等主义。它是人类社会真正意义上的"最后的"普遍主义价值理念。它是一种人类社会共有的宝贵的精神财富。

以上笔者简要介绍了本书所要呈现的五种价值理念。这些价值理念各有其侧重点或关注点。国家安全的价值理念侧重于从是否有利于国家安全的角度考虑或考量少数民族的权利保护问题；尊重人权的价值理念侧重于从基本人权的角度保障少数民族权利——它虽有追求实质平等的理想外壳，但其实质上是一种底线保护①；权利正义的价值理念致力于从整个社会结构的平衡和正义角度去保障少数民族权利；多元文化主义价值理念侧重于文化和语言权利的平等；马克思主义的各民族一律平等的价值理念则是从政治、经济、文化和社会权利等综合的角度保障少数民族的平等权利。其中国家安全的价值理念最具有贯穿力，它不仅影响和制约着尊重人权的价值理念，也使权利正义的价值理念受到某种无形的压力。国家安全的价值理念也同样影响和制约着多元文化主义价值理念②。在奉行马克思主义的各民族一律平等价值理念的中国，国家安全的价值理念也同样制约着其他价值理念。

国家安全是现代民族国家得以存在和发展的基石。离开了国家安全，包括少数民族权利在内的所有人的权利都将无所依托。从自由主义与现代民族国家相伴而生的历史过程来看，没有国家安全，也就没有自由主义。然而，如何获得国家安全却是一个复杂而又重大的理论和实践课题：是仅仅通过追求国家安全的价值理念而获得国家安全？还是通过追求与其他价值理念的联动而保障国家安全？这一点身为少数族裔而在思想上非常"主流"的犹太裔美国政治理论家汉娜·阿伦特（Hannah Arendt）的相关论述给我们提供了某种启发。

在《极权主义的起源》一书中，阿伦特向我们集中展示了纳粹德国是如何通过践踏少数族裔权利、迫害和屠杀犹太等少数族群而走向国家极

---

①　少数民族需要人权保护的意义和必要性在于："一般来说，越是社会弱者、越是境况差者，越是关切人权、越是渴求人权。人权就像空气一样，人人必需，但并不人人在意，只有那些遇到空气稀缺的人才迫切地要求它。人权以社会弱者、境况差者为本，以偏爱社会弱者、境况差者为怀。因此，对于人权来说，重要的不是锦上添花，而是雪中送炭。""他们的人权问题是其所处社会人权的核心问题，保障他们的人权是实现其所处社会人权的关键，他们是否享有人权是评判其所处社会人权成就的唯一尺度。""人权是平等的，但保障人权却要优待弱者，侧重差者，抽象地、平均地保障人权反而无视社会弱者和境况差者，因而并不能真正平等地保障人权。"邱本：《论马克思主义的人权观》，中国法学网，http://www.iolaw.org.cn/showarticle.asp? id = 1125，2015 年 5 月 23 日浏览。

②　威尔·金里卡在谈到多元文化主义何以首先在西方兴起时说，"在西方，西班牙除外，重构国家以接纳少数民族发生在民主政体巩固之后，这些国家拥有良好的法治传统、独立的司法体系、专业的官僚制度（bureaucracy）和民主的政治文化。这些根深蒂固的自由主义宪政传统的存在对于多元文化主义在西方的兴起至关重要，因为它给所有的公民都提供了安全感，多元文化主义将在民主和人权的明确的界限内运行"。Will Kymlicka, *Minority Rights in Political Philosophy and International Law*, in the Philosophy of International Law, Edited by Samantha Besson and John Tasioulas, Oxford University Press 2010, p. 386.

权主义进而将德国的国家安全置于毁灭境地的历史过程。阿伦特说："20世纪的政治发展将犹太人驱赶到了各种事件的风暴中心；犹太人问题和反犹主义在世界政治中相对地并不是一种重要的现象，却首先成为纳粹运动兴起和建立第三帝国组织结构的触发因素——第三帝国的每一个公民都必须证明他**不是**一个犹太人——随后触发了史无前例的世界大战暴行，最后又造成了西方文明中亘古没有的种族灭绝。"① 纳粹把迫害流离失所的犹太人当作征服世界的起点。戈培尔说："首先看清犹太人、首先向他们作斗争的民族，将会取代他们统治世界的地位。"② 希特勒在谈到世界观与组织之间的关系时理所当然地承认，纳粹从其他群体和政党那里接受了"种族思想"，并以这种思想的代表自居。③ 在纳粹德国，"国家已经完成了从法律的工具到民族的工具的转化；民族战胜了国家"，"民族利益早在希特勒宣称'正义就是对德国人民有好处'之前，就已经高于法律"。④

　　汉娜·阿伦特在其颠沛流离的生命体验和观察中敏锐地发现，集权主义起源于19世纪的排犹主义和帝国主义。正是围绕着屠杀犹太人的问题，一个分崩离析的德国社会在意识形态上重新结聚起来，⑤ 成为对内屠杀少数民族，对外侵略其他欧洲国家并最终酿成德意志民族也深受其害的世界性的灾难。阿伦特的著述为我们正确认识少数民族权利⑥保护与多数民族命运（国家安全）的关系提供了一个鲜活而又深刻的历史范例。

　　人类近代以来所经历的每一次苦难几乎都与宗教、族裔和文化上的少数人的不幸联系在一起：苦难往往由"少数人"问题触发，或者以少数人的受迫害为先导，最终以包括多数民族在内的普遍人群的不幸为结局。

---

　　① ［德］汉娜·阿伦特：《极权主义的起源》，林骧华译，生活·读书·新知三联书店2014年版，第8页。

　　② 《戈培尔日记》，转引自［德］汉娜·阿伦特《极权主义的起源》，林骧华译，生活·读书·新知三联书店2014年版，第462页。

　　③ 《我的奋斗》，转引自［德］汉娜·阿伦特《极权主义的起源》，林骧华译，生活·读书·新知三联书店2014年版，第467页下注释。

　　④ 《戈培尔日记》，转引自［德］汉娜·阿伦特《极权主义的起源》，林骧华译，生活·读书·新知三联书店2014年版，第365页。

　　⑤ 同上书，第96页。

　　⑥ 在阿伦特那里，犹太人问题主要是个政治问题。阿伦特从政治的角度来理解犹太人问题的应对之策，"她实际上倡导一种为争取平等权利而进行的政治行动，呼唤犹太人承担起自己拯救自己民族的公共责任"（陈伟：《阿伦特与政治的复归》，法律出版社2008年版，第29页）。这里，犹太少数民族争取权利的政治行动，不仅是在保障他们自身的命运，也是在保障德国的国家安全。

希特勒治下的德国，少数民族丧失了国家的庇护，成为极权国家任意蹂躏的客体。① 战后德国及德意志人民也遭受到严酷的命运。

在为什么要保护少数人（少数民族）的权利问题上，本书提出了包括维护国家安全在内的五种价值理念。这些价值理念各有其道德的和法律的基础，在规范的意义上，它们都可归结为一种"完美的"社会理想。如果说，在如何达致这种"完美的"社会理想上，人们难以取得共识的话，那么我们还可以从相反的角度即"公认的恶行"经验为视角来审视少数民族权利问题。

被称为"美国当代最伟大的律师"艾伦·德肖维茨（Alan Dershowitz）认为，"将权利理论建立在人们所公认且力图避免的过去的恶行上，要比建立在众说纷纭的理想完美社会概念上来的实际"；他认为尽管人们对什么是"理想完美的境界"难以形成共识，但对于什么是恶行却有着高度一致的看法：因为我们几乎都同意不会有人想看到犹太人大屠杀、柬埔寨和卢旺达的种族灭绝、奴隶制度、私刑、宗教裁判所或超过十万名日裔美国人遭受监禁的事件再度重演；"虽然我们目前仍无法从这些可怕的历史教训中得出完全的共识，但不正义所带来的集体经验却可作为建构权利理论的卓有成效的基础"，他认为"以这种恶性经验为基础，便可设计出权利以防止（或至少减缓）恶行再度发生"②。

德肖维茨是在一般权利的意义上做出这番评论的。对于少数民族权利保护而言，他的观点的价值更值得重视。我们都同意少数民族是历史上殖民主义、军国主义、极权主义和民族压迫的首当其冲的受害者；都同意为了防范这种不幸事件的再次发生，国家共同体和国际社会需要采取有效的政治和法律措施来保护这类弱势的人们共同体。

"权利是人类心智以人类经验为基础而设想出来的法律建构物，这些

---

① 纳粹党卫军的官方报纸在 1938 年公开声明："假如全世界还不相信犹太人是人类渣宰，那么不久就会看到他们变成人类渣滓，变成没有身份的乞丐，没有国籍、没有钱、没有过境的护照。"1938 年 11 月屠杀后不久，德国外交部在给所有的驻外机构发出的一份通报中指出，"仅此10 万犹太移民的运动也早就足以使许多国家意识到犹太民族的危险性"，"德国非常有兴趣继续遣散犹太民族……犹太人流向世界各地，引起各地居民的反对，由此构成对德国的犹太人政策的最佳宣传。"［德］汉娜·阿伦特：《极权主义的起源》，林骧华译，生活·读书·新知三联书店2014 年版，第 358—359 页，第 359 页注释 1。

② ［美］艾伦·德肖维茨：《你的权利从哪里来》，黄煜文译，北京大学出版社 2014 年版，第 6—7 页。黑体字为笔者注。

建构物必须在公众意见的法庭中通过一贯的辩护",少数民族的权利更是如此。套用德肖维茨的有关权利来源的说法,少数民族的权利并非来自造物主——因为造物主并未以一致的声音对人类说话,就算没有造物主,权利也应该存在;少数民族的权利并非来自自然——因为自然是价值中立的;少数民族的权利并非来自逻辑——因为人们对于权利赖以演绎的先验前提几乎没有共识;少数民族的权利也并非只来自法律——因为假如果真如此,我们对既有法律体系的判断将缺乏依据;少数民族的权利来自人类经验,特别是不正义的经验(历)。一句话,**少数民族的权利来自不义。**①

为防止或最大限度地避免人类历史上针对少数群体的不义的再次发生,我们需要在少数民族权利保护的价值理念问题上,达成至少是最低限度的共识。

四 本书的研究方法、创新点及相关概念的界定和使用

(一) 研究方法

本书通过对相关历史、理论、制度和政策文本的分析,梳理归纳出 5 种少数民族权利保护的价值理念。具体而言,第一,通过挖掘 16 世纪以来欧洲少数民族(权利)保护的历史,获得有关少数民族(权利)保护的各种双边条约、多边条约、单边声明、国际公约、宣言及习惯法等,对其逐一展开历史背景解读和文本(献)解读,发现蕴含其中的价值理念;第二,运用族际政治学、法理学、国际政治学及权利理论等相关理论和学说,对有关少数民族权利(保护)的学说和流派进行分析整理,概括出其价值理念倾向;第三,搜集整理典型国家的少数民族权利保护的政策和立法,分析其价值理念倾向;第四,对每一种价值理念支配下的理论、政策和相关实践的政治及社会效果进行比较研究,发现其具有普遍意义的元素;第五,在上述研究的基础上,有选择性地做几个典型国家(地区)的案例分析。

---

① [美]艾伦·德肖维茨:《你的权利从哪里来》,黄煜文译,北京大学出版社 2014 年版,第 7—8 页。

（二）创新之处

受自由主义的学术传统和民族国家"民主政治"均质化理念的影响，西方学界主流长期对少数民族权利采取"善意忽略"的策略，① 对少数民族的权利要求采取"应对"策略，与此情形相适应，关于少数民族权利保护的价值理念的研究多散见于各种政治学派尤其是自由主义学派的对策性研究中。此外，在人权学者和少数族裔学者的著述中也部分地涉及少数民族权利保护的价值理念问题。上述研究始终未能形成系统化的学术成果。从另一个向度来看，目前无论是国内还是国外，对少数民族权利（保护）的研究大多停留在制度、机制、政策、立法的设计层面，缺乏对制度、机制、政策、立法背后价值理念的系统考察。② 这种现象使得少数

---

① 在传统自由主义那里，"多民族国家"甚至是一个不可能成立的概念。19世纪的密尔认为，在一个多民族国家，自由制度"几乎是不可能的"，"在一个没有同伴情感（fellow-feeling）的人民中间，特别是如果他们使用的不是同一种语言，那种代议制运行所需要的统一的公共舆论就不可能存在"；"政府的边界应该与民族的边界大体一致，通常条件下，这是自由政体的必要条件。""当存在自由制度或对自由制度的愿望时，在任何人为地结合在一起的人民中……政府的利害在于保持并恶化他们之间的交恶，以便能防范他们的联合，并能利用其中的某些人作为奴役其余人的工具。"密尔意识到专制政府可能利用民族间的间隙与不和"分而治之"，从而危害到自由的存在；J. S. Mill, Considerations on Representative Government, in Utilitarianism, Liberty, Representative Government, ed. H. Acton. J. M. Dent, pp. 230, 233, London 1972. ［英］J. S. 密尔：《代议制政府》，汪瑄译，商务印书馆1982年版，第225页。在自由主义对待多民族国家问题上，阿克顿勋爵是个例外。他说，多民族国家民族群体之间的分歧和他们对各自生活方式的向往，是一张反对国家权力扩张和滥用的支票。Lord Acton, Nationalism, in The History of Freedom and Other Essays, ed. J. Figgis and R. Laurence, pp. 285 – 290. Macmillan 1922. 20世纪以来，自由主义者的后辈们，面对多民族国家的既成事实，对少数民族权利要么选择"善意忽略"，要么将其纳入自由主义的个人主义价值体系加以辩护。直到伊丽莎白·泰勒的"承认的政治"和威尔·金里卡的多元文化主义学说的兴起，少数民族群体权利的保护问题才被全面提上历史日程。

② 一个例外是，围绕少数民族（族群）权利保护问题，不少中外学者以"国家安全"为关键词对其进行研究考量。目前国内关于这一问题的研究路径，大致有两类，一类可称为"显性的"研究路径，即直接研究少数民族权利保护在维护多民族国家安全中的重要意义，这种研究路径多以边陲少数民族的权利保护与国家安全为主轴；另一类可称为"隐性的"研究路径，它一般不直接研究少数民族权利保护与国家安全的关系，而是把重点放在少数民族权利问题或现行少数民族政策上，曲折隐晦地揭示少数民族权利保护对国家安全产生的可能后果。国际上也存在两种研究路径，一种是人权法的路径，主要研究少数民族权利保护的国家安全界限问题，从程序和条件方面发现二者的平衡点（主要限于法律规范和相关案例分析）；另一种是人类学、民族学、历史学、国际政治学、政治（哲）学、社会学等比较宏大的研究路径，这些路径一般都会或多或少涉及少数民族权利保护与国家安全问题。国际社会对此问题的研究主要围绕"移民与安全"的主题进行。主要研究成果有：Myron Werner, ed., *International Migration and Security*, Boulder, San Francisco, Oxford：Westview Press, 1993）；Georges Vernez, *National Security and Migration: How strong the link?* Santa Monica California, Rand Corporation, 1996；Jef Huysmans, *The Politics of Insecurity: Fear, Migration and Asylum in the EU*, London, New York；Routledge, 2006, 等等, 塞缪尔·亨廷顿在这方面算是集大成者。他的《谁是美国人？——美国国民特性面临的挑战》（新华出版社2010年版）运用多学科的视角全面研究了族裔文化群体（权利）对美国国家安全的影响。

民族权利保护问题的研究多限于操作层面，缺少对所涉问题价值层面的深层次追问，如少数民族权利保护何以可能、何以必要及如何协调它与现代（多）民族国家公民政治过程的关系等。在国内，虽然有关学者对诸如民族区域自治制度等做了不少分析和建构，但如何在理论上认识这些建构性制度背后的价值理念至今没有达成共识。

本书的最大创新之处是将隐藏的、零散的价值理念研究梳理成可见的、系统的价值理念学说。①

（三）相关概念的界定和使用

本书的核心关键词是"少数民族"，它是"少数人"的一个下位概念。在界定"少数民族"概念之前，让我们先看看什么是"少数人"。

关于少数人的界定，笔者不想再连篇累牍地分析其形成和发展的过程及众多的各占一理的代表性定义。仅沿着历史的线索，大致回顾一下"少数人"主体范围的历史发展和演变。1606 年，匈牙利国王和特兰西瓦尼亚君主缔结的《维也纳条约》确立了新教徒的礼拜自由，从此宗教上的少数人走向历史前台。17 世纪以后，随着近代民族国家构建运动的兴起，族裔、文化和语言上的少数人主体陆续出现在一系列国际国内政治与法律文本中。1966 年，《公民权利和政治权利国际公约》第 27 条规定了人种的、宗教的或语言的少数人。此后一系列国际条约、宣言②的出台，又催生了儿童、难民、罪犯、残疾人、智力迟钝者等类少数人。随着时代的发展，同性恋等群体也被纳入了"新少数人"的范畴。

"少数人"是一个开放性概念，"我们可以把'少数人'归纳为数量上居于少数，在种族、宗教、语言、肤色、体质、精神状态或文化等方面

---

① 国内的相关研究多用"正当性""正义""法理"等关键词去研究少数民族的权利保护问题，如张敏的《论少数民族权利法律保护的正当性》［《西南民族大学学报》（人文社会科学版）2010 年第 2 期］、杨振宁的《论少数民族传统文化表达权利的正当性》（《兴义民族师范学院学报》2013 年第 6 期）、秦金思的《从权利正义角度论少数人权利保护》（《知识经济》2010 年第 12 期）、周勇的《少数人权利的法理》（社会科学文献出版社 2002 年版）等。在英语世界，相关研究采用了类似的进路，常用的关键词有"legitimacy""Justice"等。系统地从价值理念角度研究少数民族权利保护问题的文献在国际国内尚没有见到。本书"价值理念"一词的英文对译，在经过多次与英国学者交流的基础上，采纳了"Normative principles"的译法。英国学者表示，笔者的选题在英语学术界尚未看到。这从一个角度说明，本书在国际层面也具有一定的创新性。

② 如《儿童权利宣言》《关于难民地位的公约》《囚犯待遇最低限度标准规则》《残废者权利宣言》《智力迟钝者权利宣言》等。

具有不同于其他人的特征，由于受到偏见、歧视，在政治、经济或文化生活中居于从属地位的群体，包括少数民族、异教徒、儿童、老人、残疾者、智力迟钝者、精神病患者、罪犯、难民、外国人、无国籍人……非婚生子女、囚犯、同性恋者等也都可以归纳为少数人的范围"①。也可以把数量上居于少数的或被支配地位的其他类（如政见与利益等）与多数不同的人认定为"少数人"。

虽然由于"少数人"内部结构的复杂性，其权利内容和结构依赖于不同的法理，但是从权利保护的价值理念角度来看，这些不同类别的少数人有着相同或相似的特点，即人数上处于少数或被支配地位，具有不同于多数人的物理及非物理特征，具有维护或保护自身特性（利益）的某种一致性诉求，等等。

从以上讨论出发，本书所谓"少数民族"，主要是指那些在族裔、宗教、文化和语言上处于少数或被支配地位，具有保存自身群体特性（利益）的愿望的、拥有一国国籍的群体。同时为了在法理上融通"少数人"和从多数和少数的关系中定义"少数人"，本书所称的"少数民族"也包括了一定条件下的其他类少数人。

在行文过程中，本书将根据具体的语境，交替使用"少数民族""少数人""少数族群""少数族裔群体""少数群体"等概念。

此外，从权利属性上来看，本书所谓"少数民族权利"或"少数人权利"主要指少数民族或少数人的群体权利，同时也包含了以这种群体权利为前提和基础的个人权利。这两类权利既具有普遍性，又具有特殊性。

---

① 赵虎敬：《"少数人"的权利保护刍议》，《人民论坛》2012 年第 23 期。

第一章

国家安全的价值理念①

多数民族的利害是历史上最早出现的保护少数民族权利的价值理念（或者更准确一点来说是"价值动机"）。从最初的无情杀戮、俘虏和奴役，到后来的歧视、排斥甚至种族灭绝，再到后来的平等保护甚至特殊优惠，无不贯彻着多数民族对利害的权衡。16世纪以降，随着资本主义的萌芽和发展，欧洲的多数民族在反封建（教会）的斗争过程中，逐渐找到了一种适合保障自身群体利益的重要形式——民族国家。从此，多数民族的利害话语就逐步转化为一种更为宏大、更为抽象的话语——国家利益尤其是国家安全与统一的利益。

一 少数民族权利保护与国家安全问题的历史缘起

少数民族的存在是一个长期的历史事实，但是少数民族问题尤其是少数民族权利的保护问题则是一个相对新近的问题。历史地来看，少数民族权利保护与（欧洲）民族国家的形成密切相关。民族国家从政治管辖和疆域上阻断了属于同一宗教的、种族（民族）的和文化上的少数民族，使他们被分割在不同的主权国家，由此产生了少数民族问题。与此同时，由于不能完全按照"一族一国"的理想模式创建"民族国家"，许多民族国家的领土内，都不可避免地存在着不属于"建国"民族的少数民族，这些少数民族或由于与其族源国存在着千丝万缕的联系，或虽没有这种联系，但在地域、文化、特性及主观愿望方面存在着独立建国的可能性，或

---

① 本章部分内容发表于周少青《少数民族权利保护与国家安全问题》，《世界民族》2013年第1期。

虽没有这种可能性，但仍然被视为威胁国家安全的潜在因素。

近代意义上的少数民族问题首先发源于宗教上的少数派（改革）运动。1517 年，德国牧师马丁·路德发表著名的"九十五条论纲"，自此撕裂了欧洲天主教普遍主义的神学面纱，也揭开了普遍帝国主义统治下各民族（包括德意志民族）建构民族国家的宗教政治文化序幕。路德及其后的系列宗教改革，产生了欧洲近代史上首批少数者"异端"——新教徒。

宗教少数民族的产生是欧洲历史上划时代的重大事件。由于宗教所蕴含的令人印象深刻的分离或敌对力量①，这些宗教上的少数民族在天主教占优势的国家遭到残酷镇压，由此引发了一系列的（宗教）战争。战争的直接后果之一，就是一个个以宗教信仰划界的诸侯或准民族国家的产生。

为了避免无休止的宗教战争带来的巨大破坏，维持（准）民族国家及地区（帝国）的基本稳定与安全，一些国家之间开始尝试通过谈判、签订条约解决宗教上的少数民族权利问题。1606 年的《维也纳条约》和1654 年的《林茨条约》即属于这一类。这两个条约的重要内容之一是承认了"异端"——新教徒的"礼拜权"。

这一时期有关宗教上的少数民族的权利保护在很大程度上取决于或从属于诸侯或准民族国家对稳定和安全的需要。这在 1555 年的《奥格斯堡和约》尤其是 1648 年的《威斯特伐利亚和约》中表现得极为明显。

《奥格斯堡和约》结束了欧洲准民族国家——天主教和新教各邦诸侯之间的战争，确立了"教随国定"的原则。教随国定原则承认各邦诸侯有权自由选定其辖区内的宗教信仰，有权决定诸侯自身及其臣民信仰天主教或路德宗新教。这里，和约贯彻的不是所谓宗教信仰自由，而是国家（诸侯）决定宗教信仰的自由。保护宗教上的少数民族权利的选择直接受制于国家（诸侯）利益。最能体现这一点的是条约规定不接受所在诸侯国宗教信仰的臣民可以出卖其产业后离境。《威斯特伐利亚和约》确认新教在神圣罗马帝国内的合法地位，确认新教诸侯和天主教诸侯在帝国内的

---

① 早在古希腊时期，宗教就是造成民族之间、城邦之间隔绝和敌视的重要原因。正如古朗士分析的那样："由于宗教的需要，每个邦皆须完全独立。各邦既自有其宗教，而法律自宗教出，故皆自有其法典。司法亦各自独立，不能再有高出邦者。""人类信仰的力量尤大。在相近两城间，有较山岭尚难超越的事物，即神灵的界石，不同的宗教及各邦分隔他的神与外人的障碍。既不准外人进邦神庙，又令邦神仇视并打击外人。"［法］古朗士：《希腊罗马古代社会研究》，李玄伯译，上海文艺出版社 1990 年版，第 164—165 页。

平等地位，规定各诸侯邦国可自行确立官方宗教，享有外交自主权，正式承认荷兰和瑞士为独立国家等。《威斯特伐利亚和约》被认为开创了以国际会议解决国际争端的先例，其所确立的国家主权、国家领土及国家独立等原则，不仅成为近代以来国际法的基本原则，而且它所创立的宗教上的少数民族权利保护受制于国家利益尤其是国家安全与统一利益的价值理念，为近代以来的少数民族权利保护的制度和实践定下了基调。

《奥格斯堡和约》和《威斯特伐利亚和约》签订以来，宗教上的少数民族①权利在保障（准）民族国家的国家安全的前提下得到了一定程度的保护。保护的一般路径是具有相同宗教信仰的人迁往同一国家或一国内的同一地区。贯彻的原则就是"在谁的地方，信谁的宗教"。

为巩固疆界变动后的国家利益和国家安全，《威斯特伐利亚和约》后，各相关国家继续在有关疆界变动的条约中加入保护少数民族的条款，这方面的条约主要有：1660 年的《奥利瓦和约》，规定波兰的波美拉尼亚和利沃尼亚（Livonia）在割让给瑞典之后，当地的居民"有权保持其原有的一切权利、自由和特权"；1713 年的《乌得勒支条约》，规定英国保证割让于其的领土上"一切宗教的和世俗的居民，得以安全地、和平地享有他们的一切产业和荣誉，并允许自由信仰罗马天主教"；1773 年的《波兰和奥地利的划分边界条约》，规定"新教徒、加尔文教派和路德教派与遵奉罗马天主教的东方教派，在根据本条约让出的各省份内，享有他们在民事权利方面的所有物和财产权；在有关宗教方面，他们得完全维持现状，即仍能自由地做礼拜和执行教规"，"圣奉女皇陛下将永不行使其权力以损害新教徒、加尔文教派和路德教派，以及遵奉罗马天主教的东方教派在上述各地区内信奉宗教的现状"；如此等等。

进入 19 世纪，随着民族主义"一族一国"趋势的进一步加强，出现了民族或种族意义上的少数民族问题。这一时期，为缓解基于民族压迫而产生的民族冲突问题，一些国际条约中还出现了诸如"公民的政治权利平等"等内容。在 1815 年的维也纳会议上，作为对被列强分割在几个民族国家范围内的少数民族——波兰人权利的保护（当然，更重要的是为了维护列强业已取得的领土利益和列强间的均势和安全），英、俄、奥、

---

① 《威斯特伐利亚和约》保护宗教少数民族（权利）的规定，只限于天主教外的路德和加尔文新教，对于其他信仰和宗教，条约则明确规定"不得信仰或宽容"。

普、葡、法、瑞典七国签署的《维也纳会议最后议定书》还专门规定了波兰人在俄国、普鲁士和奥地利等国的"权利"。

以上我们可以看出，少数民族权利保护与（民族）国家安全问题具有相当强的历史共生性，可以说，没有民族国家的以族划界建国，就不存在少数民族的权利问题。① 二者的关系在 20 世纪中叶以前，（民族）国家安全的考量始终居于无条件的支配地位。

二　20 世纪以来的少数民族权利保护与国家安全

20 世纪以来，世界形势发生重大变化，"一战""二战"和冷战及其以后的世界各国面临着各种来自内部和外部的安全挑战。少数民族的权利保护与国家安全问题成为这一时期许多国际（人权）公（条）约（包括国际性、区域性的"宣言""建议书"和"决定"等）的重要内容。总体来看，这一时期，一方面，少数民族权利保护经历了比较充分的发展，从权利保护的范围、内容、方式、理念及救济途径都发生了重要变化；另一方面，国家安全仍然是牵制或影响少数民族权利的主要因素（虽然受到一定条件的约束）。

（一）"一战"后的少数民族权利保护与国家安全

"一战"后，由于欧洲版图的重新划分，一些民族（包括少数民族）的成员被划分在两个（甚至以上）的民族国家内。为了防范历史上缘于少数民族问题而导致的战争和冲突再现，尤其是为了避免类似巴尔干危机引发"一战"的情形，巴黎和会以及随后成立的国际联盟对少数民族的权利保护问题给予了很大的关注。巴黎和会专门成立了"新建国家和保护少数民族委员会"。新建立的国际联盟将少数民族权利保护问题提升到事关欧洲民族国家安全及地区稳定的高度。

---

①　这一点看看欧洲宗教改革以来的国际关系史就可以了然：几乎所有的有关新的国家产生或独立，或已有国家的疆界发生变更的双边条约、多边条约等都同时包含有国家的主权权利（力）和保护少数民族（权利）的条款。威尔·金里卡也认为，多数民族的"民族国家构建方略"是激发少数民族权利诉求的根本原因。参见［加］威尔·金里卡《少数的权利》，邓红风译，上海译文出版社 2005 年版，第 1—2 页。

尽管由于种种原因，少数民族权利保护没能进入国际联盟盟约，成为一项重要的国际法原则。但是在具体规则层面，主要协约国和参战国都坚持同那些存在着少数民族的新兴国家缔结保护少数民族的条约（款）。①这些条约（款）对适用少数民族制度的国家提出了要求，这些要求包括建立非歧视性法规和保护少数民族种族、语言和宗教完整性的特别权利等。就具体内容来看，这些条约主要包含以下权利：第一，不分出身、国籍、语言、种族或宗教，保障所有居民的生存权和自由权；第二，不论种族、宗教、语言有何差别，所有公民在法律面前平等，并同样享有政治和公民权利；第三，不得因宗教、种族、信仰的差别而妨碍其担任公职、执行公务、享受荣誉及从事职业和经营产业；第四，任何国民在私人交往、商业（活动）、宗教礼拜、出版及公共会议上，有使用任何语言的权利；第五，建立和经营慈善、社会及学校等机构的权利等。②

此外，一些国家如阿尔巴尼亚、爱沙尼亚、伊拉克等还以单方申明的形式承诺保护少数民族权利。

为保证上述条约和单方面声明中所规定（确认）的保护少数民族的义务的实现，切实保障欧洲民族国家的国家安全，国际联盟建立了一套较为完整的制度和机制。首先，上述诸种权利在涉及少数民族保护的范围内构成国际关注的义务并被置于国际联盟的保证之下，非经国际联盟行政院多数同意不得变更；其次，建立申诉制度，负责处理少数民族提出的有关权利受到侵犯的指控。申诉由国际联盟理事会三人委员会审查，有关国家有陈述意见的机会，在机会适当时还请国际常设法院就紧迫的法律问题发表咨询意见；再次，设立少数民族委员会对少数民族的权利纠纷进行政府间的非正式交涉；最后，国际联盟还为某些特殊的政治安排充当保证人，通过这些安排使得少数民族权利受到保护。此外，在入联程序方面，国际联盟还常常要求申请加入的国家向其行政院做保护少数民族的声明，

---

① 这方面的条约主要有三类，第一类是以主要协约国和参战国为一方，以波兰、捷克斯洛伐克、希腊等国家为另一方缔结的条约；第二类是在与匈牙利、奥地利、保加利亚及土耳其的和约中加入保护少数民族（义务）的特别章节；第三类是在有关默麦尔地区和上西里西亚的专约中，加入保护少数民族的条款。徐显明主编：《国际人权法》，法律出版社2004年版，第337—338页。

② 王铁崖主编：《国际法》，法律出版社1995年版，第194页。

等等。①

"一战"后国际联盟框架下的少数民族权利保护，是近代以来在保护少数民族权利方面获取成果最多的一次国际行动，也是世界范围内第一次以国际组织监督和调整（解）的形式保护少数民族权利的一次重要尝试。在这次尝试中，有数十个国家先后以多边条约、双边条约、单独声明和签署宣言等方式参与到少数民族权利保护中来，其中不少国家直接承担保护少数民族的义务，并且这种义务被完全置于国联的保证之下。

然而，值得注意的是，与战前保护少数民族权利的理念或动机相似，"一战"后国际联盟重视和保护少数民族权利的理念或动机主要在于防范战争悲剧的重演，在于维护欧洲国家的集体安全。国际联盟在处理少数民族权利保护与国家安全问题时，坚持威斯特法利亚体系所确立的国家主权原则，将少数民族权利保护完全置于民族国家的主权完整（安全）之下，这在处理芬兰的少数民族问题②时，表现得非常明显。国际联盟认为，尽管"与瑞典合并是亚兰群岛人民的普遍愿望，但是绝不能因为一个少数民族的愿望就允许它脱离所属国家而加入另一个国家，只有少数民族长期受到严重不公正待遇时才能采取这种极端的措施。因此亚兰群岛应继续作为芬兰的一部分"③。

总的来说，由于国际联盟所主导的国际秩序无条件强调民族国家的安全利益（而未对其合法性提出任何要求），加之这一时期有关少数民族权利保护的条约或单方申明在少数民族权利的义务主体、保护范围和保护手段及受保护对象（权利主体）方面的局限性④，国际联盟借以通过保护少数民族权利来实现（民族）国家安全的目标未能实现。

---

① 徐显明主编：《国际人权法》，法律出版社 2004 年版，第 26 页；Thomas J Buergenthal, *International Human Rights Law*, West Group, 3rd ed., 2002, pp. 3 - 4.

② 芬兰属的亚兰群岛以前曾属于瑞典。19 世纪初，瑞典将其与芬兰一起割让给俄国，使其成为俄罗斯帝国统治下的芬兰大公国的一部分。十月革命后，芬兰获得了独立，但仍然控制着亚兰群岛。岛上的具有瑞典血统和语言的居民因此成了芬兰的少数民族公民。

③ 于琳琦：《国际联盟的历程》，黑龙江人民出版社 2003 年版，第 32—33 页。

④ 如在义务主体和权利主体方面，只规定某些欧洲国家有保护少数民族的义务，且这些义务只适用于在它们管辖下的某些少数民族。Kristin Henrard, *Devising an Adequate System of Minority Protection：Individual Human Rights，Minority Rights，and the Right to Self-determination*, published by Kluwer Law International, Martinus Nijhoff Publishers, 2000, p. 6.

（二）"二战"后的少数民族权利保护与国家安全

"二战"以极端的方式展现了少数民族命运与国家安全（主体民族命运）的某种关联。纳粹德国从一般的反犹言论开始，一步一步先是撤销犹太裔的公务员资格，然后通过《纽伦堡法案》全面取消犹太人的德国国民权利，继而到禁止犹太人进入大多数专业工作领域，再到对犹太人的民事财产资格的剥夺，直至最后完全公开的驱逐和屠杀。犹太少数民族权利遭褫夺的路线图，也是德国民族国家安全一步一步陷入危亡的必然历史路径——当排挤和清洗犹太人成为德国国家民族主义强劲的精神动力时，德国已经是不仅为自己的国家安全，也为欧洲其他国家乃至世界各国的国家安全埋下了巨大的祸患。

"二战"后，国际社会开始深刻思考少数民族问题及其相关联的国家安全及多数人的命运问题。1945 年 11 月的《联合国教育、科学及文化组织组织法》认识到，"现已告结束之此次大规模恐怖战争之所以发生，既因人类尊严、平等与相互尊重等民主原则之遭摒弃，亦因人类与种族之不平等主义得以取而代之，借无知与偏见而散布"。联合国大会在一份名为"少数民族命运"的决议中，近乎沉痛地表示"再也不能对少数民族的命运漠然不顾了"[①]。少数民族的命运不仅仅关乎少数人自身，而且也关乎国际和平，影响到各民族国家的安全，并继而影响到多数人的命运。鉴于此，《世界人权宣言》《公民权利和政治权利国际公约》《经济、社会、文化权利国际公约》反复指出"对人类家庭所有成员的固有尊严及其平等的和不移的权利的承认，乃是世界自由、正义与和平的基础"[②]。这里，被称为国际人权宪章的三个国际法文件共同确认：所有人（包括少数民族）的人权和尊严被认为是世界自由、正义尤其是和平的基础。

在国际人权宪章中，少数民族的权利首先采取了普遍权利的形式。《世界人权宣言》规定，"人人生而自由，在尊严和权利上一律平等"，"人人有资格享有本宣言所载的一切权利和自由，不分种族、肤色、性别、语言、宗教、政治或其他见解、国籍或社会出身、财产、出生或其他

[①]　The UN General Assembly resolution 217 C (Ⅲ), 1948.

[②]　国际人权法教程项目组编写：《国际人权法教程》第二卷（文件集），中国政法大学出版社 2002 年版，第 1、5、27 页。以下国际人权法引文，除非另有注明，一律引自此书。

身份等任何区别";《公民权利和政治权利国际公约》和《经济、社会、文化权利国际公约》做了相似规定。《消除一切形式种族歧视国际公约》也规定,人人有权享受世界人权宣言上所载的一切权利与自由,"无分轩轾,尤其不因种族、肤色或民族而分轩轾"。

在坚持普遍主义立法模式的同时,少数民族权利保护立法也采取了特殊规定的形式。《公民权利和政治权利国际公约》第 27 条规定"在那些存在着人种的、宗教的或语言的少数人的国家中,不得否认这种少数人同他们的集团中的其他成员共同享有自己的文化、信奉和实行自己的宗教或使用自己的语言的权利"。《消除一切形式种族歧视国际公约》第 1 条规定,"专为使若干须予必要保护的种族或民族团体或个人获得充分进展而采取的特别措施以期确保此等团体或个人同等享受或行使人权及基本自由者,不得视为种族歧视,但此等措施的后果须不致在不同种族团体间保持个别行使的权利,且此等措施不得于所定目的达成后继续实行"。

总之,"二战"后,在国际社会的努力下,联合国陆续颁布了一系列保护少数民族权利的公约、宣言和其他国际文件。这些公约、宣言和国际文件初步确立了少数民族权利保护的"平等保护""非歧视"和"特殊保护"原则,开辟了少数民族权利保护的历史新纪元。

"二战"后少数民族权利的跨国保护已不再局限于几个国家,从立法框架上来看,它涉及世界上所有的国家和地区。从权利保护的范围来看,已经大大超越了早期的宗教权利及其后的笼统的公民权利,涉及政治、经济、文化、宗教等一系列权利。最引人注目的是,"二战"后的少数民族权利保护已然升格为对基本人权和自由的保护。这一点不仅为少数民族权利保护提供了新的保障,而且也为主权国家设定了相应的义务及行动的界限,使得国家安全不再是一个无条件的压倒一切的利益。在这方面,最明显的例子是《世界人权宣言》第 2 条、《公民权利和政治权利国际公约》第 1、第 4 条和《经济、社会、文化权利国际公约》第 1 条的规定。

《世界人权宣言》第 2 条规定,"人人有资格享有本宣言所载的一切权利和自由,不分种族、肤色、性别、语言、宗教……不得因一人所属的国家或领土的政治的、行政的或者国际的地位之不同而有所区别",这一规定实际上在法理上设置了超越具体主权国家的"普遍的"少数民族权利,它意味着主权国家不能凭借包括国家安全在内的借口,而消减这一权利。这一点在《公民权利和政治权利国际公约》中规定得更为清晰,其

第 4 条申明，"在社会紧急状态威胁到国家的生命并经正式宣布时，本公约缔约国得采取措施克减其在本公约下所承担的义务，但克减的程度以紧急情势所严格需要者为限，此等措施并不得与它根据国际法所负有的其他义务相矛盾，且不得包含纯粹基于种族、肤色、性别、语言、宗教或社会出身的理由的歧视"。此外，《公民权利和政治权利国际公约》和《经济、社会、文化权利国际公约》第 1 条规定的"所有人民都有自决权，他们凭这种权利自由决定他们的政治地位，并自由谋求他们的经济、社会和文化的发展"，也具有限制主权国家、保护少数民族权利的国际法意义。①

当然，应该看到，"二战"后新的国际体系建立的主要动因在于追求国际社会的和平与主权国家的安全。这一点不仅可以从联合国制定的各种宣言、公约等一系列国际文件中清楚地看到，甚至在联合国成立以前的有关文件中就可以看到②。由于许多主权国家都程度不同地存在着少数民族问题，在这些国家看来，承认或赋予少数民族（权利），会或多或少地威胁到这些国家的领土或主权完整。在这种认识的主导下，不仅《联合国宪章》和《世界人权宣言》这两个极其重要的国际法文件中都没能写入一条关于少数民族权利保护的条款③，而且在迄今为止最重要的，也是最具约束力的少数民族权利保护的国际法条文——《公民权利和政治权利国际公约》第 27 条也被以国家消极不作为的形式予以规定。以下简单展开。

在制定 27 条的过程中，困扰《世界人权宣言》的分歧继续存在。新世界的移民国家（美国、加拿大、澳大利亚、新西兰等）和新独立的亚非国家（印度等），为了国家安全和统一，都力主融合和同化少数民族（政策）。而有着领土变更导致的各种少数民族问题的欧洲各国，多主张

---

① 其中"他们凭这种权利自由决定他们的政治地位，并自由谋求他们的经济、社会和文化的发展"这一句被认为同时也是内部政治自决权的依据。按照这种自决权，一国内的少数民族可以通过广泛的自治或参与国家政治决策来实现权利的保护。在法理上及一些国家的实践中，这一权利具有限制主权国家的意义。

② 1943 年 10 月，中、美、英、苏四国在莫斯科发表《普遍安全宣言》，声明有必要建立一个普遍性的国际组织，以维护国际和平与安全。

③ 时任联合国秘书长及苏联、南斯拉夫等国都提出了这方面的草案，但都没有形成结果。苏联也因此在对《世界人权宣言》的表决中弃权。当然，按照联合国关于少数民族命运决议中的说法，《世界人权宣言》中之所以没出现关于少数民族权利的专门条款，是因为"很难采取统一的办法，解决这一在每个国家情况都有所不同的复杂和微妙的问题"。The UN General Assembly resolution 217 C (III), 1948.

保护少数民族权利，以利于国家的统一与安全（当然，对于社会主义的苏联来讲，还存在着社会主义的价值取向问题）。从此基本分歧出发，在受保护的主体范围方面，苏联坚持将受保护的主体限制为"少数民族"（national minority），但多数国家坚持使用"人种的、宗教的和语言的少数人"的界定形式。关于土著人，人权委员会和联合国大会的一些代表认为，美洲的印第安人或澳大利亚的土著人不属于"种族、语言或宗教上的少数人"，其中，澳大利亚代表声称"土著人太原始了，以致不能被看作是少数人的群体"。智利建议在"人种的、宗教的和语言的少数人"前面加上"长期存在的、稳定和明确的"，以确保移民不被视为"少数人"。与此相类似，在少数人权利的属性上，多国展开了激烈的争论，公民权利与人权、个人权利与群体权利、消极权利与积极权利的类分成为争论的焦点。苏联的"少数民族"的方案，被认为除了"使27条的适用范围变得更为狭窄"外，更重要的是，它还有"一种主观因素：共同的意识和要求独立的政治意愿"，这使得国家的安全和统一受到威胁。移民的明确受保护则"会刺激新的少数群体的形成并因此威胁国家统一"，"在联合国大会社会、人道及文化委员会上，人们所强调也是防止第27条被滥用来威胁国家统一"①。总之，在"少数人"权利属性方面，"人权""群体权利""积极权利"的取向被认为不利于国家的安全与统一。

从以上情势出发，27条最终被表述为"在那些存在着人种的、宗教的或语言的少数人的国家中，不得否认这种少数人同他们的集团中的其他成员共同享有自己的文化、信奉和实行自己的宗教或使用自己的语言的权利"。这一表述充分表明了联合国主要国家在保护少数民族权利问题上存在的顾虑。它们一般认为，少数民族的权利威胁国家的团结与安全，过于积极保护少数民族的权利容易导致外部干涉。②

在27条的理解和解释方面，人权委员会及相关国家多倾向于将少数民族权利解释为个人权利，而非威胁国家安全的集体权利。在权利救济方

---

① ［奥］曼弗雷德·诺瓦克：《民权公约评注——联合国〈公民权利与政治权利国际公约〉》（上），毕小青、孙世彦等译，生活·读书·新知三联书店2003年版，第479、478、484页。

② See Michael Freeman, *Human Rights: an Interdisciplinary Approach*, Cambridge: Polity Press, 2002, p.115.

面，人权委员会有时以来文"没有穷尽国内的救济手段"为由拒绝受
理①；有时将自称是"人民"的土著人申诉降格为"少数人"申诉②，以
最大限度地回避对有关国家的国家安全和统一造成影响。

从一些区域性的公约来看，《欧洲人权公约》《美洲人权公约》及
《非洲人权与民族权宪章》都分别以"平等保护"和"非歧视"的普遍
主义方式规定了少数民族权利的保护问题，其中《欧洲人权公约》第 9
条的"思想、良心和宗教自由"、《美洲人权公约》第 12 条的"良心和宗
教自由"和《非洲人权与民族权宪章》第 8 条的"良心、信教及宗教的
自由仪式受到保障"，还带有明显的保护少数民族集体权利的性质。同样
值得关注的是，这些公约都规定了"在威胁国家生存的公共紧急时期"
和为"保护国家安全"而克减包括少数民族在内的其他主体的权利。

（三）冷战后的少数民族权利保护与国家安全

冷战后，由于欧洲再次发生了较大范围的既存国家分解为若干国家的
历史事件及相伴生的源于少数民族问题引发的冲突，少数民族权利保护及
国家安全问题再次引起世界的关注。国际社会意识到，日益升级的民族、
种族和宗教冲突，已严重威胁到有关国家的经济、文化、社会和政治制度
及领土完整③，"满足那些在种族、宗教、语言上属于少数的人的渴望，
保障他们的权利，可以缓和民族间的紧张局势，有利于少数者所在国家的
政治和社会稳定……也是国家和平与稳定的决定性因素"。这一时期，有
两个历史事件（线索）提供了观察少数民族权利保护与国家安全问题的
典型视角。一个是 1992 年联合国大会通过《在民族或族裔、宗教和语言
上属于少数群体的人的权利宣言》，一个是 1990 年以来欧洲在少数民族权
利保护方面采取了一系列政策、立法和措施。

---

① 在处理不列塔尼人就学校和公共机构使用不列塔尼语问题针对法国的来文中，人权委员
会以"未穷尽国内补救"为由宣布来文不可受理。人权委员会的做法与法国政府的声明密切相
关。该声明说鉴于（法国）宪法第 2 条规定"法国是一个不可分割的共和国"，公约 27 条对法
国不适用。[奥] 曼弗雷德·诺瓦克：《民权公约评注——联合国〈公民权利与政治权利国际公
约〉》（上），毕小青、孙世彦等译，生活·读书·新知三联书店 2003 年版，第 478—479 页。

② 在卢比肯湖营居群案中，虽然来文者声称加拿大政府在开发资源和工业化过程中，破坏
了他们的环境和经济基础，从而侵犯了他们的自决权，但人权委员会根据第 27 条而非第 1 条审
理了这一来文。同上注，第 487—488 页。

③ See UN Human Rights Fact Sheet No. 18 on Minority Rights (1992).

　　《在民族或族裔、宗教和语言上属于少数群体的人的权利宣言》是第一个专门致力于少数民族权利保护的联合国文件。它是《公民权利和政治权利国际公约》第 27 条关于少数民族权利保护的继续和发展。其最大特点是改变了第 27 条关于少数民族权利保护的消极、否定式的表述方式，即"不得否认……这种权利"，并确定了国家在保护少数民族权利方面的积极义务。"宣言"第 2 条明确规定，在民族或族裔、宗教和语言上属于少数群体的人有权私下和公开、自由而不受干扰或任何形式歧视地享受其文化、信奉其宗教并举行其仪式以及使用其语言。同时，"宣言"第 2 条还规定了少数民族的有效参与权、结社自由权及"与在民族或族裔、宗教和语言上与他们有关系的其他国家的公民建立和保持跨国界接触的权利"等。在国家义务方面，"宣言"规定，"各国应在各自领土内保护少数群体的存在及其民族或族裔、文化、宗教和语言上的特征，并应鼓励促进该特征的条件；应采取必要的措施确保属于少数群体的人可在不受任何歧视并在法律面前完全平等的情况下充分而切实地行使其所有人权和基本自由；应采取措施，创造有利条件，使属于少数群体的人得以表达其特征和发扬其文化、语言、宗教、传统和风俗；应采取适当措施，在可能的情况下，使属于少数群体的人有充分的机会学习其母语或在教学中使用母语；应考虑采取适当措施，使属于少数群体的人可充分参与其本国的经济进步和发展"，等等。此外，"宣言"还确认"各国为确保充分享受本宣言所规定的权利不得因其表现形式而视为违反《世界人权宣言》所载平等权利"。为保障所规定的种种权利得以实现，"宣言"要求各国采取适当的立法和其他措施[1]。

　　《在民族或族裔、宗教和语言上属于少数群体的人的权利宣言》第一次将《公民权利和政治权利国际公约》第 27 条的谨慎的、措辞模糊的少数民族权利具体化、明确化，使各国在有关少数民族权利保护的实践中有章可循，有据可依。作为目前为止对《公民权利和政治权利国际公约》第 27 条的权威性解释，"宣言"的颁布对少数民族权利保护具有重要的政治及道义引领的价值。

　　当然必须看到，"宣言"强调少数民族权利保护一点也不意味着对国家安全价值的轻慢。相反，作为主权国家对少数民族权利保护标准达成妥

---

[1]　See UN Document A/RES/47/135.

协的产物，"宣言"在每一个方面都表现出对国家安全的重视。首先，关于制定"宣言"的动机，正如其前言中指出的那样，是"考虑到促进和保护在民族或族裔、宗教和语言上属于少数群体的人有利于他们居住国的政治和社会稳定"；其次，在为主权国家设定义务时，"宣言"多处使用诸如"应酌情""采取适当的措施""在可能的情况下""适当的时候"等宽松模糊的措辞，以利于主权国家在少数民族权利保护方面自由裁量；最后，关于少数民族权利保护的"度"或界限，"宣言"第 8 条第 4 款强调，本宣言的任何内容均不得解释为允许从事违反联合国宗旨和原则包括主权平等、领土完整和政治独立的任何活动①。

从更广泛的背景来看，"宣言"的颁示，是对"二战"以来流行于各国的同化主义所引起的少数民族问题持续紧张的一个回应。通过更好地保护少数民族权利而不是同化少数民族，来换取（多）民族国家的社会和谐、政治稳定和国家安全，已成为"宣言"出台时许多国家的共识。在这方面，欧洲国家的情况更为明显。

20 世纪 90 年代以来，伴随着中、东欧地区民族国家的裂变，欧洲进入民族问题的"多事之秋"（同时也迎来了欧盟东扩的战略机遇）。为了保证少数民族问题不至于影响裂变后中、东欧诸国乃至欧盟国家的政治稳定和国家安全，从 1990 年起，欧洲委员会等区域性组织一改在少数民族群体权利保护问题上的犹豫姿态，陆续出台了许多保护少数民族权利的建议、决定、公约或条约。通过这些建议、决定、公约或条约，欧洲形成了自己特有的少数民族权利保护的"普遍标准"或最低标准。以下述之。

在 1990 年提出的关于少数民族权利的建议书中，欧洲委员会（议会大会）明确指出尊重少数民族的权利是和平、正义、稳定和民主的要义。少数民族语言和文化的复兴是欧洲文明丰富性和活力的标识。建议书指出，随着中、东欧国家民主化进程的推进，严峻的少数民族问题已经出现。欧洲委员会必须谨记少数民族的权益，将其作为与中、东欧国家合作与协商的主要议题之一。建议提出了少数民族权利保护的最低标准，在此标准中明确提出"给予一个处境特殊的少数民族以特殊的优惠是正当的"。值得注意的是，建议对具有明显特征的、长期居于一国特定领土之上的、其成员是该国国民的少数民族（national minority）提出了单独的最

---

① See UN Document A/RES/47/135.

低标准。这些标准大致有：保存及发展其文化的权利；拥有他们自己教育、宗教及文化机构，以及为达此目的而拥有的获得社会捐赠和政府资助的权利；充分参与有关保存和发展他们的认同的决策及（参与）这种决策实施的权利。此外，每一个少数民族的成员也必须遵守源于他的公民身份或在欧洲国家居住身份的义务①。

关于国家义务，建议书提出，国家要采取一切必要的立法的、行政的、司法的和其他措施，以创造有利条件，使少数民族能够表达他们的认同，发展他们的教育、文化、语言、传统和风俗；采取必要措施，一方面，在各民族宽容和互相尊重的氛围里，消除偏见和促进彼此的知识和理解；另一方面，发展积极的、利于团结的公民参与，使各民族的人真正融入共同的公民身份。建议书还明确了国家的消极义务即不得采取对少数民族的强制同化政策；不得用行政的手段改变少数民族居住区的人口结构；不得迫使少数民族必须居留在地理意义或文化意义上的"社区"内。建议书还提到国家要全面贯彻实施《公民权利和政治权利国际公约》第27条的规定②。

在1992年的建议书中，欧洲委员会（议会大会）建议部长委员会给欧洲委员会一个"合适的调停机构"以观察和记录、建议和预测、讨论和调停处理欧洲国家的有关少数民族的冲突问题③。

1992年，欧洲委员会颁布了《欧洲区域性或少数人语言宪章》；1995年通过了《欧洲保护少数民族框架公约》。"语言宪章"确认在私人生活和公共生活中使用少数民族语言"是一项不可剥夺的权利"④，提出要保护和促进少数民族的语言权利。"框架公约"首先在其序言中指出，欧洲历史上的动荡巨变表明，保护少数民族权利是维护欧洲大陆的稳定、安全、和平之必需。公约比较全面地规定了少数民族权利，包括在法律面前的平等权和平等受到法律保护的权利；和平集会权、结社自由权、表达自由权、思想、良心和宗教自由的权利；表明宗教或信仰的权利和建立宗教

---

① See Parlimentary Assembly, Council of Europe, Recommendation 1134 (1990), "On the Rights of Minorities".

② Ibid..

③ See Parlimentary Assembly, Council of Europe, Recommendation 1177 (1992), "On the Rights of Minorities".

④ See Preamble of European Charter for Regional or Minority Languages, European Treaty Series – No. 148.

机构、组织和社团的权利；使用和学习本民族语言的权利；建立和管理他们自己的私人教育和培训机构的权利，等等。为了切实保障这些权利的实施，公约还比较详细地规定了国家的积极义务和消极义务①。

在少数民族权利保护方面，最引人注目的是欧洲安全与合作组织（Organization for Security and Cooperation in Europe，前身为"欧洲安全与合作会议"），这个致力于解决欧洲国家安全问题的区域性组织，从 1990 年以来陆续颁布了许多涉及少数民族权利保护的重要文件②。这些文件为其成员国规定了保护少数民族的任务、原则、标准乃至制度或机制③，成为欧洲少数民族权利保护的一个重要组成部分。

为了充分保证上述少数民族权利保护的"欧洲标准"能够在中、东欧的后共产主义国家实行，北约或欧盟还将其作为加入的前提条件④。

三　少数民族权利保护与国家安全的关系辩证

以上，我们以相关国际条约为主线回顾和分析了 16 世纪特别是威斯特伐利亚体系建立以来的少数民族权利保护与国家安全的关系问题。我们发现，迄今为止，尽管国际条约中的少数民族权利保护，已程度不同地融入"正义""平等"等价值理念，但主导少数民族权利保护的价值理念仍然是维护国家安全。换句话说，国家安全的考量依旧是主导少数民族权利保护的决定性因素⑤。

以国家安全考量少数民族权利是一个普遍的历史和现实现象。毋庸置疑，在当代世界体系下，国家依旧是政治和社会秩序的不二的缔造者和维

---

① See Articles 4、5、6、9、10、12、14、15、16、17 of European Charter for Regional or Minority Languages, European Treaty Series – No. 148.

② 如《关于人类向度的哥本哈根会议文件》（1990 年），《少数民族专家日内瓦会议报告》（1991 年），《关于人类向度的莫斯科会议文件》（1991 年），《关于少数民族高级专员的赫尔辛基决定》（1992 年），《关于人类向度的赫尔辛基决定》（1992 年）等。

③ 其中引人关注的是少数民族高级专员（High Commissioner for National Minorities）制度或机制，它已成为实践中保护少数民族、防范冲突和危机的一支重要的"行动中力量"。

④ See Will Kymlicka, "Universal Minority Rights?" *Ethnicities*, Vol. 1/1 (2001).

⑤ 实际上，自民族国家构建以来（尤其是在民族国家早期），即使在完全不考虑少数民族权利保护的均质化框架下，国家安全也几乎一直是一个压倒性的问题。霍布斯的自由主义和国家学说典型地说明了这一点，为了维护"利维坦"的权威和君主专制主义的统治，霍布斯将他笔下的公民权利限制在"和平、安全"及经济领域内，政治领域的公民权利和自由几乎排除在外。

护者。国家也几乎是所有公共产品的提供者。因此，对多数民族来说，国家安全的意义自不待多言。而且，就一般情况而言，国家安全对少数民族群体来说也意味着更大的利益。从这个意义上来看，国家安全具有普遍的实用主义和道德价值。

但是，也应该看到，以国家安全考量少数民族权利也存在着无法解决和不能自洽的难题和困境。首先，从道义上讲，以国家安全（多数民族）的利害为标准裁量少数民族的权利（包括生存权利和体面生活的权利），面临着功利主义者所（曾经）面临的矛盾和困境；其次，从技术或操作上看，限制和保障少数民族权利哪个更有利于国家安全是一个难以在技术上求证的问题。或者说，在特定的多民族国家，哪些少数民族权利有利于国家安全而需要事先加以规定，而哪些（少数民族）权利需要在确保国家安全后才能赋予是一个难以操作的问题。实际上，在少数民族权利保护与国家安全的关系问题上，并没有一个可以在技术上一一对应的因果链条，少数民族权利保护是否有利于国家安全取决于一些中介性变量。最后，从终极价值来看，国家安全归根到底只具有中介性意义而不具有目的性意义，因为人类建构国家的初衷是为了满足个体与群体对维护肢体与生命安全的普遍性需要①。换句话说，国家是人（民）追求安全与幸福的手段，而不是目的。以下分述之。

（一）国家安全价值理念的政治哲学基础及其困境

从政治哲学基础来看，国家安全（或多数民族的利害）的价值理念所倚重的是功利主义的"最大多数人的最大幸福"原则。这一原则的最大问题是，它难以尊重少数族群尤其是个人权利。在功利主义者看来，少数族群的权利或个人的权利，只有在和多数人的权利或他人的权利统计在一起的时候，才有意义。按照这个逻辑，功利主义哲学"就有可能纵容许多无视人类基本尊严的行为"。桑德尔用"将基督徒扔给狮子"和"快乐之城"两个例子来阐释功利主义哲学的危害和其在道义上的不可接受性②。他提到，在古罗马时期有一种"将基督徒扔给竞技场中的狮子"的

---

① 参见［美］莱斯利·里普森《政治学的重大问题：政治学导论》，刘晓等译，华夏出版社 2001 年版，第 44 页。

② ［美］迈克尔·桑德尔：《公正——该如何做是好》，朱慧玲译，中信出版社 2012 年版，第 41、44—45 页。

大众娱乐项目。按照功利主义的逻辑，当狮子撕裂并吞食基督徒时，虽然受害者遭受了极大的痛苦，但"那些围在竞技场边欢呼着的观众们却感受到了狂喜"，如果有足够多的罗马人从这一残暴的景象中获得了足够多的快乐，逻辑上或价值观上，功利主义者是没有理由谴责这一暴行的。

在"快乐之城"的案例中，桑德尔借助于厄休拉·勒吉恩（Ursula K. Le Guin）的短篇小说《离开欧麦拉的人》讲述了这样一个故事：在一个没有国王和奴隶，没有广告和股票交易，也没有原子弹的拥有幸福感和公民荣誉感的名叫欧麦拉的城市的另一角——一栋漂亮的公共建筑的地下室里或某栋宽敞的私人住宅的地窖里，有一个锁着门并且没有窗户的房间里，坐着一个有些弱智、营养不良的孩子，他被幸福城里的人们所忽略，在极度痛苦中勉强维生。"所有的欧麦拉人都知道，他就在那里……他们都知道，他得待在那里……他们明白，他们的幸福、他们的城市之美、他们的友谊之情及孩子们的健康……甚至粮食的大丰收和风调雨顺的天气，都完全取决于这个孩子所受的可怕的痛苦……如果人们把这个孩子带出那个污秽之地以见天日，如果人们把他清理干净并喂饱他、让他感到舒适，这确是一件好事。可是，如果人们这样做，那么欧麦拉人所有的繁荣、美丽和喜悦，在那一刻都将衰退并被毁灭。这就是条件。"①

将大多数人的幸福建立在一个孩子的悲惨境遇之上，用功利主义哲学的最大多数人的最大幸福原则来计量，这显然是一个权衡利害、合乎功利的适当之举。然而如我们从其他价值观如维护基本人权的角度来看，这显然是不可接受的。

也许在有些人看来，这个以一个孩子的幸福换取大多人的幸福的例子有些极端，并且，功利主义者并不总是这样短视和急功近利，他们对利害关系往往会有着更深的考量——比如"推己及人"——例如在"将基督徒扔给狮子"的案例中，"功利主义者可能会担忧，这样的游戏会使人们变得粗野，因而在罗马的街头引起更多的暴力；抑会引起那些潜在受害者们的恐惧和战栗，他们某一天也有可能被扔给狮子。如果这些后果足够坏的的话，那么它们或许会超过这个游戏带来的欢乐，并给功利主义者禁止它的理由"。对此，桑德尔评价说："如果这种考虑就是反对为了娱乐大

---

① Ursula K. Le Guin, *The Ones Who Walk Away from Omelas*, 转引自［美］迈克尔·桑德尔《公正——该如何做是好》，朱慧玲译，中信出版社 2012 年版，第 44—45 页。

众而残害基督教徒的唯一理由，那么，难道就没有丢失某些具有道德重要性的东西吗？"① 这里，桑德尔所谓的"丢失某些具有道德重要性的东西"实际上是在暗示，功利主义者的这种价值判断标准和逻辑，仍然建立在一种赤裸裸的利害关系之上，而不是基于更高的价值理念如保障基本人权或公平、正义等。

对于功利主义的这种"最大多数人的最大幸福"价值观，麦金太尔在其《谁之正义？何种权利？》一书中也予以反驳，他假设：在一个有 12 个人的社会中，10 个人是虐待狂，这 10 个人将从虐待其他两个人中获得快乐。按照功利主义的原则，为了"最大多数人的最大幸福"，那两个人受到的虐待就是正义的或合理的。

罗尔斯在批评功利主义的原则时也指出，按照功利主义的信条，"如果一个社会的主要制度被安排得能够达到所有社会成员满足总量的最大净余额。那么这个社会就是被正确组织的，因而也是正义的"②。他认为，功利主义观点的突出特征是它不关心"满足的总量怎样在个人之间分配"，原则上它"没有理由否认可用一些人的较大得益来补偿另一些人的较少损失，或更严重些，可以为使很多人分享较大利益而剥夺少数人的自由"③。

功利主义原则的主要特点在于，它所设想的"最大多数人"是一群没有差别的、没有特征的均质化人，通过这些人各自最大限度地追求快乐，来实现整个社会的快乐或幸福最大化。它的最大问题在于：只要能够实现最大多数人的最大幸福，功利主义者对少数人或个人的幸与不幸是在所不问的。作为自由主义思想的策源地，功利主义的这一价值观实际上与传统的多数民主、大众民主所秉持的民主价值观是互为表里的、内外相通的，其共同的危害是可能导致多数人的暴政。④

以功利主义为基础的国家安全（或多数民族的利害）的价值理念，将多数民族的最大幸福建立在忽视甚至牺牲少数民族权益的基础之上，其

---

① "唯一理由"的重点号乃笔者所加。[美] 迈克尔·桑德尔：《公正——该如何做是好》，朱慧玲译，中信出版社 2012 年版，第 41 页。

② [美] 约翰·罗尔斯：《正义论》（修订版），何怀宏等译，中国社会科学出版社 2009 年版，第 18 页。

③ 同上书，第 21 页。

④ 这也是功利主义在自由主义体系内遭到广泛批评的重要原因。在自由主义看来，每一个人的幸福和尊严都同等重要，牺牲一个人或少数人，去满足共同体或大多数人的利益，是违反自由主义基本价值观的。

道义性缺陷是不言而喻的。康德认为功利主义把人当作达到他人幸福的手段，违背了人本身就是目的这一原则。套用这句话，多数民族把少数民族当作达到自己幸福的手段，它也违背了少数民族作为人本身就是目的这一原则。

从更为久远的视野观之，以功利主义为基础的国家安全观可以追溯到马基雅维利时代。其时，以马基雅维利为代表的资产阶级政治（哲学）家，为追求所谓城邦的安全，摒弃了自苏格拉底时代以来就有的追求"美德""正义"的求善精神和古典传统，将城邦的安全建立在赤裸裸的利害关系之上。这种马基雅维利式的以邻为壑的（城邦）国家安全观，在维护有关城邦短期安全的同时，也为近代以来的欧洲国家（准国家）间的混战和整体不安全埋下了伏笔。

（二）国家安全价值理念的技术向度问题

技术上，在少数民族权利保护与国家安全之间并不存在绝对的正相关或负相关的对应关系。实践中少数民族权利保护能否产生有利于国家安全的后果，取决于以下几个中介性变量。① 限于篇幅，以下纲要性论及。

1. 少数民族权利立法的中介性变量

少数民族权利立法是影响国家安全问题的重要因素。一个良好的少数民族权利立法不仅能够有效保障少数民族的权利，而且可以从道义上防范因少数民族问题而起的社会骚乱甚至分离分裂等危害国家安全的行为。一般来说，良好的少数民族权利立法应该兼顾科学性、民主性和公正性。其中，科学性要求立法必须客观、准确地反映（少数）民族国情，能够有针对性地预防和解决实践中存在的问题；民主性要求立法不仅要体现传统的代议民主等传统民主形式，而且要体现协商民主等新的民主形式（协商民主对少数民族权利立法具有更实际的意义）；公正性要求立法不仅要关照到当前少数民族的弱势地位，而且要适当考虑补偿历史不公正待遇问题。

立法的政治策略性是少数民族权利立法中特有的现象。它是指当客观

---

① 田源在《移民与国家安全》（世界知识出版社 2010 年版）中提出了移民威胁国家安全的种种衍生条件，其出发点虽基于移民，但其对我们研究少数民族权利与国家安全问题是富有启发性的。

条件不足以让有关国家采取上述性质的立法时，为了维持传统族群力量的平衡格局而采取的额外优惠的少数民族权利立法。这种立法虽在一般意义上缺乏足够的科学性、民主性、公正性，但它由于有利于整个国家乃至周边国家的安全而被认为具有相当的合法（理）性。

2. 少数民族群体自身特点的中介性变量

少数民族群体自身的特点大致包括了与主体民族的种族差异性、语言文化差异性、人口数量及地理分布等。一般来说，在其他条件不变的情况下，少数民族群体自身的文化、种族异质性越强，人口数量越大、居住越集中，越容易产生影响国家安全的消极后果。

3. 国家地缘政治地位的中介性变量

国家地缘政治地位指一国在有价值的战略空间所处的地位。一般来说，一国的战略地位越重要，其国内的少数民族保护问题就越容易转化为影响国家安全的重要因素。历史上美国对多米尼加、格林纳达、巴拿马的入侵和控制就是以保护其侨民为借口的。这些国家的安全受到威胁，原因显然不是这些国家的移民（民族）政策出了什么问题，而在于它们重要的地缘政治地位。① 现实中，最突出的一个例证是最近发生的乌克兰民族问题——尽管 1991 年独立尤其是 2004 年"橙色革命"以来，乌克兰的"去俄罗斯化"政策对于离心俄罗斯少数民族有着不可忽视的作用，但从总体上看，东部俄罗斯族聚居区尤其是克里米亚地区独立诉求的起因，主要不是同化或民族排斥所造成的，因为俄罗斯少数民族与乌克兰民族在血缘与文化上相近，而且从历史的情况来看，两个民族的关系较为融洽，俄罗斯少数民族对乌克兰（国家）也有着较强的认同。乌克兰（少数）民族问题的激化，显然与它的地缘政治地位有着密切关系。乌克兰处于俄罗斯与欧盟、北约之间的缓冲带，其战略地位决定着无论它是"回俄"还是"入欧"，都会引起大国军事集团的均势失衡。在这种情况下，其国内的主要少数民族——俄罗斯族就成为大国之间斗争的筹码。俄罗斯试图利用同文同种的文化和民族优势将其拉入怀抱，在其策动下，俄罗斯少数民族不仅追求自治，而且追求政治上的自决权，即建立独立主权国家。另外，欧盟和美国西方集团则支持乌克兰的主权建设理念"我们的乌克兰"，力图通过整合乌克兰民族和其俄罗斯少数民族，使乌克兰摆脱俄罗

---

① 田源：《移民与国家安全》，世界知识出版社 2010 年版，第 114—115 页。

斯的影响，从而成功入欧——加入欧盟和北约军事集团。

　　显然，在上述地缘政治关系的影响下，乌克兰的少数民族权利保护与其国家安全的关系，已不再具有直接对应性的因果关系，即无论乌克兰的民族政策如何制定，都可能难以避免其少数民族（权利保护）问题对国家安全构成的威胁。

　　4. 领土存在国际争议的中介性变量

　　如果一个少数民族所在国存在着与他国的领土争议，如果所争议的领土上又恰好存在着跨界民族，如果其中一方是一国的少数民族，另一方是领有国家的主体民族。在这种情况下，无论少数民族所在国一方采取的少数民族保护政策是否得当，都可能出现不利于国家安全的后果。

　　5. 跨族群国家认同的政治整合功能的中介性变量

　　如果说，上述四个中介性变量属"要件性"变量的话，那么跨族群国家认同的政治整合功能的中介性变量则是一种"环境性的""基础性变量"。跨族群国家认同的政治整合是指国家的建构和运行超越于任何一个具体的民族（包括主体民族）认同之上。国家作为真正抽象的、普遍的、无差别的政治联合体在其政治参与、经济成果的共享、文化价值观的建构及社会政策的制定方面，奉行一种多民族共和的方略，其结果是各个民族的政治声音、经济行为和文化因子都能够在国家共同体中有所展示，有所体现，各民族都能够平等地受益于国家共同体的各种安排。从向度上来看，这是一种"双向度的"（two-way street）整合①，即一方面，少数民族面对既定的国家建构做一定的适应性改变；另一方面，国家的新的建构行为面对少数民族做一定的调整性变革。

　　需要指出的是，目前一些国家虽然已经建立起以公民制度为表征的跨族群国家认同的制度乃至机制。但在理念上和实际运行过程中，这些国家仍然是主体民族主义的。主体民族一边排斥少数民族的文化特性，另一边将自身的语言文化、价值观和传统等民族特性作为"公民文化"加以推行。这些"公民国家"实质上与那些公开或半公开的民族主义国家并没有什么区别。在国家认同的构建上，它们存在着共同的缺失，即"跨族群国家认同的政治整合功能缺失"。这一缺失在通常情况下表现为一种紧张的民族关系。在某些特殊时期，极容易引发严重的国家安全危机。哈夫

---

① See Will Kymlicka, "Universal Minority Rights?" *Ethnicities*, Vol. 1/1 (2001).

等人把现代国家中容易造成国内政治和社会冲突的少数民族团体分为种族民族主义群体（ethnonationalists）、原住民（indigenous people）、种族阶级（群体）（ethnoclass）和竞争性族群（communal contenders）四类。① 这四类群体的存在乃至进一步发展与所在国家的"跨族群国家认同的政治整合功能缺失"密切相关。

跨族群国家认同的政治整合功能缺失不仅可能导致立法上的少数民族权利在实践中归于虚无，而且还容易使主体民族成员由于对少数民族权利的意义缺乏理解而滋生对这些群体的怨恨。这种类似对"特权阶层"的怨恨一旦遇到大的政治或社会动乱，将不仅对少数民族而且对整个国家安全构成威胁。

（三）　国家安全的价值向度问题②

自 1648 年《威斯特伐利亚和约》确立民族—国家的独特历史地位（即国家主权至上或国家之上别无任何权威）以来，建立自己的民族—国家，从根本上掌握自己的命运，成为世界上绝大多数民族或人民（people）孜孜以求的目标。历史证明，（多）民族国家是迄今为止庇护不同民族或人民的最重要，也是最有效率的政治共同 [对比一下当今生活在强大的（多）民族国家的人民与那些"无国家"或无国家保护的人民的处境就可以知晓]。

然而，值得注意的是，在国家庇护人民的神话变成一个又一个的现实的同时，国家也在不知不觉中走向神坛，成为压倒一切的利益主体：似乎只要是为了"国家安全"，没有什么价值理念（目标）是不可以凌驾的。国家安全在不知不觉中演变成一种不折不扣的"政治上正确的"话语。现实中有关国家的话题，如爱国主义、国家安全，总是让人情绪激奋，充满敬畏和至高无上感。国家从最初的人民的庇护者变成一个可以脱离人民而存在的独立的、自治的主体，国家安全也随之变成了"国家的"安全。

习近平在近期的国家安全委员会会议上对国家安全的价值理念（取向）做了重点解释，他说国家安全须以人民安全为宗旨，既重视国土安

---

① See Barbara Harff and Ted Robert Gurr, *Ethnic Conflict in World Politics*, 2nd ed., Westview Press, 2004, pp. 19 – 30.

② 周少青：《国家安全的实质是人民安全》，《中国民族报》2014 年 7 月 11 日。

全，又重视国民安全，坚持以民为本、以人为本，坚持国家安全一切为了人民、一切依靠人民。习近平关于国家安全的人民主体性的讲话，对于我们进一步理解和辨析国家安全价值理念的实质提供了某种指导。

首先，国家安全的人民主体性表明，国家安全的主体是人民，人民安全才是国家安全的目的之所在。国家安全的实质是人民安全。离开了人民安全，国家安全既无根据，也无合法性可言。

其次，国家安全的人民主体性，在理论上契合了包括自由主义和马克思主义在内的经典理论家关于国家目的的论述。社会契约论认为，国家设立的目的是保护人民的自由、生命和财产。霍布斯说，"国家不过是个人的集合，国家权力只不过是个人权利的总和"；洛克认为，政府的合法性基础在于个人权利的合法让渡和授予，同时，个人保留自由权、生命权、财产权、健康权等"不可转让""不可剥夺的"的权利，尊重和保护包括这些"不可转让"的个人权利和自由是政府得以建立和延续的唯一合法基础。根据社会契约论，国家除了人民的利益以外，并不具有任何包括安全在内的自己的利益。洛克甚至提出，国家如果实际上违反了设立它的最初目的，人民有权利收回授权重新选择政府。可见，国家存在的合法性，完全建立在其所保护的人民的权利和利益基础之上，舍弃人民的权利和利益，国家便丧失了存在的前提和基础。

马克思主义在资产阶级的人民主权论的基础上，进一步发挥其国家学说。马克思主义认为，国家不是从来就有的，"它是社会在一定发展阶段的产物；国家是承认：这个社会陷入了不可解决的自我矛盾，分裂为不可调和的对立面而无力摆脱这些对立面。而为了使这些对立面，这些经济利益互相冲突的阶级，不致在无谓的斗争中把自己和社会消灭，就需要一种表面上凌驾于社会之上的力量，这种力量应当缓和冲突，把冲突保持在'秩序'的范围以内；这种从社会中产生但又自居于社会之上并且日益同社会相异化的力量，就是国家"①。马克思主义经典理论家使用了许多词汇和术语来表达对"国家"的不满甚至厌恶——他们认为，国家是"寄生的赘瘤"，是社会的超自然的"怪胎"，是从资产阶级那里"继承下来的一个祸害"，是"虚幻的共同体"；认为"任何国家都不是自由的，都不是人民的"——列宁甚至认为，无产阶级治下的国家已经"不是原来

---

① 《马克思恩格斯选集》第4卷，人民出版社1995年版，第170页。

意义上的国家"①，而是一种"半国家"——是人民通往无国家"人的自由联合体"道路上的一个过渡形式。总之，在马克思主义者看来，国家只是人民在一定历史阶段，为了避免更大的不利而不得不采用的一种政治共同体形式。国家是人民实现某种政治目的的手段，而人民才是目的本身。

再次，国家安全的人民主体性表明，在追求国家安全问题上，不能单向度地为安全而追求安全。国家安全的价值追求必须与其他价值追求如社会公平正义、基本人权等一起联动，才能真正实现人民安全的主旨。历史上包括现实中，一些国家不顾社会正义和基本人权，片面地、单向度地追求主体民族所主导的国家安全利益，其结果不仅造成了严重的侵犯少数民族权利的人权事件，而且最终其所追求的国家安全利益也落空——甚至在一些情况下，主体民族的"人民安全"也遭到极大的威胁，"二战"时期的德国是这方面典型的例子。

在以联动的价值目标追求国家安全方面，美国的经验可资借鉴。为追求美国国家和人民的安全，2010年美国政府提出了一个包含"安全""经济""价值"和"国际秩序"的"国家安全战略"。在这个战略中，"安全"被解释为美国的安全、美国公民的安全及美国盟友和伙伴的安全；"繁荣"被解释为能够促进机会和繁荣的、处于一个开放的国际经济体系的、强大的、创新的和不断增长的美国经济；"价值"则强调的是尊重国内及世界各地的普世价值；"国际秩序"指的是美国领导的国际秩序，通过加强合作来应对全球挑战，促进和平、安全和机会。美国政府也把四个价值目标称为"四个相互密切关联的永久性国家利益"，认为这四种国家利益中，每一种利益都与其他利益深切相关，没有哪一个利益可以孤立地实现。〔National Security Strategy, Executive Office of the President of the United States（May 2010）.〕国家安全既是一种重大的利益，也是一个重要的价值理念。作为一种利益，它需要与其他利益协调一致，联动而行；作为一种价值理念，它需要得到其他价值理念（如社会正义、尊重人权）的支持，同时也受到这些价值理念的制约。

最后，也是最重要的，确立国家安全的人民主体性，有利于我们在以下两个问题上形成共识：

---

① 《列宁专题文集：论马克思主义》，人民出版社2009年版，第237页。

1. "安全的命运共同体"问题

"安全的命运共同体"问题是追求国家安全目标所必须首先回答的问题，其逻辑结构和内容大概是：国家安全的主体究竟是谁？在一个统一的、多民族的主权国家中，一些主要民族能否通过种种的政治、军事或法律手段独得安全？

笔者认为，国家安全的人民主体性中的"人民"，应是政治上不可再分的"中国人民"（或者"中国各族人民"）。中国国家安全的主体应是包括了56个民族的全体中国人民。确立这种主体性前提，要求我们在实践中要常守56个民族"安全命运共同体"意识，坚决防范将某个或某些民族置于国家安全的（潜在）对立面，或者使之成为国家安全防范的对象。

"安全命运共同体"的这种完整性和不可分性，不仅具有政治上和法律上的依据，也具有哲学上的支撑。我们知道，安全是指没有危险的一种客观状态，它是主体（间）的一种属性。安全具有主体间性，它是主体间通过交往、对话、协商和相互理解而达成的一种可以预期的没有危险的状态，具有超乎主体性——主客二元对立的不以单方面意志为转移的普遍性、统一性特点。主体间性哲学提示我们：主体对自身命运的把握，必须建立在与其他伙伴主体的命运的相互关联中，没有哪一个主体（哪怕再强大）能够完全自我、孤立地确保自身的安全。主体的安全和命运从来都不是单个主体单方面可以"决定的"，只有将国家安全建立在主体间性所支撑的基础上，相关各主体才能获得真正的安全。①

国家安全的这种主体间性哲学不仅适用于处理有关国家安全的内部事务，而且同样适用于处理与国家安全相关的外部事务。习近平在国安委第一次会议上的讲话：建设国家安全，"既重视自身安全，又重视共同安全，打造命运共同体，推动各方朝着互利互惠、共同安全的目标相向而行"，体现的就是这种哲学思路。实际上，前述美国国家的安全战略，贯彻的也是这种思路。在全球化的条件下，一个主权国家的国家安全，不仅取决于其内部各种关系的协调和处理，而且也取决于其外部关系的处理和协调，这是安全命运共同体观念应有的视角。

---

① 参见周少青《"非均质化民族自治"——多民族国家处理民族自治问题的一种新范式》，《当代世界与社会主义》2013年第5期。

2. 实现国家安全的正当性问题

实现国家安全的正当性主要取决于支撑这一实现过程的利益的正当性。在我国，以人民安全为宗旨的国家安全，在本质上应体现为人民利益高于一切。换句话说，人民的利益在追求国家安全利益中具有最高的权威性和正当性。

人民的利益有近期和长远、局部和全局之分。从近期和局部来看，当前最重要的任务是集中力量打击一些地区高发的暴恐活动，保护这些地区的人民的生命和财产安全。由于暴恐活动的突发性和严重危害性，当前在打击暴恐活动不可避免地存在着一些"应急性"的"超常规"手段甚至"严打"措施，但是与所要保护的人民安全利益相比，这些手段和措施的正当性是不容怀疑的。

但是，从长远和全局来看，以人民安全为宗旨的国家安全利益的实现，需要一系列的制度、机制（程序）和价值理念来确保其实现过程的正当性。首先从制度上看，实现国家安全需要一整套的从宪法到法律、法规、政策的制度系统。其次从机制上看，国家安全的实现需要严格的程序法律来确保其实施过程的公正和透明。特别是，"当'国家利益''国家安全'的政治公式变得盛行的时候，它们需要接受严格的审查"①。最后，从价值理念上看，实现国家安全需要有"人民主权""依法治国""尊重人权"和坚守社会正义等多重价值理念做支撑，这些价值理念将确保我们所追求的国家安全符合人民长远和全局利益，同时也符合有关国际法规范。

当前，我国正处于一个十分关键的转型期，国家安全利益具有压倒一切的重要性。但是，如何追求国家安全利益或者说如何确保国家安全利益实现的正当性，是摆在我们面前的一个重大问题。目前在国家安全建设领域，还存在着法律不健全、程序不透明和价值理念有所偏差的现象，一些传统的观念如"乱世用重典"的非法治的思想仍然有很大市场。这些情况的存在，严重影响我们追求国家安全利益的正当性。

国家安全是一项带有战略性、全局性和根本性的国家利益。从长远的角度来看，对于这一重大利益构成威胁的往往不是暴恐等偶发的严重刑事

---

① Arnold Wolfers, "'National Security' as an Ambiguous Symbol", *Political Science Quarterly*, Vol. 67, No. 4（Dec., 1952）, pp. 481–502.

犯罪活动，而是一个国家的政治、法律制度和行政行为的易变性和不稳定性。放眼世界，衡量一个国家是否安全，绝不是看它是否发生过暴恐活动，而是看它即使发生了严重的暴恐活动，是否都能够严格地依照已有的法律标准和程序行事，严守其制度、实践和价值观的稳定性和权威性。在当今世界，宪法、基本制度和价值观的安全已成为衡量国家安全的重要内容和指标。

历史和一些国家的实践一再表明，缺乏正当性的国家安全利益不仅危害国内的特定群体，而且也严重威胁着一国全体公民的权利、自由和安全。极端的情况下，甚至威胁到一个国家的生存。从这个意义上来讲，追求正当的国家安全利益，本身就是对国家安全的一种保障。

（四）评价

在少数民族权利保护与国家安全问题上，金里卡指出，西方国家在少数民族权利上的转变被认为与族际关系的"去安全化"有关。他认为，在过去凡涉及少数民族的问题都一律被认为是国家安全问题。少数民族往往因其不具有主导性的国家认同而被视为不忠。最大的问题一般是如何使国家摆脱这种不忠所带来的威胁。今天，族性问题已经渐渐淡出了"安全""忠诚"等框框，而进入了一种"常态政治"的框架。在这种框架中，族裔文化群体的利益和主张，不再被认为是对国家的威胁，而是一种日常政治生活中的新内容。这种日常政治生活遵从民主政治的一般规则，受到基本正义原则的约束。金里卡继而指出，今天在许多国家，少数民族的对待问题仍然被视为国家安全问题。在此背景下，安全或忠诚问题压倒正义或公平问题：恐惧排除了对少数民族诉求合法性的理性的讨论。这说明我们难以在少数民族权利问题上达成共识，除非主体民族与少数民族的关系去安全化。[①]

事实表明，能否正确认识少数民族权利保护中的国家安全问题，是解决少数民族权利保护问题的重要前提。当前反对或不支持少数民族权利的人，无不明里或暗里地诉诸国家安全利益。[②] 而支持少数民族权利的人往

---

① See Will Kymlicka, "Universal Minority Rights?", *Ethnicities*, Vol. 1/1 (2001).
② 亨廷顿是明里诉诸国家安全利益的典型；而国内持"去政治化"等观点的人属暗里诉诸国家安全利益的代表。

往又倾向于"去安全化",或者认为少数民族权利（保护）与国家安全无涉，或者认为少数民族权利保护有利于国家安全。

以国家安全度量少数民族权利存在着道德上的悖论。不仅如此，从其他价值理念如尊重人权的价值理念来看，国家安全并不具有当然的优先性或合法性。国家在决定少数民族权利之前，需要先证明其自身的合法性或正当性。[①] 这一点是我们在理解少数民族权利保护与国家安全问题时不应忽视的。

由于少数民族权利保护价值理念中过分注重国家安全与统一利益，并且将这种利益在某种程度上与少数民族权利保护对立起来，"二战"前及其后相当长的历史时期内，少数民族权利保护始终处于国家安全与统一利益的重压之下，这一格局不仅极大地影响了少数民族权利保护的效果，而且也使国家安全与统一利益受到重大不利影响。

实践表明，在少数民族权利保护的价值理念方面，我们迫切需要一种能够超越国家安全与统一利益、更具有道德至上性与合法性的话语和评价系统。按照历史时序，首先从国家安全利益价值理念中分化或衍生出来的是尊重和保护人权的价值理念。

---

① 国家自身（及行为）的合法性前证问题在国际法上有普遍的规定，如国际人权法中大量存在的"民主社会"等前置性限制条件就是对国家合法性的一种要求。此外，"约翰内斯堡原则"中提出的"合法的国家安全利益"（Legitimate National Security Interest）也是一种对国家自身合法性的明确要求和限制。

第二章

尊重和保护人权的价值理念

按照一些学者的说法，人权问题是"人之所以为人"的元问题①。一个人是否应该享受人权只取决于他是否是人类大家庭中的一分子，即是否属于人类本身。从这个意义上来说，人权是人类历史上权利主体最为广泛的权利类型。亨金也说过"人权是普遍的，它们属于任何社会中的每一个人。人权不分地域、历史、文化、观念、政治制度、经济制度或社会发展阶段。人权之所以称为人权，意味着一切人，根据他们的本性，人人平等享有人权，平等地受到保护，不分性别、种族和年龄，不分'出身'贵贱、社会阶级、民族本源、人种或部落隶属，不分贫富、职业、才干、品德、宗教、意识形态或其他信仰"②。

然而，回溯历史，少数族群作为人权保护的主体，或者说，作为"人"的少数民族的人权保护制度的形成，还是经历了相当漫长的时间。

一　少数族群成为人权保护主体的历史过程

早在公元前 5 世纪的古希腊，就已经出现了人权的观念。著名悲剧大师欧里庇得斯认为，根据自然法则，奴隶和自由民应该是一样的。这里"人权"成为的奴隶和自由民的通约项。后来，斯多葛学派发展了这种基于人权观念的平等思想③，提出了"四海之内皆兄弟"的"世界公民""宇宙公民"的思想。斯多葛学派也因此被西方学者认为是"胸怀全球的人道主义"。基督教兴起之后，"上帝面前人人平等"的教条成为新的更

---

① 齐延平：《人权与法治》，山东人民出版社 2003 年版，第 9 页。
② ［美］路易斯·亨金：《权利的时代》，信春鹰等译，知识出版社 1997 年版，第 3 页。
③ 继而提出希腊人和野蛮人、上等人和下等人、城邦人与外来人、奴隶和自由人、富人和穷人都是平等的。

为普遍、更为绝对平等的"神圣人权"观。

值得注意的是，早期的人权观念多以普遍的"人"为关照对象，很少有人关注到"特殊的人"——少数族群的人权或平等问题——虽然少数族群的存在是当时的一个历史事实。

中世纪后，伴随着文艺复兴和启蒙运动的兴起，人权的概念或理念被明确地提了出来。但丁指出"人类的目的是要建立统一的世界帝国来实现普天下的幸福"，"人权"是"帝国的基石"。格劳秀斯在名著《战争与和平法》中首次使用"人的普遍权利"和"人权"的概念。其后，斯宾诺莎、洛克、孟德斯鸠和卢梭等人也都在"自然状态""天赋人权""自然法""自然理性""社会契约论"的话语下，阐发了重要的人权思想和理念。及至汉密尔顿，这种"天赋人权"思想已经被演绎到极致。他说，"人类的神圣权利"是"由上帝亲手写在人性的全部篇幅上，宛如阳光普照，决不能被凡人的力量消除或遮蔽"①。

同样值得注意的是，上述自由主义经典理论家关于人权的论断依旧建立在"普遍的人"——均质化的人群基础之上的。不仅如此，深受此理论影响的、被马克思称为"第一个人权宣言"②的美国《独立宣言》（1776 年），一边宣称"下面这些真理是不言而喻的：人人生而平等，造物者赋予他们某些不可剥夺的权利，其中包括生命权、自由权和追求幸福的权利"，一边谴责英王"竭力挑唆那些残酷无情、没有开化的印第安人来杀掠我们边疆的居民"。在《独立宣言》中，印第安人和奴隶（黑人）等少数族裔是没有任何人权可言的③。而 13 年之后颁布的法国《人权宣言》一方面宣称"人们生来是而且始终是自由和平等的"，另一方面则大量使用大革命中被斩首的人的皮肤制作皮革，而国民公会还对该项产业予以 4.5 万法郎的支持。④

从另一条线索来看，虽然自宗教改革产生宗教上的少数民族以来，欧

---

① ［美］梅里亚姆：《美国政治学说史》，朱曾汶译，商务印书馆 1988 年版，第 50 页。

② 马克思在 1864 年的致美国总统的贺电中把美国的《独立宣言》称为"第一个人权宣言"，《马克思恩格斯全集》第 16 卷，人民出版社 1964 年版，第 20 页。

③ 在《独立宣言》的第一稿即杰斐逊之初稿中，有谴责奴隶制和奴隶交易的内容，但在大陆会议表决时，由于乔治亚州和南卡罗来纳州代表们的坚决反对而被删除。

④ 参见［瑞士］胜雅律《从有限的人权概念到普遍的人权概念——人权的两个阶段》，王长斌译，沈宗灵、黄楠森主编《西方人权学说》（下），四川人民出版社 1994 年版，第 250—278 页。

洲国家为了各自的安全，避免因国土的重新划分而带来的少数民族问题危及正在建构中的"民族—国家"的安全，而破天荒地允许甚至要求各个（准）主权国家保护各自管辖下的少数民族（的权利），但这些权利①在很大程度上，只是欧洲（准）主权国家之间相互交换"公民权"保护的一种外交手段，其目的是通过维持由于国界变动而沦为少数民族的人群的原有公民权不变，或者使他们享有与新加入国家公民同样的权利，而维护新划疆界的（准）主权国家的平衡与安全。这一点，我们也可以从当时签订的有关土著少数民族的条约中看出。②

　　事实上，严格来说，直到第二次世界大战结束，少数民族才真正成为人权保护的对象和主体。这种保护首先是建立在普遍的人权理念基础之上的。其直接触发点是对整个人类命运的思考。《联合国宪章》指出"欲免后世再遭今代人类两度身历惨不堪言之战祸"，应"重申基本人权，人格尊严与价值，以及男女与大小各国平等权利之信念"；《世界人权宣言》序言也指出，"鉴于对人类家庭所有成员的固有尊严及其平等的和不移的权利的承认，乃是世界自由、正义与和平的基础；鉴于对人权的无视和侮蔑已发展为野蛮暴行，这些暴行玷污了人类的良心，而一个人人享有言论和信仰自由并免予恐惧和匮乏的世界的来临，已被宣布为普通人民的最高愿望"，"大会发布这一世界人权宣言"。几年后颁行的《德国基本法》第1条强调"人的尊严不可侵犯。尊重和保护人的尊严是全部国家权力的义

---

　　① 如1878年的《柏林条约》第5条规定"保加利亚的国家法应遵循下述原则：宗教信仰的差别不得成为排除或不承认某些人在下述各方面的权利能力的借口：行使公民权和政治权，担任公职，获得职业和奖励，或者在任何地区从事各种自由职业和手工业。确保所有在保加利亚出生的人，以及外国人享有自由并能公开举行任何宗教仪式；同时不得对各种宗教团体的圣秩制度及宗教团体同其宗教领袖交往做出任何限制"［世界知识出版社编辑：《国际条约集》（1872—1916），第32—54页］；1913年，土耳其与保加利亚签署的《君士坦丁堡条约》第8条规定"所有保加利亚领土上的伊斯兰保加利亚臣民应享受具有保加利亚血统臣民所享受的同样的公民和政治权利。他们应享有思想自由，以及宗教自由和公开的宗教活动，伊斯兰教徒的习惯应受到尊重"［《国际条约集》（1872—1916），第502—519页］。

　　② 这一时期，土著少数民族虽然也出现在某些国际条约中，但他们在很大程度上，不是受保护而是受限制或排斥的对象，如1867年美国与俄罗斯签订的《转让阿拉斯加专约》［《国际条约集》（1648—1871），第452页］规定"未开化的土著部落"不仅不得享受相关"权利、利益和豁免"及在自由、财产和宗教方面的支持和保护，而且还要"遵守美国对该国土著部落随时可能采取的法律措施"。甚至1882年墨西哥和美国还专门签署了《关于越界追逐印第安人的协定的议定书》［《国际条约集》（1872—1916），第69—71页］，双方就越界追逐"野蛮的"印第安人，制定了详细的程序和方法。

务；因此德国人民承认不可侵犯的和不可转让的人权是一切社会、世界和平和正义的基础"。"二战"后国际公法和国内法律文件共同的特点，是就有关"人的尊严和权利"在权威性法律文件中作出了明文规定。可见，人们对"二战"的反思，更多的是集中于极权主义时期人的尊严和权利的失落，正是这一重大的历史反思，使人的尊严和权利成为"二战"后世界各国公认的最高的价值准则，并由此成为国际公约及各国法律中的基本条款。

正如学者所指出的，"纳粹与法西斯主义独裁的兴起，极权主义的猖獗，假借种族意识之名而使数百万无辜的百姓横遭屠杀的骇人暴行，以及若干强大国家对举世公认人类文明中不可缺少的道德与文化规范的恣意鄙弃，导致人们对人类法律及政府原则的反省与再思"①。

正是在这种"反省与再思"中，国际社会深刻认识到，少数民族问题严重影响了世界和平和人类整体的命运。从血与火的教训尤其是从纳粹德国残害犹太裔少数民族的教训中，人们逐步认识到是否尊重包括少数民族在内的人的基本人权，是世界和平的前提和基础。从此，尊重和保护人权的价值理念在少数民族的权利保护中起到重要作用。

二　尊重和保护人权价值理念的主要内容

以尊重人权的价值理念保护少数民族权利意味着，（多数民族）从同为平等的人类、享有平等的人类尊严和权利出发，以"待彼如待己"的价值理念对待和处理少数民族权利保护问题。与维护国家安全与统一利益的价值理念相比，尊重人权的价值理念大大超越了狭隘的主权安全（多数民族）的利害价值观（但并不排斥这种价值理念），使国家安全利益构筑在尊重与保护少数民族权利的价值理念之上。

尊重人权价值理念的核心是少数民族与多数民族一样，平等地享有一切基本权利和自由。"平等地享有权利"与享有平等的权利或法律面前一律平等等类似的权利原则相比，前者具有实质平等或无限接近实质平等的价值意味。我们可以把这种意义上的平等概括为"人权意义上的平等（权）"。

① ［英］丹尼斯·劳埃德：《法律的理念》，张茂柏译，台北联经出版事业公司1984年版，第78页。

平等（权）是一个聚讼纷纭的话题。最早对平等（权）在技术上进行了比较完善论述的是亚里士多德。亚氏认为平等就是"正义"，他将平等分为两类：一类是"数量相等"，即"你所得的相同事物在数目和容量上与他人所得的相等"；另一类是"比值相等"，即"根据个人的真价值，按比例分配与之相衡称的事物"①。这一平等观也被后来的学者概括为"类似的事物应该得到类似的对待"和"不同的事物应根据其不同而予以不同的对待"（treat the equal equally, treat the unequal unqually）。值得注意的是，亚氏的平等（权）理论并不是一个具有特定道德内容的价值原则②，它既可以被用来解释现代民主社会的一些合理的区别对待现象，也可以被用来论证等级社会的合理性，甚至还可以被用来解释奴隶制度的合理性。这里，问题的关键在于平等权是否同时受到其他权利的支持或限制。

"人权意义上的平等（权）"在强调"类似的事物应该得到类似的对待"和"不同的事物应根据其不同而予以不同的对待"的同时，强调人的政治权利、公民权利、经济权利、社会权利和文化权利的普遍平等性，强调人的人格尊严的平等性和良心自由、免于强迫等权利和自由。通过赋予平等以人权的价值，人权意义上的平等（权）成功地解决了平等（权）的"空瓶子"③的问题。

以人权意义上的平等（权）保障少数民族的权利，意味着少数民族应该真正平等地享有和多数民族一样的普遍的人权。为了实现这一目标，需要从非歧视和特殊保护两个方面着手。这里的逻辑公式大概是：少数民族的平等权利＝非歧视＋特殊保护。以下简述之。

平等是国际人权法的首要原则，所谓"人人生而自由，在尊严和权利上一律平等"即是这一原则的照写。平等也是保障少数民族权利的普遍原则。少数民族权利有普遍权利和特殊权利之分，保障前者需要反对歧视，保障后者需要对少数民族的特殊权利作出规定。因此，在少数民族权利保护方面，有两个嵌入式的内容是非歧视和特殊保护。

---

① 亚里士多德：《政治学》，吴寿彭译，商务印书馆 1965 年版，第 234—235 页。

② 在谈到更为广义的"正义"思想时，亚里士多德虽然也提出"政治学上的善就是'正义'，正义以公共利益为依归"，但显然，这里的"公共利益"是一个可以任意解释的价值框架。

③ Peter Westen, "the Empty Idea of Equality", *Harvard Law Review*, Vol. 95, No. 3, Jan. 1982.

(一) 非歧视

联合国的《关于增进和保护属于少数的人的权利的规定》中把"歧视"定义为"基于种族、肤色、语言、宗教、民族或社会起源、出身或其他身份的差别而采取的区分、排除、限制和优惠,其目的和效果是为了消灭或削弱所有人在平等基础上对权利和自由的享有和行使"。反对歧视是为了"防止任何阻碍个人或群体享有他们所期望得到的平等待遇的行为"。

非歧视的规定出现在大量的国际公约和宣言文中,如《联合国宪章》(第1条和第55条)、《世界人权宣言》(第2条)、A公约(第2条)、B公约(第2条),以及一系列专门性公约中如国际劳工组织的111号公约、《消除一切形式的种族歧视国际公约》(第1条)、联合国教科文组织的《取缔教育歧视公约》(第1条)、《种族与种族偏见问题宣言》(第1、2、3条)、《消除基于宗教或信仰原因的一切形式的不容忍和歧视宣言》(第2条)及《儿童权利公约》(第2条)。非歧视的条款也包含在几乎所有的地区性人权文件中,如《保护人权及基本自由的欧洲公约》《欧洲社会宪章》《关于少数民族的框架公约》《美洲人权公约》《非洲人权及民族权宪章》等。可以说,"非歧视"已经成为在各个领域保护少数民族权利的一个王牌原则。

(二) 特殊保护

在保障少数民族平等地享有多数民族享有的基本权利和自由方面,特殊保护与非歧视原则具有同样重要的意义。因为,只有当少数族群能够使用他们自己的语言,能够从他们自己组织的服务机构中受益,能够参加国家政治经济生活时,他们才能取得属于多数的人理所应当就享有的地位。① 多年来,就少数民族的特殊保护问题,国内外学者中存在着大量的似是而非的争论。反对特殊保护的学者往往把特殊保护措施视为对多数人(民族)的逆向歧视,甚至视为少数族群(民族)对多数人(民族)的特权。他们把亨金的"人权一词意味着任何地点和任何时间的所有人的

---

① See UN Human Rights Fact Sheet No. 18 on Minority Rights (1992).

权利"① 空泛化、模糊化，把人权的平等看成是所有人的无差别对待，看成是冷冰冰的"法律面前人人平等"，以至于完全忽略富翁和流浪者的悬殊境遇和差别。

平等地享受权利，在逻辑上首先要求补齐影响平等享有权利的差别。现代民族国家主要以公民权利的平等为特征。公民的权利的享有与否或享有的程度，与公民的实际处境和状况密切相关。例如，一个在经济上贫困或完全受制于人的公民，同经济上能够自立自治的公民显然享有不同的实际权利。忽视这一点，就难以建设一个公正的公民社会。也许正因如此，罗尔斯认为，在他的正义原则（第一原则）之前，应该设定一个更基本、更优先的原则。这一原则首先应该保证满足每个人的基本需求（如起码的温饱与卫生、基础教育及人身安全），以便保证公民们都能理解、都有能力运用自己的基本权利与自由。②

在人权法层面，特殊保护受到广泛的正当性支持。《消除一切形式种族歧视国际公约》（第 2 条）；《公民权利和政治权利国际公约》（第 27 条）、《儿童权利公约》（第 30 条）、《取缔教育歧视公约》（第 5 条）、《少数族群权利宣言》（第 5 条）等均规定有少数民族权利的特别保护。区域层面《关于保护少数民族的框架公约》和《地区或少数民族语言的欧洲宪章》等也涉及少数民族权利的特殊保护问题。当然，这些规定也强调，特殊保护一经达到目标，"绝不得产生在不同种族团体间保持不平等或个别行使权利的后果"。

尊重与保护人权价值理念的确立，是少数民族权利保护历史发展的一个重要里程碑。自 16 世纪宗教改革产生宗教少数民族及欧洲"民族—国家"兴起以来，少数民族（少数族群）权利保护问题始终是横亘在主权民族国家之间（内）的一个难以破解的重大问题。基于国家安全等"自私自利"的目的，一些民族国家主动或被动地承担起在各自领土范围内保护少数民族的义务，但是这些义务或者说权利保护标准从根本上来说，是有选择性的、被动的、零碎的甚至是互相矛盾的，因而其效果也是十分有限的。"二战"后少数民族保护的国际人权标准的确立，第一次使少数民族的权利保护建立在一种"普遍性的"的框架之上，第一次使少数民

---

① ［美］路·亨金：《人权概念的普遍性》，王晨光译，《中外法学》1993 年第 4 期。
② 钱永祥：《罗尔斯与自由主义传统》，《二十一世纪》2003 年 2 月号总第 75 期。

族权利保护的（国际）规范具有了一定的普适性和权威性。不论是从意识形态意义上来看，还是从权利规范的意义上来看，尊重与保护人权价值理念的确立都具有重要的意义。

三 尊重和保护人权的价值理念对维护
"族裔文化公正"的作用

金里卡教授在谈到人权之于少数民族权利保护的作用时指出，通过个人权利保护集体生存这一主张含有相当的真理成分——"结社、宗教、言论、迁徙和政治组织的自由使个人建立和维持组成我们这个公民社会的各种群体和团体，使他们不断适应变化的形势，并使更多的人了解和接受他们的观念和利益。这些基本公民权利为社会群体多样性的许多合法形式提供了了充分保证"。他引用约翰·里斯（John Rees）的观点：人权学说认为每个人都具有内在的道德价值；国家必须把每个人的利益都考虑在内；每个人都有某些不可侵犯的权利，使自己免受不公、虐待和压迫。①

金里卡认为，以个人权利为核心的人权价值理念，对于促进少数民族的个人成员的权利，具有重要的基础性的意义；同时，对于保护他们的群体的集体生存也具有一定的作用。然而，这种基于个人权利的人权保护模式，却不足以维护对于少数民族群体权利至关重要的"族裔文化公正"②——尤其是对那些"聚居于某特殊区域，拥有自己的体制、文化和语言，且在归属于一个更大国家管辖之前，就已经形成了自己的社会并运作着的群体"，如北美魁北克人、波多黎各人、西班牙的加泰罗尼亚人和巴斯克人、比利时的佛兰德人及土著（原住民）少数民族等。金里卡从"国内移民定居政策的决策""国内政治单位界限和权力的决策"和"官方语言的决策"三个方面展开了论述。③

---

① ［加］威尔·金里卡：《少数的权利》，邓红风译，上海译文出版社 2005 年版，第 68、65 页。

② 金里卡定义了一种最低标准的"族裔文化公正"的概念，即"不同族裔文化群体之间没有压迫和屈辱关系"。参见［加］威尔·金里卡《少数的权利》，邓红风译，上海译文出版社 2005 年版，第 69 页注释。

③ 具体内容参见［加］威尔·金里卡《少数的权利》，邓红风译，上海译文出版社 2005 年版，第 70—79 页。

1. 国内移民定居政策的决策

金里卡指出，美国政府经常会鼓励某一地区的人口（或新移民）迁居到少数民族的历史领地。这一举措的目的不仅在于，获取少数民族领地上的自然资源，而且更重要的是，为了"让少数民族甚至在自己传统的领地上都成为少数"，从而达到消灭他们的政治权力的目的。类似的事情在世界许多国家如柬埔寨、以色列、印度尼西亚、巴西等发生过。

用移民政策去消灭少数民族的文化进而达到同化他们的政治目的，是许多民族国家甚至是多民族的联邦制国家历史上惯用的手法。早在 19 世纪，加拿大总理麦克唐纳就曾说过，"这些原始的半开化人（指混血的梅蒂斯人）……必须用强有力的手段加以压制，直到他们被涌入的移民淹没"[1]。历史上和现实中，移民政策都是引起少数民族与中央国家关系紧张甚至出现冲突和暴力的重要原因。

然而，对于这种严重的国家侵权行为，保护人权的价值理念却无能为力，[2] 甚至情况正好相反，有关国际人权的规定不仅不明确限制主权国家的行为，反而在保护公民权利与自由的框架下，鼓励移民迁入少数民族地区或领地。[3] 事实上，波罗的海的俄罗斯民族就是以人权为依据，为他们的定居政策辩护。

为了保护自己免受不公正的定居政策的侵害，少数民族通过各种斗争

---

[1]　F. G. Stanley, *The Birth of Western Canada: A History of Riel Rebellions*, University of Toronto Press, 1961, p. 95.

[2]　联合国 1967 年 12 月通过的第 2189 号决议，谴责了移民力量企图有组织地向所占殖民地增加移民，但这只针对海外殖民地或新占领土，并不适用于已并入的历史少数民族和土著少数民族（原住民）。

[3]　如《世界人权宣言》第 13 条规定，"人人在各国境内有权自由迁徙和居住"；《公民权利和政治权利国际公约》第 12 条规定，"合法处在一国领土内的每一个人在该领土内有权享受迁徙自由和选择住所的自由"。虽然在 2007 年通过的《联合国土著人民权利宣言》中出现了有关政府义务的条款，如第 8 条规定"各国应提供有效机制，以防止和纠正：任何旨在或实际上破坏他们作为独特民族的完整性，或剥夺其文化价值或族裔特性的行动；任何旨在或实际上剥夺他们土地、领土或资源的行动；任何形式的旨在或实际上侵犯或损害他们权利的强制性人口迁移；任何形式的强行同化或融合；任何形式的旨在鼓动或煽动对他们实行种族或族裔歧视的宣传"。但是，与被广泛接受的国际宣言（《世界人权宣言》）和国际公约（《公民权利和政治权利国际公约》）相比，《联合国土著人民权利宣言》不仅保护的少数民族主体单一、特殊，而且它的法律效力也远远无法与具有普遍约束力（对签署国）的《公民权利和政治权利国际公约》和被尊为习惯国际法的《世界人权宣言》相比。实践中，许多"新世界国家"都要么无视这一国际宣言的存在，要么宁愿选择国内相关（协商）机制解决与土著民族的权利、土地和条约方面的冲突。

向中央国家争取自己在移民政策方面的决策权，一些少数民族如加拿大的魁北克人已经争取到对国外移民的选择权，并通过控制自己区域内的语言和教育政策来防范来自国内外的大规模的移民对他们自身社会和文化的威胁。但更多的少数民族群体，在国际人权和国内法律关于个人权利和自由的话语下，听任自己的族裔文化特性受到损害。

金里卡指出，在移民定居政策问题上，西方国家明显奉行双重标准：一方面，他们打着人权和宪法关于自由迁徙的幌子，宣称一切个人都有权利在包括少数民族地区在内的整个国家范围内自由迁徙；另一方面，他们却不支持外国人前来定居的个人权利，相反他们对接纳新移民的限制非常严格。也就是说，自由主义的个人主义人权观在迁徙权问题上，并不奉行一贯的原则和标准。当主流群体认为，国内迁徙是一项基本人权但又不承认跨越国界的迁徙权时，他们并未把个人迁徙权置于集体安全之上。他们仅仅是为了保护他们自己的集体安全（通过限制移民）。一旦他们的集体安全得到保证之后，就最大限度地扩展迁徙权——而不管这种扩大的迁徙权对少数民族的集体安全带来什么不利后果。"这显然是虚伪和不公平的，而对于这一不公正，人权学说不仅未阻止，甚至可能助长了它。"

2. 国内行政区界和权力范围

金里卡指出，在许多国家，行政区界的划分是以削弱少数民族的力量为目的的，如一个少数民族的领土区域可能被分割成多个单位，从而阻止他们采取统一的政治行动：法国在大革命后分为 83 个"省"，从而有目的地打破了巴斯克人、布列塔尼人和其他使用自己语言的少数民族的传统区域；西班牙 19 世纪对加泰罗尼亚的分割；或采取相反的方式也可以达到同样的目的，即把少数民族并入一个更大的行政单位，从而使他们在整体上处于劣势，如 19 世纪美国佛罗里达州讲西班牙语的拉美裔人。

此外，还有第三种方式，即使行政区界的划分与少数民族的传统领地（区域）或多或少趋于一致，中央政府同样也可以"通过僭越地方的大部分或全部权力并废除传统自治机制来缩小其有效自治的程度"。在这方面，我们可以找到很多的例子证明"少数民族名义上控制某一行政区域而事实上并无实权"。

对于以上三种形式的限制或剥夺少数民族政治权力的行为，基于人权保护价值理念的相关国际国内立法却无能为力——因为"只要个体成员依旧享有投票和参与政府的权利，人权学说就无法阻止主流群体改划国内行政区界和权力以削弱少数民族的力量"①。

民主是人权价值的重要组成部分，但作为民主的人权价值理念在维护少数民族的族裔文化公正问题上可能起到相反的作用。金里卡指出，"历史上主流群体决定无视少数群体的传统领导权并摧毁其传统政治体制时，总是以这些传统领导人或体制不民主作为依据——即他们没有像多数群体政治体制那样的定期选举程序"。其结果是：少数民族的传统的集体协商、共识及决策机制——这些使少数民族的每一个成员都能够充分享有参与政治并发挥其影响力的实实在在的权力——被多数群体以捍卫民主的名义剥夺，少数民族最终被纳入"普选的"的民主程序下——在这个多数决定的程序中，少数民族即使拥有投票权，也不再有影响力——"这样，人权的义正词严不过为征服原本自治的少数民族提供了一个理由和烟幕"。

3. 官方语言政策

在大多数西方民主国家，政府通常都会将主流社会的语言规定为"官方语言"——在政府、行政机关、法庭、学校等公共场合使用的语言。为巩固官方语言的通用、垄断地位，也为了在语言上同化少数民族，政府甚至不惜像废除少数民族的传统政治体制一样，废除他们的教育体制，如关闭少数民族的语言学校等。而这种做法并没有违反有关人权的规定——因为到目前为止的有关少数民族语言权利的人权规则——大多只是申明少数民族有权利使用本民族语言，甚至可以要求国家容许开办以少数民族语言运作的私立学校，但这些规定从来不会涉及在政府等公共部门使用本民族语言这一权利。② 而在当今世界，"除非在公共生活中使用，否则一种语言很难长存，这一点证据确凿。因此政府决定哪些语言是官方语言，实际上就是决定哪些语言将继续存在，哪些语言将死亡"。

金里卡指出，有证据表明，如果使用一种语言的人在某个地区数量上占优势，并且这一语言在当地意味着机会的话，那么语言群体就能够代代相传。但是维持一种少数民族语言的优势地位会十分困难，特别是当新来

---

① 金里卡指出，虽然《欧洲保护少数民族的框架公约》开始明确禁止通过改变选区划分来减少少数民族的代表份额，但这只涉及选区，并没有提及权力分配：没有能够阻止中央政府废除或抽去领土自治的主要形式。

② 实际上，加拿大联邦法院甚至在有关案件中明确提出，语言权利不属于人权之列。See MacDonald v. City of Montreal（1986）1 S. C. R. 460.

者能够在使用主流语言的情况下获得教育和工作机会时（如魁北克的新移民能用英语学习和工作）更是如此。在这种情况下，似乎仅仅给予少数民族语言官方地位还不足以使其免除受威胁的处境。[①]

实践表明，官方语言政策是一项重大的利益——它给予某一民族的语言不受威胁地处于一国或一个地区的支配地位——而与此相伴随的历史过程是少数民族语言的日益式微。对于这一重大的权利和利益，人权的价值理念实际上只设置了一种底线保障，即国家不能清洗、驱逐和杀戮少数民族，不能剥夺他们的公民权利等，而不是一种积极的权利保护。

以上笔者从"国内移民定居政策的决策"等三个方面，介绍和评价了金里卡关于个人权利的人权保护模式对维护"族裔文化公正"的作用。除了这三个方面以外，金里卡还提出，从"公众假日""学校课程安排""国家象征""服饰规则"等方面也可以说明人权不足以保障族裔文化公正的问题。他的总的结论是"人权标准不足以防止族裔文化不公正，甚至实际上可能使情况更糟"。

四　尊重和保护人权价值理念的效果及局限性

从更广泛的视野来看，由于人权权利属性的多维性和内在矛盾[②]，尊重与保护人权的价值理念在实践中或实际运作过程中，对少数民族权利保护的效果呈现出十分复杂的面相。

首先，人权的道德权利属性意味着"人权在根本上是由道德而不是法律支持的权利"，"法律可以确认人权，也可以剥夺人权"，因此少数民族拥有作为道德权利的人权并不能确保他们在实在法意义上，能够实际享受到这种权利。不仅如此，20世纪后半叶以来，在一些国家和地区持续出现的种族冲突、种族清洗以致种族屠杀及民（种）族（国家）间战争所造成的生灵涂炭等现象对人权理念对少数民族权利的保护效果，做了相

---

① 这就是加拿大魁北克地区后来坚持单一法语官方语言政策的重要原因。金里卡认为，包括法裔民族在内的少数民族之所以坚持这样的官方语言政策，原因并不是排外，而是为了安全地追求和主流群体一样用自己的语言生活和工作的机会——而主流群体一直把使用自己的语言视为当然。

② 按照夏勇，人权主要有三个属性，即道德权利属性、普遍权利属性和反抗权利属性；其内在结构存在着"超验与经验""理想与现实""普遍性与阶级性""普遍性与多样性"四类矛盾。夏勇：《人权概念起源》（修订版），中国政法大学出版社2001年版，第169—171页。

反的注脚。

其次，人权的普遍权利属性意味着人权"获得了普遍的、超出个别国家的范围的性质"，它"在理论上不分种族、阶级、国籍、肤色、年龄、职业、身份等，由一切人享有"，这种普遍性在为少数民族争得一般性权利享有资格的同时，也在实践中进一步抑制着他们根据他们自身的历史和文化特点实际享受这些权利——某种程度上，人权的普遍性话语甚至成为主权国家限制乃至否认少数民族权利存在的重要原因。①

最后，人权的反抗权利属性意味着人权"是人们反抗人身依附、政治专制和精神压迫"，反抗特权和统治者压迫和剥削，争得自治自主的有效权利话语。人权的这一属性，在为少数民族争取权利保护提供合法性的同时，也极大地增加了权利本身实现的不确定性——尤其是当人权被视为"道德义愤的表述，或者作为进行社会改革和立法改革的要求"②的时候。

从人权内在矛盾的向度来看，首先，贯穿整个人权历史的人权论证方法的超验路径和经验路径之争③，在丰富少数民族人权内容和意蕴的同时，也在客观上影响了（少数民族）人权标准的稳定性和权威性。超验的路径通过将人权说成是"天赋的""自然的""固有的"权利，而将其提升到天国的神圣层面，而经验的路径则通过把人权描述成"历史的"产物，而将其光环彻底打碎。这两种截然矛盾的人权阐述路径，极大地影响了（少数民族）人权标准的稳定性和权威性。不仅如此，经验路径的人权阐述还使得人权理念变成了一个彻头彻尾的"工具性"算计。④

其次，人权的理想和现实之冲突，在全面展示少数民族人权的理想和现实之维的同时，也凸显了（少数民族）人权标准自身的内在紧张。从理想的视角来看，少数民族的人权应该指的是其政治的、经济的、文化

①　由于人权话语的西方渊源性及西方国家利用人权普遍性干预他国内政的历史和现状，"人权的普遍性"往往成为"人权高于主权"的代名词。实践中，许多国家尤其是发展中国家因而对人权项下的少数民族权利抱有高度的戒心。

②　麦克林（Ruth Maclin）语，转引自夏勇《人权概念起源》（修订版），中国政法大学出版社2001年版，第240页。

③　有关人权论证方法的超验路径与经验路径之争参见《人权概念起源》（修订版），中国政法大学出版社2001年版，第6章。

④　施特劳斯认为，现代社会之所以出现人权灾难，盖因于人们对自然权利、天赋权利的"理性"排斥。他认为现代社会科学的工具理性使人们变得"聪明"的同时，却使他们最终在（价值）原则上陷入全然无知，即所谓"零售的是理智，批发的是疯狂"。参见［美］列维·施特劳斯《自然权利与历史》，彭刚译，生活·读书·新知三联书店2003年版，第4页。

的、社会的等各项权利的充分的实现和完善的发展；从现实的视角来看，少数民族的人权则指谓的是其基本权利在现实中有限度的实现或保障。人权的理想和现实的这种冲突，也体现在关于人权标准高低的争论方面。理想人权标准的主张者，坚持以西方文化传统和工业文明为依托，全面实施《世界人权宣言》及相关国际人权公约中的权利标准；现实之维人权标准的提倡者则以文明、文化的差异性及经济发展水平的不同为由，坚持认为西方社会主导的"普遍的"较高水平的人权保护标准与东方的或广大的发展中国家的实际情况多有不符。

关于人权标准的争论实际上也涉及后面将要提到的人权普遍性与特殊性的更大范围的争论。长期以来，东西方政界、学界围绕人权的普遍性（理想标准）和特殊性（现实标准）问题发生了激烈的争论："以欧美为家园的人权普遍论者，胸怀全球意识和基督教一元化伦理，意欲尽己之力让人人共享人权与人道的甘露，但遭遇的却是对他们'情感过剩'的嘲讽。以东方为根据地的人权特殊论者，满怀历史的悲情和人类文明多元化伦理，意欲以己之躯抵挡文化的入侵和知识的霸权，但换得的却是交际空间和话语权的丧失。"争论的结果是双方"均陷入了无所适从的境地"①。这种无所适从的状况，不仅影响了一般意义上的人权保护，而且也严重影响到少数民族人权保护的实现。

为调和人权理想与现实的这种冲突，米尔恩主张放弃理想维度的人权标准，转向一种"最低限度"的人权（道德）标准，他认为人权作为普遍性的观念"要经得起理性的辩驳，它就必须正视人的多样性这一事实。这一事实就是，人类生活并非在任何时候、任何地方都是相同的。存在着形成于不同的文化和文明传统的人类生活的不同方式，例如，西方人的生活方式、穆斯林的生活方式、信印度教的印度人的生活方式，当然还有中国人的生活方式"②。因此，在不同的文化和文明中寻求一种"共同道德"就至关重要——"我们将共同道德不仅仅在作为每个共同体实际道德一部分的意义上，而且是在适用于一切人类而不论其为何种人、属于何种共同体和联合体的意义上，当作一种具有普遍

---

① 齐延平：《人权精神的危机与拯救》，《法律科学》2006年第6期。

② ［英］A. J. M. 米尔恩：《人的权利与人的多样性——人权哲学》，夏勇、张志铭译，中国大百科全书出版社1997年版，中文版序。

意义的道德。作为共同体生活原则，共同道德原则对于道德的多样性来讲是中庸的。它们不拘泥于任何特定的生活方式、特定的道德，以及特定的制度、信仰和价值"①。

米尔恩认为这种最低限度的道德标准，可以避免人被作为手段，可以为不同共同体的人交往设置最低的道德底线（共同的道德原则②），他强调这些基于道德原则的人权是一种道德权利，而不是政治权利。米尔恩对人权"去政治化"的做法让人印象深刻——他为了追求最低限度的共识，甚至不惜把"二战"以来在人权保护方面取得的重要的政治化、制度化成果从人权的现实之维中抹去——而失去了政治化和制度化形式的人权，对少数民族的权利保护来说，只具有某种道德劝诫的意义。

最后，也是最重要的，人权普遍性和多样性的矛盾，在正确揭示作为"人类的普遍权利"与"人类本身的多样性"之间的一般与特殊关系的同时，也深刻地暴露了"少数民族人权的悖论"：一方面，作为人类成员的一部分，少数民族理应与多数民族一样，享有"无差别的"的普遍性人权；另一方面，作为有着特定政治、文化或历史传统的人类多样性群体的一部分，少数民族又应该享有与多数群体不一样的特殊性或差异性权利。

人权内在结构和价值观方面存在的这种矛盾深刻影响了"二战"后少数民族权利保护的效果——为解决"少数民族人权的悖论"问题，"二战"后以西方国家为主导的国际社会，从国际人权规范制定的一开始就十分注重排除少数民族的"特殊权利"诉求。他们认为，人权是一种绝对价值，不能因族裔、语言、宗教、肤色和地域等，有所差别。《世界人权宣言》宣称的"人人生而自由，在尊严和权利上一律平等"是这方面典型的代表。③ 这实际上是将传统自由主义的公民平等主义从一些主权国家如法国、美国的公民权立法直接移植到国际人权立法体系中。这种人权保护理念立基于西方传统政治哲学上的自由主义和个人主

---

①　［英］A. J. M. 米尔恩：《人的权利与人的多样性——人权哲学》，夏勇、张志铭译，中国大百科全书出版社 1997 年版，第 124 页。

②　这些共同的道德原则分别是生命权、公平对待权、获得帮助权、不受专横干涉权、诚实对待权、礼貌权、儿童受照顾权。

③　实际上这一时期几乎所有的国际人权法文件都宣示的是"不分种族、肤色、性别、语言、宗教、政治或其他见解、国籍或社会出身、财产、出生或其他身份"的"平等保护"。

义传统，以无差别的个人权利和自由来"平等地"保护包括少数民族成员在内的所有人的权利。

以"无差别的权利"保护实际上有明显差别的少数族群群体是"二战"后少数族群权利保护的最大特点——其核心点在于忽略少数族群自身的差异性。因此，尽管在"二战"结束以来的半个世纪里相关国际人权公约和宣言①规定了许多有关少数民族权利保护的国际法文件（有些权利和自由如语言权利、宗教信仰自由、维护文化多样和传统等具有明显的群体性质），但从总体上看，人权理念框架下的少数群体权利主要是一种基于西方中心主义的、自由主义体系中的个人权利，这一特点再加上人权对主权的非必然性侵蚀②，以及普遍性人权标准自身存在的种种局限，如"最低限度的保护标准③"、人权保护的主体、权利内容和实施机制方面存在的局限④等，尊重和保护人权的价值理念在少数族群权利保护方面的实际效果有限——普遍的人权标准只是让少数族群群体摆脱了来自公共领域甚至国家法律的公然歧视和不平等政策，而在实际的政治参与、经济成果的分享、社会权利的享有和文化权利的践行等方面，他们的处境仍然没有

①　除了前面提到的国际条约和宣言以外，还包括诸如《生物多样性公约》《世界人类基因组与人权宣言》《世界文化多样性宣言》《保护和促进文化表现形式多样性公约》等文化权利方面的公约和宣言。

②　新干涉主义的"人权高于主权""主权有限论"和"人权无国界"等观点，客观上将人权置于国家主权的持续压力之下，使得以人权为名目的少数族群权利实践不可避免地受到主权国家的消极影响。

③　长期以来，中外学术界一直存在着（国际）人权标准是最高保护标准还是最低保护标准的争论。笔者认为，人权标准是一种名副其实的最低标准，包括《世界人权宣言》在内的许多国际人权文件都没有具体规定各项权利要达到什么样的"高标准"，它们实际上只是为"有尊严和有价值的生活确定了最低条件"（因为是"最低条件"，所以国际人权才成为一种普遍的权利）；从一般意义上来讲，如果我们确认"人权是人之作为人必不可少的权利"，那么保护包括少数民族在内的人的人权（权利），实际上就是在保护他们作为人的权利，这显然是一种最低限度的保护标准。部分观点参见 Jack Donnelly, *Universal Human Rights in theory & practice*, Cornell Universal Press, 1989, p. 18。

④　就人权保护的主体来说，虽然理论上其主体范围要大于公民权保护的主体范围，但在实践中，非公民的少数民族主体权利往往得不到主权国家的有效保护。国际条约允许缔约国政府在公民和非公民之间做出区分（如"消除一切形式种族歧视国际公约"第1条第2款明确规定"本公约不适用于缔约国对公民与非公民间所做的区别、排斥、限制或优惠"）。从权利内容来看，虽然人权的内容显得宽泛和宏大，但一些重要的权利如选举权与被选举权、参与国家管理的权利、担任公职的权利等，却被明确限定为公民权利而非普遍的人权。最后从人权实现的机制来看，虽然与公民权相比，人权的保障，除了国内法救济以外，还包括了国际法救济机制，但从结果或实际效果来看，公民权显然比人权有更多的保障。

得到实质性的改善。总而言之，在尊重和保护人权的价值理念下，少数族群只是在法律上（形式上）摆脱了"二等公民"的待遇；其实际享受到的权利并没有因为"人权这个伟大的词"① 而得到根本的改善。②

以上笔者以少数族群权利的保护为观照视野，对尊重和保护人权的价值理念的作用和意义展开论述，重点从人权的内在结构和价值观基础，分析了其之于少数族群权利保护的效果和局限性。需要特别强调的是，上述分析主要建立在人权理念对整个少数民族③的权利保护基础之上，在学术传统方面主要因循传统的自由主义的以个人权利和自由为基点的路径。实际上，如果我们把目光转向历史少数民族和土著少数民族两个类别，并同时把考量的关注点集中在对"族裔文化公正"至关重要的少数民族群体权利上的话，那么保护人权的价值理念甚至可能对少数民族的权利保护起到逆向的或者消解性的作用。

五　人权价值理念的"终结"

以上笔者以人权的权利属性的多维性和内在矛盾为视角评价了尊重人权的价值理念对少数民族权利保护的效果和局限性；同时，也从"国内移民定居政策的决策"等三个方面简单地介绍和评价了个人权利的人权保护模式对维护"族裔文化公正"的作用。我们发现，虽然如亨金所言，"我们的时代是权利的时代。人权是我们时代的观念，是已经得到普遍接受的惟一的政治与道德的观念"。但毫无疑问，人权也是我们这个时代最为复杂的社会、政治、法律和道德现象。在少数民族权利保护问题上，人权价值理念的实际意义，不仅远远低于人们对它的期望，而且在一些方面（如维护族裔文化公正），人权价值理念甚至有着相反的效应。

从另一个向度看，由于历史性歧视和结构化歧视的存在，以保护个人权利为主旨的人权价值理念，不仅不足以矫正或消除业已存在的社会不公

---

① 国务院新闻办公室：《中国的人权状况》，中央文献出版社 1991 年版，第 1 页。

② 面对这种情况，作为补救，20 世纪 60 年代联合国相继推出了《消除一切形式的种族歧视国际公约》《公民权利政治权利国际公约》等人权公约。这些公约对当时占主导地位的平等和非歧视理念做了一定的补充，提出了特别措施和优惠待遇问题，并有限度地承认了少数族群的群体权利问题。但显然，少数族群的权利问题需要在更广泛的领域中得到关注和回应。

③ 包括移民少数民族（族群）、历史少数民族（national minority）和土著少数民族三类主要的少数民族类型。

正或避免发生新的社会不公，而且由于人权理念自身所蕴含的内在冲突和不足，少数族群的权利始终面临着虚化和意识形态化的危险——正如《人权的终结》一书作者所指出的那样："人权是诸多意识形态终结、挫败后的意识形态，或套用更时兴的话来说，是'历史的终结'时的意识形态。"①

从更广泛的视野来看，人权观念（价值理念）的意识形态化，不仅反映在少数民族权利保护方面，也反映在整个人类的普遍人权的保护方面。"二战"以来，随着人权价值理念的制度化和国际化，人权成为权利保护领域的超级意识形态，不仅西方国家包括老牌的殖民者和帝国主义国家在拼命地张扬人权的价值观，而且广大的第三世界国家包括通过非殖民化而取得独立地位的新兴国家也极力以人权为武器来捍卫自己的利益，"人权成了西方与东方、强者与弱者、国家与民众、有良知者和无赖共同供奉的'上帝'"。在人权的目录上，不仅填写着西方国家所津津乐道的公民权利与政治权利，也填满着与社会主义传统密切相联系的经济、社会与文化权利，同时更是写上了与反殖民斗争密切相关的群体与国家主权权利。这种权利主体和权利内容的大杂烩，不仅使人权价值理念在权利保护的主体性方面陷入了冲突或一致性大大减弱，而且使诸种相互冲突和矛盾的权利共居于人权这一母体。为了减缓人权自身在主体性和权利内容上存在的尖锐冲突，各个利益集团和主体在实际的利益与话语的争夺中，将人权理念高度意识形态化，使其包含了各自想要的内容或价值内核，其结果是"在国际层面，人权成为政治斗争的工具，成为自己使用暴力、粗暴干涉他国内政的根据，甚至成为恐怖分子发动针对无辜平民的恐怖活动的根据；在国内层面，人权规范成为强者垄断超额资源、攫取超额利益的合法凭证，甚至成为公权力滥用职权的工具"。至此，人权由诞生之初的"人个体发现自己、人类整体向上的力量源泉"最终变成了"人个体欲望的工具和人类整体争斗的武器"②。

人权价值理念在少数民族权利和普遍的人权保护方面的局限或者说"幻灭感"使得一部分人开始考虑放弃"意识形态化的"人权话语，他们试图将（少数民族）权利的保护重新与主权项下的人权或公民权制度相

---

① ［美］科斯塔斯·杜兹纳：《人权的终结》，郭春发译，江苏人民出版社 2002 年版，第2页。

② 齐延平：《人权精神的危机与拯救》，《法律科学》2006 年第 6 期。

联系。① 金里卡则从另一个向度反省人权标准和话语，在得出"人权标准不足以防止族裔文化不公正"的结论后，他进而指出"如果人权不想成为进行不公正征服的工具，那就必须由各种少数群体权利——语言权、自主权、代表权、联邦权作为补充"——他认为，"除非以少数群体权利作为补充，否则主流群体的民主和个人迁徙只会导致少数群体遭受压迫。即使少数群体的个人权利得到了保护，仍然存在各种形式的压迫"②。在金里卡看来，要使人权标准和话语不至于沦为压迫少数民族的工具，就必须补充以语言权、自主权等集体性质的人权。

事实证明，在少数民族的权利保护问题上，人权的价值理念日益呈现出一种难以言说的复杂性。一方面，作为"同等的人"的价值提倡者，人权价值理念为少数民族争取平等的地位，提供了政治和道义的支持；另一方面，人权——这一原初意义上，补充、纠正、平衡主权的道义性话语，由于权利内容上的急剧膨胀和权利主体方面的日益泛化（从个体的权利一直发展到民族国家的权利即主权），而逐渐丧失了其内在规定性——不仅如此，由于东西方间、第三世界与发达国家之间的意识形态斗争，人权价值理念还在一定程度上被广大的第三世界国家视为主权的威胁，而这一点又极大地影响了人权价值理念对少数民族权利保护的有效性。

实践证明，在少数族群权利保护问题上，需要一种新的价值理念作为替代或补充。这种价值理念在少数族群权利保护的内容上应具有明确性或边界点，在权利实施的制度和机制上应具有常态性和可操作性，在权利话语的表达上应更具有合法性和与国家主权建设的兼容性。这个价值理念就是权利正义的价值理念。

---

① 实际上，早在 18 世纪，英国著名的保守主义政治家埃德蒙·伯克就指出，与其将权利的实现诉诸抽象的人权原则的威力，还不如伸张"作为英国人的权利"来得实在与重要；伯克批评法国大革命所倡导的革命性的人权观念，认为一个民族内个体人权的实现与该民族的政治、法律传统相联系，而这种传统不能一概斥之为负面因素。伯克的观点反映了英国的人权国情，因为早在 1215 年，英国就出现了标志着人权制度化开端的"自由大宪章"；进入 17 世纪，人权的制度化进一步发展，出现了 1628 年的"权利请愿书"、1679 年的"人身保护令"、1689 年的"权利法案"等，英国主权国家成为英国人权利保护的最重要依托。汉娜·阿伦特也认为，人权观念之所以在当代世界存在，与主权国家的存在密不可分。主权国家是人权的更深层次的权利基础。可以说，没有主权国家就没有真正的人权。主权国家是"拥有各种权利的权利（right to have rights）"之基。参见［英］伯克《埃德蒙·伯克读本》，陈志瑞、石斌译，中央编译出版社 2006年版，第 151 页。

② ［加］威尔·金里卡：《少数的权利》，邓红风译，上海译文出版社 2005 年版，第 78 页。

第三章

权利正义的价值理念[①]

所谓"权利正义"是指，权利的分配应符合公平正义的原则。在少数民族权利保护之维，是指少数民族获得的权利保护应符合一般的公平正义原则，或者说，保护少数民族的权利是权利正义价值理念的要求。权利与正义相连的历史，几乎等于甚至超过权利本身的历史。

一　权利的正义之维

正义是权利的母体。早在权利的概念出现之前，正义就被作为一种"应得应予"的公正之术，来处理不同人群之间的利益（权利）纠纷。梭伦在一首诗里写道："我所给予人民的适可而止，他们的荣誉不减损，也不加多；即使是那些有势有财之人也一样，我不使他们遭受不当的损失；我拿着一只大盾，保护两方，不让任何一方不公正地占据优势。"[②]

"希腊人所设想的问题不在于为一个人争得他的权利，而是保证他处于他有资格所处的地位。"[③] 这里"有资格所处的地位"实际上指的就是"应得应予"的资格，一种取得利益（权利）的"正当性"。正如庞德所说的那样，"希腊哲学家们并不议论权利问题，这是事实。他们议论的是，什么是正当的或什么是正义的……希腊人在当时所考虑的事情的症结，即人们相互冲突和重叠的要求之间，什么是正当的或正义的"。他说，当我们"感到一个主张应该由法律加以承认和保障"时，就称"它是一个自然权利"；当"它可能为共同集体的一般道德感所承认并为道德

---

① 本章考察的重点是"社会的基本结构"安排的正义性问题。
② 亚里士多德：《雅典政制》，生活·读书·新知三联书店 1957 年版，第 14 页。
③ ［美］乔治·霍兰·萨拜因：《政治学说史》，盛葵阳等译，商务印书馆 1990 年版，第 25 页。

舆论所支持"时，就称"它为一个道德权利"；当它可以被法律所支持时，我们就称"它为一个法律权利"。而"希腊人没有明显的权利概念"，他们只"讲到正义和用于特定场合的正当行为"。①

希腊人的（权利）正义观念深刻地影响了后来的权利概念和学说，其最大的特点是权利观念与正义观念的合体，这种嵌入式的权利和正义观念使得权利的解释和分配内在的、逻辑的与正义思想或观念发生了不可两分的勾连。②

希腊之后，权利与正义关系的学说经历了极大的发展，其间虽然也出现过企图绕过正义（正当性）而谈权利（力）的实证主义法学③，但总的来说，权利（力）的正当性或正义性始终是权利（力）结构的内在组成部分。在某种程度上可以说，西方社会的法律史同时也是其正义（正当性）学说的历史。权利与正义相联系的历史贯穿于整个权利概念生成和权利学说发展的历史。没有正义，就没有权利。关于权利与正义的这种同一性，斯图亚特·密尔也曾经指出："我们称之为权利的东西，是与我们采纳的正义理论明通暗合的。倘若要对权利的存在及权利冲突的实际解决最终做出系统的判断，必须以完满的正义理论为中介。"④

关于权利与正义的关系，夏勇也做了类似的论述。他说："社会承认某人享有一项权利，就意味着承认他可以从他人、从社会那里获得某种作为或者不作为。相应地，他人或社会应该向他提供某种作为或不作为。"这种"应得""应予"就是通常所谓的"正当""正义"。在这种意义上，享有一项权利，就意味着享有一种正当的诉求，意味着可以有资格提出某种要求。"正义概念是权利概念的逻辑基础。"历史上，有什么样的正义观，就有什么样的权利义务观。权利现象的不同历史类型，实际上也是正义观念的不同类型。⑤

---

① ［美］庞德：《通过法律的社会控制》，沈宗灵等译，商务印书馆1984年版，第44页。

② 从语义学的角度来看，西方语境下的正义与权利等同，"right""jus"等词汇既指"权利"，又意为"正当"。

③ 实证主义法学包括边沁和奥斯丁的"分析法学"、凯尔森的"纯粹法学"、哈特的"新分析法学"和麦考密克的"制度法学"等多种法学流派，这些派别虽内部存在着较大差异，但其共性在于：它们都试图割裂权利与正义（正当性）的关系，将权利的基础完全建立在"合乎法律"即合法性上。历史证明，这种脱离正义（正当性）的权利（力）观具有很大的危害。

④ 参见夏勇《人权概念起源》（修订版），中国政法大学出版社2001年版，第32页。

⑤ 同上书，第28页。

博登海默说："正义有一张普洛透斯似的脸，可随心所欲地呈现极不相同的脸。当我们仔细辨认它并试图解开隐藏于其后的秘密时，往往会陷入迷惑。"① 历史的事实正是如此，当我们揭开历史的书卷时，就会发现，在"正义"的话语下，有过差别很大甚至截然不同的权利观。权利正义的价值理念存在着不同的历史形态。

二　权利正义价值理念的历史演变②

追求权利正义的理想伴随了人类政治文明发展的整个历史。粗略地说，迄今为止，人类追求权利正义的历史大致可以划分为三个阶段。第一个阶段是追求等级式"权利正义"阶段，这一阶段，权利正义的理念只适用于特定的人或群体（包括贵族、平民等"自由"人群，奴隶被排除在外）；第二个阶段是追求"普遍的个人"的权利正义阶段，这个阶段的权利正义理念在形式上适用于所有个人；第三个阶段是追求实质性权利正义阶段，这一阶段的特点是，权利正义理念在进一步追求所有个人的普遍权利正义的同时，关注到存在着文化、族裔（民族）、语言和宗教差别的少数族群群体及个人。

（一）追求等级式"权利正义"阶段

正义的观念先于权利的观念。早在权利概念形成之前，就有了正义的观念乃至学说。在古希腊，正义被用来权衡利益，解决利益分配的正当性问题。正义女神举着丈量土地的两脚尺。在希腊人看来，正义就是利益冲突各方适可而止，保持一定的度。③ 改革家梭伦认为"正义就是对立的双方都要抑制自己的欲望"，体现正义的法律应该"无贵无贱，一视同仁"④。

到了古罗马时期，正义与法律结合，成为一种可以依赖强力而"行动"的力量。罗马人试图"以法律即政治组织的强力的系统运用，来支

---

① ［美］埃德加·博登海默：《法理学——法哲学及其方法》，华夏出版社 1987 年版，第238 页。

② 周少青：《西方权利正义理念的发展演变述评》，《民族研究》2015 年第 1 期。

③ 夏勇：《人权概念起源》（修订版），中国政法大学出版社 2001 年版，第 33 页。

④ 亚里士多德：《雅典政制》，生活·读书·新知三联书店 1957 年版，第 15 页。

持凡是正当的或正义的事业"①。罗马人认为，法学是"关于正义和非正义的学科"，"正义就是给予每个人他应得部分的这种坚定而持久的愿望"②。罗马人通过"正义之学"——法学的计量，评估每个人的应得应予并将之化为法律上的权利义务关系，并以此作为构建社会制度的基石。"这种制度的目的已经不是简单地维护社会治安，而是维护各种利益的安全。同时，它使希腊哲人关于人的本质和价值的抽象规定在实际社会利益关系中得到运用。"正义和法学的结合，使正义的概念（理念）和法律的概念如权利、义务等得到了很大的发展③。

综上所述，从古希腊、古罗马开始，正义的理想或理念就与利益的分配密切相关，而权利作为利益的母体，成为体现或实施正义的最重要的载体。

古希腊、古罗马的"权利正义"理念并非是一种主体广泛的普世（适）性价值理念，相反，它建立在一种明确的具有特定受惠主体的等级制度之上——在这种等级社会中，贵族和平民是其基本构成部分。此外，还存在其他的人的分类分等标准——而所有等级的社会成员，都不包括奴隶，因为他们不被认为是人。为了论证这种权利分配的"正义性"，古希腊的智者搬出不平等的自然正义观，他们认为"自然本性决定强者比弱者得到的多一些，这就是公正"，"公正是在于优者统治劣者，优者比劣者占有更多"。④亚里士多德也指出，"谁在本质上不属于自己而属于别人，同时，他仍然是一个人，这个人按其本性来说就是奴隶"⑤。他认为有些人天生就是奴隶。亚里士多德的老师柏拉图也坚持认为，世间的正义是宇宙理念的体现，每个人各司其职、各安其分就是正义；不仅奴隶与自由人的区分体现了正义的原则，而且自由人之间的分工也反映了上帝用不同的质料创造人的原意（意志）⑥。

总之，古希腊、古罗马时期的权利正义思想或理念充满着为特定阶级或群体辩护的等级色彩。在这种理念或观念下，不仅城邦内人群（包括

---

① ［美］庞德：《通过法律的社会控制》，沈宗灵等译，商务印书馆1984年版，第44页。
② 查士丁尼：《法学总论》（第1卷），张企泰译，商务印书馆1989年版，第5页。
③ 夏勇：《人权概念起源》（修订版），中国政法大学出版社2001年版，第37页。
④ 周辅成编：《西方伦理学名著选辑》（上卷），商务印书馆1964年版，第29页。
⑤ 亚里士多德：《政治学》，吴寿彭译，商务印书馆1965年版，第16页。
⑥ 他认为上帝分别用金银铜铁创造了统治者（哲学家）、军人和官吏集团及小手工业者和农民，这三大类人分别代表"理性""意志"和"欲念"。

外来人群）的权利处于严重的不平等或不正义状态，而且由于宗教的高度分化等原因，那里的人们对其他民族和国家（城邦）也充满偏见、歧视甚至敌对。正如贝尔纳指出的那样，"希腊人对他们自己的都市国家有一种天然的优越感：认为其他民族都是只会巴巴地叫，甚至不能正常谈话的野蛮人，他们的生活习惯是应该回避而不该仿效的"①。

值得注意的是，这一时期还存在着与这种等级式"权利正义"理念平行发展的普遍性权利正义的价值理念。希腊自然哲学产生初期，尤里皮迪兹的剧作《腓尼基少女》里就有这样的表述："平等，是朋友和朋友，城市和城市，联邦和联邦互相亲密。平等，它是人类的自然法则……上天注定平等是人的本分，权力和命运由她分配。"尤里皮迪兹甚至否定对希腊社会至关重要的奴隶制的合法性，他说："唯一使奴隶蒙羞的是他的名称，此外奴隶绝不比自由人卑劣，因为他有着一个正直的灵魂。"② 斯多葛派更是明确提出了包括希腊人和野蛮人、城邦公民与外来人、奴隶和自由民等在内的人人一律平等的思想。受希腊平等思想的影响，到了罗马时期，西塞罗坚称"无论属于哪一个种族的人，只要他能找到向导的话，都能臻于完善"③。查士丁尼著名的《法学总论》也指出，"根据自然法，一切人生而自由，既不知有奴隶，也就无所谓释放"④。这些超越历史时代的进步理念，后来成为"天赋人权"学说的重要思想和观念来源⑤。

古希腊、古罗马之后，权利正义的理念或学说在神学、法学、政治（哲学）学和伦理学等领域继续发展。与此前有所不同的是，这一时期的权利正义学说或理念，由于基督教的"上帝面前人人平等"教条的出现，而由权利义务分配的等级制逐渐转向权利义务两分的神学"权利正义"（观念）模式——在这种模式中，人人在上帝面前平等的教律被理解成人人都有平等地遵守和履行对上帝的义务的"权利"。这种观念，到中世纪已然发展成人人都有平等的义务去服从教会和国王的统治，至此，古希

① ［英］贝尔纳：《历史上的科学》，伍况甫等译，科学出版社1983年版，第564页。
② 见欧内斯特·巴克在《希腊政治理论》中所引的诗词，转引自［美］乔治·霍兰·萨拜因《政治学说史》，盛葵阳等译，商务印书馆1990年版，第49、53页。
③ 转引自夏勇《人权概念起源》（修订版），中国政法大学出版社2001年版，第105页。
④ 查士丁尼：《法学总论》（第1卷），张企泰译，商务印书馆1989年版，第13页。
⑤ 正如罗素指出的那样，"16、17、18世纪所出现的那种天赋人权的学说也是斯多葛派学说的复活，尽管有着许多重要的修正"。［英］罗素：《西方哲学史》（上卷），何兆武译，商务印书馆1963年版，第341页。

腊、古罗马以来的"一主一仆一奴（隶）"的等级式权利正义观念最终被以基督教神权统治为特征的"一仆二主"的神圣—等级式权利正义观所代替①。这种神圣—等级式权利正义观直到以文艺复兴、宗教改革、启蒙运动和资产阶级革命为标示的传统自由主义思潮的兴起才得以改变。

（二）追求"普遍的"形式化的个人权利正义阶段

这一阶段，权利正义的理念的重心在于纠正历史上公然的基于等级和特权的不平等，这种不平等之所以需要得到纠正，是因为它倚重出生的偶然性来决定一个人的命运——财富、收入、机会和权利（力）及相应的社会地位。

为打破"生而不平等"的封建等级制和特权制，处于上升时期的资产阶级依托正在迅速成长的市场经济及其催生的古典自由主义理论，提出人人生而自由，拥有平等的追求幸福的权利。古典自由主义者奉行"个人先于国家存在的"政治哲学，极其重视个人的权利和自由，认为政府存在的目的仅在于保护个体权利。他们甚至认为，从正义的角度来看，个人的（道德）权利是独立于政府而存在的，个人的权利不是政府所"创造的"，也不是法律所"赋予的"——法律的正当性来源于对个人权利和自由的保护，法律的唯一目的是保护个人自由。古典自由主义者托马斯·杰斐逊（Thomas Jefferson）宣称，"正当的自由（rightful liberty），指的是个人有绝对权利依照自己的意志做出任何行动，其（唯一）限制是不违反他人的相同权利。我不会加上'以法律为限'，因为法律经常只是专制者的工具（will），这在法律侵犯个人权利时尤为明显"②。个体的权利和自由成为古典自由主义者的"新圣经"。

---

①　权利正义内容的这种演变，从一个方面说明，在权利的逻辑结构方面，无论是"超验权威"说，还是"平等人格"说，都不足以防范权利正义理念的异化。人与人之间的自然平等或者"上帝创造物意义上的平等"，甚至所谓的"法律面前人人平等"，都可以被解释为人人一样服从教会、国家或政府等。这说明，权利正义理念需要适当的权利逻辑结构做前提，才能解决自身的异化或倒挂问题，而"本性自由说"的权利逻辑结构正好满足了这一要求。按照夏勇的总结，"本性自由说"包括四个有联系的方面，一是论证人在本质上是利己的；二是论证人在本性上是有尊严的；三是论证人在本性上是有理性的；四是论证人在本性上是能够并且应该"抵抗一切侵辱的"，这四个方面的联动凸显了人作为权利主体而不是义务主体的本位。这种权利逻辑结构不仅有效地解决了古希腊、古罗马时期权利正义观念（理念）的倒挂或异化问题，也为后来的以资产阶级自由主义为始端的"权利革命"提供了重要的学理支撑。

②　Thomas Jefferson, Letter to Isaac H. Tiffany, 1819.

从亚当·斯密（Adam Smith）的强调政府的不干涉（non-intervention），以便让每个个体都能发挥"上帝赋予他们的天分"开始，古典自由主义者将个人的权利和自由不断推向政治哲学的中心，形成了一个个高潮迭起的、激动人心的有关个体权利和地位的论断和评述。托马斯·霍布斯（Thomas Hobbes）说，国家不过是个人的集合，国家权利（力）只不过是个人权利的总和；约翰·洛克（John Locke）认为，政府的合法性基础在于个人权利的合法让渡和授予，同时，个人保留自由权、生命权、财产权、健康权等"不可转让""不可剥夺的"的权利，尊重和保护包括这些"不可转让"的个人权利和自由是政府得以建立和延续的唯一合法基础。美国的开国者托马斯·杰斐逊说，按照自己的意愿，在不侵犯别人同等权利的条件下，个人正当的自由行为不该受到任何阻碍，他还认为"最好的政府，便是管的最少的政府"①。1789年，法国的《人权和公民权宣言》宣称"每一个人对其自然权利的行使，只以保证社会上其他人皆享相同权利为限制"。

在个人的权利和自由方面，约翰·斯图亚特·密尔（John Stuart Mill）的论述令人印象深刻。他在被誉为"自由主义的集大成之作"——《论自由》一书中，为个体自由做了经典辩护。他认为"每个人对他的身体和意志都拥有主权"，一个人要对社会负责的唯一行为是影响到他人的行为。因此，只要不影响（伤害）他人，个体的"权利的独立性就是绝对的"②。在个体自由与群体的关系方面，密尔有一个著名的观点。他说，"如果整个人类（mankind），除了一个人之外，意见都是一致的，人类也没有理由不让那个持相反意见的人说话；正如那个人一旦掌握大权，也没有理由不让人类说话一样"③。

古典自由主义者视个体的生命、自由和财产为最基本的（天赋）权利，认为即使是民主国家经过一定的政治过程放弃这些基本权利中的任何一种，也是一种"多数的暴政"。他们强调个人的自由、理性、正义和宽

---

① 值得注意的是，尽管绝大多数的英语和中文文献都认为"最好的政府，便是管的最少的政府"这句话出自杰斐逊之口，但笔者在《杰斐逊选集》等相关文献中，并没有发现这一提法的准确出处。实际上，围绕这一问题，国内外学术界有许多争议。比较一致的意见是，这句话至少是杰斐逊强调限制政府权力、保护公民个人权利和自由思想的总结或写照。

② John Stuart Mill, *On Liberty*, The Floating Press, 2009, p. 19.

③ Ibid. , p. 29.

容，反对父权制国家，甚至反对任何形式的国家干预，力主思想自由、信仰自由、言论自由、自我负责。

埃里希·弗罗姆（Erich Fromm）在《逃避自由》中指出，"近代欧美历史的要旨，就是谋求摆脱人的政治、经济和精神枷锁。渴望新自由的被压迫者，向维护特权的人们发动了争取自由的战斗。当某一个阶级为使自己从统治下获得解放而斗争之时，它自以为是在为整个人类的自由而斗争，从而可以诉诸某种理想，藉以唤起深埋在所有被压迫者心中的对自由的向往"①。

历史的情形正是如此。18 世纪以来，伴随着资本主义的发展，新兴的资产阶级为了谋求政治上的解放和进一步扫清发展资本主义的障碍，把他们的利益装扮成全社会的利益，将他们的诉求描述成所有个体的诉求，通过高举个人权利和自由的大旗，动员全社会的力量参与资产阶级的经济发展和政治民主进程。新兴资产阶级的这种利益和诉求模式不仅具有鲜明的反封建、反神权、反教会、反特权的色彩，同时也具有抵制少数族群权利的某些特点——在古典自由主义者的眼里，个人是脱离了具体民族、种族、宗教信仰和社会背景的无差别的人类个体，他们假定"个人都是理性的、追求私利的，并且会有计划地追求他们各自目标的"超越具体文化社群的原子化个体——因此他们反对几乎任何形式的优惠和特殊对待。事实上，古典自由主义及其后来的各流派及变种②在少数族群权利问题上，总体上始终持抵制或消极态度——他们将反对政府干预的逻辑引申到少数族群权利保护方面，反对政府制定保护少数族群的特殊政策，反对以优惠少数民族为重点的肯定性行动，甚至也反对对女性的优惠，认为这些政策侵犯了个人自由。

18—19 世纪自由主义政治思想形态的核心是关于价值性质的基本主张，即一切价值的终极含义是满足和实现人的个性。伊曼努尔·康德（Immanuel Kant）著名的观点——"道德在于不是把人当作手段，而是当

---

① ［美］埃里希·弗洛姆：《逃避自由》，黄颂杰主编《弗洛姆著作精选——人性·社会·拯救》，上海人民出版社 1989 年版，第 54 页。

② 随着西方社会的不断发展和演变，古典自由主义裂变和分化为许多不同流派，如"社会自由主义""新自由主义""小政府主义"，甚至"无政府主义"。这些流派虽然名目繁多，甚至有些在名称上被定义为"保守主义"，但其反对政府干预、主张个体权利和自由的精神气质从来没有发生实质上的变化。当然，在具体如何保障个体权利和自由的问题上，（古典）自由主义的各流派有时候甚至持截然相反的观点。

作目的"、杰斐逊的"政府的存在是为了保护和实现人的不可剥夺的权利"① 中的"人"显然指的都是个人。个人的权利和自由成为自由主义的支撑和基石。

以个体权利和自由为核心的权利正义价值理念，通过将人抽象为无种族、民族、宗教、阶级甚至性别差别的"无性状"的一律平等的个体，有力地纠正了历史上公然以特权和等级为特征的不公正现象，为西方国家建构公民个体一律平等的公民社会奠定了重要的政治哲学和政治文化基础。但是，这一无视个体处境（背景）差异和阶级差别的权利正义观，遭到自由主义内部和马克思主义的挑战。

以下从自由主义内部述论和分析这一挑战。

（三）关注实质性权利正义阶段

1. 实质性权利正义初步在法理上为少数族群权利保护提供路径探索

这一阶段，权利正义的价值理念开始从"普遍的"、冷漠的、形式化倾向向具有实质意味的权利正义形态转变——（古典）自由主义者至少已开始从少数派的境遇和个人的具体出身背景等特殊因素来考虑权利正义问题，这个转变过程的发生既有（古典）自由主义理论本身的原因，也有其所依托的历史背景方面的原因。

首先，从（古典）自由主义理论自身的角度来看，古典自由主义的以个体权利和自由为核心的普遍的、无差别的形式化权利正义理念从一开始（甚至在其所孕育的母体中）就已经包含着分化或自我挑战的因素，而这一点终究成为（古典）自由主义阵营分化出关注实质权利正义的生长因子。

第一，（古典）自由主义者十分关注个体权利和自由的保障问题，因此，如何在实践中实现作为公民个体的权利和自由（尤其是少数派的权利和自由）就成为自由主义者们十分关注的重要问题。詹姆斯·麦迪逊（James Madison）主张用共和立宪制来保护个人的权利和自由，他担心纯粹的民主制可能会造成"公共的情绪和利益被多数派掌控，而却没有半点避免少数派被牺牲的机制存在"，"如果一大部分人因为某种共同利益

---

① 转引自［美］乔治·霍兰·萨拜因《政治学说史》，盛葵阳等译，商务印书馆 1990 年版，第 741—742 页。

团结为一个整体的话……少数派……的权利就会陷入危险之中"。① 托马斯·杰斐逊甚至指出"民主无非就是暴民统治。百分之五十一的人就可以剥夺剩下百分之四十九的人权"。他们对普选的票决制民主所蕴含的多数人对少数族群权利的威胁抱有很大的戒心。由于古典自由主义者反对通过政府干预的形式来保护少数派的利益,所以他们把希望寄托在通过权力的分立和相互制衡来保护少数族群的权利和自由。密尔虽然是一个功利主义者,"但他仍然把自由原则和权利原则看成是调节社会基本结构的根本原则,认为这些原则对于抵制来自于现代民主之多数议决原则之可能的压制以保护个人和少数人的权利是很有必要的"②。

第二,(古典)自由主义者非常关心公民的个性自由和人格的充分发育问题,他们中的许多人从一开始就十分关注人的个性发展和尊严。康德认为,人是理性的存在(不依赖于上帝对生命和自由的神圣赋予),值得拥有尊严和尊重,他批评功利主义的论说使权利的基础变得脆弱。康德认为,多数人的喜欢并不能成为权利产生的正当性基础,同样多数人基于功利的喜欢或赞成并不能使一部法律成为正当的。密尔在《论自由》中用一章的篇幅讨论个性与人类的福祉问题,他认为个性不仅是个人自由和权利的重要组成部分,也是社会的财富和促进社会发展的动力;由个性自由所造就的社会生活方式的多样性和差异性,是推动社会进步的重要力量。他推崇个性的张扬,甚至认为"欲望和冲动确是一个完善人类的构成部分,与信赖和约束居于同等地位";密尔赞扬不屈从于"习俗和道德"的独立个性,认为这是自然人性的一部分。他说"人性不是一架机器,不能按照一个模型铸造出来",相反它"像一棵树,需要生长并且从各方面发展起来,需要按照那使它成为活东西的内在力量的趋向生长和发展起来";认为"生活应当有多种不同的试验;对于各式各样的性格只要对他人没有损害就应当给以自由发展的余地;不同生活方式的价值应当予以实践的证明,只要有人认为宜于一试"③。

---

① [美]亚历山大·汉密尔顿、詹姆斯·麦迪逊、约翰·杰伊:《联邦党人文集》,中国青年出版社 2014 年版,第 286 页。

② [美]约翰·罗尔斯:《政治哲学史讲义》,杨通进等译,中国社会科学出版社 2011 年版,"译者前言"第 7 页。

③ John Stuart Mill, *On Liberty*, The Floating Press, 2009, p. 95. 以上译文参考了许宝骙译的约翰·斯图亚特·密尔《论自由》,商务印书馆 1995 年版。

　　与洛克的"均质化"的千人一面的均质化公民观相比，密尔更重视公民个体自身的个性、差异性或多样性，认为差异性或多样性是"首创性"的来源，是个性自由的根基。他坚信，"自由和境地的多样化"是人类发展所必要的条件，"人类要成为思考中高贵而美丽的对象，不能靠着把自身中一切个人性的东西磨成一律"。密尔认为，"一个强迫其成员接受习俗和传统的社会，很可能陷入一种荒谬的一致性"，而且这也会剥夺促进自身进步的能量和活力。他强调个体的选择权，认为人类的认知、判断、有差别的感觉、精神活动乃至道德偏好（moral preference）等，都依赖于选择（权）的实施。①

　　其次，从古典自由主义所依托的历史背景来看，到19世纪中后期，随着以保护个人权利和自由为核心的宪政体制在欧洲一些主要国家和美国的陆续建立，以及自由资本主义放任政策弊端的逐渐显露，从传统的古典自由主义阵营中逐步分离出在关心个人自由的同时，也关注社会正义（公正）的自由主义思想。这些思想的一个基本逻辑是：要实现自由的目标，个人就必须被赋予公平的（实现目标的）条件，而个人公平条件的赋予则必须考虑他们生存的条件和环境。为此，国家必须改变以往中立的形象，积极介入经济和社会生活，确保每一个人在经济、教育和社会中的公平权利和自由。至此，古典自由主义理论的形式化权利正义观开始逐步向实质性权利正义理念发展。

　　综上，笔者从（古典）自由主义理论自身及其所依托的历史背景角度简单述及了（古典）自由主义的形式化权利正义理念向实质性权利正义理念转型的理论和历史渊源。尽管（古典）自由主义者没有明确提出民族（族裔）、宗教、文化和语言上的少数族群的权利正义理念，但他们关于"多数人暴政"对少数派权利的影响及公民个体差异性与个性多样性与社会进步关系的论说等，已经在法理上为民族（族裔）、宗教、文化和语言上的少数族群权利保护提供了坚实的支撑。

　　新自由主义价值理念标志着实质性权利正义理念的正式形成，"作为公平的正义"思想对于促进族群间的平等和正义具有重要的影响。

　　法理上在少数族群权利保护问题上，走出坚实一步的自由主义学者当属约翰·罗尔斯（John Rawls）。罗尔斯是以平等主义为基点系统讨论正

---

　　①　John Stuart Mill, *On Liberty*, The Floating Press, 2009, p. 98.

义问题的第一人①。他的"差别原则"明确提出了对由于出身和天赋的不平等而导致处境最不利的人的补偿问题。虽然罗尔斯申明，他的正义论建立在（公民）个人主义理论基础之上并以此来说明体制、团体和交往活动中的"内在的善"，但毫无疑问，他的正义理论已不可逆转地提出了族际间的平等与正义问题，即那些由于出身不同的社会（族裔）文化而导致处境不利的少数族群需要得到主流社会（主体民族）公正对待的问题②。可以说，罗尔斯的正义论使长期处于被"善意忽略"地位的少数族裔权利的保护问题走向历史前台。③

总体来看，虽然罗尔斯的正义论仍然属于公民主义均质化框架下试图解决公民间不平等的一个尝试，但他的"作为公平的正义"思想，对于缓解当时紧张的族际关系、促进族群间的平等和正义无疑具有重要的影响。

与他同时代的罗纳德·德沃金（Ronald Dworkin）在某种意义上受他的影响继续推进了正义论。德沃金的正义思想以"平等"为压倒性的价值追求，与罗尔斯试图调和自由与平等并坚持自由优先的观点不同，他认为平等与自由没有也不应该发生冲突，如果发生了冲突则平等优先于自由。在德沃金眼里，平等具有最高价值——这与罗尔斯的"平等的自由"式的正义观明显不同，后者强调，在自由和平等不能处于同等重要地位的时候，自由的价值具有优先性④。

德沃金平等思想（理论）的基石是所谓伦理学个人主义的两个原则，

---

①　在他之前，自由主义者将正义问题的实质主要归结为自由问题，认为个体的权利与自由是解决社会正义问题的根本立足点。可以说，在罗尔斯之前，以传统自由主义为主导的西方已经在理论和基本价值理念层面基本上"解决"了社会基本结构的正义问题，即正义就是个体从国家和社会获得最大行动力的自由。

②　从罗尔斯的"正义论"出台的历史背景来看，也能看出这一点。促使罗尔斯进行重大理论思考并推出"正义论"的一个重要历史背景是20世纪60年代以来的民权运动、黑人运动和女权运动等。在这场席卷全美的声势浩大的运动中，少数族裔的公正待遇问题占据了十分重要的地位。

③　实际上，早在密尔那里，少数族裔的权利保护问题就已经在法理上萌芽，密尔批评均质化和"一致性"，关注具体多样化的人，承认多元价值如自主选择生活方式、思想、言论、宗教自由，认为保持"自由和境地的多样性"是解决问题的总方针等，都蕴含着对少数族裔权利价值的潜在的承认。就连罗尔斯也认为，"在关于以何种原则作为建构和调节社会基本结构之原则方面"，密尔的观点与他自己的观点接近于达成某种"重叠共识"。参见［美］约翰·罗尔斯《政治哲学史讲义》，杨通进等译，中国社会科学出版社2011年版，"译者前言"第7页。

④　实际上，在罗尔斯的正义两原则中，有"一个半原则"是为自由的优先性做辩护的。

其中一个原则为"重要性平等的原则"——"从客观的角度来讲，人生取得成功而不被虚度是重要的；而且从主观的角度讲这对每个人的人生同等重要"——重要性平等的原则要求人们以"平等的关切"对待处在某种境况下的群体。平等的关切受到两个相互配合的原则支配，第一项原则要求政府采用这样的法律或政策，它们保证在政府所能做到的范围内，公民的命运不受他们的其他条件——他们的经济背景、性别、种族、特殊技能或不利条件——的影响。第二条原则要求政府在它能做到的范围内，还得努力使其公民的命运同他们自己做出的选择密切相关。① 根据第一个原则，政府不仅有义务保障少数族群不因他们的种族或族裔身份而受到不利影响，而且要在力所能及的范围内提供优惠或矫正式的条件，使他们的命运受到平等的关切。第二个原则强调个人对自我选择负责（在这个过程中，政府仍然需要承担相应的保障责任或义务）。第一个原则强调政府义务，第二个原则强调个人责任。德沃金认为，造成人们不平等的原因有两个，一个是不同的社会文化条件，另一个是个人的自然禀赋。这两个原因在很大程度上，都具有不可选择性。因此，政府对于纠正由这种不可选择性因素造成的不平等负有不可推卸的责任。德沃金认为践行这一责任是政府合法性的基础，是政治社会"至上的美德"。

德沃金认为，真正的自由主义只推崇平等和尊重，他反对在诸如平等、自由、效率、社群等价值取向中寻求平衡。在德沃金的权利论法学体系中，"平等关怀和尊重的权利"占有核心的地位，这一权利具有两层含义，一是"受到平等对待的权利"，二是"作为平等的人受到对待的权利"。前者强调资源、机会、义务等平等分配的权利，后者则强调按照人的真实处境加以平等对待的权利；前者侧重形式上的平等，后者侧重于实质性平等。德沃金认为"作为平等的人受到对待的权利"是根本性的权利，而"受到平等对待的权利"则是派生性权利。从此出发，德沃金对美国有色族裔尤其是黑人少数族群的权利做了公开的辩护。认为包括宪法"第十四条修正案"所确立的不分肤色的法律的平等保护的"国家信念""不过是一个幻觉"。认为对少数族裔的优惠政策"并非不公平：它没有侵犯个人权利，也没有

---

① ［美］罗纳德·德沃金：《至上的美德——平等的理论与实践》，冯克利译，江苏人民出版社 2007 年版，第 6—7 页。

危害道德原则"①;"优待措施在追求学生的多样性和社会公正这两个方面,
丝毫无损于只应根据合理而恰当的素质奖励学生这一原则"。②

　　罗尔斯和德沃金在自由主义体系内,第一次以系统的理论——正义
论、权利论为依托突破了传统自由主义的"普遍的"形式化的个人权利
正义学说,为那些在形式上享有平等权利,而实际上沦为社会弱势群体的
人们提供了权利保障的新话语。

　　不仅如此,从法学理论发展的视角来看,罗尔斯和德沃金的正义论法
学和权利论法学还开辟了包括少数族群在内的弱势群体权利保护的"价
值论法学"。价值论法学从"社会正义"、"法的现代性困境"、"抽象人
格平等的虚伪性"、"个人禀赋社会共有论"、差别原则、"权利优先于善"
及平等的关切和尊重等充分考虑包括少数族群在内的弱势群体的实际不利
处境的理论和观点出发,将实质正义、法的"特惠""实际平等"等法律
价值理念引进传统的自由主义法律体系,为包括少数族群在内的弱势群体
的权利保护提供了重要的支撑。

　　以上笔者从(古典)自由主义理论自身及其所依托的历史背景两个
方面,对自由主义如何从仅关注形式平等发展到开始重视实质平等(公
平)做了简单论述。古典自由主义极其注重个人的权利和自由,这种观
点的哲学基础和逻辑结构不可避免地将古典自由主义者的关注点继而引向
个体所处的具体社会环境和族裔、文化背景等差异性因素,并最终导致关
注包括少数族裔在内的弱势群体的实质平等的左翼自由主义的出现。与此
同时,由于19世纪中后期以来,自由资本主义放任政策弊端的尽显,资
产阶级自由派的"国家中立"的教旨再也难以为继,标志性的事件是立
法领域的"倾斜保护"开始出现。以劳工立法为始端继而扩散到保护更
大范围内的弱势群体权益的福利政策。伴随着这一历史过程,出现了社会
自由主义、分配的正义论、平等关怀等关注实质平等新的自由主义思潮。
除了上文提到的罗尔斯、德沃金等左翼自由主义者以外,重要的还有以阿
马蒂亚·森(Amartya Sen)为代表的"能力平等说"等,这些思想和论
说的出现,标志着古典自由主义理论的形式化权利正义观开始逐步向实质

---

　　① 〔美〕罗纳德·德沃金:《至上的美德——平等的理论与实践》,冯克利译,江苏人民出版
社2007年版,第435页。

　　② 同上书,第431页。

性权利正义理念发展。

需要强调的是，上述标志实质性权利正义理念出现的新的自由主义价值理念，在总体上并没有为少数族群的实质平等关怀提供多少理论或价值理念空间。自由主义的实质性权利正义理念只是有限地克服了纯粹形式化的个人平等所掩盖的实质不平等问题。他们对少数族群不平等现状的关注，主要基于一种均质化公民社会框架下的个人权利的视野，族裔或文化身份差异只是其中的一个因素甚至不是主要因素。因此虽然一些左翼自由主义者尤其是德沃金等在自由主义的权利正义的框架下对少数族群的权利和（实践）做了一定的辩护，但是从总体上来看，正如威尔·金里卡（Will Kymlicka）所言，直到 20 世纪 80—90 年代，西方的自由主义者或主流社会的思想家都没有很认真地对待过少数族群的权利问题。①

2. 以群体权利保护为重心的实质权利正义阶段

真正突破自由主义的传统体系②，从实质权利正义角度③比较全面关注少数族群权利尤其是群体权利的事件发生在 20 世纪八九十年代，其历史契机是社群主义和多元文化主义的兴起。

社群主义在批判自由主义把个体作为政治制度和实践的基石，把个人权利和自由的保护视为实质权利正义的唯一内容的过程中，提出了以群体权利（力）为核心的所谓"善优先于权利"的政治哲学。社群主义与自由主义的关于群体、个体关系的争论，在客观上为少数族裔的群体权利提供了依据。

社群主义反对自由主义过分个人化的主体预设，认为个人的自我总是

---

① 相反，在自由主义的体系内，法理上始终如一地存在着强硬的（少数族群）群体权利的反对者，如哈耶克、诺奇科等，哈氏认为："在一个自由的社会中，不同的个人和群体的地位并不是任何人设计的结果，也不是可以根据一项普遍适用的原则加以改变的；因此，在这样一个社会中，把人们在报酬方面所存在的差异说成是正义的或不正义的，根本就不可能有任何意义。"需要说明的是，自由主义的右翼反对少数族群权利，主要是从力主"最弱意义上的国家"这一传统立场出发的。他们认为，以追求社会正义为目标的少数族群权利，必然招致国家对分配领域的干涉，从而增强了经济过程的"人为性"，侵犯了人们基于市场规律而获得的自由。

② 应该说，在自由主义的传统体系内，一直不缺乏可能推演出少数民族群体权利的学说或流派——从英国 20 世纪早期的政治多元主义到伯林的价值（道德）多元主义，再到威廉·盖尔斯敦的自由多元主义，都可能从法理上推导出少数民族的群体权利，但是由于种种原因（包括自由主义内部的和时代的原因），一直到自由主义与社群主义关于个人与群体关系的论争和多元文化主义兴起之时，少数民族群体权利的实质对待或保护才提上历史的日程。

③ 由于群体权利诉求出现的历史背景和它具有的种种特点，群体权利的保护一开始就具有实质权利正义的特点。

根植于一定的文化和传统中，自我的属性决定于共同体，自我依存于共同体，而不是相反。阿拉斯戴尔·麦金太尔（Alasdair MacIntyre）指出："自我不得不在社会共同体中和通过他的成员资格发现他的道德身份，如家庭、邻居、城邦、部族等共同体。"① 社群主义认为当罗尔斯提出个人"在制定、追求和修改自己的人生计划上有着最高利益时，他忽略了我们的个体被各种公共纽带（如家庭或宗教传统的纽带）所定义和建构的事实。这些纽带与我们如此亲近，以至于必须要付出巨大代价才可能将其放弃，如果还有可能放弃的话"，这一观点意味着，"政治不应当单纯地考虑确保个人运用其自由选择权力的条件，我们还需要维持和促进那些对于我们的幸福感和尊严感十分重要的社会纽带"②。

社群主义也反对自由主义的以抽象的个人为基础的普世主义，迈克尔·沃尔泽（Michael Walzer）认为，有效的社会批判应该来自生活在特定时间和地域中的真实的人的习惯和传统，那种旨在产生一套确定的人类美德和价值的形式上的普世化程序，即使本身没有任何问题，也会被认为过于抽象，而无助于对具体的分配方式的思考。③

总之，社群主义批评自由主义过分强调个人选择的自由，认为个人的选择超不出个人生活于其中的文化传统和价值观，这种传统和价值观，不仅为个人的选择提供了参考的标准，甚至提供了认同本身；认为是特定的社群或共同体型塑了特定的自我，决定了"我是谁"，而不是个人的自由选择决定了"我是谁"。社群主义者的上述论说凸显了社群、群体或共同体（对个体）的极端重要性。

需要强调的是，社群主义批评自由主义个人权利哲学及普世主义的目的，并不是为了建立一种一般意义上的群体权利学说，而是为了给一个更大的共同体——政治国家或共和国寻找"共同的善"或"美德"的基础。社群主义批判自由主义的"自我对其目的的优先性"是为了建立起一个在道德和价值上优先于个人的共同体。在这个共同体内，群体的或共同体的善塑造决定着个人的善并继而决定着个人的权利和自由。因此社群主义政治哲学的最终导向是一个提倡国家干预和影响个人选择、个人有义务参

---

① ［美］麦金太尔：《德性之后》，龚群等译，中国社会科学出版社1995年版，第279页。

② ［加］贝淡宁：《社群主义对自由主义之批判》，石鹏译，《求是学刊》2007年第1期。

③ Michael Walzer, *Spheres of Justice, A Defense of Pluralism and Equality*, Basic Books, Inc. 1983, p. 8.

加国家政治生活、全体国民拥有共同的公民美德和共同的善的共和国，其代表人桑德尔也因此被冠以共和主义者或共同体主义者。

即便如此，社群主义者对于群体权利的强调和提升所做的贡献仍然是不可忽略的：社群主义有力地批驳了自由主义把个体权利和自由作为实质权利正义的唯一内容；第一次在自由主义的大框架下把保护群体（权利）的重要性演绎得如此迫切和具有正当性；第一次使保护群体权利和个人权利及自由的法理如此地相互融通。因此，尽管社群主义的政治哲学的大方向最终指向"把自己视为某个家庭、社区、国家或人民的一员，视为某种历史的承担者（bearer），视为某个革命的儿女和某个共和国的公民"①的共同体主义，但他们论述群体［权利（力）］重要性的理念和逻辑并没有止步于社群主义宏大的共同体主义。事实上，一些社群主义者如查尔斯·泰勒（Charles Taylor）就在社群主义基础上进一步提出了以保护少数群体权利为中心的"承认的政治"。

泰勒的"承认的政治"以"平等的承认"为核心，将少数群体的权利保护诉求在与普遍主义政治对应的层次加以展开。在泰勒的话语体系内，包括少数民族在内的少数群体的认同已不再是一个消极的自我认同过程。相反，它是一个积极的要求他人（多数社会）承认的过程。他认为，平等地得到承认是个体和群体形成自我认同的一个必要环节，因为"我们的认同部分地是由他人的承认构成的"，"如果得不到他人的承认，或者只是得到他人扭曲的承认，也会对我们的认同构成显著的影响"，"所以，一个人或一个群体会遭受到实实在在的伤害和歪曲，如果围绕着他们的人群和社会向他们反射出来的是一幅表现他们自身的狭隘、卑下和令人蔑视的图像。这就是说，得不到他人的承认或只是得到扭曲的承认能够对人造成伤害，成为一种压迫形式，它能够把人囚禁在虚假的、被扭曲和被贬损的存在方式之中"。②

泰勒的"承认的政治"，在实践中直接导致了差异化的政治诉求，即要求对少数群体的权利做出不同的安排。差异化的政治诉求是对"已经堕落为一种单纯的票决制的自由主义"多数民主的矫正，也是对长期以来奉行的忽视少数族群权利的普遍主义政治模式的一次重要反抗或者修

---

① Michael Sandel, *Liberalism and the Limits of Justice*, Cambridge University, 1982, p. 179.

② ［加］查尔斯·泰勒：《承认的政治》，汪晖、陈燕谷主编《文化与公共性》，生活·读书·新知三联书店 2005 年版。

正。差异政治的最高形式是多元文化主义。

历史地看，多元文化主义的出现一开始就与少数族群要求保存群体文化特性的平等权利密切相关。① 与社群主义本质上是自由主义的一个修正和改进的属性②比较，多元文化主义一开始就具有较多的"异质性"。自由主义强调以个人为基点的无差别的普遍平等主义，而多元文化主义侧重于以群体为考量的差异政治形式。后者反对前者的不分多数与少数、强势与弱势、富有与贫穷的"普遍平等"。多元文化主义者认为，自由主义的普遍平等主义过分重视倚重均质化和一致性，其所构建的现代宪政秩序，严重忽略了文化差异群体的利益和诉求。按照詹姆斯·塔里（James Tully），自由主义的宪政秩序至少面临着民族主义群体、少数族裔群体、移民、土著民族等六大类群体的要求承认的政治呼声。③ 塔利认为，只有这些群体的文化特性得到承认，并且通过协商政治过程，将他们纳入自由国家的宪政秩序（并通过差异化的群体政策加以体现），一个政治共同体才算是正义的。塔利还特别强调，对于少数群体特性的承认，必须以他们的词汇和传统认识他们，而不是我们熟悉的、从我们的传统和思想中获取的词汇。他把"相互承认、文化的延续（cultural continuity）及同意"三个古宪法习俗④作为承认少数族群、尊重和保障他们在宪法结构中地位的三个重要原则。

在少数群体权利保护的权利正义价值理念方面，具有里程碑意义的是威尔·金里卡教授，他以"自由主义的多元主义""多元文化主义的公民"立论，为少数族群权利保护做了全面辩护。他的自由主义多元文化理论的出现，标志着传统自由主义的"普遍的""形式化的"权利正义价值理念开始出现较为全面的、实质性的转变——转向一种直接为少数族群权利辩护的实质性权利正义理念。

金里卡认为，少数族群权利不是一种一般意义上单边产生的"特殊"

① 多元文化主义与少数族群的权利关系是一个十分复杂的问题。笔者曾在《多元文化主义视阈下的少数民族权利问题》（《民族研究》2012 年第 1 期）一文中提出，多元文化主义至少存在于事实、理论、意识形态、政策和价值理念五个维度。每个维度下的"少数民族权利"都呈现出不同的面相，具有不同的意义和效果。本书侧重于价值理念维度。

② 事实上，正是由于社群主义的批评，自由主义才开始重新审视共同体的价值。哈贝马斯等人提出的协商民主就是对这种批评的一个建设性的回应。

③ James Tully, *Strange Multiplicity, constitutionalism in an age of diversity*, Cambridge University Press, 1995, pp. 2 - 4.

④ Ibid. , pp. 23, 30.

权利，它是自由民主国家构建民族国家活动即"民族国家构建方略"所激发的产物。金里卡把这种关系称作"民族国家构建与少数群体权利的辩证法"——他说："自由民主国家从以下意义上讲，都有过构建民族国家的历史：它们鼓励，有时甚至是强迫生活在国家领土上的公民融入使用一种共同语言的共同公共体制中。西方国家曾使用了各种各样的策略来取得这种语言和体制的融合：国籍和归化法、教育法、语言法，有关公务人员雇佣、兵役制度和国家传播媒体的政策，等等。"① 作为对这种民族国家构建方略的反应，金里卡认为少数族群的权利要求实际上是一种使"少数群体免受可能的不公正待遇"的自我保护机制，而不是常常被描述为"特别状况"或"特惠"的形式。

金里卡将少数族群的权利区分为三类，第一类是自治权利（self-government rights），主要适用于历史上自治和领土集中的历史少数民族②（historical minority）；第二类是多族类权利（polyethnic rights），主要适用于基于个人和家庭选择的移民少数民族；第三类是特别代表权利（special representation rights），适用于几乎所有的少数民族类型。

值得注意的是，金里卡的少数族群权利理论，不仅将少数族群从传统自由主义均质化的人群中区分出来，给予他们实质性的权利待遇，而且他还对少数族群本身做了进一步的区分——将他们区分为历史少数民族、移民少数民族和土著少数民族，他甚至还划分出了不属于上述三类的"美国黑人少数民族"和德国的客籍劳工人群等。对于上述不同类别的少数民族，金里卡提出了不同的权利类别，并对这些权利的享有给出了不同的理由。他认为历史少数民族多基于不自愿而并入更大的国家，因而有权利享有领土自治的权利——以便通过在以自己的文化和语言运作的地域性公共体制中，行使权利形态较为完整的少数民族权利，建设一个独特的社会。移民少数民族由于多基于自愿的选择而来到移入国家，他们的目的不

① ［加］威尔·金里卡：《少数的权利》，邓红风译，上海译文出版社 2005 年版，第 1 页。
② 一些金里卡作品的中文译者将"national minority"译成"少数民族"，在金里卡的著述中，有时也使用"historical national minority"概念，可直译为"历史少数民族"，这一概念可视为金里卡对这类少数民族标准的概括。在金里卡看来，这类少数民族"指的是在其历史领土上形成了完整的运作着的社会群体。它们在被并入一个大的国家之前就已经存在了。这些少数民族的被兼并通常是非自愿的，通过殖民、占领或两个帝国之间领土割让等方式完成的，但有时也可能作为建立联邦的结果而自愿发生"。［加］威尔·金里卡：《少数的权利》，邓红风译，上海译文出版社 2005 年版，第 7 页注释 1。

是为了追求单独的小社会，而是为了融入东道国的主流社会以获得比来源国更好的生活和工作机会。他们争取多族类权利的目的是获得更好、更公平的融入条件。而土著少数民族则由于其漫长的历史"先在性"和独特的社会文化传统和结构，有权利享有超越其他类少数民族的复合权利，包括土地权利、条约权利、自治权利及为保存文化和传统的完整而必需的其他权利。美国黑人少数民族则由于其独特的历史经历和现状，他们要求借助于一定的矫正或优惠政策而全面融入美国主流社会。

　　总之，金里卡的以多元文化主义政治为主导的少数族裔权利理论，不仅第一次系统地、全面地将少数族群的权利诉求从主流社会的普遍化、均质化的框架中分离出来，而且进一步区分不同的少数族群，以使他们最大限度地实现各自的权利正义。在自由主义发展的历史上，这是一次划时代的转变。

　　以上笔者较为详细地论证了权利正义理念发展或演变的三大历史阶段。总的来说，由于这三个阶段"权利正义"价值理念内容的实质性差异，其体现于少数民族（权利）的保护也表现出很大的差异：第一阶段，权利正义理念被用来为等级式的权利分配秩序做辩护，这个阶段，虽然出现了"外邦人""蛮人"等古代意义上的少数人概念，但并没有引起相应的保护性关注。第二阶段，权利正义理念被用来为"普遍平等"的个人权利和自由做辩护，这一阶段，虽然已经出现了近现代意义上的少数人（民族）问题，但并没有对这些弱势群体做出政治上的安排——他们的权益保护实践中被纳入了普遍的、无差别的个人权利和自由保护体系。这一阶段和第三阶段的前期也被称为（少数民族权利）的善意忽略阶段。第三阶段，前期随着新自由主义对个人权利和自由的实质性平等（正义）的关注，族裔文化背景作为实现个人权利和自由实际平等的重要因素凸显了出来；后期随着社群主义崛起的历史和理论契机，以差异政治和多元文化主义为标示的少数民族权利保护理念逐步兴起。至此，权利正义第一次全面进入少数民族权利保护的理念建构。

三　权利正义价值理念的主要内容及评价

　　"权利正义"是少数民族权利保护的核心价值理念。在回应诸如"为什么要保护少数民族的权利"这类诘问上，权利正义的价值理念最具论辩性。所谓"权利正义"，从语义、结构和内涵上来看，是指权利作为一种资源、资格、荣誉、利益、机会、"权能"① 和"自由权"在公民②中的分配，应该遵循正义的原则。罗尔斯说，"正义是社会制度的首要价值"。迈克尔·桑德尔（Michael J. Sandel）指出，"要看一个社会是否公正，就要看它如何分配我们所看重的物品——收入与财富、义务与权利、权力与机会、公共职务与荣誉等等"③；温家宝也指出，"公平正义就是社会主义国家制度的首要价值"④，他甚至提出，"公平正义比太阳还要有光辉"⑤。正义地或公平正义地分配资源、资格、利益、自由权等是保障少数族群权利的重要环节，也是处理多数人与少数族群关系的主要方面。

　　权利正义的价值理念主要体现于主权国家的基本社会结构的建构方面，涉及三个基本问题，一是民主权利的制衡问题，二是权利补偿问题，三是"国家的族裔非中立性"及结构化歧视的矫正问题。

（一）民主权利的制衡问题

　　民主本质上是一种利益分配的制度和机制，而民主权利则是参与这种利益分配制度和机制的资格。

　　民主权利是以公民身份参加国家政治生活，参与国家与社会公共事务管理的权利。早在古希腊城邦国家时期，就存在公民参与决定公共事务的传统，只不过那时的公民仅限于一部分男性成年自由民，妇女、奴隶和外来人是被排除在外的。后来随着社会的不断进步，公民权利逐渐扩至全体国民。在民主政体下，每一个公民都享有"无差别的"民主权利。

　　"无差别的"民主权利建构在现代公民—国家的基本理论之上，这种理论假设社会上的公民都是无族群文化差异的"无性状的人"⑥。（公民）民主权利没有质的差别，只有量的不同。一定量的达致（如过半数或三

---

① 包括权威（power、authority）和能力（ability、capacity）。

② 这里的"公民"在前现代国家，主要指城邦市民（居民），在现代国家则指具有一国国籍的人。

③ ［美］迈克尔·桑德尔：《公正：该如何做是好》，朱慧玲译，中信出版社2012年版，第19页。

④ 温家宝继而说，"公平正义就是要尊重每一个人，维护每一个人的合法权益，在自由平等的条件下，为每一个人创造全面发展的机会。如果说发展经济、改善民生是政府的天职，那么推动社会公平正义就是政府的良心"。人民网北京2008年3月18日电。

⑤ 见温家宝答记者问，人民网北京2010年3月14日电。

⑥ 转引自李常青、冯小琴《少数族群权利及其保护的平等性》，《现代法学》2001年第5期。

分之二）构成政治统治合法性的重要的甚至是唯一的基础。在一个民主的国家里，多数人的意志具有决定性的意义：它可以决定一个国家的国体和政体设置，决定一个国家和地区主要领导人的任免，决定国家和地区层面的主要政策、法律，决定民意，决定合法性，等等。在一些历史场合，民主（权利）的意识形态甚至可以决定谁是异端并继而决定这些异端的去留和命运。① 总之，"在民主制度下，谁也对抗不了多数"②。

　　在民主国家，民主多数的原则天然契合了多数民族的各项利益。在这样的国家里，多数民族的语言文化经过多数原则顺理成章地成了"国语"和"国家传统文化"，多数民族的政治、经济利益成了"国家利益"，多数民族主导制定的法律成了"国法"，甚至多数民族的成员都成了典型意义上的"国人"，表面中立的国家常常具有十足的"民族性"③。这种情形使民主（权利）在某种程度上，成为多数民族实现国家控制权或统治权的一个重要工具或手段。

　　在一个存在着少数民族的多元化社会，简单的民主多数原则实际上意味着用选票箱将少数民族挡在政治参与之外。少数民族在数量上的少数地位，决定着其民主权利（选举权）即使有所放大，也难以在多数民族占绝对主导地位的选举市场中起到作用，投票中的少数没有权利可言。④ 人们普遍认为的通过民主制处理公共事务，以实现每个人的影响力、政治地位的平等的正义原则⑤，在少数民族的政治参与问题上难以体现。

　　现代民主制国家形式是多数民族选择的保护自身利益的最理想的工具。在这种国家形式下，多数民族的权利和利益总是以一种抽象的不偏不倚的面目出现。多数民族的语言文化利益、宗教利益（包括无神论）和政治经济利益都非常巧妙地结构化于一种普遍的、平等的治理构架中。民主制国家在一定程度上是多数人（民族）的国家。在这种国家形式下，

---

　　① 犹太政治家西奥多·赫兹尔（Theodor Herzl）曾明确指出，多数（民族）将决定谁是另类或异端，他认为在民族关系中，这一问题及其他所有问题都是权力问题。See Theodor Herzl, *A Separate Jewish State is Necessary*, in Cozic, Charles P., ed., Israel: Opposing Viewpoints, Greenheaven Press, Inc., San Diego, 1994, p. 18.

　　② ［法］托克维尔：《论美国的民主》（上卷），商务印书馆1997年版，第282页。

　　③ 周勇：《少数族群权利的法理》，社会科学文献出版社2002年版，第25页。有关国家的"族裔中立性"问题，后文将专门论及。

　　④ ［美］乔·萨托利：《民主新论》，冯克利等译，东方出版社1998年版，第150页。

　　⑤ Geoffrey Cupit, *The Basis of Equality*, Philosophy, Volume 75, Jan. 2000.

少数民族（族群）受到以国家形式出现的多数民族的系统的、强有力的统治。

民主（权利）的实质是平等，德沃金曾区分了两种平等的权利，一是受到平等对待的权利（treating people equally），如每个公民在民主选举中都有平等的选举权，并且都只有一个同权的投票权，此为民主权利原则；二是作为平等的个体而受到对待的权利（treating people as equals）。第一种权利强调平等地分配某些机会或义务，如投票权的平等；第二种权利强调公民（人）自身的平等，即每个人都能受到同样的尊重和关心①，此为正义原则。民主权利原则需要受到正义原则的制衡。

为实现"每个人都能受到同样的尊重和关心"的正义原则，抑制民主的"过度庞大的权利"（贡斯当语），学者和政治家、法学家们设计出了种种制度、原则和机制，如分权原则、保护少数原则、协商民主制度、结社自由原则、差别（对待）原则等，这些制度、原则和机制对于保障少数民族在内的少数人权利，实现民主权利的制衡具有重大意义。

1. 分权原则

分权原则的基本理念是国家权力不能集中于国家机构的某个部门或者一部分人手里。为防止权利的滥用，权力必须划分为若干领域（如行政、立法和司法三权分立②），各领域的权限为宪法所规定并由它来保障。分权原则对一般民主政治的积极作用自不待多言，对少数民族的权利保护来说，它的意义也非同一般，突出的一点，分权使少数民族的权利在得到多重保障的同时，还加强了其权利的总体安全性。

首先，出于平衡各种利益和权力的需求，历史上和现实中，各国行政、立法和司法部门对少数民族权利的保护都发挥过重要的作用。以美国为例，出于对联邦最高法院相关判决的回应，国会在立法领域尤其是在保护少数族裔、文化群体的立法方面，表现出了明显有利于少数人的倾向。③

其次，在行政权力的实际运行过程中，政府部门根据社会总体利益的

---

① ［美］罗纳德·德沃金：《认真对待权利》，信春鹰、吴玉章译，中国大百科全书出版社1998 年版，第 299—300 页。

② 虽然三权分立政制的设置总体上是为了更好地保护绝大多数人的利益，但是在宪政框架下，这种绝大多数人的利益的保护是通过保障少数人的权利和自由实现的。因为人们相信，任何多数群体的成员都可能在一定条件下成为少数人。保护特定条件下的少数人就是保护不特定条件下的多数人。

③ 详情参见本书第六章第二节"美国的实践"。

要求和对某类少数群体如族裔文化群体处境的判断，而采取一些行政措施对少数群体的不利处境进行干预，这方面最典型的例子是美国。① 美国的经验表明，行政权力是保护少数人权利的不可或缺的力量。

再次，在三权的分权格局中，司法权力对少数民族权利的保护作用尤为明显。司法制度平衡民主权利的基本理念来源于反对大多数的权利不能交给大多数人去决定的理论、"任何人不能做自己案件的法官"的正义原则。民主权利（立法）的运行过程贯彻的是民主原则，而司法过程贯穿的是正义原则。在少数民族权利保护的过程中，正义原则发挥着极其重要的作用。在美国，正是由于司法判断的正义之手率先打破了种族隔离的立法。② 美国人深信，司法判断是限制立法、制衡民主、保护社会上的少数派免遭"严重破坏"的重要平衡器。20 世纪以来，美国的司法实践对纠正立法的偏颇、保障少数民族的权益发挥了重要作用。③

最后，分权使得少数民族的权利更具安全性。通过立法、行政和司法机构的互相牵制，没有任何力量④可以绝对地居于统治地位，而做出不利于少数人包括少数民族的决定。这一点也可以从希特勒治下的德国得到反证。⑤

---

① 关于美国联邦政府干预少数群体不利处境的论述详见本书第六章第二节"美国的实践"。

② 在 1954 年的布朗诉托皮卡教育管理委员会一案中，美国联邦最高法院宣布，黑白种族隔离制度违反宪法，由此撕开了美国南方种族隔离制度的缺口，吹响了全面废除种族隔离制度的号角，成为黑人民权运动和结束种族隔离制度斗争的一个里程碑。任东来等：《美国宪政历程：影响美国的 25 个司法大案》，中国法制出版社 2013 年版，第 188 页。

③ 总的来说，司法机构对少数族裔权利保护起到巨大推动作用的是联邦最高法院的一系列支持少数族裔权利诉求的判决，这些判决不仅彰显了司法领域保护少数族裔权利的重大作用，也显示了司法权力对行政和立法权力的制衡作用。此外，在一些具体案例如"肯定性行动"早期的诉讼中，法院甚至一度偏离了"中立性"，直接进行干预，如法院认为一些机构由于它们过去的排斥性历史和现在的继续找不到合格的少数族裔和女性雇员，需要"下猛药（stronger medicine）"，他们命令这些机构采取"配额"，雇用特定数量的以前受排斥群体的成员。详见周少青《"肯定性行动"刍议》，《民族社会学研究通讯》第 139 期（2013 年 7 月 15 日）。

④ 即使被视为权利冲突解决的最后场合——如美国的联邦最高法院，其权力也不是不受制衡的。按照有关判例（马伯里诉麦迪逊案）和法律，组成联邦最高法院的 9 名大法官，拥有最高的和最后的司法权，其判决具有不可上诉性。但是，这 9 名大法官的产生却依赖于行政和立法部门，他们须由总统提名并经参议院批准任命，这显然构成一种制衡关系。

⑤ 希特勒上台时，德国已经有一部比较典型的西方意义上的自由民主宪法——魏玛宪法，该宪法规定了三权分立的原则。按照魏玛宪法，希特勒掌控的行政权力受到国会和法院的制约。希特勒深知这一点，因此他上台后做的第一件事就是不择手段地废除魏玛宪法。正是由于魏玛宪法的被废除，德国的少数族裔包括犹太人和罗姆人等丧失了权利的保障——以前拥有的公民权利和自由——立法上的和司法上的，被独大的行政权力所吞噬。

2. 保护少数原则

如果说尊重和保护多数的民主原则是自由主义民主政治的基石的话，那么保护少数原则则是这一基石的底座。从自由主义（者）在理论上确立民主政治的第一天起，他们就把保护少数人权利置于非常重要的地位。理由是：第一，自由主义的民主政治确立并保障所有公民的权利和自由，少数人作为全体公民的一部分理所应当得到同等的保护。第二，在自由主义者看来，如果民主政治不能保护少数人的权利和自由，那么它将不能保护所有人的权利和自由，因为在一个利益、文化和价值观多元的社会，少数人的界限不是固定的。第三，从哲学基础来看，自由主义坚信每一个人的价值都是独特和值得尊重的，对此哪怕是大多数人的福利也不能撼动。多数人的利益不能构成牺牲个人利益的正当理由。自由主义的这种"一个都不能少"的价值观，是少数人权利保护的坚实基础。第四，自由主义者深知，民主社会的合法性不仅仅来源于民主价值本身（多数人原则），更来源于其对自由、共和、多元等价值的坚守和分享。少数人由于其所承载的种种价值，他们的权利和自由保障的成功与否，决定着整个民主政治实践的成败。可以说，没有少数人的权利和自由，就没有民主政治的成功实践，也就没有多数人的权利和福祉。也许在这个意义上，我们才能够理解萨托利所说的"少数的权利是民主过程本身的必要条件"[①]；才能明白阿克顿勋爵的断言："我们判断某个国家是否真是自由国家，最可靠的办法就是检验一下少数派享有安全的程度。"

美利坚的建国者深谙此保护少数原则，他们在包括联邦制在内的一切重大制度的选择上，充分考虑和体现了保护少数的原则：（1）联邦制的采纳是为了通过多个政治中心或"复合多数（compound majoritarian）"的构建，防范多数人的暴政，因为"全国的多数，尽管其激情动人，其倡导振奋人心，也无法在全国各地以同样方法在同一时间使全体公民服从它的意旨"[②]；具体从保护族裔文化少数群体的角度来看，联邦制的"主权在州"的宪法分权模式有利于那些人口相对集中的少数民族如拉丁裔、墨西哥裔在包括州层面在内的各种地方自治中找到行使"集体权利"的渠道。在瑞

---

① ［美］乔·萨托利：《民主新论》，冯克利等译，东方出版社1998年版，第37页。
② ［法］托克维尔：《论美国的民主》（上卷），董果良译，商务印书馆1997年版，第301—302页。

士，联邦制同样也是考虑到法裔和意大利裔少数民族的权益保障问题。将民主和联邦制结合起来，联邦制允许中央政府和各州分享权力——在所有的属于州责任的问题上，为相同问题提供不同答案提供了可能——这些答案对不同族裔和文化群体的偏好做出回应。"如此，联邦通过允许、许可文化差异的共存，保护了少数民族。"① （2）如前所述，三权分立制度本身的设计就是为了防范不受限制的权力侵害自由尤其是少数人的权利和自由。（3）两院制的建立是为了通过参议院和众议院的互相制衡，而保护少数人，即通过用参议院的冷静来冷却"容易被民众激情所左右的众议院"，使少数人的声音或利益得以表达。美国的立法机构——国会通过其独特的两院制运行机制，使其政党上的少数人（partisan minority）和政治上的少数人（political minority）② 都能够通过一定的程序和规则来捍卫或表达自己所代表的利益。如参议院中的"无限制辩论"规则——它的一个极端形式所谓"filibuster"，即通过冗长的发言等形式拖延、阻挠某个议案的通过③；众议院则有一个"重新提出"（the motion to recommit）的程序性设计，用以保护少数党阻挠多数党通过决议。实际上，参议院本身的设立就是考量少数派权利和自由的结果。④ 瑞士宪法也规定了类似美国的两院制议会制度，"全国委员会"——代表人民——补充以"州委员会"（Council of the States）——各州不论人口多少，代表权一律平等。这样，较少人口的意大利裔和法裔少数民族的利益就得到了保障。总之，两院制的设置，使民主

---

① Wolf Linder, Swiss Democracy, *Possible Solutions to Conflict in Multicultural Societies*, Palgrave Macmillan, 2011, p. 19.

② 政党上的少数人指国会中的少数党；政治上的少数人则是指对一个具体议案持不同意见或者具有不同利益诉求的一部分"少数人"，后一种少数人可能是政见和利益代表方面的一般少数人，也可能是族裔文化意义上的少数人，也可能兼是。

③ 如1933年，来自美国南方某州的参议员爱兰德尔，为了反对通过"私刑拷打黑人的案件归联邦法院审判"的法案，在参议院进行了长达5天滔滔不绝的演讲，据一位热衷统计的记者发现，这位"演说家"在讲台前来回踱步共走了75公里，做了1万个手势，吃了30个汉堡，喝了40公升饮料。不过值得注意的是，这次拖延、阻挠乃至最后成功阻止该议案通过的事件是"政治上的少数人"反对族裔上的少数人。前者基于深刻的种族偏见而反对黑人得到更加公正的审判。参见孙哲《左右未来：美国国会的制度创新和决策行为》，复旦大学出版社2001年版，第108页。

④ 美国独立战争后，为了防范足以淹没少数人权利的根基——私有财产的安全、精英统治的合法性和健康的等级制——的"民主洪流"，美利坚的建国者们着手寻找捍卫自由、抵抗民主的恰当手段和机制。最终，在英国议会传统的启发下，结合当时的具体形势，选择了参议院——这种以少数精英、贵族的"统治"来保障少数人权利和自由的方式。与众议院的基于多数原则而进行的计算同质化的偏好不同，代表少数人的参议院在立法过程中加入的是"冷静、智慧和审慎"。

权利的重要载体——国会避免了单一院制下的多数人的洪流，避免了少数人的声音被一次性、压倒性地淹没。（4）联邦最高法院最高司法权和最后决断权尤其是对国会立法的违宪审查权的确立，是为了通过抗衡和纠正国会的多数人立法，而保护少数人。这一规则的确立虽缘起于联邦最高法院自己的决断，但它获得了国会、行政机构和社会各级的最终认同表明，美国人对分权制衡和保护少数人的价值有着深刻认同。实际上，将国家各种事务的最后决断权，授予极少数人——9 名大法官——这种制度设置本身就体现了美国人对少数人价值的珍视和信任。

3. 协商民主制度

协商民主制度是与选举民主制相对应的一种重要民主形式。它是克服"多数统治"、保护少数人权利的又一个重要的制度创造。从观念和实践的历史来看，协商民主有着悠久的历史。从古希腊城邦的公民大会、古罗马的元老院和人民大会到中世纪的意大利，再到古代中国封建王朝的廷议制和谏议制都可以看到某种性质的协商政治（民主），但是与少数人权利保护的协商民主的兴起不过是近几十年的事情。随着社会的日益多元——政治和经济利益的多元、民族、宗教、文化和价值观的多元等，传统均质化的一人一票的票决制民主，已越来越难以适应——票决制只单纯地计算偏好——通过计算相同偏好的投票并将其聚合起来，就可以判断一个决议、决定、决策或立法的合法性。然而，由于现代社会利益和价值观的高度分化，票决制下的具有相同偏好的选票日益减少——在一些情况下，一些政党的选票勉强过半——这严重影响了多数原则自身的合法性。在不少情况下甚至难以超过半数，这不仅影响了相关决策的合法性与效率，同样也影响到政府自身的合法性（一些得票较多的少数党不得不与其他党派联合组建政府）。另外，一些少数群体尤其是那些族裔文化上的少数人则由于更难以在这种通过计算偏好的多少而决策的聚合式民众获得自己的利益表达，而倾向于疏离主流政治过程，甚至走上了分离主义者的道路。

为了同时解决多数原则的合法性危机和少数人的参与不足问题，协商民主制度应运而生。所谓协商民主，是指通过辩论、讨论、对话、协商、谈判交流和审议等方式，取得共识并继而形成决策的一种民主形式。在少数人权利保护的维度上，它是一种体现平等与多元、参与和责任、公开与集体理性的多数群体与少数群体共同决策的民主过程。

实践证明，协商民主对于解决票决制民主留下的（少数人）参与不足与合法性亏空问题，具有不可或缺的作用。许多国家包括一些欧美国家采取各种政策和立法措施促进少数人的政治参与。这些措施大体分为两种，一种是普遍主义或均质化框架下的各类少数人共同参与的模式，如印度尼西亚的人民政治协商会议、越南的祖国阵线和中国的人民政治协商会议等。在这些参与模式中，少数民族与其他群体（组织）一样，作为一个界别或一类代表出现。另一种是在保持国家政治统一和行政管理体系完整的条件下，实行一定形式的少数人群体自治。以我国为例，除了在普遍主义的框架下，与其他类少数人（包括属于政治上的少数派民主党派）一道参与中国人民政治协商会议以外，我国的少数民族还有自己特有的协商民主形式。①

　　协商民主制度对于解决少数人尤其是少数民族的权利保障问题具有特别重要的意义——它所主张的通过协商、讨论、商谈等形式弥补票决制民主的不足和试图协调解决多元利益冲突的理论构想——尤其是它所蕴含的"慎思"（Deliberative）意味，对于克服多数人的暴政、解决包含民族宗教因素的少数人权利保障问题具有十分重要的启发意义：它告诫我们，对于包括了民族问题在内的少数人问题的解决，我们更不能简单地诉诸大众

---

　　① 笔者认为，我国的民族区域自治制度和实践很大程度上体现的是一种多民族共同参政议政的协商民主过程。以云南为例，首先，从民族区域自治制度实施的背景来看，云南在处理少数民族问题上，有着深厚的协商传统。早在新中国成立之初的民主改革时期，云南就因地制宜地提出并实施了"和平协商土改"、"直接过渡"、团结少数民族上层爱国人士等疏通民族关系的一系列特殊的民族政策。这些政策可以视为协商式民族区域自治制度和实践的前奏。其次，从民族区域自治制度（政策、立法）形成的特定背景和过程来看，早在 20 世纪 50 年代，云南省委省政府就非常重视有关少数民族政治参与政策的协商问题，并就少数民族的参政、议政问题经常与少数民族中的上层及精英阶层展开民主协商，多次就具体的民族政策安排问题与少数民族代表沟通、协商。从更广阔的背景来看，我们可以说，整个民族区域自治制度本身都是新中国成立前夕政治协商的产物——换句话说，民族区域自治制度自身就是协商政治的产物（早在新中国成立前夕，多个少数民族代表参加了具有建国宪政会议意义的政治协商会议，会上少数民族代表与其他政治力量一起协商决定了少数民族在即将成立的共和国中的政治地位和政治参与形式，排除了"民族自决""联邦共和国"等形式。会议通过的《共同纲领》明确把民族区域自治确定为国家的一项基本国策）。从具体的自治立法形成的实际过程来看，云南省迄今为止的几乎所有自治条例（37 件）、单行条例（134 件）、变通规定（6 件）都是"以党委为核心"协商的结果，而不是仅仅依法定程序。最后，从民族区域自治制度（立法、政策）运行的过程来看，早在 20 世纪 50 年代，协商民主就成为解决自治过程中问题的重要手段——对于民族自治地方创建的过程中出现的问题，如在行政区划、自治地方的称谓、政府组成、自治权的行使等问题上出现的自治民族与非自治民族（其他少数民族）、自治民族内部上层与群众及上层之间、本民族干部与外来干部之间的矛盾等，省委省政府"及时采取教育协商的办法，对这些问题进行妥善的处理"。最能体现自治立法运行或实施中的协商民主的情形是实践中对于违反自治法的行为，不是交由任何具有法定裁判性质的机构（包括法院）去处理，而是诉诸部门之间、上下级之间甚至领导之间的协商。参见周少青《云南民族区域自治实践中的协商民主》，《民族研究》2014 年第 3 期。

的票决。古特曼（Amy Gutmann）等人指出，协商民主与聚合式民主
（Aggregative Democracy）的区别在于前者"试图通过合理论证以转换不同
的偏好并最终消除分歧、达成共识"，而后者则直接"按照偏好的多少进
行决策"。协商民主具有更多的包容（inclusion）、平等（equality）、明理
（reasonableness）、公开（publicity）因子，这些因子有利于实现族群之间
的理解、和解与和谐（协商民主也因此被称为"慎思民主"）。这一点与
简单、直接甚至"粗暴"的大众民主（聚合式民主）形成鲜明的对比。

在合法性考量上，协商民主也不弱于聚合式民主或票决制民主。从某
种意义上说，协商民主践行的也是一种多数原则[①]：它是通过转换不同偏
好而形成实质意义上的多数来解决决策（包括立法和政策）乃至政府的
合法性问题，与只通过选票计算偏好数量的票决制民主相比，它具有更坚
实的合法性基础。[②]

4. 结社自由原则

如果说票决制民主是人民第一次普遍的政治参与的话，那么结社自由
则是人民尤其是人民中的少数人的"第二次参与"[③]。

结社自由在保护少数人权利方面的作用是独特而又多重的。首先，从
自由的一般价值来看，自由对民主有着天然的制衡作用——确立自由的界
限或保护范围，就意味着给多数人的民主划上了行动的边界，在这个边界
（基本的权利和自由）范围内，即使是民主的多数人也不能轻易逾越。其
次，从结社自由的价值来看，结社自由给那些被民主的大多数所忽视甚至
侵犯的少数人和个人权利以有效的第二次参与机会。正是在第二次参与的
过程中，个人和少数人不仅可以通过各种形式如集会、示威、游说来表达
被忽视的权利和机会，而且更重要的是，使他们可以借助于这些形式来改
变自身少数者的处境和地位，从而有机会变成多数群体。此外，结社自由
还可以使那些族裔、宗教或语言上的少数人通过团体的形式保护自己特有
的权利（如礼拜和语言方面的权利），不受主流社会的控制或歧视。

---

① "协商民主"这一术语第一次提出时，就被视为"共和政府的多数原则"，see Joseph
Bessette "Deliberative Democracy: The Majority Principle in Republican Government" in *How Democratic
is the Constitution?* Washington, D. C., AEI Press, 1980。

② 当然，这种判断建立在票决制民主充分发育的基础之上。

③ 关于人民的"第二次参与"参见周少青《中国的结社权问题及其解决——一种法治化
的路径》，法律出版社 2008 年版，第 217—221 页。

在防范多数的暴政和结社自由的关系方面，托克维尔是一个值得关注的政治哲学家。他首先肯定地指出，只有民主制度下，才会产生多数人的暴政。由民主走向多数人的暴政从根本上扭曲了民主的目的。① 当他考察美国的民主时，他不无担心地发问："当一个人或一个党在美国受到不公正的待遇时，你想他或它能向谁去诉苦呢？向舆论吗？但舆论是多数制造的。向立法机构吗？但立法机构代表多数，并盲目服从多数。向行政当局吗？但行政首长是由多数选任的，是多数的百依百顺的工具。向公安机关吗？但警察不外乎是多数掌握的军队。向陪审团吗？但陪审团就是拥有宣判权的多数，而且在某些州，连法官都是由多数选派的。"② 托克维尔说，"在美国，一旦一个党居于统治地位，一切国家大权就都落于它的手中；它的党徒也将取得各种官职，掌握一切有组织的力量。反对党的最出名人物也不能打破把他们排除在政权以外的藩篱，反对党只能在野，发动少数的全部道义力量去反对压制他们的强大物质力量"③。

总之，对于民主多数主导下的现代民主政治可能对个人和少数人的自由造成的威胁，珍视自由、酷爱自由的托克维尔④表现出了极大的警惕和

---

① 在托克维尔看来，"民主的最终目的应当是保护少数和个人的权利"。［法］托克维尔：《论美国的民主》（上卷），董果良译，商务印书馆 1997 年版，第 287 页注释。

② 托克维尔在谈到多数人对少数人的侵害时，谈到了黑人少数族群在美国多数统治下的遭遇。根据他的记载，有一天，他对宾夕法尼亚州的一位居民说："我请您告诉我，为什么在一个由教友会教徒建立的并因他们的宽宏大量而出名的州里，已经获得解放的黑人还不能享有公民权呢？他们照章纳税，让他们参加选举岂不是很公正的吗？"那位居民回答道："请不要这样侮辱我们，你去看一看我们的立法者制定的法令有多么公正和宽宏大量。"托克维尔回应说："这样说来，在你们这里，黑人是享有选举权的了？"居民答道："当然。"托氏继续问道："那么，今天早晨我在选民的会议上为什么连一个黑人都没有见到呢？"这位居民说："这不是法律的错误。黑人确实有权参加选举，但他们总是故意躲避不来出席。"托氏回应："你们也太谦虚了。"居民："啊！不是他们拒绝出席，而是他们害怕到这里受虐待。在我们这里，有时法律因为得不到多数的支持而失效。要知道，多数对黑人最有偏见，各级行政官员也爱莫能助，无力保证黑人行使立法者赋予他们的权利。"托氏："怎么？享有立法特权的多数也想享有不遵守法律的特权？"托氏的这段记录可谓意味深长，它反映了多数对少数的双重压迫，即在立法层面，多数对少数处于支配地位；在法律的实施层面，多数仍然是一个决定性的压迫力量，这种压迫不是通过某种规范或程序表现出来，它直接表现为一种排斥性的环境。［法］托克维尔：《旧制度与大革命》，冯棠译，商务印书馆 1992 年版，第 290 页。

③ ［法］托克维尔：《旧制度与大革命》，冯棠译，商务印书馆 1992 年版，第 216—217 页。

④ 托克维尔在《旧制度与大革命》指出，"当自由受欢迎时，我表示了我对自由的赞赏；当自由遭抛弃时，我仍坚持不渝"；"我不相信对自由的真正热爱是由于人们只见到自由带来的物质利益"，"谁在自由中寻找自由以外的东西，谁就只配为奴役"。在托克维尔看来，自由本身就是目的。［法］托克维尔：《旧制度与大革命》，冯棠译，商务印书馆 1992 年版，第 202—203、236 页。

敏感。他说，"我认为'人民的多数在管理国家方面有权决定一切'这句格言，是渎神的和令人讨厌的"①；"假如有一天自由在美国毁灭，那也一定是多数的无限权威所使然"。他还引用托马斯·杰斐逊的话代表多数的"立法机构的暴政才真正是最可怕的危险"②。

对于产生合法性又导致合法性危机的多数派民主政治，托克维尔明确提出要用结社自由去平衡和限制。他说，与多数的统治相伴随的情况是，"在美国，以政治为目的的结社自由是无限的"。在公民和国家之间存在的大量政治的（包括政党的）、经济的、文化的、社会生活的自由社团是构成了抵制多数人滥用权力的坚强堤坝。"在我们这个时代，结社自由已成为反对多数专制的一项必要保障。"③

金里卡在谈到少数族群权利的保护时，也提到过结社自由的作用。他说在自由—民主的公民均质化的框架下，结社自由对维护少数族群的权利起着重要作用。少数族群不仅可以通过组建社团，行使自己的群体权利，而且还可以通过社团的形式宣传自己的价值观，并通过适当的政治参与影响相关决策尤其是与自身权益密切相关的政治决策。④

总之，结社自由在化解大众民主合法性危机和保护少数人权利方面有着特定的制度和价值优势。一方面，结社自由可以通过促进少数人公民的有效参与，来为少数反对多数并争取将少数变成多数提供重要的保障；另一方面，结社自由本身也可以为少数人尤其是族裔、宗教和语言上的少数人的其他权利和自由的行使提供适当的渠道。

5. 差别（对待）原则

差别原则是修正多数民主原则、保护少数人权利的又一个重要的制衡原则。它是传统的自由主义普遍、无差别的平等原则发展到一定阶段的产物。所谓差别（对待）政策，是指在维持多数公民无差别的平等权利的条件下，给予那些在家庭出身等社会环境和自然禀赋方面存在不足的弱势群体以一定的差别待遇。由于这些弱势群体往往与少数民族、女性、童工

① ［法］托克维尔：《论美国的民主》（上卷），董果良译，商务印书馆 1997 年版，第287 页。

② 同上书，第 299—300 页。

③ 同上书，第 215—216 页。

④ 在美国，充分的结社自由等权利使那些人口很少的少数族群通过游行、游说、宣传和投票等途径实现了权利的表达。

等弱势群体高度重合，也常常被通称为少数弱势群体。

实践意义上的对少数人的差别对待，最早可以追溯到"新世界国家"承认（给予）土著少数民族条约权利和保留地的行为。公民均质化框架下的少数人权利保护，可以回溯到 19 世纪初期的保护童工的立法。

在立法领域，较早明确承认差别原则的是 1971 年加拿大的多元文化主义政策（立法）。这一立法突破了自由主义长期信奉的一律"无差别"平等的公民主义政策，给予土著少数民族、移民少数民族和法裔少数民族相应的不同于主流社会公民的差别政策。

从历史上看，差别原则的形成与普遍的、无差别的民主平等原则的确立密切相关。事实上，正是由于无差别的人人平等原则造成了日益严重的社会不平等问题，才导致了作为补救的差别原则的出现。英国 1601 年的"济贫法"及后来的以劳工立法为代表的社会立法等，都典型地体现了对弱势群体的差别原则。

在理论上以完整的形态论证差别原则的当属罗尔斯，他的正义论把对包括少数民族在内的弱势群体的差别原则作为一个重要内容。

罗尔斯的差别原则是在批判和反思"自然的自由体系""自由主义的平等"两种正义观的基础上发展而来的。根据罗尔斯的有关论述，"自然的自由体系"（system of natural liberty）是指一种基于纯粹形式化平等正义观而形成的状态。在这种状态下，每个人所拥有的权利和法律地位处于完全的平等地位——家庭出身等社会环境因素和个人禀赋的自然因素被完全忽略不计，个人的所得和地位完全听任于激烈的自由竞争。这种自然的自由体系最明显的不正义之处，"就是它允许分配的份额受到这些从道德观点看是非常任意专横的因素的不恰当的影响"①。从历史的维度来看，"自然的自由体系"大致对应的是所谓"自由资本主义"阶段。在这个阶段，那些在竞争中处于严重不利地位的少数群体尤其是女工和童工受到严重的侵害，而那些处于同一历史条件下的少数族裔文化群体则遭受到双重的侵害和压迫。

"自由主义的平等"部分地克服了自然的自由体系的弊端，它坚持在"前途对才能开放"的主张之外，"再加上机会的公平平等原则的进一步限

---

① ［美］约翰·罗尔斯：《正义论》（修订版），何怀宏等译，中国社会科学出版社 2009 年版，第 56 页。

定"，即"各种地位不仅要在一种形式的意义上开放，而且应使所有人都有一（个）公平的机会达到它们"①。"自由主义的平等"提供的是所谓"机会的平等"，即所有人都应该拥有一个平等的起点，那些在才干和能力上处于同一水平且有着成功愿望的人，不应当受到他们的社会出身的影响。通过促进教育和福利分配的正义，来解决机会的平等是"自由主义的平等"经常倡导的路径。然而，"自由主义的平等"仍然留下了（实现社会正义的）巨大间隙，因为它无视人的自然禀赋的差异。从理论维度来看，"自由主义的平等"大致对应的是社会自由主义或新自由主义的社会正义思想。

在批判和反思"自然的自由体系"和"自由主义的平等"的基础上，罗尔斯提出了自己的"民主的平等"的正义观。这一正义观包含了两个正义原则，第一个是"平等的自由原则"，即"每个人对与其他人所拥有的最广泛的平等基本自由体系相容的类似自由体系都应有一种平等的权利"；第二个原则的内容是：社会和经济的不平等应这样安排，使它们被合理地期望适合于每一个人的利益；并且依系于地位和职务向所有人开放。第二个原则是一个复合原则，它也被概括为"差别的原则"和"机会公平的原则"。

罗尔斯的规范的正义理论体系弥补了"自然的自由体系"和"自由主义的平等"正义原则的不足，其主要特点是在维持整个自由主义正义理论内核不变的前提下，提出了对处境不利者的矫正问题。罗尔斯的"民主的平等"的正义观，通过缀补前两种正义学说的缺空，形成了一种相对综合、全面、内部有机联系的正义观。② 在这个意义上，罗尔斯的差别原则甚至可以说是淹没在其浑然一体的正义论中。③

总的来看，罗尔斯正义论下的差别原则是自由主义体系内部在对待弱势少数群体方面的一次有限的修正。它既不是右翼自由主义所抨击的那样——是平均主义的，也不是左翼自由主义所期待的那样——是为了实现

---

① ［美］约翰·罗尔斯：《正义论》（修订版），何怀宏等译，中国社会科学出版社 2009 年版，第 56 页。

② 按照诺曼·丹尼尔（Norman Daniels）的说法，罗尔斯的"民主的平等"正义观实际上指的是他的两个正义原则之间的联系及它们在调整社会基本结构方面的协同作用。Norman Daniels, *Democratic Equality: Rawls's Complex Egalitarian ism, in Samuel Freeman edited, The Cambridge Companion to Rawls*, Cambridge University Press, 2003, p. 245.

③ 在罗尔斯那里，正义的两个基本原则（包括第二个复合原则）之间是密切相联系、相互作用的一个有机整体，而差别原则只是其中具有一定矫正功能的一个部件。

普遍的实质性的平等，而是在维持自由主义公民均质化的框架内，适度改善一下最不利者（包括少数族裔）的处境，以缩小他们与强势群体或多数群体之间巨大的鸿沟。

从族裔的、文化的、宗教或语言上的少数人维度来看，罗尔斯的差别原则的作用更是有限。他所倡导的两个正义原则中，有一个半原则建立在完全忽视少数民族的差异性之上——平等的自由原则和机会公平的原则完全建立在均质化的多数人的统治基础之上，这一个半原则在最重要的方面——基本自由①——上采取了无差别的"一律平等"的做法。另外半个原则虽然在理论上兼顾到少数民族群体，但在权利的内容上实际上仅限于经济和社会权利尤其是"收入和财富的分配"权利。

此外，从罗尔斯所罗列的三个差别类型，即"人所处的社会环境②"（很大程度上指的是人的阶级地位）、自然天赋和运气来看，他从来没有把族裔文化少数群体的公正待遇问题看成是一个真正的主体性问题，甚至也没有从文化和尊严平等的角度去审视过少数族裔文化群体的差别待遇问题。

罗尔斯的正义论尤其是他的差别原则酝酿和形成于 20 世纪 60 年代美国的种族革命和民权运动的大背景中，虽然其不乏对美国有色族裔尤其是黑人少数民族的关注和同情，但其学说（包括所谓"重叠共识"）整体上是一种自由主义的"色盲"均质论。因此，它的提出已经远远不能满足包括美国社会在内的存在着多元文化和族群的社会的日益增长的政治诉求。不仅如此，由于普遍的公民平等主义所暗含的忽视和歧视少数群体独特性和权利的霸权话语和体制系统及由这种霸权话语和体制系统所造成的少数群体长期处于被压抑和被剥夺的地位，普遍主义框架下的差别原则最

---

① 这些基本自由，按照罗尔斯的说法，有政治上的自由（选举和担任公职的权利）与言论和集会自由；良心自由和思想自由；个人的自由——包括免除心理的压制、身体的攻击和肢解（个人完整性）的自由；拥有个人财产的权利；以及依照法治的概念不受任意逮捕和没收财产的自由。[美] 约翰·罗尔斯：《正义论》（修订版），何怀宏等译，中国社会科学出版社 2009 年版，第47—48 页。

② 罗尔斯赖以提出两个正义原则的"无知之幕"理论上同样也遮盖了民族身份和文化差别，其理论总体上是建立在自由主义的均质化的世界观之上（这一点也可以从他所强调正义的第一原则的优先性和在第二原则中仍旧强调"机会公平"上看出——这些因素实际上正是传统自由主义的精髓所在，而不是其他的什么主义的，甚至也不是所谓的"重叠共识"。从这个意义上说，罗尔斯创造的"无知之幕"实际上仅仅对其他文化的"无知"），因此他关于社会环境的论述，没有花过多的笔墨讨论少数族群的族性、文化差异等造成的不利条件。

终被强调个人尤其是群体特性差异并赋予相应的差异性权利的差异政治所代替。

6. 差异政治

差异政治是多数民主制度长期宰制政治和权力系统，导致包括少数民族在内的弱势群体日益边缘化和被剥夺的产物。它是抗议和制衡多数的统治、为少数弱势群体争取实质平等地位与合法权益的又一重要理论和制度形式。从实践形态上看，差异政治可追溯到 20 世纪 60 年代以来的民权、黑人、妇女等社会运动和思潮，这场运动以"特殊性""少数""弱势""身份"等集中反映少数群体诉求的话语为标识，以自由主义包括社群主义的"普遍权利""正义""民主"为批判对象，撕开了自由主义有限的"差别原则"的温情脉脉的面纱，将少数人的权利诉求推向了一个在哲学上对等、话语上对接、合法性上对冲的新高度。如果说，以往的少数人的权利诉求和话语，只是公民主义均质化体系内的一种有限的改良和修补的话，那么差异政治便是突破这个均质化体系并在其内在结构中牢牢植入多样化的少数人权利的一次重大尝试。从哲学基础来看，差异政治具有反辩证法、反统（同）一性的特质，它汇集了"差异"或"延异"、反宏大叙事，反对建构任何类似于"启蒙理性"那样的大一统，主张多元多维的"小叙事"及政治价值向度为一身①，开辟了抵制和消解普遍主义政治、维护少数人权利的新范式。从理论上看，差异政治最重要的来源是抽象了多种思想和主张而成的"承认的政治"。

"承认的政治"是查尔斯·泰勒在与普遍主义政治对应的层次，展开"少数民族、'贱民'（subaltern）群体"和"形形色色的女性主义"者权利诉求论述的一个重要理论支点。在泰勒的话语体系内，包括少数民族在内的少数群体的认同已不再是一个消极的自我认同过程。相反，它是一个积极的要求他人（多数社会）承认的过程。平等地得到承认是个体和群体形成自我认同的一个必要环节，因为"我们的认同部分地是由他人的承认构成的"，"如果得不到他人的承认，或者只是得到他人扭曲的承认，也会对我们的认同构成显著的影响"，"所以，一个人或一个群体会遭受到实实在在的伤害和歪曲，如果围绕着他们的人群和社会向他们反射出来

---

① 参见任平、王建明、王俊华《差异政治——后现代政治哲学探析之一》，《天津社会科学》2001 年第 3 期。

的是一幅表现他们自身的狭隘、卑下和令人蔑视的图像。这就是说，得不到他人的承认或只是得到扭曲的承认能够对人造成伤害，成为一种压迫形式，它能够把人囚禁在虚假的、被扭曲和被贬损的存在方式之中"。①

泰勒认为，"民主开创了平等承认的政治，在不同的历史时期它表现为各不相同的形式，它在当前政治中的表现是，不同的文化和不同的性别要求享有平等的地位"。民主权利的平等性使每个人、每一个文化群体都希望权利要求得到平等的承认。这样，民主的多数在对少数人构成一种压迫性的力量的同时，它本身所蕴含的平等承认的政治，也给少数人争取权利提供了一种合法性支持，即：既然每个人都是平等的，那么平等地承认每个人的独特性，就是普遍的民主的精神的一部分了。"我们承认每个人的独特性，只是对某种普遍存在的情况——人人皆有其认同——给以适当的承认。"从这个意义上说，是"普遍的要求推动了对于特殊性的承认"②。

平等的承认，是现代民主平等普遍性的必然要求。对个体的"本真性"的平等承认导致普遍主义的公民政治；对民族或群体"本真性"的平等承认则导致差异政治：前者认为后者违背了"人人平等的"非歧视性原则，而后者则认为前者是"将人们强行纳入一个对他们来说是虚假的同质性模式之中，从而否定了他们独特的认同"，认为真正的非歧视原则"要求以公民彼此之间的差异为基础对他们区别对待"。差异政治论者还指出，"正是这种独特性被一种占统治地位或多数人的认同所忽视、掩盖和同化"③，导致本真性理想被扼杀，致使少数民族被边缘化、被剥夺和被压迫。

差异政治的论说，是对"已经堕落为一种单纯的票决制的自由主义"多数民主的矫正，也是对长期以来奉行的忽视少数民族权利的普遍主义政治模式的一次重要反抗或者修正。差异政治视域下的少数民族、"贱民"和女性主义者，拒绝接受多数人为他们定制的法律，拒绝接受"人人平等无歧视"下的二等公民的实际地位，拒绝接受"普遍化"的特殊主义（自由主义）政治的统治。至此，普遍主义民主政治所蕴含的自我矫正的力量，终于为少数人的权利理论所用，成为制衡和矫正自身的一个重要扳手。

---

① ［加］查尔斯·泰勒：《承认的政治》，汪晖、陈燕谷主编《文化与公共性》，生活·读书·新知三联书店 2005 年版。
② 同上。
③ 同上。

值得注意的是，泰勒的差异政治观点，并不仅限于为少数族群或文化争取合法生存所必需的权利，它像自由主义的权利平等政治一样，其逻辑出发点和归宿都是"普遍主义的"。从出发点来看，承认的政治立基于普遍主义的公民平等学说；从结果来看，承认的政治所追求的是一种承认特殊性并将其寓于"普遍性的国家"的反"忽视、掩盖和同化"的目标，追求的是一种对普遍社会差异化的理解并予以少数群体一定表达机会的目标。在泰勒所生活的加拿大，这种起于普遍主义的公民平等、终于普遍性的国家建构，其最终目的就是要在一个统一的联邦制下给予土著和法裔少数民族独特性的承认并授予相应的自主性地位。

综上，笔者从分权原则、保护少数原则、协商民主制度、结社自由原则、差别（对待）原则、差异政治等多个维度展现了主流社会精英在试图平衡多数的暴政和保护少数人权利方面所做的努力。总之，自民主的统治成为现代政治合法性的主要来源的价值取向确立之后，通过多种制度、原则和机制的设置，来保障少数人的权利，防范"民主的洪流"是西方国家传统自由主义孜孜以求的目标，这一制度设立的基本理念是交换的正义，即国家由事实上的多数人统治，作为对其统治合法性承认的交换，少数人应该享有"超越"一般民主权利的权利。这一交换的正义模式也被概括为"多数人的统治"（majority rule）和"少数族群的权利"（minority right）。

在民族国家公民均质化的框架内，没有人怀疑保护少数人权利的正当性与合理性。① 事实上，重视保护少数人权利的历史上几乎与确立多数的统治的历史等长。在这个长期的历史过程中，民主社会深深认识到，防范少数人权利遭受侵害的极端重要性，一些自由主义者甚至断言，实现宪政的关键是少数而不是多数。② 然而一旦突破公民均质化这个框架，涉及族裔、宗教或文化上的少数人，即少数民族或族群，主流社会要么集体选择"善意的忽略"（像绝大多数自由主义者），要么只将其作为"不利处境"的情况之一（像罗尔斯那样）。

主流社会的这种态度表明，自由主义者在少数人权利保护问题上，价值取向是不一致的，法理上是冲突的。出现这种情况的一个重要原因是，

① 上述制衡多数民主、保护少数人权利的原则和制度除了富有后现代色彩的"差异政治"以外，几乎都是着眼于公民均质化的框架之内。
② ［美］乔·萨托利：《民主新论》，冯克利等译，东方出版社1998年版，第151页。

自由主义者深知公民均质化内的多数人与少数人之间是互相转化的：一种
情况下的多数人，在另外一种情况下，可能就是少数人；一种利益、政
见、诉求上的多数人，在另一种利益、政见和诉求方面，可能就是少数
人。在均质化框架下，人们相信，任何多数群体的成员都可能在一定条件
下成为少数人。保护特定条件下的少数人就是保护不特定条件下的多数
人，多数人深知这种利害。因此，西方主流社会在达成保护少数人权利一
致性意见方面一开始就有很多共识，这也是为什么在现代西方国家，有那
么多行之有效的少数人权利保护的制度、原则和机制。事实上，在民主体
制下尤其是在民主宪政体制下，多数人的利益实际上是通过保障少数人的
权利和自由实现的。

以上我们可以看出，多数人与少数人在均质化框架的互相转化是一般
意义上的少数人权利得到普遍支持的一个重大原因。相形之下，族裔和文
化上的少数人的一个显著特点是，它的稳定和身份的相对固定性，即在一
个相当长的时期内，族裔和文化上的少数人群体的边界是固定不变的，这
种固定不变性在很大程度上不是基于选择，而是基于命运。"法裔人群不
可能因为民主变成德裔人群，天主教徒不可能因为民主而变成新教徒。"①

科恩说："如果社会中形成固定的多数，对民主来说就存在着真正危
险。"② 套用这句话我们也许可以说，如果社会中少数是固定的，那么他
们的权利将遭受到真正的威胁。"如果一个社会被宗教和文化的鸿沟所分
开，民主是不能解决这种多数群体或少数群体的'凝固化'或'永久化'
问题的。对于永久化的多数群体来说，他们能够负担起不思进取的后果，
权力也因此变得病态。对于少数民族，因为没有机会赢，很可能会感到受
挫和被歧视。"③民主社会中的少数族裔群体是"天然的"弱势群体，他们
由于血缘、宗教、文化、语言和传统的异质性，而难以与多数群体在票决
制民主甚至其他类政治参与模式中竞争。以"不利条件"来考量，他们
面临的竞争障碍比之均质化人群中的一般少数人要更难以克服，更难以逾

---

① Wolf Linder, Swiss Democracy, *Possible Solutions to Conflict in Multicultural Societies*, Palgrave Macmillan, 2011, p. 19.

② 张志华：《透视多数原则——由萨托利"有限多数原则"引发的思考》，《社科纵横》2004 年 10 月，总第 19 卷第 5 期。

③ Wolf Linder, Swiss Democracy, *Possible Solutions to Conflict in Multicultural Societies*, Palgrave Macmillan, 2011, p. 19.

越。因此，尽管主流社会在立法和政策方面设计过很多的平衡和对抗民主多数洪流的方案，但总的来说，对他们的处境的改善意义有限。

事实证明，多数人主导的公民均质化框架下的少数人权利保护方案对改善基于族裔和文化差异的少数人的处境作用十分有限。随着这类少数人群体整体处境的日益边缘化和贫困化，自 20 世纪 90 年代起，一种承认少数民族（族群）的独特性并给予这种独特性相应的权利和地位的差异政治逐渐走向历史前台。这种差异政治在相对对等的意义上，确立了少数民族独特的政治和法律地位。在差异政治的框架内，少数民族可以依法享有国内其他公民所不能享有的权利（力）和自由，这些权利和自由的最高表现形态是在一定区域范围内的民族自治。差异政治是矫正或平衡均质化普遍主义政治的有效政治形式，它在族际政治的层面上赋予了"多数人的统治、少数人的权利"以新的内涵。

（二）权利补偿的问题

权利补偿是权利正义理念的重要组成部分。如果说民主权利的制衡是为了解决现实权利分配中的不公正，那么权利补偿则主要是为了解决历史上的权利分配不公问题。相对于通过民主权利的制衡来实现权利公正，用权利补偿来实现权利正义得到更多的共识。不仅社会主义理论和新自由主义的左派理论支持对历史上遭受不平等待遇的少数民族给予公正的补偿，就连把已有的权利视为"自己身上的一块肉"的、铁杆的"右派"自由主义学者诺齐克也认为，应当偿还那些被非法手段剥夺的美国土著印第安人的财产。

在权利补偿方面，最引人注目的是列宁，他在《关于民族或"自治化"问题（续）》中指出"压迫民族即大民族要以对待自己的不平等来抵偿生活上实际形成的不平等"，要"用自己对待异族人的态度或让步来抵偿'大国'民族的政府在过去历史上给他们带来的那种不信任、那种猜疑、那种侮辱"，对少数民族要"多让步一些，多温和一些"。新中国成立后，周恩来也发表了类似观点。①

在西方自由主义的阵营里，罗尔斯和德沃金也在一定程度上表现出对

---

① 关于马克思主义者的相关论述，笔者将在本书第五章"马克思主义的各民族一律平等的价值理念"部分详细论述。

少数民族的关切。他们认为少数民族作为"最少受惠者"应该得到优待和补偿。在"补偿的正义"方面，德沃金的观点比较突出。他还从资源平等理论出发，提出政府应当补偿给少数民族应该有而没有拥有的那部分资源。对于由于补偿所造成的"不平等"，德沃金认为，"在某些情况下，一个将很多人置于不利地位的政策，因为它使社会作为一个整体的境况变好，所以它是合理的"①。针对保守派等对肯定性行动的攻击和法官做出的不利判决，德沃金指出，"禁止这种措施的道德和实践代价要大得多"，"我们没有理由禁止大学把优待措施作为一件克服我们可悲的种族分层的武器"。"法官没有权威枉顾专家的集体智慧，做出自己的政策判断，并利用《宪法》保护这种判断不受任何检验和挑战"；他认为"假如最高法院现在推翻自己长期坚持的裁决，这不但可笑而且可悲"②。

针对为实施肯定性行动而做的"区分"和所谓的"逆向歧视"的批评，德沃金深刻地指出，"种族歧视反映着一种蔑视态度，一个人因为天生的特征而受到指责是极不公正和有害的；此外，种族歧视对受害者的生活有着彻底的破坏性——它不仅使他们失去别人可以得到的这样或那样的机会，而且几乎对他们的所有前景和愿望构成伤害。在一个种族主义社会里，人们其实是因为自己是什么人而受到绝对拒绝，因此把种族歧视为一种特别有害的形式是很自然的。但是，不允许利用这种区分去克服确实不断造成伤害的种族主义，却是有悖情理的。种族的特殊心理特点，不是政策必须总是予以参考的一个固定的事实。它是种族主义的产物和标志，绝对不应该允许保护造成这种事实的种族主义"③。

德沃金认为，"在我们的社会有阶层划分的所有方面——收入、财产、权势、声望和威信——黑人在最高层都严重缺少代言人，由此造成的分层是一种长久的耻辱、浪费和危险。假如种族分层比现在的情况更严重，假如我们没有或很少看到它正在减少的迹象，怎么能说我们会生活得更好呢"④。

---

① ［美］罗纳德·德沃金：《认真对待权利》，信春鹰、吴玉章译，中国大百科全书出版社1998年版，第306页。

② ［美］罗纳德·德沃金：《至上的美德——平等的理论与实践》，冯克利译，江苏人民出版社2007年版，第436、438页。

③ 同上书，第434—435页。

④ 同上书，第428页。

德沃金引用《河流的形成》[1] 所做的研究证明优惠措施取得了显著的成功：黑人大学生更高的毕业率，在工业、专业、社区和邻里服务中有更多的黑人领袖，不同种族之间更稳定的交往和友谊，如果没有这种政策，这些事情都不会发生。[2] 根据《河流的形成》，如果严格实行不考虑种族因素的政策，C&B 大学中的黑人人数将下降 50%—75%；不考虑种族因素的政策对专业的影响更是特别明显而有害：在得到美国律师协会认可的 173 所法学院里，黑人将只占录取学生总数的 1.6%—3.4%，假如这些学校只依靠大学成绩和测验分数，在条件最苛刻的法学院中他们将只占 1%。[3] 德沃金肯定了《河流的形成》研究报告的结论："大学极为成功地利用了考虑种族因素的录取政策，促进了对每个人都重要的教育目标。"[4]

对于反对者鼓吹的要建立一个"不分种族的社会"，并以美国宪法平等保护修正案没有提及种族为由，反对肯定性行动，德沃金尖锐地指出，"《第十四条修正案》未提到种族，我们没有理由认为，起草和批准修正案的人是想彻底禁止一切种族分类。相反，他们中间有许多人投票赞成和批准各种种族分类，甚至包括公立学校的种族隔离"[5]。

德沃金还指出，大学实施的优惠措施，"不是要确定哪一个种族有多少人应当在整个经济和政治中承担什么角色，而仅仅是要增加黑人和其他少数族群在人力资源中的人数，使另一些公民——根据自己的利益并为了自己的目的而采取行动的雇主、合伙人、病人、顾客、选民和同事——以正常方式从这一资源中选择雇员、医生、律师和政府官员。也就是说，优惠措施有助于达到权力和地位的分配，是随着千百万人为自己做出的选择而流动和变化的……大学的优惠措施以这种方式使社会经济和社会结构更为自然，而不是更不自然；它并没有引起社会分裂，而是有助于消除现在

----

① 《河流的形成》是鲍温和博克进行的一项研究，该研究根据有关学生成绩和履历的大量数据，并利用了复杂的统计技术驳斥了长期以来的关于肯定性行动"利少弊多""强化而不是减少了种族对立"的断言。William G. Bowen and Derek Bok, *The Shape of the river: Long-term Consequence of Considering race in College and University Admission*, Princeton University Press, 1998.

② ［美］罗纳德·德沃金：《至上的美德——平等的理论与实践》，冯克利译，江苏人民出版社 2007 年版，第 438 页。

③ 同上书，第 426 页。

④ 同上书，第 416 页。

⑤ 同上书，第 447 页。

严重存在的社会断裂"①。

此外，优惠措施"也受着这样一种认识的鼓舞，即国家对受过良好教育的黑人和拉美裔美国人有着迫切的需要，他们能够在自己的社区和国家生活的方方面面发挥领导作用"②。

德沃金是当代自由主义者少有的富有勇气和公正之心的学者，他对肯定性行动的辩护典型地反映了自由主义左翼对西方民主国家在侵略扩张和民族国家的构建过程中对少数民族造成的严重侵害和后果的补偿心理。对于因这种补偿而付出相应代价的主流社会人群，德沃金指出，补偿行动"向国民解释了我们的种族主义历史使我们每个人付出的真正的和持续的成本，以及一种能够帮助我们达到更完美的团结的教育政策的未来"③。

在补偿的正义方面，一些支持肯定性行动的大法官，也在相关判决或意见中表达了相似的观点。在"阿达兰案"的意见书中奥康纳指出，"在这个国家对少数族群的种族歧视做法及其后遗症的令人可悲的延续，是一个不幸的现实，政府并非没有资格对它做出反应"④。

在自由主义的阵营中，金里卡对补偿的正义的论述最为犀利，他直言不讳地提出"主流社会的发达就离不开对土著人的驱逐"⑤，通过揭示权利的剥夺与权力的强制之间的关系，金里卡提出了一种近乎道德"强迫性"的补偿观点。

总之，随着格林的新自由主义理论开始关注平等问题以来，自由主义的主流已逐步接受优待或补偿少数族群包括少数民族的观点。⑥

在立法层面，一些重要的国际人权文件如 A、B 两公约、《消除一切形式种族歧视国际公约》等都直接或间接地提出采取积极措施（包括补偿）保障少数民族平等享有的经济、政治和文化权利。为了体现权利补偿的公正性，相关国际公约（宣言）还严格区分了作为种族或民族、宗

---

① ［美］罗纳德·德沃金：《至上的美德——平等的理论与实践》，冯克利译，江苏人民出版社 2007 年版，第 457 页。

② 同上书，第 421 页。

③ 同上书，第 457 页。

④ Adarand Constructors Inc. v. Pena, 515 U. S. 200 at 228, 237 (1995).

⑤ ［加］威尔·金里卡：《当代政治哲学》（上），刘莘译，上海三联书店 2004 年版，第 91 页。

⑥ 参见李强《自由主义》，中国社会科学出版社 1998 年版，第 202 页。

教和语言上的少数族群和土著人的权利。① 国内法层面，一些国家如美国
和加拿大先后采取立法的、行政的或司法的手段保障少数民族获得补偿的
权利。在美国，如前所述，针对历史上因种族或族裔身份受到歧视的少数
民族，政府在一些社会福利如就业、入学、获得政府合同、享受政府津贴
等方面，在同等条件下予以优先照顾。鉴于印第安人的历史遭遇和美国主
流社会的繁荣存在着几乎对应性的因果关系②，美国政府（包括立法、司
法机关）给予了印第安人不同于与其他少数民族（族群）的特殊补偿，
如地域性自治、免税等。

综上，笔者主要从"历史上的损害"视角对补偿性正义展开一定论
述。如前所述，如果说权利补偿的正义是为了解决历史上的权利分配不
公、民主（多数）权利的制衡是为了解决现实中的权利分配不公的话，
那么还有两个介于这两种情况之间的重要政治、社会现象——国家的族裔
非中立性和结构化歧视，也需要我们用补偿的正义去加以平衡。也就是
说，从法理的角度来看，不仅民主（多数）的制衡和历史上的损害，构
成权利补偿正义的（法理）基础，而且与这两者密切相联系的族裔非中
立性和结构化歧视，也同样构成补偿正义的法理基础，并且在很大程度
上，这两种政治和社会现象——国家的族裔非中立性和结构化歧视可能构
成更有说服力的权利正义的法理基础。

（三）国家的族裔非中立性和结构化歧视的矫正问题

国家的族裔非中立性是相对于国家的族裔中立性而言的。国家的族裔

① 由于土著人与一般意义上的民族、宗教和语言上的少数族群在历史上的遭遇和被剥夺情
形不同，他们在享有的权利方面也明显不同。第一，与少数族群权利概念相比，土著民族的权利
内容更广泛。《土著人民权利宣言》（2007 年）第 1 条明确指出，"土著人民，无论集体还是个
人，均有权充分享受《联合国宪章》《世界人权宣言》和国际人权法承认的所有人权和基本自
由"；第二，除了享有所有给予少数族群的权利外，土著民族还享有专有权利，主要包括自决权、
对土地和自然资源的所有、占有或使用的权利，不被强迫迁离其土地的权利，等等，这些权利主
要规定在国际劳工组织的第 169 号公约和《土著人民权利宣言》中。

② 历史上的"西进运动"是北美印第安人最为悲惨和充满苦难的阶段，也是印白关系史上
最血腥、最黑暗的时代（美国原有的 2500 万印第安人，到 19 世纪末只剩 24 万人）。西进运动让
美国政府轻易地推卸掉了本应承担的扶助本国贫困人口的沉重包袱和责任，又无偿地霸占了印第
安人多达几百万平方公里的地产和无以计数的自然资源，从而使美国毫无负担地发展经济，在短
短的 100 年间一跃成为世界第一经济强国。刘满佳：《民族问题及民族政策的选择——美国印白
关系的发展与变迁》，《今日民族》2009 年第 10 期。

中立性学说认为，国家应在各种族裔（文化）群体之间保持中立，其制度、政策和体制的制定、设立及价值观的选择等应独立于特定的族群。

长期以来，在西方的政治（哲学）及法学领域，国家的（族裔）非中立性和（族裔）中立性问题，被纳入了一个更广阔的主题——"至善论"和"中立论"（或反至善论）的话语体系内。因此，在讨论国家的族裔非中立性问题之前，让我们先看看有关"国家中立性"① 的一般理论和观点。

1. 自由主义的国家中立性学说

自近代自由主义兴起以来，国家中立性问题，一直是自由主义内部及其与外部的非自由主义和反自由主义之间的一个聚讼纷纭、意义攸关的话题。虽然，按照杰里米·沃德隆的说法，直到 1974 年德沃金才第一次清晰地表达了国家中立性——这一自由主义的立场，但作为观念的自由主义中立性已至少存在了 4 个世纪。实际上，中立性观念，"仅仅是清楚地表达自由主义几个世纪以来所持立场的一种最新尝试罢了"②。

所谓中立性观念，按照德沃金的表述，是"就什么可以被称为良善生活的问题来说，政府必须保持中立的态度"，它"要求政治决定必须尽可能地独立于任何一个特殊的美好生活观，或者政治决定必须尽可能地独立于什么东西赋予生活以价值的任何特殊观点"。③ 中立性观念或学说，强调政府政制和实践在各种良善或有价值的生活选择中中立，不支持任何一种特殊的生活方式和价值观。

在自由主义的体系内，中立性学说有多种表达的维度或域定，如有所谓"后果的中立性"和"辩护的中立性"之维，前者强调"要求国家去帮助或阻碍不同的生活计划，使之达到平衡的程度"，后者虽允许政府行

---

① "中立性"存在着互相竞争的多重维度上的含义，这些含义可以从"道德怀疑论""伦理差异的积极价值信奉""道德进步""自主性的重要性和专横政治的罪恶""平等尊重的深层理想"等多个角度进行阐释。笔者所谓的"国家中立性"侧重于从一般意义上的国家政治制度、体制和决策（立法）中的良善观念或价值观的选择角度去阐释。Jeremy Waldron, *Legislation and Moral neutrality*, in Robert E. Goodin and Andrew Reeve (eds.), Liberal Neutrality, Routledge 1989, pp. 61 – 83.

② Jeremy Waldron, *Legislation and Moral neutrality*, in Robert E. Goodin and Andrew Reeve (eds.), Liberal Neutrality, Routledge 1989, pp. 61 – 83.

③ ［美］罗纳德·德沃金：《自由主义》，应奇主编《自由主义中立性及其批评者》，江苏人民出版社 2007 年版，第 40 页。

为更有助于某些生活方式，"但否认政府应当为了使某些生活方式凌驾于其他生活方式之上而行动"①。拉兹也把这两种中立性称为"中立的政治关心"（neutral political concern）和"理想的排除"（exclusion of ideals）。有"强中立性"和"弱中立性"之分，前者"意味着从自由主义理论中排除任何和所有善观念"；后者"意味着只排除那些认为个体在道德上存在差异的理论，即那些鼓吹某种特殊类型的品性和生活方式的优越性的理论"②。此外，还有所谓"实质中立性"和"形式中立性"、"绝对中立性"和"相对中立性"、"积极中立性"和"消极中立性"等区分。就具体的政治决策（立法）领域来说，还存在着决策者（立法者）的"意图中立"和"行为效果的中立"等区分。总之，自由主义的国家中立性理论有着十分复杂的面相和话语系统。

从理论渊源上看，国家中立性的观点最早可以追溯到欧洲中世纪末以来的宗教宽容思想，这种意义上的"中立"主要强调国家对"国教"以外的其他宗教（派）也予以平等地承认和接纳；古典自由主义时期的国家中立性观点，主要与"小政府"或"守夜人国家"观念关联，这个意义上的国家中立性主要强调国家对于市场的中立。现代意义上的国家中立性包含着更为丰富的内容，它的主要含义是国家应在不同的哲学、宗教和价值观之间保持中立。从思想史的角度来看，洛克的宽容思想（《论宽容》）、康德的权利优先于善的观念（《法的形而上学原理》）及密尔的个人自由思想（《论自由》）、罗尔斯的正义思想（《正义论》《政治自由主义》《作为公平的正义——正义新论》），诺齐克的"最低限度的国家"（《无政府、国家和乌托邦》）、德沃金的"平等的关切"（《至上的美德——平等的理论与实践》）等，都从不同的角度论及国家中立论问题——尽管他们各自的出发点和意图不尽相同，甚至有所分殊。以下笔者以康德、罗尔斯、诺齐克和德沃金为线索，做一个简单的评述。

自由对善的优先性是康德论证国家中立性的坚实哲学基础。虽然，如盖尔斯敦指出的那样，康德在《道德形而上学》中提出了一种对美好生活即"我们每个人都有义务去追求智识上和道德上的完美"的解释。康

---

① ［加］威尔·金里卡：《自由主义的个人主义与自由主义的中立性》，应奇主编《自由主义中立性及其批评者》，江苏人民出版社 2007 年版，第 179—180 页。

② ［美］威廉·盖尔斯敦：《自由主义与中立国家》，应奇主编《自由主义中立性及其批评者》，江苏人民出版社 2007 年版，第 138 页。

德还主张每个人都有义务去促进他人的幸福和福祉（这里康德似乎有一种至善论的思想）。但是在其《法的形而上学原理》和《理论与实践》中，康德提出了一种"成熟而不妥协的中立国家学说"。康德认为，国家不能从事道德的教化和强制实施，也不能促进一种特殊的幸福观念；政治的实质不是美德，也不是幸福，而是"人们相互之间的外在关系中的自由"；政治的主要原则是权利，即"对每个人的自由进行的限制，以使它与其他每个人的自由相协调"。康德还把家长制政府斥为"可能想象到的最强大的专制主义"[①]。

康德的国家中立说提出了自由主义有关国家中立理论的几乎全部重要内容——政治决策（立法）中立于任何一种特定的道德价值学说、反对政府干预公民私域、个人权利设定国家行动的边界等，康德之后自由主义对国家中立理论的讨论，几乎没有超出过康德所议定的范围——尽管这些自由主义理论在话语体系和证成路径方面明显不同。

罗尔斯被认为是自由主义体系中国家中立论的有力辩护者。虽然他的理论话语体系中很少出现"国家中立性"或"中立性"这样的术语，但他的整个正义论理论体系的设计与证成国家中立性的旨趣或目的密不可分——通过证成中立性而证成"公平的正义"是他的正义学说的基本逻辑——事实上，他的整个正义学说在一定程度上都是在论证如何和为何在各种完备学说之间保持中立及方法、途径等。在《政治自由主义》的导论中，罗尔斯设问道："一个因各种尽管互不相容但却合乎理性的宗教学说、哲学学说和道德学说而产生深刻分化的自由平等公民之稳定而公正的社会如何长期存在？"[②] 他的答案是提出一个中立于任何特定的宗教、哲学和道德学说的正义理论并在其指导下设计出一套公正的社会制度。

"正义论"或政治正义原则的一个中心意图是，为了秉持"中立"的做法，即在各种"善"或有关美好生活之间的观念中立，以期实现各种善的持有者之间的利益和权利平衡。罗尔斯认为，他的正义论或正义原则避免了对在各种善或美好生活之间做出实质判断，而只是为人们选择善或有意义的生活提供一个框架。在这个框架内，各种有冲突的善和美好生活

---

① ［美］威廉·盖尔斯敦：《自由主义与中立国家》，应奇主编《自由主义中立性及其批评者》，江苏人民出版社 2007 年版，第 131 页。

② ［美］约翰·罗尔斯：《政治自由主义》，万俊人译，译林出版社 2011 年版，导论。

可以和平共处。罗尔斯认为，他的正义原则的证成不依赖于任何善的理想，而不依赖于任何善的中立性则意味着每个持有不同善的个体的权利和自由可以得到同等的保护。

罗尔斯反对至善论，但特别强调追求善的能力。他说，人有两种重要的道德能力，一个是理解并依据正义原则而行动的能力，另一个是形成、修正并能够理性地追求善观念的能力。① 促进这两种能力的发展是罗尔斯反至善主义的重要方面。

为了贯彻反至善主义，严守"中立性"立场，罗尔斯提出了"原初状态"和"无知之幕"等"纯粹假设的状态"来构建他的正义论思想。在这种假设的状态下，没有人知道他在社会中的地位——不论是阶级地位，还是社会出身，也没有人知道他在先天的资质、能力、智力、体力等方面的状况（运气），甚至不知道他们特定的善的观念或特殊的心理倾向。正义的原则就是在这样一种无知之幕的背后选择的。"这可以保证任何人在原则的选择过程中都不会因自然的机遇或社会环境中的偶然因素得益或受害。由于所有人的处境都是相似的，无人能够设计出有利于他的特殊情况的原则。正义的原则是一种公平的协议或契约的结果。"②

可见，在罗尔斯那里，中立性首先表现为一种"原初起点"的平等。通过设计一套不偏不倚的正义原则，并用它来构建社会制度，从而保障每个人都能够在平等的起点上追求美好生活。与此同时，对于在平等的"原初起点"条件下，仍处于不利地位的个人或群体，再借"差别原则"予以一定程度的矫正，从而实现自由主义的"平等的正义"。罗尔斯的"国家中立论"本质上是一种平等理论，即国家。③

与罗尔斯的通过一定的国家干预实现"国家中立性"和"公平的正义"的主张不同，罗伯特·诺奇克（Robert Nozick）的国家中立性主张，更接近一种真实意义上的"国家中立性"。诺齐克认为，罗尔斯的依赖国家干预的"差别原则"倾向于保护社会底层群体或所谓弱势群体的权益，这种

---

①　John Rawls, "Kantian Constructivism in Moral Theory", *The Journal of Philosophy*, 77 (9), 1980.

②　［美］约翰·罗尔斯：《正义论》（修订版），何怀宏等译，中国社会科学出版社 2009 年版，第 10 页。

③　罗尔斯本人也认为，与其把他的"原初状态"看成是中立的，还不如说，它的意图是为了公平地对待在道德上平等的每一个人。John Rawls, "Fairness to Goodness", *The Philosophical Review*, Vol. 84, No. 4, Oct., 1975.

意义上的正义原则不是中立的。他指责罗尔斯的分配正义原则"只考虑接受者的利益，而没有考虑给予者的利益；只关心财富往哪里去，而不关心财富从哪里来；只维护天赋较低者的权益，而没有维护天赋较高者的权益；只把处境最差者当作目的，而将处境更好者当作手段"①。为了论证自己的国家中立论，诺齐克提出了与罗尔斯"分配的正义"相对立的"持有的正义"（Justice of holdings）。"持有的正义"建立在诺齐克式的分配理论——"资格理论"（entitlement theory）之上，它的一般纲领是："如果一个人根据获取和转让的正义原则或者根据不正义的矫正原则（由头两个原则所规定的）对其持有是有资格的，那么他的持有就是正义的。"②

诺齐克的国家中立论是以维护个人权利为中心展开的。如果说，在罗尔斯那里，正义意味着更大的公平，那么，在诺齐克那里，正义则意味着尊重（个人）权利。罗尔斯以有利于弱势群体为由，为国家干预辩护；诺齐克则以每个个体的权利神圣不可侵犯，反对国家干预。罗尔斯的国家中立性致力于国家平等地对待每一个公民，而诺齐克的国家中立则强调国家有义务在公民（个人）之间保持中立，不得以权力"劫富济贫"。

为了确保国家的中立性，诺齐克提出了"最低限度的国家"（minimal state）的概念。这种最低限度的国家是一种最弱意义上的或者最低限度的国家。它的功能仅限于保护人们免于暴力、偷窃、欺诈及强制履约等，超出这个范围的"任何更多功能的国家都会侵犯人们的权利，都会强迫人们去做某些事情，从而也都无法得到证明"。诺齐克认为，只有这种类型的国家才是正当的。③

严格来说，诺齐克的国家中立论是一种以维护公民消极权利为中心的"最小政府"论。在这种理论中，实现国家中立的途径并不是（国家）依据某种正义原则，主动调节个人和群体的权益水平，从而实现国家的"不偏不倚的"中立性，而是国家在权利——准确来说，在个人权利面前停止行动，即除了必要的保护人们的安全和强制履行契约等有限职能外无所作为，从而实现不干预的中立性。按照诺齐克的理念，不是国家规定了个人的权利，而是个人的权利规定了国家权力。（个人）权利不仅产生了

① ［美］罗伯特·诺奇克：《无政府、国家与乌托邦》，姚大志译，中国社会科学出版社 2008年版，"译者前言"第 12 页。

② 同上书，第 183 页。

③ 同上书，"前言"第 1 页。

对国家的边界约束（side constraints），而且对于其他组织（群体）或个人来说，它的约束性是同等的，即权利也是人们之间"所要从事的行为的边界约束"①。"对行为的边界约束反映了康德主义的根本原则：个人是目的，而不仅仅是手段；没有他们的同意，他们不能被牺牲或被用来达到其他的目的。个人是神圣不可侵犯的。"②

总之，诺齐克的国家中立论是一种以（个人）权利为中心的国家学说——在这一学说中，个人权利是至上的——国家的性质、合法功能及它的证明全部依赖于个人权利。诺齐克认为，政府规模的大小和功能的多少，取决于个人权利的内在规定性和外在的需求；中立性意味着，国家支持个人追求美好生活，并通过权利原则来限制自身行动的边界；国家不仅要在各种美好生活的观念之间保持中立，更要在公民之间保持中立——不能为了一部分人的利益而去强迫另一部分人。③ 诺齐克式的国家中立思想，透露出的理念是"权利使国家中立"。

以上笔者简要论及罗尔斯和诺齐克的国家中立思想，他们二人虽然在对程序主义的看法、分配正义问题及平等问题上有着明显不同甚至截然对立的看法，但都一致认为国家应该"中立"，即国家应在有权利的个人追求自己认为的善和美德或选择适合自己的生活方式方面严守中立，不得褒奖或贬斥任何特定的生活观念或道德、政治哲学。

到了德沃金那里，国家中立性则重点围绕"平等的对待"展开，德沃金认为，"所有公民作为自由的人、作为独立的人、作为相同尊严的人"理应受到政府的"平等的对待"。政府或公共权力部门应在不同的善之间保持中立。他在《至上的美德》中提出政府有责任对每一位公民予以同等的关注和尊重；在论文《自由主义》中，他提出，国家要中立于公民不同的人生观，只有这样，才能体现国家对于每一个人的同等关注。自由主义的国家中立性思想到德沃金时代已接近于成熟。

综上，尽管自由主义对国家中立性有着各种不同的表达或解读，但它

① ［美］罗伯特·诺奇克：《无政府、国家与乌托邦》，姚大志译，中国社会科学出版社2008年版，第35页。

② 同上书，第37页。

③ 诺齐克捍卫个人权利和自由的两个要点是：国家不可以使用强制手段迫使某些公民援助其他公民，也不可以使用强制手段禁止人们追求**自己的**利益和自我**保护**。［美］罗伯特·诺奇克：《无政府、国家与乌托邦》，姚大志译，中国社会科学出版社2008年版，"前言"第1页。

们总体上都趋向于一种国家或政府对何为美好生活的观念采取超然和独立的态度，即国家只负责提供一个供个人（群体）选择他们认为是美好生活的框架，个人和群体有权在免于国家强制和干预的情况下，选择自己的生活。政治自由主义关于国家中立性观点的经典表达是"国家应当对于各种不同的善的观念保持中立"。

（国家）中立性是自由主义证成（资产阶级）国家合法性的重要理论基础，在自由主义看来，国家之所以合法是因为它对个人的活动采取一种"无偏见的立场"①。彼得·约翰斯甚至认为中立性是国家存在的基础。②中立性也是自由主义本身立命的基础。自由主义诞生于反对神权国家、世袭国家的启蒙时代。那时以宗教或血缘为取向的国家成为各种压迫性力量的主要来源。为争取免于压迫的权利和自由，洛克和法国的启蒙思想家扯起了反对神权和教权政治的大旗。洛克指出，政府（国家）存在的目的是保护人生而有之的自然权利，平等地保护每一个公民的权利，国家应该中立于各种宗教（教派）冲突，为此，他提出了宗教宽容的思想。

以上我们可以看出，中立性不仅是保证国家合法性的必要条件，而且也是自由主义产生的重要哲学和逻辑基础。可以说，在国家中立性问题上，国家的合法性和自由主义本身的合法性发生了深刻的内在关联：一个国家（政府）是否合法取决于它是否中立于各种特定的价值观（尤其是宗教价值观）；而自由主义是否具有超越特殊性的普遍的合法性，决定于它是否在各种价值观之间保持中立，拉莫尔也因此把中立性描绘成"自由主义的根本特征"③。

那么，自由主义是如何通过（国家）中立性证成自由主义国家的正当性或合法性的？

第一种途径是，主张"实际上不存在选择生活方式的理性基础，有关善的主张是个人的和难以纠正的。国家中立性之所以令人向往，因为它是对这一事实唯一非专横的回应"。第二种途径是即使可以获得关于美好生活的知识，但国家把这种知识强加于其公民，也是对个人自由这一最高

---

① Peter Jones, *The Ideal of the Neutral State in Robert E. Goodin and Andre w Reeve* (eds.) Liberal Neutrality, London: Routledge, 1989, p. 9.

② Ibid. .

③ ［美］查尔斯·拉莫尔：《政治自由主义》，应奇主编《自由主义中立性及其批评者》，江苏人民出版社 2007 年版，第 142 页。

价值的侵犯。"当个人自由地选择追求善时，就会产生最好的结果。""自由地选择错误比被迫地追求善更可取。中立性是正当的，因为它是自由对善的这种优先性的实践表达。"①

按照这种证成路径，自由主义的国家之所以合法（性）是因为它不倚重"普遍的"理性基础，不认为存在着适合任何个体的通行的善，因而它不推崇任何特定的生活方式，而只是为差异性的个体（包括群体）提供一个可以自由选择特定美好生活的框架。对自由主义来说，即使存在着某种"公认"意义上的有关"美好生活"的观念，作为自由主义的国家也无权将其强加于公民，因为这是对个人自由这一最高价值的侵犯。

总之，自由主义追求中立性的动机与其追求国家合法性的内在需求紧密相连。现代（民主）国家之所以获得了"普遍的意义"，之所以拥有合法性或正当性，乃是由其超然的中立性所决定。在自由主义那里，中立性不仅是国家合法性的前提，也是一种宪法原则。其深刻的意味在于，国家不是任何阶级、阶层、群体或利益集团的代言人。国家将在它的公民中间公平地分配权利和义务。其蕴含的另一个意义是，如果国家不是中立的，那么任何因此受到损失的个人或群体都有某种"不服从"的自由。因此可以说，自由主义的（国家）中立理论对国家的合法性有着生死攸关的重要性：如果自由主义或自由主义所证成的国家被证明不是中立的，那么自由主义依据此所奉行的一系列政策和实践将面临深刻的合法性挑战。

2. 自由主义国家中立性理论面临的挑战

自由主义的国家中立性理论或学说自问世以来，一直面临着自由主义外部和内部的种种挑战。首先自由主义外部的最大对手一元论者认为，政治自由主义者所谓的国家中立的观点，实际上只是一种应然的政治道德要求。自由主义避免在各种善之间做出选择，是在回避问题而不是解决问题。他们还认为，自由主义的中立论似乎承认了各种善之间的不可调和性，而各种善的不可调和正是一元论的核心观点。

对自由主义（国家）中立性观点构成最大挑战的力量来自自由主义

① ［美］威廉·盖尔斯敦：《自由主义与中立国家》，应奇主编《自由主义中立性及其批评者》，江苏人民出版社 2007 年版，第 131 页。

内部。盖尔斯敦认为，"自由主义**自身**就包含这些它需要用来主张和捍卫一种绝不能被删节和受人蔑视的美好生活观念的资源"①。"自由对我们来说之所以重要，是因为我们是有目的的人。"② 平等自由主义者布莱恩·巴里（Brian Barry）认为每个政治派别都"必须对以下命题表明立场，即某些生活方式、某些品性类型比另一些更加令人钦佩"③。巴里还指出，自由主义坚持中立性是"单方面解除武装"，他说"我们很可能被引向一个新的黑暗时代，而信奉自由主义的哲学家不能做任何事情来阻止我们进入新的黑暗时代。如果让我在努力说服非自由主义者接受中立性原则和努力质疑他们的信仰之间做出选择的话，我认为后者显然是一种更好的策略"④。

自由主义的这种中立性危机，我们还可以从"至善论"对"中立论"的批评中窥见。至善论的道德多元主义者拉兹认为，自由主义的"纯粹程序"的中立立场根本无法保证公正的原则战胜不公正的原则。他坚持认为，虽然存在着多种形式的善，但"某些善观念是无价值且有损人格的，政治行动可以并且应该用来根除它们或者至少是缩减它们"⑤。拉兹认为自由主义要求国家中立于良善生活的做法既不可能又不可信。某种程度上可以说，至善论比其他的非中立论更有力地揭开了自由主义包括自由至上主义、平等自由主义、政治自由主义等所精心缝制的中立面纱。

同样，罗尔斯的"公平的正义"的（国家）中立观，也受到自由主义内部的批评和挑战。托马斯·内格尔认为"无知之幕"排除所有信息的善是一种不公正的善；原初状态的事先假定，不是一种中立的善（观念），而是一种自由主义和个人主义的观念。因此，使用"基本善"来取代个人的善观念也不是中立的。⑥ 艾克曼也认为，罗尔斯通过控制知和无

---

① ［美］威廉·盖尔斯敦：《自由主义与中立国家》，应奇主编《自由主义中立性及其批评者》，江苏人民出版社 2007 年版，第 138 页。

② Charles Taylor, "What's Wrong with Negative Liberty", in Alan Ryan ed. , *The Idea of Freedom: Essays in Honor of Isaiah Berlin*, Oxford University Press, 1979, p. 183.

③ Brian Barry, *The Liberal theory of Justice*, Oxford: Clarendon Press, 1973, p. 126.

④ ［英］布莱恩·巴利：《怎样捍卫自由主义制度》，应奇主编《自由主义中立性及其批评者》，江苏人民出版社 2007 年版，第 331 页。

⑤ ［英］约瑟夫·拉兹：《自由的道德》，孙晓春等译，吉林人民出版社 2006 年版，第 132 页。

⑥ Thomas Nagel, *Rawls on Justice, Reading Rawls*, New York: Basic Books, 1975, p. 10.

知，将论证引向体现他的偏好的结论。①

在他们看来，以"平等"为关键词的自由主义国家中立思想，无论是拉莫尔主张的"平等的尊重"，还是罗尔斯的"平等的自由"，德沃金的"平等的关切与尊重"无不体现着自由主义的基本价值观。因此严格来说，自由主义的所谓"国家中立"其实是一种有着实质内容的道德价值观。

也有人部分地否定自由主义的中立性说，他们认为自由主义的"中立政府"虽然可以在人们的道德善观念和理想问题上中立，但却无法在政治的善观念和理想问题上中立。这种观点可以概括为"有限中立性"。

在善的竞争性观念问题上，国家最难以"中立"的是宗教和生活领域，尤其是在那些有着特定宗教深厚传统的国家，国家总是以某种宗教（文化）为基准或核心来确定仪式、官方节假日等。实际上即使在自由主义最为倚重的政治领域，国家实际上也不是中立的——因为财富的分配是法律制度的产物：公民的财富大大取决于其社会颁行的法律——不仅包括管理产权、盗窃、契约及民事侵权行为的法律，还有它的福利法、税法、劳动法、民事权利法和环境管理法，以及有关任何事情的其他法律。当政府执行或维护这样一套法律而不是那样一套法律时，我们不仅可以预见到一些公民的生活将因它的选择而恶化，而且可以在相当程度上预见到哪些公民将会受到影响。②

以上我们简单介绍了自由主义的国家中立性学说面临的内外挑战。从中立性理论的原点来看，它最初追求的并非是政府对各种善观念的中立，而是政府不得干预市场和社会的自由。在其本质意义上，中立论是自由主义者基于对任意和专横国家的不信任，而采取的一种政治矫正或防范措施。它要求政府不得干预属于市场竞争和社会自治的事务，不得追求某种特殊的价值目标。自由主义的中立性原则与反至善论在功能上既有重合的一面，又有各自的重点。

从另一个向度来看，自由主义的中立性原则实际上是在充满分歧的社会里寻找基本共识的一种手段或"最佳约束原则"。它是一种最低限度的

---

① Robert B. Thigpen and Lyle A. "Downing, Liberalism and the Neutrality Principle", *Political Theory*, Vol. 11, No. 4, Nov., 1983, pp. 585 - 600.

② ［美］罗纳德·德沃金：《至上的美德——平等的理论与实践》，冯克利译，江苏人民出版社 2007 年版，第 1—2 页。

道德准则或共识，是维系政治共同体的基本前提。正如拉莫尔所说的，自由主义理论的根本问题在于"确定人们仍然能够在政治联合中生活在一起的条件"，在希腊和中世纪国家被赋予保护和培植良善生活的实质性观念的任务结束以后，自由主义的目标就是借助于"**一种最低限度的道德观念**确定政治联合的共同利益"①。"平等尊重"与"理性对话"②为规范的中立性是一种最低限度的道德观念。

从自由主义的基本价值取向来看，反至善主义的中立论不仅不是中立的，而且就其所坚持的价值信条来看，具有强烈的价值倾向。自由主义的所谓国家中立性包含着"强劲的道德主张和国家理论"。也就是说，自由主义从来没有对所有价值持中立态度，自由主义的国家更不是中立的。实际上，就连"自由主义的"这样的限定词都在提示着这样一种价值：国家既然是自由主义的，它就没有理由对任何价值，甚至是明显的但有争议的良善生活的价值持真正的中立态度。

3. 国家的族裔非中立性

如果说一般意义上的国家中立是否成立，是一个自由主义与非自由主义及自由主义内部的颇具争议的话题，那么国家的族裔非中立性几乎是"不证自明的"。国家的族裔非中立性来源于历史和现实的事实。首先，从历史的角度来看，几乎所有的现代国家在历史上都进行过某种程度的"民族国家"的建构。推广共同语言甚至宗教、培育共同归属及以此为基础的共同参与等是民族国家构建过程中的常项。在此历史进程中，国家总是以某个主要民族的语言文化（宗教）为标准对包括少数族群在内的差异化群体进行"形塑"。这种"形塑"往往造成少数族裔群体文化（语言）、宗教传统的边缘化和精神失重。从此意义上来说，少数群体的权利诉求实际上是对民族国家构建过程中产生的族裔文化不公正现象的回应。

从现实的角度来看，每一个现代（多）民族国家的运作过程都表现出很强的民族（族群）倾向，"政府对语言、内部边界、公共节假日、国家象征的决定，难免牵扯到承认、包容、支持某一具体族类与民族群体的

①　[美]查尔斯·拉莫尔：《政治自由主义》，应奇主编《自由主义中立性及其批评者》，江苏人民出版社2007年版，第103页。

②　Charles Larmore, *The Morals of Modernity*, Cambridge University Press, 1996, p.140.

需要和认同。国家难免要促进某些文化认同，并由此淡化其他文化认同"①。尤其是官方语言法律地位的确立，不可避免地使一些民族（族群）成为主流群体，而使另一些群体成为边缘性的少数群体。

官方语言现象集中体现了国家的族裔非中立性。② "语言是民族文化的主要载体，是民族成员相互交往，表达思想感情的一种重要工具，是民族凝聚力和民族意识的形成要素，同时也是民族识别和民族认同的重要标志。"③ 选择谁的语言作为"国家语言"绝不仅仅是一个"文化选择"的问题，它还关系到不同族裔群体切切实实的利益所在。现实中特定语言的选择总是使主要群体受益，少数群体受损——即使在少数群体的民事、政治和社会福利权利都得到保障的情况下，他们在承认、认同、语言和文化归属上的权益仍然难以与多数群体平等。不仅如此，少数人与多数人的区别不仅在于二者的语言文化特征、价值观和生活方式的差异，更在于其文化在国家公共领域被反映、被容纳、被推行程度的截然不同。④

国家利用一种被金里卡称为"社会性文化"（由一种共同的语言和许多社会结构组成的）的政策设置来融合少数民族，这种社会性文化是一种集中于特定领土区域的文化，它以共同语言为中心——这种共同语言广泛地用于社会公共领域和私人领域的各个制度机构（如学校、传媒、法律、经济和政府等）。⑤

可见，（自由主义）国家在文化、语言、宗教等具有强烈族裔特性的问题上并没有恪守中立的立场。自由主义尤其是其右翼一再坚称，国家是中立于任何族性、文化和宗教的，因而不能制定维护特定族群和文化的法律，不能对这些族群和文化表现出任何倾向性支持。在自由主义者的眼里，以族裔身份为依据授予权利在道德上具有任意性和歧视性；国家是无种族偏好的"色盲"（color blind），其包容族裔文化差异的政策违反了无

---

① ［加］威尔·金里卡：《多元文化的公民身份》，马莉等译，中央民族大学出版社2009年版，第155页。

② 通常条件下，一个国家不可能同时出现两种官方语言，即使是规定了两种（或以上）官方语言，其地位也不可能完全平等，如加拿大等国。

③ 郝时远、朱伦主编：《世界民族：第二卷　种族与语言》，中国社会科学出版社2013年版，第224页。

④ 耿焰：《少数人差别权利研究——以加拿大为视角》，人民出版社2011年版，"前言"第5页。

⑤ ［加］威尔·金里卡：《少数的权利》，邓红风译，上海译文出版社2005年版，第12页。

差异待遇政策。这种论说,一方面是由于传统的自由主义始终以个体权利的"无差别平等"为本位,国家对个体权利的中立成为实现国家中立性的重要标志;另一方面,传统的政治理论如社会契约论、代议制理论等本质上是一种均质化理论,"未能考虑到语言、文化、宗教等因素对于一国范围内人口在自我认同方面的巨大影响";民主理论承认"主权在民",国家权力的获得是基于人民的同意,国家制度设计的目标是要达到民有、民治、民享。这些理论通常都是将国家社会中的个人原子化或将人民整体化,而无视其领域内居住的以语言、文化、宗教等认同组成的群体。①

这种单纯以个人权利为依托的国家中立性原则,或者主张国家制度的所谓"色盲"或对不同文化的族群性的忽视,不仅反映了自由主义均质化理论越来越难以适应多民族国家建设的现状,实际上也是一种文化霸权的反映,其结果是只有少数民族文化或受压抑的文化被迫采取异化的形式。②

从更深的层面来讲,自由主义的国家(族裔)中立性不仅是一种有益的理论建构,也是自由主义者的一种近乎本能的认知。罗尔斯曾经意味深长地说,如果一种善观念在平等自由和相互宽容的制度下,都不能持续存在并赢得它的支持者,那么我们就要追问,这种善观念到底可不可行?我们会不会因为它的消失而感到遗憾。③ 在罗尔斯看来,在一个足以保持中立性的——"平等自由和相互宽容的制度"下,如果一种善的观念或生活方式不能获得人们的支持,那么这个善的观念或生活方式基本上是不可欲的。对此,盖尔斯敦指出,善的观念或有价值的生活形式完全可能在自由主义的"正义的"宪政体制中消失。在"观念的市场"里获胜的不一定都是可欲的。罗尔斯后来接受了这一批评,承认有些有价值的生活方式可能在民主宪政体制中消失。他同意以赛亚·伯林(Isaiah Berlin)的观点"没有一个社会世界是无损失的",认为,或许更确切地来说,我们对有些善观念的消失仍然会感到遗憾,"但这是不得已,而不是不正义"④。

① 周勇:《少数人权利的法理》,社会科学文献出版社 2002 年版,第 26 页。

② [加]查尔斯·泰勒:《承认的政治》,董之林等译,汪晖、陈燕谷主编《文化与公共性》,生活·读书·新知三联书店 1998 年版。

③ See John Rawls, "Fairness to Goodness", *Philosophical Review*, Vol. 84, No. 4, Oct., 1975.

④ See Rawls, "The Priority of Right and Ideas of the Good", *Philosophy & Public Affairs*, Vol. 17, No. 4, 1988.

　　需要指出的是，在大多数情况下，自由主义者对国家的族裔非中立性还是有着比较清醒的认识，他们了解其前辈"一族一国"苦心背后的动机，深知自由主义国家的"民族性"可能导致的族裔文化不公正。密尔否定"多民族"国家①、耶尔·塔米尔质言中立性实际上是"特殊主义的"②，以及威尔·金里卡关于国家实际上为主体民族所统治等观点都明确提示着国家的族裔非中立性。

　　总之，由于历史上"民族国家"的构建活动和现实运行过程中存在的民族（族群）倾向，后民族时代的现代国家仍然具有很强的"民族性"。甚至有学者指出，"民族性"是当前所有政治理论的前提。对民主、社会正义和自由主义等概念和原则的分析离不开特定的政治共同体（民族国家）的存在。③ 从这个意义上来看，"民族性"是现代国家的"原罪"和"胎记"。实现国家的族裔中立性是一个不可能完成的任务。

　　提出或正视国家的族裔非中立性问题的目的，是为了通过揭示现代国家构建和运行过程中存在的族裔文化不公现象及所导致的少数民族（族群）遭歧视、排斥和边缘化的境况，为具有矫正和补偿功能的少数民族（族群）权利保护提供某种正当性支撑。

　　4. 结构化歧视

　　某种程度上可以这样认为，如果国家的非族裔中立性能够证成，那么结构化的歧视便不再是一个需要花费过多笔墨来加以论证的问题。

　　国家与其亚单位组织民族或族群之间的关系是近4个世纪以来世界范围内的重大理论和实践问题。它们之间的关系模式有助于说明为什么国家共同体会存在对少数民族（族群）的结构性歧视。有学者通过梳理国家处理其国内民族（族群）关系的类型，提出了四种"国家—族群"关系模式。④ 他认为这四种关系模式中的前三种"可能产生结构性歧视的现

---

①　密尔认为多民族（族群）共处一国不利于代议制民主体制的建立。他说，"在一个缺乏共同感情，特别是语言不同的人民（民族）中，不可能存在实行代议制政府所必要的统一的舆论"。［英］J. S. 密尔：《代议制政府》，汪瑄译，商务印书馆1982年版，第223、225页。

②　耶尔·塔米尔说，自由主义的（族裔）中立原则实际上是"特殊主义的而且只在边界清晰、相对封闭的社会框架中适用，成员相比非成员而言受到优先考虑"。［以色列］耶尔·塔米尔：《自由主义的民族主义》，陶东风译，上海译文出版社2005年版，第8页。

③　Margaret Canovan, *Nationhood and Political Theory*, Edward Elgar, 1996, pp. 1-2.

④　即一体化模式、分离间隔模式、等级制模式、平等参与模式。参见周勇《少数人权利的法理》，社会科学文献出版社2002年版，第21—23页。

象"。在他看来，第四种关系模式即"平等参与模式"的特点是：国家的中立、民族的平等、文化上的多元和宽容。国家的政权组织形式及其行使应尽可能地在文化的立场上保持中立。各族群既有权保持其文化特征和认同，又有权平等地参与社会公共事务。该模式下的民族政策和法律制度具有民主、法治和多元文化主义的精神。①

事实上，结构化的歧视也同样存在于第四种模式，为了相区别，我们可以把由前三种模式所导致的歧视结构称为制度性—体制性—结构性歧视，而把第四种模式称作纯粹的结构化歧视。前者在世界大多数国家已不占主流，后者则在许多自由民主国家占据主导地位，它也是许多第三世界国家孜孜以求的目标。笔者所讨论的结构化歧视主题也主要基于这模式。

（纯粹）结构化歧视存在于已确立"平等参与模式"的（自由民主）国家。那里，可选择的制度理念如"中立""平等""宽容"等已经普遍为人接受。但是，由于国家的非族裔中立性或者说"国家的民族性"②，实践中的歧视几乎无时不在，无处不在。"有关歧视的问题，通常引人注目的是个人所做出的直接歧视的行为。但是，对社会歧视的重要研究展示：歧视可能不仅仅是个人的态度或行为直接指向他人的结果，而且还是植根于社会结构中的社会现象。在诺尔斯（L. Knowles）和普鲁伊特（K. Prewitt）对种族主义作为一种制度化歧视的经典分析中，他们发现当个人以一种种族主义者的面目出现时，通常他本人并不需要就其可能的行为方式进行选择，社会组织的规则和程序已经将个人的选择结构化了。个人只需遵守这一社会组织的运作规则，该制度本身就会为他实行这种歧视。结构性歧视的特征在于加害人可能缺乏任何歧视的动机，但结果却已构成对社会中某一部分人群的歧视。"③

真正的结构化的歧视，不仅是指历史上的那种赤裸裸的以隔离、等级和压迫而（实）体现的歧视，而且也指现代条件下通过精致的自由平等制度及其实践所体现出来的隐形的歧视——这种歧视借用了大量看上去公

---

① 周勇：《少数人权利的法理》，社会科学文献出版社 2002 年版，第 23 页。

② 周勇把"一个国家政权在其组织和运行的过程中不可能不受到某种程度的占社会主宰性地位的民族文化的影响"的现象概括为"国家的民族性"。他认为传统的民主政治忽视了社会群体差异和认同，国家政权的组织及其实施未能摆脱民族性的羁绊，因而难以达到文化上的中立；这种国家的民族性是产生社会结构性歧视的重要原因之一。周勇：《少数人权利的法理》，社会科学文献出版社 2002 年版，第 25、21 页。

③ 周勇：《少数人权利的法理》，社会科学文献出版社 2002 年版，第 24 页。

平正义的原则来为自己开脱和辩护，如有人基于个人的平等与正义立场认为，历史上虽然存在过多数民族压迫和歧视少数民族的情形，但现实中的多数民族和少数民族的成员均不是当时的压迫者和被压迫者及歧视者和被歧视者。因此，让压迫者的子孙来承担其祖辈压迫行为的后果是一种不公正。同理，让被压迫者的子孙来坐享因其祖辈受压迫而得的补偿也是一种不公正。这种观点实际上只看到了压迫的历史形态，而没有看到历史上的压迫对现实的重要影响。事实上，虽然历史上的压迫和被压迫、歧视和被歧视的主体都已消失在历史的长河中，但长期存在的压迫、歧视行为所产生的累加的后果却已悄然凝结在一种结构化的歧视中。

还有人借用广为接受的"业绩与过错原则"（rules of merit and fault principle）为结构化歧视辩护。他们认为，每个人只应该因其个人的能力而受到对待和奖励，每个人只应该对自己的而非他人的行为负责。因此个人不应为社会和历史上的损害他人的行为付出代价或承担赔偿责任。但是，这种观点忽视了所谓"业绩原则并非如想象的那样客观，歧视也不仅仅是个人过错的结果。个人的业绩和行为的标准都深深地根植于社会结构和历史的延续性之中"①。

国家和社会对少数人的结构化歧视虽然与多数群体中的特定个体没有直接关联，但与多数群体的集体历史行为却有着无法割断的联系。在美国，奴隶制、种族隔离和公然的制度化歧视在历史上都曾是合法的制度，白人群体既是这些制度的始作俑者，也是这些制度的受益者。在这一过程中，压迫和歧视既是一种集体行为，也是一个社会现象。作为白人群体成员的每一个个体都曾是这一过程的自觉和不自觉的受益者。因此，多数群体成员不能把因少数人受到"照顾"而面临的不利情势简单地归结为一个"逆向歧视"问题。在著名的巴克案中，大法官马歇尔指出，"在20世纪的美国，没有必要让单个的黑人来证明他们是种族歧视的受害人。我们的社会的种族主义已经弥漫到这样的程度，以至于无论其财产状况和地位如何，没有人能够成功地逃避它的影响。黑人在美国的经历与其他的族群相比，不是程度上的不同，而是在种类上的不同"②。因此，作为历史上的受益群体和现实中的优势群体——白人群体及个人，对矫正结构化的

① 周勇：《少数人权利的法理》，社会科学文献出版社2002年版，第27页。
② Regents of the University of California v. Bakke, 438 U. S. 265 (1978).

歧视负有不可推卸的责任和义务。

结构化歧视的存在，还可以从现实中少数民族（族群）整体在政治上的边缘化或参与不足，经济上的贫困化或发展能力不足和文化上的严重的自卑或信心不足来得到印证。

结构化歧视的事实和学理的确立，为纠正历史上遗留的和现实中不断新生的族裔间的不平等现象提供了坚实的基础。它提示我们"表面上公正和无视差异的社会不仅是违背人性的，而且其本身是高度歧视性的，尽管这种歧视往往是以含蓄的和无意识的方式表现出来的"①。"所有已经从以往的和现存的制度化歧视的社会中得益的群体的成员，不应否认其负有帮助弱势群体的责任。"②

从法理上看，结构化歧视的事实和学理的发现，也为纯形式化平等地去正义化、"间接歧视"概念的确立及补偿和辅助少数群体等理念的普遍接受提供了基础。

5. 小结

在少数民族权利保护的价值理念中，权利正义尤其是权利补偿的正义理念最具合法性抗辩力。补偿不仅是因为大多数现代（多）民族国家历史上都在对少数民族（族群）实施过程度不同的压迫、剥削，而且还在于从现实的角度来看，几乎所有的国家都存在着国家族裔的非中立性现象和结构化歧视。权利补偿的正义表明，目前世界各国坚持的有关少数民族权利保护的种种政策、立法及实践，并不是一种单纯的来自多数民族的慷慨或无条件的优惠，很大程度上它是一种恢复性正义。

在权利正义的价值理念方面，最值得关注的是威尔·金里卡教授，他的相关研究成果大大发展推进了少数族裔群体权利保护的权利正义价值理念。

以金里卡为代表的自由多元文化主义政治关于少数群体权利保护的价值理念是迄今为止西方国家在保护少数族群权利方面取得的最高成就。这一成就不仅远远超越了西方中世纪以前长期存在的等级式的权利正义理念，也大大超越了近代以来传统自由主义的以个人权利保护为中心的普遍

---

① ［加］查尔斯·泰勒：《承认的政治》，汪晖、陈燕谷主编《文化与公共性》，生活·读书·新知三联书店 2005 年版。

② 周勇：《少数人权利的法理》，社会科学文献出版社 2002 年版，第 24 页。

平等的价值理念。

　　金里卡等人看到了自由主义的普世主义的保护方式对那些在人种、族裔、文化、宗教、语言等方面存在着差异的少数群体的无情忽略和严重不利，试图在自由主义能够容忍的框架内，引入对少数族群群体权利的保护理念和制度。事实证明，这一努力是有价值的，它不仅有利于缓和少数族裔与国家或主体民族的矛盾，而且大大提高了传统自由主义对族群差异政治的适应性和在解决民族问题上的生命力。当然，也要看到，以"权利正义"为标识的自由主义在试图解决族群差异政治的同时，也面临着自身难以克服的矛盾。以金里卡为例，他一方面认为，自由主义"在促进人类尊严和自主的误入歧途的尝试中……所削弱的恰恰是唯独能够培育人类繁荣的社团和社群"①；另一方面，却在挖空心思地寻找"一条既不毁灭一个文化共同体，又可以使它自由化的道路"②。一方面，断言"自由主义的道德本体论似乎没有给集体权利的观念留下任何空间"③；另一方面，又竭尽全力证明自己的自由多元文化主义的政治主张是符合自由主义的④。金里卡的困境反映了自由主义在适应族群差异政治方面的两难境地："权利正义"一方面要求对所有人"一视同仁"，另一方面又要求对少数群体"区别对待"。从这一点来看，自由主义解决少数族裔权利保护问题的理论或理念，远没有超越"权利正义"的马克思主义理论⑤来得自洽、连贯和一致。也没有多元文化主义理论（念）来得更为直接、合理。

---

　　①　［加］威尔·金里卡：《自由主义、社群与文化》，应奇等译，上海世纪出版集团2005年版，第45页。

　　②　在反对试图使少数群体"自由化"的问题及保护他们的文化认同方面，金里卡甚至还没有自由多元主义者盖尔斯敦来得彻底和坚决：盖尔斯敦指出，金里卡的自由化，在很多情况下，都等于是强迫群体的基本认同发生变化，他尖锐地指出，这种自由化与越战时人们毁灭村庄是为了保护村庄的原则在文化意义上是一样的。William A. Galston, *Liberal Pluralism: The Implication of Value Pluralism for Political Theory and practice*, Cambridge University Press, 2002, p. 22.

　　③　［加］威尔·金里卡：《自由主义、社群与文化》，应奇等译，上海世纪出版集团2005年版，第135页。

　　④　金里卡在《自由多元文化主义假说的检视：规范理论和社会科学的证据》（《世界民族》2013年第3期）一文中，详细地就多元文化主义政策与自由—民主的核心价值观进行了比较，认为二者是契合的。

　　⑤　笔者曾论及"马克思主义的各民族一律平等的价值理念"，参见《少数民族权利保护的价值理念问题》，《世界民族》2011年第5期。

第四章

多元文化主义的价值理念

多元文化主义是 20 世纪初首先出现在美国的一种政治文化思潮。它的要旨在于强调：在一个多民族（族群）、多移民的国家，各个民族或族群在政治参与、经济分享和文化建设中具有平等的地位；强调各个民族（族群）在多民族国家建构中的均等机会。其出现的直接动因是为了对抗以盎格鲁-撒克逊文化为核心的"美国化"运动。从更深的背景来看，多元（文化）主义源于对欧洲文艺复兴以来理性一元主义所造成的一系列现代性问题的反省和反思。其渊源可以追溯到马基亚维利、维科、赫尔利、韦伯等人。其中韦伯最早关注到价值多元主义，伯林则在他们（以及部分浪漫主义者）的基础上，系统地丰富并发展了多元主义。

自文艺复兴、宗教改革和启蒙运动以来，统治欧洲千年的基督教大一统逐渐走向没落。神学不再灵光，上帝也失去了最后的避难所。从此这个世界的精神生活失去了统一性，或者说人们不再认为它有统一性。"没有园丁（上帝）的照顾，上帝的花园已是一片无主的土地。"[1] 与此同时，工业革命与市场经济的扩张使古希腊城邦式的共同体逐步瓦解。人类社会不可逆转地从共同体（community）转向社会（society）——人们不再需要通过古希腊城邦式的共同体来实现共同的理想或善，不再拥有基于共同宗教信仰的生活。政治国家取代城邦，个人善代替群体善的结果是，个人成为考量一切政治和社会问题的重心，自由成为人们政治生活追求的首要价值。

以个人自由为核心的普遍主义和理性主义在开启现代性的同时带来了一系列的现代性弊端——社区价值的陨落、归属感的丧失、社会的碎片

---

[1] 迈克尔·莱斯诺夫（Michael H. Lessnoff）语，转引自冯克利《除魅世界里的公共哲学——评〈二十世纪的政治哲学家〉》，《中国图书商报》2001 年 6 月 14 日。

化、多元文化的日益萎缩、民族（族群）的关系紧张甚至大规模的现代战争。为矫治这些伴随现代性出现的弊端，自由主义内部逐渐分化和发展出强调多种价值并存和归属感的价值多元主义并最终发展成具有重要政治和社会影响的多元（文化）主义。

长期以来，围绕多元文化主义的含义、性质和意义（作用），学界、政界展开了激烈的争论，不同的观点分歧纷呈甚至截然对立。笔者认为，多元文化主义是一个复杂的政治、文化和社会现象。它是人类社会发展到一定阶段的产物。不同维度的多元文化主义具有不同的政治、文化和社会意义。从价值理念的维度来看，多元文化主义具有两个基本含义，一是强调保护多元文化的价值；二是强调不同文化和价值间的平等、正义、包容与共存。

从少数群体与国家的关系角度来看，多元文化主义的价值理念既强调少数群体的权利保护，也强调多民族国家的统一与稳定。

一 多元文化主义的历史缘起及其维度[①]

（一）多元文化主义的历史缘起

历史地看，多元文化主义的出现与少数民（种）族要求保存群体文化特性的平等权利密切相关。

19 世纪末 20 世纪初，由于美国工业化对劳动力需求的激增，大批来自东南欧的移民涌向美国。为了使这些出生于本土外的移民尽快熟悉和适应美国人的生活方式，融入美国社会，美国社会各界（包括社会工作部门、各级政府部门、私人团体等）掀起了规模宏大的"美国化"[②]运动（Americanization）。随着"一战"的爆发和美国的参战，这场运动由生活方式的认同，逐渐向美国国家认同和效忠的深度发展，最终，在国内外炽热的民族主义激发下，形成了强大的一元化——美国化潮流。

在此历史过程中，美国犹太裔伊斯雷尔·赞格威尔（Israel Zangwill）

---

① 周少青：《多元文化主义视阈下的少数民族权利问题》，《民族研究》2012 年第 1 期。
② 菲利普·贝尔等人把这种"美国化"界定为"一个使外国人接受我们的语言、公民身份、习俗和理想的过程"（重点号为笔者所加）。See Philip Bell & Roger Bell ed. , *Americanization and Australia*, University of New South Wales Press, 1998, p. 1.

提出了著名的"熔炉论"①。熔炉论的基本观点是，美国是欧洲各民族文明熔化和再生的大熔炉；美国的"环境"包括语言、政治制度、风俗习惯、文化传统等可以将来自不同国家的人锻造成具有"同样品质和理想的人"。熔炉论要求来自东、南欧国家的各民族（族裔）和文化群体放弃其民族（文化）特性，全面融入美利坚民族（American nation）。

在熔炉剧作获得巨大成功之后，美国社会普遍存在的忽视移民文化特性及其相关权利的社会现象，同样是犹太裔的美国学者霍勒斯·卡伦（Horace Meyer Kallen）针锋相对地提出了反熔炉、反同化的多元文化主义②。卡伦说，他的多元文化主义与"美国化""同化""标准化"和"三K化（Kultur Klux Klan）形成鲜明的对比。他认为，把大熔炉作为美国形象是一种"幻觉"，"大熔炉与民主的和谐是一个陷阱"③。熔炉论的本质就是美国化，就是同化。美国化"意味着要接受英语，接受美国人的衣着和言谈举止，接受美国人的政治态度；意味着众多血统的归一和通过神奇的同化，将犹太人、斯拉夫人、波兰人、法国人、德国人、印度人、斯堪的纳维亚人统统变成在背景、传统、价值观和精神面貌方面与英国殖民者盎格鲁-撒克逊的后代相似的美国人"④。

卡伦认为，"人们可以在较大或较小程度上改变他们的衣服，他们的政治思想，他们的妻子，他们的宗教，他们的处世哲学，但他们不能改变他们的祖父"⑤。将人们连接成一个个社会群体的"祖先和家庭纽带"是

---

①　Israel Zangwill, *The Melting Pot: A Drama in Four Acts*, London: William Heinemann, 1915. 实际上，作为美国社会"大转型"隐喻的"熔炉"早在赞格威尔的剧本获得成功之前就已经存在。See Philip Gleason, "American Identity and Americanization" in *Harvard Encyclopedia of American Ethnic Groups*, Stephen Therustrom, ed., Cambridge: Harvard University Press, 1980, p. 38.

②　在1915年发表的"民主对熔炉"一文中，卡伦使用了"ethnic diversity""diversity in religion""diverse in speech and customs"等表达其文化多元主义的思想。卡伦的文化多元主义（Cultural Pluralism）概念和思想相对成熟的作品是1924年发表的"美国的文化与民主"。值得注意的是，按照卡伦的回忆，他第一次使用"Cultural Pluralism"的时间为1906年或1907年。Horace Meyer Kallen, Alain Locke and Cultural Pluralism, *The Journal of Philosophy*, Vol. 54, No. 5, 1957.

③　Horace Meyer Kallen, *Culture and Democracy in the United States: Studies in the Groups Psychology of the American People*, New York: Anro Press and New York Times, 1970, p. 126.

④　Horace M. Kallen, "Democracy Versus the Melting-pot: A Study of American Nationality", *THE NATION*, Feb. 25, 1915.

⑤　Ibid..

一种命运，而不是一种选择。① 在卡伦看来，族群身份具有基因继承性和不可更改性。因此，在美国这样一个由多族群组成的国家，要想实现各族群人民的和谐相处，就必须尊重差异、保持各族群的文化。②

卡伦特别强调"民主"在捍卫多元文化主义、保护少数族群权利中的作用。在《美国的文化与民主》一书的引言中，卡伦指出，多元文化主义只有在民主社会中才有可能存在。民主社会鼓励个性发展，引导他们形成一种自由与合作的伙伴关系。多元文化主义是一个真正民主社会不可或缺的东西。③

卡伦进一步论证到，真正的民主应该使人自由保持族性，而不是消解人的族性。美国精神应该是"所有民族间的民主"（democracy of nationalities），而不是某个主要民族统治或支配其他（少数）民族。④ 美国社会应该是"各族文化的联邦"，应该是能够奏出"文明的交响乐"的"人类管弦乐组曲"⑤。在一个乐团中，每一种乐器都有它基于不同质料和形式的特定的音色和音调；每一种乐器在整个交响乐中都有它适当的主题与旋律。在社会中，每一族群都是一种天然的乐器，它的精神和文化就是它的主题和旋律，它们的谐音、非谐音和不谐和弦（harmony and dissonances and discords）造就了文明的交响乐。⑥

卡伦是在（多）民族国家框架内第一个系统提出并论证多元文化主义的学者。他的多元文化主义理论以族群文化差异的事实为依据，以民主的价值理念为依托，提出了各民族权利一律平等的朴素权利学说。虽然，由于时代的局限性，卡伦的多元文化主义理论不可避免地存在着欧洲文明中心论、男权中心主义和漠视黑人权利等缺陷，但他所开启的争取少数民族平等权利的多元文化主义直接影响和启蒙了美国白人少数民族的权利意

---

① Kallen, *Culture and Democracy in the United States: Studies in the Groups Psychology of the American People*, New York: Anro Press and New York Times, 1970, p. 198.

② Horace Meyer Kallen, *Culture and Democracy in the United States: Studies in the Groups Psychology of the American People*, New York: Anro Press and New York Times, 1970, p. 124.

③ Ibid. .

④ Horace M. Kallen, "Democracy Versus the Melting-pot: A Study of American Nationality", *THE NATION*, Feb. 25, 1915.

⑤ Horace M. Kallen, *Culture and Democracy in the United States: Studies in the Groups Psychology of the American People*, New York: Anro Press and New York Times, 1970, pp. 116, 124 –125.

⑥ Horace M. Kallen, "Democracy Versus the Melting-pot: A Study of American Nationality", *THE NATION*, Feb. 25, 1915.

识，并继而为美国的"有色"少数民族及其他国家的少数民族争取平等权利的运动提供了强大的理论武器。20世纪70年代以来，伴随着世界范围内移民的不断增加和各国的少数民族权利运动，卡伦的多元文化主义被重新提起，引起了世界范围内的广泛关注。

(二) 多元文化主义的几个维度

多元文化主义至少存在于事实、理论、意识形态、政策和价值理念5个维度。

1. 事实维度下的多元文化主义

事实维度下的多元文化主义主要是一个描述性概念，它表明随着（多）民族国家的形成和世界范围内移民的大量流动，一个异质的多民族（族群）、多文化、多语言、多宗教的多元文化社会形成。在此维度上，多元文化主义，正如拉多罗夫（Tzvetan Todorov）所评说的那样，"既不是一种灵丹妙药，也不是一种威胁，而只是所有存在的国家的现实"。换言之，事实维度的多元文化主义只是一种"现实存在"，而不是对多元文化社会的一种"规范性反应"（normative response）。[①]

事实维度多元文化主义表明：第一，在全球化的条件下，任何特定国家或地区的多数族群或宗教文化群体，都有可能在另外一些国家和地区成为族群、宗教或文化上的少数群体。第二，事实维度的多元文化主义并不要求政府将保护少数民族的权利作为追求目标。换句话说，事实维度的多元文化主义并不必然导致少数民族权利[②]。

2. 理论维度下的多元文化主义

理论维度下的多元文化主义是一个十分复杂的现象。与此相应，此维度下的少数民族权利也呈现出复杂、多变的面相。按照多元文化主义倡导的权利性质划分，可分为硬多元文化主义（hard multiculturalism）和软多元文化主义（mild multiculturalism）。[③] 硬多元文化主义认为"政治的目的

---

① See Bhikhu Parekh, *Rethinking Multiculturalism: Cultural Diversity and Political Theory*, Basingstoke: Palgrave Macmillan, 2006, p. 3.

② 一些左翼的批评者认为，（事实维度下的）多元文化主义放弃了政府的主导作用，任由非主体民族处于弱势，自生自灭。参见王建娥《族际政治：20世纪的理论与实践》，社会科学文献出版社2011年版，第204页。

③ Jack Citrin, David O. Sears, Christopher Muste, and Cara Wong, "Multiculturalism in American Public Opinion", *British Journal of Political Science* 31: 2, 2001.

就是为了确认群体差异"①，它坚持在公共领域中承认和保护少数民族的群体权利。而软多元文化主义②则倾向于将少数民族基于身份差异的权利，理解为一种私人权利（反对国家将其纳入公共领域）；从权利保护的具体内容来看，硬多元文化主义侧重于政治代表权。按照是否实质性地坚持多元文化主义的价值观，可分为实质多元文化主义（thick multiculturalism）和形式多元文化主义（thin multiculturalism）。实质多元文化主义坚持少数民族文化的独特性，反对主流文化的渗透或同化，形式多元文化主义则坚持主流民族的同化主义③，与此相适应，前者强调一种比较全面的少数民族群体权利，后者则倾向于用自由主义的个人权利来代替这种权利。按照对多元文化价值承认的程度划分，多元文化主义可以分为强势多元文化主义（strong multiculturalism）和弱势多元文化主义（weak multiculturalism）④，前者全面承认差异的价值，后者则只承认有限差异的价值，由此对应的少数民族权利也有很大的不同，如此等等。

需要说明的是，目前关于多元文化主义理论流派的划分很多，其所关联的少数民族权利也是大相径庭。以下我们以激进的多元文化主义、自由

---

①　David Miller, *On Nationality*, Oxford：Clarendon Press, 1995, p. 132.

②　在英语文献中，也有用"soft multiculturalism"指谓"软多元文化主义"，其侧重于从食物、服饰、建筑风格等方面理解少数民族权利。

③　参见 Andrea T. Baumeister, *Liberalism and the "Politics of Difference"*, Edinburgh University Press, 2000, p. 36。

④　斯坦利·费什（Stanley Fish）在其论文 *Boutique Multiculturalism, or Why Liberals Are Incapable of Thinking about Hate Speech*（Critical Inquiry, Vol. 23, No. 2, 1997, The University of Chicago Press）中，区分了"装饰性的"多元文化主义和强势多元文化（strong multiculturalism），他认为装饰性的多元文化主义的特点是表面上尊重自身以外的其他文化，但当发现这种他文化的实践非理性或不人道的时候，就会立即撤回这种尊重（装饰性多元文化主义的实质在于尊重是表象，同化是内里）；与此同时，他认为强势多元文化主义是指"差异政治"，其特点是"在差异政治内部为了差异政治而给予差异以价值，而不将差异看作某种更具根本性事物的显现"，认为"每种文化都有权形成自己的身份，有权培育自己对理性和人性的理解"。对于强势多元文化主义来说，首要的原则不是理性或者某种超文化的普遍性，而是宽容。关于费什的上述观点同时参见郭宏安等编《国际理论空间》，清华大学出版社 2003 年版，第 122 页。有学者把上述装饰性的多元文化主义译为"弱势多元文化主义"。根据詹德兰·库卡塔斯（Chandran Kukathas），强势多元文化主义与弱势多元文化主义只存在程度上的差异，不存在性质上的悖反。按照他的理解，弱势多元文化主义更多的是指"既乐于在一个社会内接受新加入的多元文化，又对他们的不融入现状表示平静"。Chandran Kukathas, *Theoretical Foundations of Multiculturalism*, http：//econfaculty. gmu. edu/pboettke/workshop/fall04/theoretical_ foundations. pdf. 格莱泽（Nathan Glazer）则把卡伦之后的反同化和美国化定义为弱势多元文化主义。

多元文化主义、社群主义的多元文化主义和保守的多元文化主义的四分
法①为线索，简要探讨一下理论维度的多元文化主义所关联的少数民族权
利问题。

激进的多元文化主义以后现代的反主流、去中心化和文化相对主义为
价值依托，主张多元的认同、差异的政治和"平等的对待"。认为"所有
的认同都应看作是一种合成物，是多样的、不稳定的、排他的"②。主张
"承认少数群体的文化身份与多数文化具有相同的意义和地位，珍惜多元
文化并存的现实，将它视为国家的共同资产和力量，并根据差异原则和少
数群体的文化特点区别对待，赋予少数群体以更多的文化权利，使他们能
够有效参与国家的政治经济生活，同时也能发展和享用自己的文化传
统"。赋予少数群体差异的公民权利意味着国家不仅要"保障每一个公民
平等权利，而且为了承认和包容少数群体和团体的特殊认同和需求，还要
赋予少数群体以差异的公民身份"，即"根据其不同的文化身份而赋予其
不同的权利"。③

激进多元文化主义试图通过差异的公民身份，矫正自由主义的普遍主
义公民观所造成的不公正，从而实现少数群体与多数群体的"真正平
等"——"平等对待"④，为此他们设计了"群体代表权"等制度。

在激进多元文化主义那里，少数民族的文化差异和由此导致的差异权
利本身就是"可欲的"，就是差异政治的目的之所在。激进多元文化主义
视阈下的少数民族权利，是一种"全面的""持久的"与主流民族"对
等"的权利体系。也正是因为这种"全面的"和"对等的"权利主张，
激进多元文化主义下的少数民族权利往往被视为一种权利的乌托邦。

自由多元文化主义是自由主义的个人权利和多元文化主义的群体权利

----

① 常时间：《异中求和——当代西方多元文化主义政治思想研究》，人民出版社 2009 年版，
第 35—37 页；关于他对这四个流派的详细论述参见该书第 233—424 页。

② ［加］乔治·瑞泽尔：《后现代社会理论》，谢立中等译，华夏出版社 2003 年版，第
273 页。

③ 常时间：《异中求和——当代西方多元文化主义政治思想研究》，人民出版社 2009 年版，
第 344 页。

④ 所谓"平等对待"是指"所有的群体都能完全参与并且完全被包含在政治及社会制度
之中，也就是国家的规则与政策以及私人机构的规则，应该承认所有人都是平等的（每个人都有
相同的权利），并且以相同的方式对待所有的公民"。常时间：《异中求和——当代西方多元文化
主义政治思想研究》，人民出版社 2009 年版，第 346 页。

调和的产物。自由主义在坚持自由主义的个人主义的同时，重视群体（文化）对实现个人权利的影响。自由多元文化主义的著名代表人物金里卡认为，"个人选择依赖于一种社会文化的存在，这种文化是由语言和历史决定的，大多数人对自己的文化都有一种强烈的归属感"①，少数民族的"语言、习俗和认同至少要给予某种形式的公开承认和支持，这不但同包括个人自律的重要性在内的基本自由民主原则一致，更是这些原则的要求"②。"在多文化的国家里，一种完全公正的理论不仅应该包括属于各种群体的个人拥有的一般权利，而且也应包括属于某种差异群体的权利。"③ 金里卡反对自由主义国家"中立"的观点，认为在民族的建构过程中，国家总是支持某种特殊的文化（主流文化），这样就导致少数民族文化处于劣势地位。从上述观点出发，金里卡提出了自由多元文化主义的少数民族权利要求：自治权利（self-government rights）、多族类权利（polyethnic rights）和特别代表权利（special representation rights）④。其中，自治权利适用于民族群体（national group），多族类权利主要适用于移民及族裔群体（immigrants and ethnic groups），特别代表权利则同时适用于两类群体。金里卡继而认为，移民对族类权利和代表权的要求，"首先是要求被接纳，要求完全归属更大的社会。将此视为是对稳定和团结的威胁是不合理的，往往反映出对于这些群体的无知和不宽容"。而民族群体的"自治权利的确对社会团结构成危害"，因为"认为自己是更大国家中的一个独特民族的意识，是一种潜在的不稳定……否认自治权利也会造成不稳定，因为这会引起怨恨，甚至分离"⑤。

　　自由多元文化主义在少数民族权利的理论建构方面，有较出色的发挥和设想。其关于少数民族权利的最大特点是，通过公民权利的平等确立了少数民族成员个人的平等地位；通过承认少数民族的集体权利而给予不同民族（族群）在宪政框架内的平等地位。

　　同自由多元文化主义一样，社群主义的多元文化主义本质上也是一种调和的多元文化主义理论。所不同的是，调和的是激进多元文化主义与所

---

　　① ［加］威尔·金里卡：《多元文化的公民身份》，马莉等译，中央民族大学出版社 2009 年版，第 10 页。

　　② ［加］威尔·金里卡：《少数的权利》，邓红风译，上海译文出版社 2005 年版，第 8 页。

　　③ ［加］威尔·金里卡：《多元文化的公民身份》，马莉等译，中央民族大学出版社 2009 年版，第 8 页。

　　④ 同上书，第 9 页。

　　⑤ 同上书，第 273 页。

谓的程序自由主义。社群主义的多元文化主义代表人查尔斯·泰勒认为，"差异的政治"在强调差异（特殊性）的同时，忽视了普遍主义的平等原则，放弃了启蒙的平等理想；而程序自由主义则在强调普遍平等主义的同时，抹杀了不同族群之间的差异和实际地位的不平等。泰勒通过论证"承认的政治"等思想和主张，找到了一种试图超越二者偏颇价值观的"第三条道路"即"温和的自由主义"①。温和的自由主义的特点是既承认差异，又坚持平等。总体来看，社群主义的多元文化主义与自由多元文化主义有着相似的少数民族权利观，尽管两者依托的具体理论有着较大的差别。

保守的多元文化主义是指自由主义的保守派和传统的保守派对多元文化主义的态度。面对多元文化主义提出的群体权利要求，自由主义的保守派坚持传统的个人权利优位和国家中立的观点，认为少数民族的群体权利属于私域（结社自由），反对将其引入公共领域。传统的保守派则据守传统的价值观，认为多元文化主义破坏社会团结和国家的认同。尤其是在美国，传统的保守派坚守美国的价值和信念，反对双语教育，主张以"熔炉"同化少数民族。保守的多元文化主义实际上是反多元文化主义。保守的多元文化主义从根本价值观上排斥少数民族权利。

以上我们简单分析了4种形式的多元文化主义理论及其影响下的少数民族权利问题。需要说明的是，所谓4种形式的多元文化主义的划分，完全只有"工具性"的意义，即为了叙述的简便。实际上在每种形式的多元文化主义内部，都存在着不同甚至相反的少数民族权利观。

3. 意识形态维度下的多元文化主义

自20世纪初出现以来，多元文化主义在意识形态层面经历了巨大的发展和急剧的扩张。在其初始阶段（卡伦时代），多元文化主义主要是一种反抗的意识形态，其针对的对象是同化或美国化。20世纪90年代以来，多元文化主义逐渐发展成一种超级意识形态：不仅成为黑人、土著人、移民等少数民族或族群的斗争武器，而且变成妇女、同性恋者、性自由者及其他有特殊癖好者的精神武器；不仅成为少数民族权利斗争的动员工具，而且日益成为女权运动、同性恋权利和性自由权利及其他特殊生活方式喜好者的合法性护身符。在权利诉求方面，意识形态维度下的多元文

———————

① ［加］查尔斯·泰勒：《承认的政治》，董之林等译，汪晖、陈燕谷主编《文化与公共性》，生活·读书·新知三联书店1998年版，第321页。

化主义不仅主张完全平等的政治权利——承认和被承认的权利、参与的权利、选举和被选举的权利等，特殊优惠的经济、社会权利——资源权、就业权、受教育权的倾斜和相关社会福利的增加等，而且要求教育文化方面的平等权利——多语种教育、改写民族国家的教科书（加入少数民族的文化和历史贡献），媒体和宣传方面的平等权利——改善少数民族形象、树立少数民族的经典人物形象，等等。一些多元文化主义者甚至提出改变官方语言、公共节假日和各种国家象征中的主流民族符号等，以按照各民族完全平等的原则重塑国家。

特别值得注意的是，意识形态维度下的多元文化主义已经形成一整套的信念和原则及具体主张，他们借助于"一种具有理解性的想象"，将自己绘制的有关权（利）力划分、社会秩序和社会结构安排的蓝图，推向自己的受众，使他们成为"良好社会"和"理想秩序"的积极追随者。

意识形态维度下的多元文化主义主张一种各民族（族群）"平起平坐"的少数民族权利，这种"高贵的谎言"不仅无济于少数民族权利问题的解决，而且激起了另一种"高贵的谎言"，这种谎言宣称，多元文化主义威胁国家统一和社会团结，将造成社会的离心和国家的分裂。在后者的持续宣传和压力下，许多国家和地区的少数民族权利保护事业陷入困境。

4. 政策维度下的多元文化主义

从法社会学的角度看，政策维度下的多元文化主义是一种"行动中的多元文化主义"，它所体现的少数民族权利保护（标准）也相应成为一种"行动中的法"。继 1971 年加拿大正式宣布实施多元文化主义政策后，瑞典、澳大利亚等国也先后开始实施多元文化政策。进入 20 世纪 80 年代以后，欧洲诸国如德、英、法、荷、比等为解决经济发展高峰期引进的外籍劳工与本国人的矛盾问题，也部分地采纳了多元文化主义政策。在美国，受 20 世纪 60 年代民权运动后多元文化主义思潮的广泛影响，地方政府（州）和教育机构也实行了一定程度的多元文化主义。

由于各国的情况不同，所实施的多元文化主义政策在系统性、侧重点和价值导向方面有着很大的不同。一般来说，"新世界"国家如加拿大、澳大利亚的多元文化主义政策多形成了比较完整的体系和结构。从受益的少数民族的范围来看，不仅土著民族、少数族裔移民被纳入了"文化承认"的范围，而且一些大的民族如法裔加拿大人也被予以政策上的正式承认（魁北克甚至被正式承认为"独特社会"①）。

从政策涉及的内容来看，一般包括了国家对少数民族的承认与帮助；社会平等与消除歧视；多元文化主义教育；多元文化主义经费；多元文化主义专门机构和其他政府部门；行政和司法救济；等等。从少数民族实际享有的权利来看，土著人不仅取得了基于土地权利和历史上不公正待遇的补偿，而且享受到一定形式的自治权利；其他少数族裔也在政治参与、经济发展、文化承认、大众传播②和社会福利等方面享受到了一定的权利和自由。

新世界中的美国是多元文化主义政策方面的一个特例。美国没有明确的多元文化主义政策，其多元文化主义政策多镶嵌在自由多元主义和个人权利的自由主义框架之中。在美国，少数民族通过"肯定性行动"享受到一定的权利和自由。

欧洲诸国（不包括东欧和南欧的多数国家）多元文化政策的一个共同特点是，在允许移民保留自己文化特性和传统的同时，通过社团、社区社会工作等途径为移民的社会融入提供帮助。挪威等国的萨米人在民族自治方面也争取到一定权利。

总体来看，通过多元文化主义政策的实施，上述各国的少数民族获得一定的实际权利和自由。这些权利和自由，对于缓解和改善这些国家紧张的民（种）族关系，具有重要作用。但同时也要看到，由于这些政策背后不同的历史动机③和一些国家恒强的大民族主义势力④，由这些政策所催生

---

① 当然，魁北克"独特社会"身份的形成是历史的，但多元文化主义的政策环境对于确认、维持这种身份无疑起到了重要作用。

② 澳大利亚还设立了民族电台和播出多元文化节目的电视台028频道，而在实行多元文化主义政策以前，政府禁止用英语以外的语言广播。郝时远、阮西湖主编：《当代世界民族问题与民族政策》，四川民族出版社1994年版，第155页。

③ 加拿大、澳大利亚等国家选择多元文化主义政策具有明显的被动性——是在长期的同化政策失败后不得以选择的。而德国、瑞典等国选择多元文化主义政策则是为了吸引其他国家丰富而廉价的劳动力，具有明显的经济功利性。

④ 如炽热的德国日耳曼民族主义和法国坚如磐石的法兰西民族主义。德国长期拒绝接受多元文化社会的现实，其所奉行的"多元文化主义政策"在20世纪80年代之前是为了让移民子女学好土耳其语言文化以便将来回到其母国，之后则是为了让移民融入（同化于）主流社会；法国的（法兰西）民族主义长期坚持反对对国家以外的任何社区（民族、族群）予以宪法上的承认，如1991年国家宪法委员会的一个决定指出，在法律上承认科西嘉民族（people）是违宪的，因为宪法只承认法兰西民族（French people）。参见［墨］玛雅·赫蒂·兰道尔《瑞士对少数人权利的理解及其与国际法律标准的一致性》，李林等主编《少数人的权利》，社会科学文献出版社2010年版，第113页。

的"行动中的权利"始终处于一种极不确定的状态。近期以来，一些主要欧洲国家（德国、英国、法国、荷兰）的首脑及政要相继宣布多元文化主义政策已"彻底失败"或"死亡"①，就是其中明显的例证。在美国，赋予少数民族一定权利的"肯定性行动"一直面临着合法性危机。②

二　多元文化主义价值理念

与上述维度中的多元文化主义追求"独立的"的理论或政策体系不同，价值理念维度下的多元文化主义主要是一种"观念"，一种价值观，其核心要素包括平等、正义、尊重差异和包容（宽容）等。

追求平等是多元文化主义产生的原初动机。卡伦在其著名的文章《民主对熔炉》中提出，美国的民主应该是"所有民族间的民主"，而不是某个主要民族统治或支配其他民族的民主。他用民主原则来阐发他的各民族平等思想，认为民主应该有利于保持每个民族的族性，而不是相反。在他那里，民主意味着各民族的共存与平等。卡伦认为每一种文化都同等珍贵，差异必须得到尊重。他用乐器比喻不同的民族（差异），用交响乐比喻不同民族的和谐与包容。

卡伦之后，多元文化主义的许多代表人物都从不同侧面阐述了多元文化主义所蕴含的平等、正义、尊重差异和包容（宽容）等价值理念，如泰勒的"承认的政治"，沃泽尔的"复合平等论"③，塔米尔的"多元民族主义思想"④，玛丽杨的"差异的政治"⑤ 及金里卡的"多元文化的公

---

① 其中法国总统萨科奇在接受电视采访时公然声称"我们不想要一个各种团体并存的社会"。See Cécile Laborde, "Which 'multiculturalism' has failed, David Cameron?", *Eurozine*, Feb. 21st, 2011.

② 这种合法性危机表现在两个方面。一方面，联邦最高法院先后就相似的肯定性行动案件做出了相反的判决；另一方面，联邦最高法院的法官组成有倾向于保守的趋势。保守的大法官往往"痛恨"支持肯定性行动的判决。参见［美］罗纳德·德沃金《最高法院的阵形》，刘叶深译，中国法制出版社 2011 年版，第 3 页。

③ ［美］迈克尔·沃泽尔：《正义诸领域：为多元主义与平等一辩》，褚松燕译，译林出版社 2009 年版，参见第一章及其他相关章节。

④ 多元民族主义思想立论于"自由主义的民族主义"理论之上，其提出者耶尔·塔米尔认为"自由主义的民族主义要求一种宽容与尊重自己群体内的成员与自己群体之外的人的差异性心理状态"。关于多元民族主义的详细论述，参见［以色列］耶尔·塔米尔《自由主义的民族主义》（"多元的民族主义"部分），陶东风译，上海译文出版社 2005 年版，第 86—91 页。

⑤ See Iris Marion Young, *Justice and Politics of Difference*, Princeton University Press, 1990.

民身份", 甚至格莱泽的 "现在我们都是多元文化主义者"① 等, 虽然这些理论在具体构建和价值动机方面存在着不同甚至冲突, 但在平等、正义、尊重差异和包容(宽容)等价值理念方面却存在着很强的一致性。

从发生学的角度来看, 多元文化主义价值理念的产生有着复杂的历史背景和理论渊源。从历史背景的角度来看,(文化内的)多元文化主义具有反种族主义(白人中心主义)、反文化压迫、歧视和排斥的重要作用, 它是一国内处于劣势的少数民族争取平等权利的重要精神武器。英国学者 C. W. 沃特森在总结和梳理多元文化主义时指出, "多元文化主义首先是一种文化观。多元文化主义认为没有任何一种文化比其他文化更为优秀, 也不存在一种超然的标准可以证明这样一种正当性; 可以把自己的标准强加于其他文化。多元文化主义的核心是承认文化的多样性, 承认文化之间的平等和相互影响。其次, 多元文化主义是一种历史观。多元文化主义关注少数民族和弱势群体, 强调历史经验的多元性。多元文化主义认为一个国家的历史和传统, 是多民族的不同经历相互渗透的结果。再次, 多元文化主义是一种教育理念。多元文化主义认为传统教育对非主流文化的排斥必须得到修正, 学校必须帮助学生消除对其他文化的误解和歧视及对文化冲突的恐惧, 学会了解、尊重和欣赏其他文化。最后, 多元文化主义是一种公共政策。这种政策认为所有人在社会、经济、文化和政治上机会平等, 禁止任何以种族、民族或民族文化起源、肤色、宗教和其他因素为理由的歧视。多元文化主义强调种族平等和宗教宽容, 其最终目的并非文化平等而是社会平等。在这个意义上, 多元文化主义也是一种意识形态、一种价值观, 其功能在于动员社会力量, 推动社会改革, 追求不同群体中文化和物质上的繁荣及人类本身的自由和尊严"②。沃特森对文化内多元文化主义的价值功用做了权威总结。(文化间的)多元文化主义则具有反帝国主义、殖民主义和争取民族解放的重要功能, 它是国际上处于被压迫地位的民族(国家)争取自决权的重要动员工具。

从理论渊源来看, 多元文化主义兼具有后现代主义、自由主义、社群主义甚至保守主义的一些理论因子(素)。后现代主义反对元叙事和普遍

---

① See Nathan Glazer, *We Are All Multiculturalists Now*, Harvard University Press, 1997. 毫无疑问, 格莱泽是在事实和价值理念维度申述这一主题的。

② 参见 [英] C. W. 沃特森《多元文化主义》, 叶兴艺译, 吉林人民出版社 2005 年版, 第 1 页。

主义，主张"解中心、消结构、消边界"的价值多元主义；自由主义反对思想和文化上的专制和僵化，极其重视多元主义的价值①；社群主义倡导社群（族群）的平等和多元；保守主义注重传统的个人自由（因而作为个人选择背景的群体文化具有重要意义）等，这些政治哲学流派的价值因子构成或凝结成多元文化主义的重要价值理念：平等、正义、尊重差异和包容（宽容）。

实际上，正是在多元文化主义的价值理念维度，社群主义、自由主义、多元文化主义甚至保守主义达成了基本共识——这种共识不仅使他们共存于多元文化主义这一大的框架之下，而且为现代多民族国家的构建——制度和实践——提供了比较充分的"重叠共识"——也正是在这个意义上，我们把价值理念维度的多元文化主义称为"观念中的权利"。

（一）多元文化主义价值理念的来源

从最广阔的历史背景来看，多元文化主义的价值理念来源于欧洲根深蒂固的多元主义思想。这种多元主义思想既体现在社会和政治结构方面（如阶级、阶层、职业和权力结构的多元化），也体现于各种式样的多元论或多元主义中，如教职多元主义（Benefice Pluralism）、宇宙多元主义（Cosmic pluralism）、法律多元论、方法论的多元主义、宗教多元主义、科学多元主义和结构多元主义等。从直接源头上看，多元文化主义的价值理念缘起于自由主义尤其是自由主义的各种多元主义如价值多元主义、政治多元主义、道德多元主义等。可以说，没有自由主义的母体，就没有真正意义上的多元主义。自由主义的包容性和宽容精神为多元主义提供了内在的支撑，自由主义也是多元主义产生的重要条件。②

1. 自由主义与价值多元主义

在自由主义和价值多元主义的关系问题上，许多学者的认识恰恰陷入了他们所批评的相对主义或绝对主义极端。约翰·格雷认为，持多元主义

① 作为对平等的重要补充，多元主义构成一个社会的"安全堤坝"。自由主义者深悉一个只有平等而缺乏多元的社会，是不自由的，甚至是危险的。自由主义大师以赛亚·伯林说，如果我们试图用某个最高的"善"来统领我们全部的生活，以求世界的和谐与统一，这是一种非常危险的企图。他将这种企图斥为"形而上学的一元论"，认为这种一元论"建立在关于世界本质的一种错误的、先验的观念之上"。参见［英］以塞亚·伯林《自由论》，胡传胜译，译林出版社 2003 年版，第 49 页。
② 以下主要以"价值多元主义"为中心展开讨论。

立场同时又坚持消极自由的自由主义思想家在历史上罕见，认为伯林的多元主义削弱了自由主义的道德基础。格雷指出，"对伯林来说，价值是历史创造的，是体现在特殊生活方式之中的。这一点对于自由价值和其他价值都是真实的：由于这些价值源于特殊的生活方式，它们的权威性是地方性的，而不是普遍的……它所隐含的含义，是我们断然放弃为自由主义寻求普遍根据的工作，相反，而应该接受自由主义只是许多生活方式——这些方式在普遍的最基本的价值的共同人类视野中都可能是人类繁荣发展的形式——中的一种方式"[①]。"如果存在着不可还原的许多种价值，而且他们无法以任何尺度来加以评定或权衡，那么消极自由——伯林视之为核心的自由主义价值观念——就只能是许多善中的一种。"[②] 否定了自由主义的普遍主义和普适主义的价值，也就等于否定了自由主义本身。格雷的结论是，如果坚持多元主义，那么（消极）自由就只能是多元价值中的一种，自由主义便失去了内在规定性。

约翰·凯克斯也认为，"自由主义是与多元主义不一致的，因为多元主义认识到这些冲突的无所不在并拒绝假定它们在目前的情境中或者在任何其他的情境中应当以有利于自由主义价值的方式得以解决，而自由主义必须假定这一点，否则它就没有了实质性内容"；"对于过一种良善生活是重要的所有价值的要求都能在这种制度中得到考虑和权衡。在任何特殊的情境中都必须在相冲突的重要价值之间做出决定，而这些决定将会导致一种价值胜过另一种价值，这当然是正确的。但这并不会使那种占优势的价值成为压倒性的"。[③]

迈克尔·莱斯诺夫甚至指出，"伯林的多元论以捍卫自由主义起家，结果却是认可了自由主义的一个最凶恶的敌人——社群主义"[④]。

总之，在上述学者看来，价值多元主义因为坚持平均分配每种价值的重要性，而使自由主义不再具有"压倒性的"价值；价值多元主义项下的自由不过是必须与其他观念或价值达成和解的众多价值中的一种。因

---

① ［英］约翰·格雷：《伯林》，马俊峰等译，昆仑出版社1999年版，第170—171页。

② ［英］约翰·格雷：《自由主义的两张面孔》，顾爱彬、李瑞华译，江苏人民出版社2008年版，第34页。

③ ［美］约翰·凯克斯：《反对自由主义》，应奇译，江苏人民出版社2008年版，第210、216页。

④ ［英］迈克尔·H. 莱斯诺夫：《二十世纪的政治哲学家》，冯克利译，商务印书馆2002年版，第288页。

此，坚持价值多元主义就意味着否定了自由作为支配性价值的基础，自由主义因此而不复存在。

将价值多元主义视为自由主义"掘墓人"的观点，实际上是在用相对主义的价值观剪裁价值多元主义：断言价值多元主义一视同仁地对待每一种价值，或者说每一种价值在价值多元主义者看来都具有同样的意义。而事实是，价值多元主义从来都不是相对主义，它也没有在实践中不见区别地对待任何价值。

阿纳尔多·莫米利亚诺在给伯林的《维科与赫尔德》一书写的书评中指出，伯林的价值多元主义极容易走向相对主义，如果是这样，他的"自由主义宽容精神就不过建立在一种动荡不安的放任自流之上"①。迈克尔·桑德尔也认为，伯林的多元主义容易造成道德怀疑论和文化相对主义②。对于这种质疑和批评，伯林在后来的《扭曲的人性之材》中辩称，相对主义只承认差异，而忽略共性。他本人认为，虽然"个人的生活方式不同，追求的目标和遵循的道德原则也不相同。但这并不是说有无限多的可能，它们必须落在人性的范围之内"③。也就是说，在伯林的多元世界里，虽然不可通约或不可公度的多元价值都值得尊重，但"自由的某些疆界"是不可逾越的。伯林坚持认为，必须建立这样一个社会，其中必须存在着自由的某些疆界，这些疆界是任何人都不得跨越的。确定这些疆界的规则有不同的名称或本性：它们或许被称为自然权利，或许被称作神的声音、自然法、功利的要求或"人的永恒利益"。我可能相信它们是先验有效的，将其确定为我自己的终极目的，确定为我的社会或文化的终极目的。这些规则或命令的共同之处在于：它们得到了广泛的接受，深深地扎根于人的现实本质中，就像它们经历了整个历史的发展，如今已成为我们所说的正常人的基本组成部分一样。**对最低限度的个人自由不可侵犯性的真实信仰，必然要求这样一种绝对的立场**。④

从另一个向度来看，认为自由主义不能包容价值多元主义的人则是犯了将自由主义绝对化的错误，他们把自由（主义）视为一种不分时空、不看对象的绝对优先适用的价值。从而在法理（本质）上误解了自由主

---

① ［加］伊格纳季耶夫：《伯林传》，罗妍莉译，译林出版社 2001 年版，第 387 页。

② Michael Sander ed. *Iiberalism and Its Critics*, New York University Press, 1984, p. 8.

③ Isaiah Berlin, *the Crooked Timber of Humanity*, New York：Vintage books, 1992, pp. 11 – 12.

④ ［英］以赛亚·伯林：《自由论》，胡传胜译，译林出版社 2003 年版，第 237—238 页。

义的精髓和其在实践中的灵活变通能力。实践中，自由主义可能因为战争、灾害或政治动乱等紧急状态，而对自由的绝对优先性进行克减；在多族群、多族裔和多文化的国度里，自由主义则适应性地提出"国家中立"（即使这种中立非常有限）来接纳多元的差异性文化。正是在后者的意义上，自由主义与多元主义形成了内在的关联，即自由主义之所以是"自由的"，是因为它允许和接纳多元主义。

总之，在自由主义与价值多元主义的关系问题上，笔者认为价值多元主义内在地为自由主义的产生提供了条件，为它的发展提供了选择基础，价值多元主义也是自由主义实现的途径。自由主义则是价值多元主义的保证。没有自由主义的宽容和接纳，价值多元主义难以在实践中落地。关于二者的关系，克劳德和沃尔泽的论述让我们受到启发。克劳德说，"人类价值的范围和多样性达到这样的程度，以至于并不是所有的一般价值都能在同样的社会空间中被实现，任何政治秩序就都包含一些有优先地位的善"①。尽管存在着纷繁复杂的价值多元主义，但体现在一定政治秩序中的价值总是具有某种优先性。在此意义上，价值多元主义总是有自由主义的影子。沃尔泽则认为，很难相信信仰价值多元主义的人不是一个自由主义者。为了理解伯林的价值多元主义，你必须以善于接受和宽容的方式对待这个世界。而理解、宽容和怀疑即使不是自由主义价值本身，也是一种促使人们接受自由主义价值的品质。② 在沃尔泽看来，价值多元主义所特有的宽容和接纳气质，正是自由主义自身的宝贵品质。价值多元主义与自由主义形成了一种"你中有我、我中有你"的契合性结构。正是这种契合性结构构成了多元文化主义价值理念的内在双核。从某种程度上说，目前多元文化主义之所以具有具有"政治正确"意义上的巨大影响，其原因在于它在起源上有着自由主义和价值多元主义的双重基因。

2. 自由主义者与（价值）多元主义

价值多元主义与自由主义的这种契合不仅反映在它们在宽容、接纳等多种价值品质上具有深刻的一致性，而且也体现在实践中几乎所有的自由主义者都是一定程度上的多元主义者。罗尔斯承认"在现代民主社会里

---

① ［英］乔治·克劳德：《自由主义与价值多元论》，应奇译，江苏人民出版社 2006 年版，第 162—163 页。

② Michael Walzer, "Are there limits to liberalism?", *New York Review of Books*, 1995 (19th October): 31.

发现的合乎理性的完备性宗教学说、哲学学说和道德学说的多样性，不是一种可以很快消失的纯历史状态，它是民主社会公共文化的一个永久特征"①。他的所谓的"政治的"正义观念就是为了解决宗教、哲学和道德上的多元群体在自由主义社会的相处问题。德沃金更是把对多元的人群的"平等的关怀"视为政府必须遵守的政治原则。事实上，就连以自由至上主义著称的诺齐克也不只有一种关于美好生活的态度。

诺齐克在《无政府、国家与乌托邦》一书中批评了传统乌托邦单一的美好生活范式，提出了多元的美好生活范式（乌托邦）并提出三个论证。②

第一，诺齐克认为人是有差别的。人们在气质、兴趣、理性能力、自然倾向、精神追求及生活计划等方面都是不同的。他指出，对于维特根斯坦、毕加索、摩西、伊丽莎白·泰勒、爱因斯坦、亨利·福特、甘地、佛陀、哥伦布、弗洛伊德、爱迪生等人来说，绝不可能只有一种"美好的生活"。

第二，不同的人组成了不同的共同体，这些代表不同的善的共同体应该是平等的。如果所有的善不能同时实现，那就必须使他们有同等的被实施的机会③。

第三，人们可以通过"设计手段"和"过滤手段"等社会实验，选择适合自己的美好生活（乌托邦）。

诺齐克的结论是，不同的人具有不同的理想，追求不同的善和价值，因而人们借以实现的善、价值和理想的乌托邦，也应该是多种多样的，形态万千的。不存在一个对所有人都是最好的世界，只存在一个相对于某个人或某些人而言的最好的世界。

诺齐克认为，国家在这种意义上，只是一个"乌托邦框架"。在这个框架内，存在着许多不同的共同体。在这些共同体中，人们接近于按照他们的意愿去生活，去追求他们的善、价值和理想。

诺齐克继而认为人是多样的，有着不同的价值信仰和对善的追求，国家无法满足所有人对不同的价值信仰和善的要求，也无力把这些不同的价

---

① ［美］约翰·罗尔斯：《政治自由主义》，万俊人译，译林出版社 2011 年版，第 33 页。

② 以下内容来自罗伯特·诺奇克《无政府、国家与乌托邦》，姚大志译，中国社会科学出版社 2008 年版，译者前言第 15—18 页，同时参见该书"乌托邦"部分，第 355—400 页。

③ 当然，诺齐克夸大了"选择"的作用，认为每个人都可以自由地选择能够实现自己价值的共同体，就像每个人都可以在自助餐厅挑选到自己喜欢的食物一样。在诺齐克那里，个体似乎不是一开始就来自某个共同体，而是始终在共同体以外。

值信仰和善统一起来。因此，国家不是一个合适的实现善、价值和理想的地方，国家实际上与善、价值和理想无关。国家位于政治体系的一极，个人位于另一极。在国家和个人之间，存在着各种各样的共同体。国家只有一个，而共同体的数量可以多到无限。因此，在国家中找不到安身立命之处的善和价值，可以栖身于各种各样的共同体之中，理想的翅膀可以在共同体的多元天空中自由翱翔。

诺齐克的观点既传达了彻底的自由主义理念，也表现出极强的多元主义价值取向。在诺齐克那里，国家是形式，共同体是内容，个人是核心，而自由主义和多元主义是将这三者连接起来并加以调节的两条金线。

3. 从自由多元主义到多元文化主义

（1）从自由主义到自由多元主义

从自由主义和（价值）多元主义的契合发展到多元文化主义，中间经历了一个重要的过渡性环节——自由多元主义，在这一过渡或转型过程中，两个代表性的人物即以赛亚·伯林和威廉·盖尔斯敦起了重要作用。在自由多元主义的基础上，威尔·金里卡系统地发展出多元文化主义的价值理念。

在自由主义的体系内，自由多元主义的价值理念无疑是最接近多元文化主义价值理念的。从自由主义发展到自由多元主义再到接纳群体性差异的多元文化主义理念并不是一蹴而就的，按照盖尔斯敦的观点，从自由主义发展自由多元主义大致经历以下 4 个阶段①。

第一阶段，自由主义试图"通过分解成更小的、一致的政治单元来克服完全的差异"，但存在的问题是"一个社会，无论其规模有多大，都难以实现一致性"，盖尔斯敦举前南斯拉夫为例，认为"独立派的冲动形成了一个无止境的再次分裂的逻辑"。鉴于此，自由主义认为简单分离出去，不是解决群体差异的有效办法。

第二阶段，试图"通过强制接受来恢复一致性"，霍布斯（Thomas Hobbes）和青年洛克（John Locke）是这种做法的代表者。洛克后来放弃这一做法，理由是"强制的手段进一步恶化了它本来要解决的矛盾"。

---

① 盖尔斯敦用"许多互相矛盾的战略"来概括在笔者看来的具有某种思想和逻辑演进性的发展阶段。具体内容参见［美］威廉·盖尔斯敦《自由多元主义》，佟德志译，江苏人民出版社2008 年版，第 29—30 页。

　　第三阶段，"把传统外壳包裹下的宗教特性理性化，使其成为单一的理性信仰从而恢复其一致性"，斯宾诺莎（Spinoza）和托马斯·杰斐逊（Thomas Jefferson）持这种观点。其中杰斐逊曾宣称，在他之后的年轻的美国人肯定都是一神论者。然而，事实并非如此。

　　第四阶段，也是自由主义最后完全接纳群体差异的阶段，即自由多元主义阶段，其核心理念是通过相互宽容接受和处理差异问题。"在公民一致性的框架内，允许多种宗教共存"，这一观点最终演变成对个体和（群体）文化差异的广泛性理解和接受。

　　盖尔斯敦指出，"现在问题应该很明显：在正在进行的理性与信仰、反思与传统的斗争中，任何把自治①当作公共行为普遍规则的自由主义观点实质上都是站到了某一方的立场上。以自治为基础的论点必定使那些在良心上不能接纳启蒙运动的个人和群体边缘化"。

　　盖尔斯敦认为，以下命题可以阐明价值多元主义的要点。②

　　第一，价值多元主义是作为对规范体系的实际结构的描述而提出来的，它是对这一结构的真理性的描述，而不是描述关于价值的不同观点的复杂状态；不能把价值多元主义与情感主义、不可知论或休谟式的反对将道德问题理性化的观点相混淆。价值多元主义提出了"关于价值的形而上学结构的现实主义的观点"③。

　　第二，价值多元主义也不同于相对主义，它"毫不武断地区分好与坏或善与恶"，认为"挽救无辜生命和让无辜流血之间的区别是价值世界客观结构的一部分"，这就为界定个人生活和社会基本道德规范的范围提供了理性的基石。

　　第三，在基本善的范围以外，存在着大量真正的善，它们在性质上是完全不同且不能归结为一般的价值尺度。不是所有的善都属于道德范畴。"多样性不仅存在于道德善和非道德善领域之间，还存在于其内部。指定一个价值规范的企图要么会抹平本质上的区别，要么只是在名义上包容这些差别。"

---

　　①　即个人自治，也就是所谓的"个体的自我指导"。参见［美］威廉·盖尔斯敦《自由多元主义》，佟德志译，江苏人民出版社 2008 年版，第 24 页。

　　②　参见［美］威廉·盖尔斯敦《自由多元主义》，佟德志译，江苏人民出版社 2008 年版，第 35—36 页。

　　③　Glen Newey, "Value-Pluralism in Contemporary Liberalism", *Dialogue*, No. 37, 1998, p. 499.

第四，这些性质不同的价值不能完全按照等级排列；没有一种至善可以拥有一种所有个体都认可的合理的优先权。[①]

第五，没有一个善或价值，或者一套善或价值，在指导行为时，在任何情况下都是高于一切的。有些善或价值，在具体的环境中，可能比更高贵的善或价值具有更大的迫切性，在这种情况下，把决定的优先权给更迫切者而不是更高贵者可能更合理。

自由多元主义的价值理念是自由主义哲学和价值观发展的必然产物或逻辑结果。自由主义不仅是以个人权利为基础的，更重要的是它对多元价值的承认和尊重。以赛亚·伯林的价值多元主义观点认为"基本的价值在理论上是多元的、矛盾的、不可通约的，在实践中是不可能融合在一起的——在这个世界中没有可以在哲学上加以定义的单一的、意义明确的至善，更不要说从政治上加以强制了"[②]。

伯林是自由多元主义向多元文化主义理念发展中的关键性一环，正是由于伯林的以多元文化和族群为考量的自由多元主义，传统的相对均质化的自由主义开始向非均质化的多元文化主义转型。可以说，伯林的以多元族群和文化为重心的自由多元主义是 20 世纪 80 年代以来多元文化主义理念正式产生之前的最后一道"工序"。

伯林的自由多元主义思想与他自身的族裔出身有着密切的联系[③]，更

---

① 当然，正如盖尔斯敦所解释的那样，"这不是说特定的个体围绕着一个占主导地位的善安排他的或她的生活是不合理的，而只是说，没有理性基础可以把这个决定扩及或者强加到对自己的生活有不同的理解的别的人身上"。

② 转引自［美］威廉·盖尔斯敦《自由多元主义》，佟德志译，江苏人民出版社 2008 年版，第 35 页。

③ 身为犹太人，伯林对族群和文化的多元性有着近乎本能的关注。他曾经说，犹太人两千年的历史不过是一种要求归属的简单渴望，希望结束停止那种在任何地方都不过是陌生人的悲惨境况，渴求能够在他们自己的土地上过上一种正常人的生活……但是只要他们永远是少数群体，尤其是没有民族基础的少数群体，他们就没法过上正常人的生活。我就生长于这样的环境中，正是对这种境况的感受使得我更加容易地理解他人、其他少数群体和个人的类似遭遇。正是从一个人自身的身份的本能感受——犹太人身份出发，我对法国启蒙运动缺乏在种族和文化成员之间的感情联系的同情，对其理想的但却空洞的世界主义的教条主义的学说持批判态度。他经常引用犹太思想家摩西·赫斯（Moses Hess）的观点来忠告犹太人："你可以戴上一千副面具，你可以改名换姓，改变你的宗教和你的生活方式，直到没有人还会注意到你是犹太人。但是对犹太人名称的每一次羞辱还是会刺伤你，其程度甚至超过那些有尊严的人，他们依然忠于自己的家庭。维护自己高贵的姓氏。"转引自甘阳《自由主义与民族主义》，《将错就错》，生活·读书·新知三联书店 2002 年版，第 405 页；伯林《反潮流：观念史论文集》，冯克利译，译林出版社 2002 年版，第 276—277 页。

与欧洲的多元思想和观念传统密切相关。从后者来看，伯林的自由多元主义思想至少汇集和融通了自由主义、（反）理性主义、（反）启蒙主义和古典人文主义及浪漫主义等多种思想和观念。从具体的思想来源看，伯林的自由多元主义汇集和融通了尼可罗·马基雅维利（1469—1527 年）的两种不可调和的道德观、约翰·格奥尔格·哈曼（18 世纪）的反理性主义、休谟（1711—1776 年）的经验主义和怀疑论、马克斯·韦伯（1864—1920 年）的"诸神冲突"理论[①]、卡尔·马克思的历史观[②]等，尤其是维科和赫尔德（Johann Gottfried von Herder）所代表的古典人文主义和浪漫主义给伯林的多元主义思想留下了很深的印记。伯林在坚守自由主义思想的基础上，通过批判地兼收并蓄上述各种观念和思想，系统而又雄辩地提出并论证了他的自由多元主义思想。

伯林指出，"马基雅维利是多元主义的创始人，他希望通过打破原有的统一，使人们逐渐了解对公共生活和私生活中不可调和的可能性做出痛苦选择的必要"[③]；他认为马基雅维利最深刻的成就之一是对两种不可调和的生活理想的区分，对两种道德的区分；[④] 在马基雅维利之前，"人类从来没有被公开地号召在一个没有目的的世界里，在不可调和的私人和公共价值体系之间做出选择，并且被预先告之可能根本不存在关于这个选择的终极的、客观的标准"[⑤]。在伯林看来，马氏的最大贡献是揭示了各种目标同样终极、同样神圣的价值之间可能发生不可调和的冲突。[⑥] 伯林认为马基雅维利是持价值、美德不能和谐共处、不能通约的现代观念的第一人。

---

① 韦伯区分了科学与价值，认为前者服从逻辑演绎和逻辑论证，后者的本质则在于自由决定、自由选择。他认为对于我们应当做什么及应当怎样生活等问题，科学本身不提供任何答案，也就是说，科学与意义无关。因此，对于那些终极价值，科学并不是可以信赖的"人生指南"。各种价值是相互冲突的，就像"诸神之争"（war of the Gods），我们没有办法了结终极价值之间的冲突，这是我们面临的命运。

② 伯林受到马克思的历史启发，认为价值观念具有历史性，与产生它们的文化相关，同时由于人类天性自身就是自相矛盾的，因而价值观念也是矛盾的。伊格纳季耶夫：《伯林传》，译林出版社 2001 年版，第 273 页。

③ ［英］以赛亚·伯林：《马基雅维利的原创性》，《反潮流：观念史论文集》，冯克利译，译林出版社 2002 年版，第 96—97 页。

④ 同上书，第 54 页。

⑤ ［英］以赛亚·伯林：《现实感》，潘荣荣等译，译林出版社 2004 年版，第 191 页。

⑥ ［英］以赛亚·伯林：《马基雅维利的原创性》，《反潮流：观念史论文集》，冯克利译，译林出版社 2002 年版，第 91 页。

如果说马基雅维利是从一般价值和观念的角度撕裂了传统欧洲的关于美好的价值和观念可以协调在一个客观的、一致性的价值体系中的话，那么赫尔德便是从特殊的角度——民族或族群——继而论证了这种价值和观念的非客观性和非一致性。赫尔德的证述从多元性和差异性开始。

在其被伯林称作"最著名和最富雄心的"著作——《人类历史哲学的观念》中，赫尔德气势磅礴地提出了他的多元论宣言，在著作开篇赫尔德指出"我们的地球是众星中的一星"①。他坚信"每个活动、条件、历史时期或文明都拥有一种他自己独立的个性；企图把这些现象归结为一些相同的因素的结合，或者根据普遍的法则来叙述或分析它们，恰恰容易抹杀构成研究对象（不管是自然中还是历史中）的特殊品质的那些至关重要的差异"②。赫尔德认为多样性是世界的一种基本特性，是上帝的特意安排。上帝在主观意志上并不否认任何创造物，无论它们是如何低劣和卑微。多样性意味着每一种文化、每一种个性都具有不可比拟的价值。③赫尔德强调多样性和差异性，强调每一个民族文化都有"自己的重心"；拒绝将理性作为评价一个社会的唯一标准，坚持按照一个社会"自身的内部标准"来评价该社会。他认为任何文化都不仅仅是走向另一种文化的工具；每一项成就、每一个人类社会，都只能根据它自己的内在标准加以判断；不同的文化，就像是人类大花园里众多和睦相处的鲜花，能够也应当共存繁荣。④

具有"德国民族主义之父"之称的赫尔德是在民族主义的意义上最早论述多元文化正当性的学者。伯林指出，尽管赫尔德制造了民族主义这个新词，但是他的民族主义不是追求权力或民族、文化优越性的那种进攻性的民族主义和沙文主义。赫尔德只是希望建立一个这样的社会：在这个社会中，每一个成员都能够完全自由地生活和自我表现，成为有意义、有所作为的人。⑤赫尔德的这种强调民族或族群文化多元的价值，却不陷入

① ［英］以赛亚·伯林：《启蒙的三个批评者》，马寅卯等译，译林出版社2014年版，第188页。

② 同上书，第168页。

③ 转引自［英］埃里·凯杜里《民族主义》，张明明译，中央编译出版社2002年版，第51、56页。

④ ［英］以赛亚·伯林：《反启蒙运动》，《反潮流：观念史论文集》，冯克利译，译林出版社2002年版，第13页。

⑤ Isaiah Berlin, *Vico and Herd*, New York: Vintage Books, 1976, p. 181.

"病态的民族主义"的精神气质，成为伯林发展自由多元主义以至于自由民族主义的重要起点。

伯林指出，"对伏尔泰、狄德罗、爱尔维修、霍尔巴赫、孔多塞来说，只有一种普遍的文明，时而一个国家时而另一个国家代表这种文明最丰富的繁荣景象。而在赫尔德看来，则存在着多样的且不可通约的各种文化。隶属于一个特定的群体，与群体其他成员兼用一种相同的语言、历史记忆、习惯、传统和感情结成牢固的、微妙的关系，这是人类的一种最基本的需要，正如对食物、饮水、安全或者生殖的需要一样是很自然的。一个民族能够理解和同情另一个民族的制度，是因为它了解自身的制度对它有多大的意义"①。

伯林通过理性主义者、启蒙主义者与多元主义者赫尔德的对比，指出了一元化文明观与多元文明观在对待文化价值方面的巨大差异。伯林指出，坚定的一元论者、无情的狂热分子和沉迷于无所不包的和谐景象的人，根本不能理解那些处于具体或特殊环境中的人的怀疑与苦恼，不能理解他们无法使自己完全无视现实——这一困境。② 世界是由特殊性构成的，在任何地方都找不到一种"普遍的文明"。理性主义者、启蒙主义者简化了不同文化之间复杂的差异性，他们把复杂多变、特性差别很大的多元文化转换成均质、静止可以被理性公度的物品。伯林认为一元论者渴求永恒不变的价值，不过是孩提时候对确定感和原始时代对绝对价值渴望的翻版③。

伯林说，"多元论及它所蕴含的'消极的'自由标准，在我看来，比那些在纪律严明的威权式结构中寻求阶级、人民或者整个人类的'积极的'自我控制的人所追求的目标，显得更加真实也更加人道。它是更真实的，因为它至少承认这个事实：人类的目标是多样的，它们并不都是可以公度的，而且它们相互间往往处于永久的敌对状态。假定所有的价值能够用一个尺度来衡量，以至于稍加检视便可决定何者为最高，在我看来这违背了我们关于人是自由主体的认识，把道德决定看作是原则上由计算尺就可以完成的事情。说在某种终极的、共通而又能够实现的综合中，义务

---

①　[英]以赛亚·伯林：《反启蒙运动》，《反潮流：观念史论文集》，冯克利译，译林出版社 2002 年版，第 14 页。

②　参见 [英]以赛亚·伯林《自由论》，胡传胜译，译林出版社 2003 年版，第 53 页。

③　Isaiah Berlin, *Four Essays on Liberty*, Oxford University Press, 1984, p. 172.

就是利益，个人自由就是纯粹的民主制或威权式国家，这等于是给自欺与蓄意的伪善披上了形而上学的外壳。多元主义是更人道的，因为它并未（像体系建构者那样）以某种遥远的、前后矛盾的理想的名义，剥夺人们——作为不可预测地自我转化的人类——的生活所必不可少的那些东西"①。伯林认为，"普遍主义、世界主义抛弃了一切使人最有人性、最有个性的因素"②。

伯林反对启蒙运动以来的基于"不变的人性"的普世价值观，认为世界文明的发展不会最终导致一种普世的文明。认为人性的多样是文化差异和特性的基础。伯林尊重这些差异性的真实存在，反对普遍的世界主义的乌托邦。在伯林看来，既然不存在"完备的世界"，那就"少一些弥赛亚式的热诚，多一些开明的怀疑主义，多一些对特异性的宽容，在可预见的将来特别地多一些达到目标的方法，为那些其趣味与信念（对错姑且不论）在多数人中很难找到共鸣的个体或少数人实现他们的目的多留出一些空间"③。

伯林对一元主义的反叛和对多元主义的坚持必然导向对族裔和族群文化多样性的尊重和坚持。他指出，"一个人必须知道的第一件事情是，他来自哪里，他所归属的群体的历史，他和他的家庭与共同体和人们怎样感受和理解他们的行为"。他说，我们不是康德所说"自由漂流的主体"④ ——"人属于某个特殊的人群，这个群体的生活方式不同于其他群体；组成群体的个人的特征由该群体的特征所塑造，离开群体便无从理解。因此，对它的定义要根据共同的疆域、风俗、法律、记忆、信念、语言、艺术及宗教的表达、社会制度、生活方式……正是这些因素塑造了人类，塑造着他们的目的和他们的价值"⑤。

伯林认为，族群归属感不仅是个人自由的重要条件，也是文化繁荣的重要前提。在伯林那里，多元性不仅仅是个人的，更是民族的或群体的。与一般的自由主义者显著不同的是，伯林在承认并珍视个人自由的同时，

---

① 〔英〕以赛亚·伯林：《自由论》，胡传胜译，译林出版社 2003 年版，第 244—245 页。

② 〔英〕以赛亚·伯林：《反启蒙运动》，《反潮流：观念史论文集》，冯克利译，译林出版社 2002 年版，第 14 页。

③ 〔英〕以赛亚·伯林：《自由论》，胡传胜译，译林出版社 2003 年版，第 186 页。

④ John Gray, *Berlin*, London：Fontana Press, 1995, p. 102.

⑤ 〔英〕以赛亚·伯林：《反潮流：观念史论文集》，冯克利译，译林出版社 2002 年版，第 407 页。

强调族裔归属并对族裔文化群体的权利给予了高度的关注。他说，"尽管我对个人自由的长期辩护，但我从来没有被诱惑到像有些人那样，以这种个人自由为名而否定自己从属于某一特定的民族、社群、文化、传统、语言……在我看来，这种对自然纽带的拒绝诚然崇高但却误入歧途。当人们抱怨孤独时，他们的意思就是说没有人理解他们在说什么，因为被理解意味着分享一种共同的历史，共同的情感，共同的语言，共同的想法，以及亲密交流的可能。简言之，分享共同的生活方式，这是人的一种基本需要，否认这种需要乃是危险的谬误。如果一个人被驱逐出他所熟悉的环境就意味着生命的凋零"①。

被誉为西方"自由主义的大师"的伯林在对待族裔群体权利的问题上，与他大部分的自由主义同行分道扬镳。伯林认为，族群和文化归属不仅不会损害自由，而且还是实现自由的条件。"如果个体想要获得真正的自由，就必须以稳固的文化归属作为保证。"② 正如甘阳所言，"伯林在自由主义思想界中的不同凡响之处在于，他秉承维科与赫尔德的传统，一贯批判世界公民主义或者国际主义乃空洞乌托邦，一贯强调'族群归属'与'个人自由'同为最基本的终极价值"③。

半个多世纪以来，伯林的个人自由与族群归属相统一、相协调的自由多元主义理论学说，引起了国内外热烈的讨论甚至激烈的争论。反对者多以多元主义与自由主义在"逻辑上"无法相协调为由，认为如果多元主义价值学说成立，那么自由主义便没有了容身之地；如果坚持自由主义价值的主导地位，那么平均分配每种价值的多元主义便不能存在。在这些"逻辑"力量的持续攻击下，晚年的伯林甚至一度表态："多元论和自由主义是互不相同甚至也互不交叉的两个概念。有各种不属于多元论的自由主义理论。我既相信自由主义，也相信多元论，而这两者并没有逻辑上的关联。"④

诚然，伯林在多元主义与自由主义的逻辑关系上，一直没有提出过十

---

① 转引自甘阳《自由主义与民族主义》，《将错就错》，生活·读书·新知三联书店2002年版，第405页。

② ［加拿大］伊格纳季耶夫：《伯林传》，罗妍莉译，译林出版社2001年版，第254页。

③ 甘阳：《自由主义与民族主义》，《将错就错》，生活·读书·新知三联书店2002年版，第405页。

④ ［伊朗］拉明·贾汉贝格鲁：《伯林谈话录》，杨祯钦译，译林出版社2002年版，第40页。

分过硬、缜密的论证。在他晚年又公开否认二者的内在联系。但是从多元主义产生的历史土壤和自由主义所倚重的欧洲历史文化结构及二者在一些核心价值观念上的契合来看，多元主义与自由主义在精神气质方面有着高度的内在一致性。正是这种精神气质方面的高度一致性，使得多元主义与自由主义的结合（自由多元主义）甚至不需要过多的理论的或逻辑的论证。实际上，伯林的自由多元主义理想很大程度上是建立在一种理论直觉的基础之上。这种直觉之所以产生，归功于多元主义与自由主义在诸如理解、宽容、包容、容忍、接纳及自由选择等一些现代社会价值观方面所共有的品质。多元主义与自由主义而不是保守主义①或其他什么主义结合，本身也说明了这一点。

伯林在批判启蒙理性主义和普遍主义的一元论的基础上，充分汲取启蒙运动所提倡的宽容、解放、自由等价值内核。他的自由多元主义在反基础主义和同一性哲学的同时，为多元文化主义价值理念的产生提供了世界观和方法论指导。

（2）从自由多元主义到多元文化主义

从多元文化主义理念所秉承的各种价值观及主体性要素来看，伯林的自由多元主义几乎具备了多元文化主义的所有特征：多元化、宽容、包容、族裔群体权利等。可以说，从自由多元主义到多元文化主义在价值理念上只有半步之遥。

20世纪80年代，英美政治哲学出现的自由主义与社群主义之争，对这种只有半步之遥的从自由多元主义到多元文化主义的转型起了助推作用。在这场很大程度上属于自由主义内部的论战中，（族）群体归属和文化权利的重要性，在自由主义内部被空前地、系统地或者说历史性地推向前台。

论战中社群主义者批评自由主义过于个人主义和原子化，没有认识到社群和文化归属的重要性。自由主义者则回应说，社群主义关于个人植根于社群和文化的主张夸大其词，并且存在着将人们禁锢于他们不再赞同的认同和实践的风险。② 此时的自由主义虽然仍然坚持以个体权利和自由为

---

① 有关多元主义与保守主义的价值契合问题，笔者将在随后的"多元文化主义理念的主要内容"部分中涉及。

② Will Kymlicka, "Minority Rights in Political Philosophy and International Law," in *the Philosophy of International Law*, Edited by Samantha Besson and John Tasioulas, Oxford University Press, 2010, p. 378.

主导的价值认同，但其内部已不可避免地发生分化或裂变——在此过程中，伯林的自由多元主义学说起到不可替代的作用。事实上，正是由于伯林从自由主义的基本思想与核心价值的视野，深刻地论证了族群归属与个人自由的关联性及相应的群体权利的正当性，才使其后的许多自由主义者大踏步地挺进了个人自由与族裔文化认同、个体权利与群体权利、族裔文化公正等典型的多元文化主义领域——其中威尔·金里卡在伯林的自由多元主义的基础上，系统地发挥了自由主义的开放、包容、共存、理解和自由选择的理念，最终形成了以包容不同文化、族裔共存共荣为机要的多元文化主义价值理念。

从"以自由主义斗士而闻名于世"的伯林到"自由"多元文化主义的集大成者金里卡，其连续性表现出了自由主义与多元主义契合的一致性和一贯性。

（二）多元文化主义价值理念的主要内容

多元文化主义价值理念主要包括两个方面的内容。一方面，多元文化主义价值理念强调文化的多样性对人类、国家、地区、人们共同体及个人自由的不可或缺的价值；强调多元的文化对于整个人类命运的重要影响；另一方面，多元文化主义价值理念强调平等、正义、尊重差异和包容，强调不同族裔文化群体在尊重差异、包容多样基础上的和谐相处，强调不同"主义"之间的最低限度的公约或通约。以下分述之。

1. 多元文化（主义）对不同层面人们共同体命运的深刻影响

这一主题可分为三个维度。第一，多元文化或者说文化的多样性对多种人们共同体的福祉的价值；第二，文化的多样性对个人自由的重要价值；第三，文化多样性对整个人类共同体的命运的重要价值。

（1）多元文化或者说文化的多样性对各类人们共同体的福祉的价值

与人类迄今为止对自然资源价值的认识和开发相比，我们在对人类社会文化资源价值的认识和开发利用方面仍然十分肤浅。伴随着工业化及自然科学技术的发展和进步，人类在认识、开发和使用自然资源方面表现出了空前的进步：从矿产和石油、核能、太阳能等各类自然资源的开发和利用，到寻找自然资源的范围不断被拓宽——从寻常的地下资源扩展到原先并不为人所重视的海洋、荒漠、极地和外层空间，人类在发现和利用自然资源方面表现出了空前的自觉性和创造力。然而，在对待文化资源方面，国际社会直到20世纪50年代仍然在坚持同化少数群体的文化政策①——其实质是压缩甚至消灭人类社会宝贵的文化多样性资源。这种在对待两种资源方面的巨大差异性，一方面，反映了人类在利用物质文明（财富）上的自私无度和贪婪；另一方面，说明迄今为止我们对人类在文化方面的统一性和整体性还缺乏深刻的认识。这种反差不仅透视着人类物质和精神发展的不平衡，也预示着人类精神文化的萎缩性危机。

人类在文化上存在着深刻的统一性，对此我们可以借助于李亦园先生对罗素观点的发挥而加以说明，他说人类自古以来有三个敌人，其一是自然，其二是他人，其三是自我。将它引申而说明文化，可以说人类创造的各种文化都有其内在的价值：人类为应付自然，创造了物质的文化；为应付他人，创造了社会制度的文化；为抚慰自我，创造了宗教、艺术的文化。② 因此，世界上每一种文化的存在，都有其适应自然、调整社会关系及抚慰自我心灵的内在价值，只是在不同的时期和地域范围内，这种被称为"文化"的人类创造物呈现出纷繁多样的形式。③ 因此，如何认识、尊重和利用这种多样文化的价值，既是我们面临的重大任务，也是一个严峻的挑战。

多元文化或者说文化的多样性对各类人们共同体来说都不可或缺，无论是社区，还是亚国家群体抑或是国家共同体乃至超国家共同体。对这些不同层级的人们共同体来说，多元的文化或多样性的文化不仅是共同体生存发展的活力之所在，也是他们精神生活的极其重要的方面。多元（样）文化的存在为共同体的创造性与活力提供了类似生物学上的"杂交优势"；多元（样）文化的存在也为共同体的精神和审美生活提供了无限的选择可能。赫尔德把世界比喻成一个大花园，他认为每一朵花都有独特的美丽和芳香，都应得到同样的悉心照顾和爱护，这些花朵一同构成多姿多彩的人类世界。④ 他认为赫尔德认为差异性越多，世界就越美好，绝对不能用一种文化的标准去衡量另一种文化。不同的文明有着不同的成长过程

---

① 参见周勇《少数族群权利的法理》，社会科学文献出版社2002年版，第34页。

② 李亦园：《人类的视野》，上海文艺出版社1996年版，第101页。

③ 周勇：《少数族群权利的法理》，社会科学文献出版社2002年版，第34页。

④ C. J. H. Hayes, *the History Evolution of Modern Nationalism*, New York: Russell and Russell, 1931, p. 32.

和不同的目标，包含着不同的生活方式及对生活的态度不同的文明有着不同的成长过程和不同的目标，包含着不同的生活方式及对生活的态度。"每一个文化都是一首悦耳的抒情诗，我们只需去聆听它的韵律。"赫尔德是最早反对齐一化（Uniformity）并将其视为自由之敌人的思想家——他主张多元性，每一种文化就是它自身，对它自己的社会有着不可估量的价值，因而对整个人类社会也有着不可替代的价值。他主张多元（样）化，认为每一种文化就是它自身，对它自己的社会有着不可估量的价值，因而对整个人类社会也有着不可替代的价值。①

文化的多元（样）性是人类共同的宝贵遗产。2001年，联合国教科文组织大会通过的《世界文化多样性宣言》第1条指出，"文化在不同的时代和不同的地方具有各种不同的表现形式。这种多样性的具体表现是构成人类的各群体和各社会的特性所具有的独特性和多样化。文化多样性是交流、革新和创作的源泉，对人类来讲就像生物多样性对维持生物平衡那样必不可少。从这个意义上讲，文化多样性是人类的共同遗产，应当从当代人和子孙后代的利益考虑予以承认和肯定"。宣言认为，文化多样性增加了每个人的选择机会；文化多样性也是发展的源泉之一，它不仅是促进经济增长的因素，而且还是享有令人满意的智力、情感、道德精神生活的手段（第3条）。

文化多样性对人类的价值就像生物多样性一样重要。与目前世界范围内的生物多样性危机状况相对应，人类在文化多样性上也存在着深重的危机。以语言为例，世界上存在（过）的语言约有6000种，其中20%—50%的语言已经消失，有科学家预言，到2100年将有90%—95%的语言消亡或接近消亡。据美国阿拉斯加费尔班克阿拉斯加本土语言中心负责人M. 克劳斯的推测，21世纪平均每年将有20种语言消亡。在整个世界范围内，语种消亡甚至比物种灭绝速度更快。语言减少的后果是严重的，因为减少一种语言，就意味着减少了一种看待世界的不同方式。②

如果说，以主权国家为单位的文化多元（样）性尚可以通过强有力的主权抵御全球化而得到维护或保护，那么主权国家范围内的文化多元

---

① Isaiah Berlin, *Vico and Herd*, New York: Vintage Books, 1976, pp. 175, 190；蒋柳萍：《多元主义与自由——伯林的自由主义思想研究》，复旦大学博士学位论文，2005年。

② 何中华：《从生物多样性到文化多样性》，《东岳论丛》1999年第4期。

（样）则因为缺乏这样一种有力、有效的手段而面临着更大的危险。突出的一个问题是，由于民族国家建设的需要，主权国家一般都会以某种主要民族的文化来统合其亚民族群体的多样性文化，其结果往往导致这些多元的族群文化在实践中趋于弱势甚至逐渐消亡。

有学者指出，"从历史发展来看，全球化的动力起源于民族国家的建构动力，从民族国家到全球化，其间有合乎逻辑的递进关系。如果说全球化威胁着多样性，那么这也是以国家化已经抑制了政治共同体内部文化多样性这一事实为基础的。确实参与全球竞争的首先是民族国家，维护国家文化主权和独立性是维护文化多样性的重要议题，但追根溯源绝不能把多样化仅仅理解为国家化。进而要深刻反思民族国家内部的政治经济安排是否妨碍着本土多样性文化的发育成长，不同民族、区域、社群、性别的文化是否获得了国家法律的真实保障"[1]。

关于主权国家与保存文化多元（样）性的关系，西方学者阿尔琼·阿布杜莱和卡捷琳娜·斯泰诺的观点颇具深度，他们指出，我们生活的世界有许多不同的政治形态，包括非政府组织、散居在外的民族主义者运动、跨国政治同盟和利益团体，以及跨境管理机构和规则。因而，我们正在步入一个有多种主权形式的世界，传统的民族国家只不过是其中之一，尽管它是其中最强大的一个；文化多元共存是指在公众区域里赋予文化群体多样性的权利，这就意味着允许所有这样的群体享有某种程度的政治自治，也意味着通过这样或那样的方法共享主权；任何国境内人民对国家的忠诚和依恋必须与他们的公民权益分开。也就是说，在某些方面，政府问题必须同国籍问题脱钩。在这个过程中，政府必须放弃民族（被视为不可分割的文化实体）托管人的角色，而开始考虑把自己当作文化多元共存的托管人和文化多元共存可持续发展的担保人。[2]

在政治国家独立于族裔文化问题上，这是迄今为止最为深刻的见解之一。阿布杜莱等认为，为了真正、从实质意义上实现对一国内多元文化的保存目标，政府必须放弃民族托管人的角色，把对国家的忠诚和依恋与公民权分开。长期以来，在国家与文化的关系问题上，包括自由主义在内的

① 单世联：《全球化时代的文化多样性》，《天津社会科学》2005 年第 2 期。
② 阿尔琼·阿布杜莱：《可持续多元共存和未来归属问题》，见联合国教科文组织《世界文化报告——文化的多样性、冲突与多元共存》，北京大学出版社 2000 年版，第 116 页。

各种政治流派提出了多种多样的解决方案，但是由于难以从根本上解决国家的族裔中立性问题，这些方案均在不同程度上陷入困境。阿布杜莱等提出的方案虽然也因为带有浓厚的理想主义色彩，而难以在实践中一一落实，但就其国家与民族分开、公民权与认同分开的基本理念及坚持国家在多元文化发展中的责任和义务来说，无疑具有重要的方向性意义。

现代国家绝大多数为多民族国家，如何处理多种文化在整个政治体系中的作用和关系是摆在国家（政府）面前的一件大事。在一个几乎完全可控的政治共同体内，国家有义务维护人类多样性的文化生态平衡，有义务以一种超然的姿态来实现各种文化的共存与发展。这不仅是政府作为公共利益最大代表的内在要求，也是国家处理其内部民族关系的基本准则。

为此，我们必须严肃思考目前国家在文化建设中的主导作用，是选择以国家力量主导融合多元（样）性的文化，从而在实践中加速非主流文化的消亡？还是选择以包容人类多种文明的博大胸怀保存、保护或者至少是延缓少数族裔文化消失的节奏？抑或是选择既不加速其消亡，也不予以积极的保护，而是将其交给"第三条道路"——"自由竞争"的文化市场，任其自生自灭？

"文化市场论"是关于国家与文化关系的一种比较流行的观点，这种观认为，在一个自由和民主的社会，少数群体的文化与多数群体的文化的生存和发展的机会是相等的。通过普遍平等的公民权利，少数群体和多数群体的文化权利得到了同等的保护。少数群体可以通过国家法律赋予的宗教自由权、结社自由权等自由地选择自己的生活方式，自由地与他人联合组织自己的宗教和文化活动，丰富和发展群体自身的文化，并在文化市场上自由地寻求新的追随者。这种观点认为，如果在自由竞争的文化市场上，少数群体不能有效地发展自己的文化并以这种文化留住自己的群体成员或吸引新的追随者，那就说明这种文化已经失去了活力，不再具有继续存在的价值，因而其即使是消失，也不能说是不公正的，顶多只能说是一种不幸。罗尔斯也一度持这种观点。

市场淘汰文化是自由资本主义的竞争逻辑在文化上的反映。这种观点将市场作为文化选择的唯一依据，其潜在逻辑是良善的文化或生活方式一定会通过市场的优胜劣汰而保留下来，而那些被市场淘汰的文化其自身一定是一种不可欲的文化。而事实上，由于国家的非族裔中立性，文化市场决定论所依赖的前提——自由竞争本身就难以存在。实践中，市场可能淘汰有价值的文化或生活方式，而那些保存下来的文化或生活方式也不一定就是良善的。罗尔斯在盖尔斯敦的批评和启发下，也意识到了这一点，他承认良善的文化或生活方式也可能在自由竞争的市场中失败和消失。

多元的文化所蕴含的多元的价值，对国家共同体来说具有多方面的意义。少数群体的文化和生活方式不仅具有审美和丰富生活的价值，而且就其在生活和发展道路方面所蕴含的新的价值和选择，对于深受西方影响的、处于现代化进程中的主流社会具有不可忽略的参考和借鉴价值。

从文化生态安全的角度来看，一个国家所拥有的包括少数群体文化在内的所有文化对于这个国家的历史、现状和未来都有不可忽视的价值，这种价值的不可忽视性既与人类理性的有限性密切相关，也与每个国家面临的现代性危机紧密相连。在巨大的不确定性面前，国家有义务、有责任保护好所有可能对未来发展道路起到重要启迪、纠偏或激发作用的不同文化。在这个意义上，我们应以"一个也不能少"的态度，去对待包括少数群体文化在内的每一种文化。

需要强调的是，文化之所以不能完全靠市场去裁决它的命运，不仅是因为市场可能淘汰对我们的现实和未来有潜在价值的文化和生活方式，而且还因为文化是一个有主体性的历史现象，承载它的主体——少数族裔群体是一国公民的有机组成部分。如果任凭市场决定他们的文化的去留，将会给这些群体造成集体精神失重和"永失乐园"的后果，并继而给这些群体所在的国家的公民团结和社会凝聚力带来消极的影响。

总之，无论是基于历史经验教训的鉴取还是人类理性的思考，多元（样）文化对包括国家在内的各种人们共同体的价值是毋庸置疑的。长期以来，在保存和保护人类文化完整性，珍视每一种文化的价值方面，存在着一种普遍的认识或价值误区——不少人一提到保护少数族群的文化，就理直气壮地质问是否也要保护"人头祭""割阴蒂"之类的"文化"。笔者认为，多元文化主义价值理念项下的多种文化指的是符合人类价值观念和共识的文化——至少是一种拥有共同底线的文化，所谓"人头祭""割阴蒂""食父母"的历史文化现象，不仅严重违反现今人类在基本价值观领域达成的共识，而且也被国际人权法和几乎所有主权国家的强制性法律所禁止，这类内容显然不是多元文化所讨论的主题。因此在容忍多元文化共存的问题上，这样的疑虑或言论可以休矣。我们的重心应转向协调那些对各自群体有价值但又可能妨碍或影响到其他群体的良善文化或生活方式。这应该是目前有关保存多元文化的焦点问题，也是处理多元（样）文化与各类人们共同体福祉关系的核心问题。

（2）多元文化或者说文化的多样性对个人自由的重要价值

多元（样）文化（主义）对个人自由的重要价值主要体现在两个方面。一方面，多元（样）文化（主义）为个人自由提供了意义与合法性支撑，为个人选择提供了前提和基础；另一方面，多元（样）文化群体通过政治参与限制任性政府而为个人自由提供保障。

文化是个人自由的基础。个人主义或自由主义的精髓所在，就是主张人类的生活除了努力自保以外还更有追求。人类趋利避害的本能要求其有可能依循他们自己的生活计划、确定自己的生活目标、选择自己的生活方式、向不同的方向发展。在这种意义上理解个人权利，我们就会发现文化与自由的实质性关联，因为一种生活方式的意义是由文化所赋予的，不同的文化可能在其最基本的价值观念或人类学家称为"文化的前提原理"上是有歧义的。①

人在文化中选择，文化赋予选择以意义和价值。个人选择之所以有"意义"，是因为特定的文化承认并支持了这种选择。在现代民主国家，公民不是一个没有"性状"的抽象物，相反它是一个组织多元参与的概念。② 公民参与的实质是多元文化对同一个政治过程的"同时在场"。

文化是人的活动的产物，多元（样）文化是人类不同生活环境，不同生活方式的产物。文化一经形成便会借助于传统及"日常政治"的方式和力量反过来影响和塑造个人。多元（样）文化（主义）为形形色色的个人自由提供了支持。对一个属于特定（族群）文化的人来说，多元文化（主义）的存在，不仅为他所属的文化（族群）提供了合法性支撑，也为他在不同文化间选择提供了前提和基础。

多元（样）文化在为个人自由提供意义、合法性支撑、前提和基础的同时，还通过多元文化（族群）的政治参与限制任性政府而为个人自

① 参见［美］霍贝尔《初民的法律》，《法的文化背景》，周勇译，中国社会科学出版社1993年版，第318页。

② Herman R. van Gunsteren, *A Theory of Citizenship: Organizing Plurality in Contemporary Democracies*, Westview Press, 1998.

由提供保障。这方面，阿克顿勋爵的论述颇具代表性和富有启发意义。他指出，"由若干小国组成的帝国里，不同种族居住于不同地域，这种结合形式最有可能建立一种高度发达的自由制度……它们提供着最充足的自治因素，从而使国家不可能凭一己意志统治全体；它们提供着维护地方风俗和传统权利的最充分的保障"。阿克顿勋爵把多民族（族群）的多元共存视作抵抗专制的平衡器，认为它们的存在"避免出现在单一权威的笼罩下四处蔓延的奴役状况"。阿克顿指出，"同一国家之下若干民族的共存不仅是自由的最佳保障，而且是对自由的验证"；"一个竭力统一、同化或驱逐不同民族的国家是在自我戕害；一个不包含不同民族的国家缺乏自治的主要基础"。①

在自由主义的阵营里，阿克顿罕见地以超越种族或民族边界的眼界和胸怀，强调多元的文化（族群）在抵御专制、维护个人自由中的重要作用。这是迄今为止自由主义者在多元文化对主流政治体制的矫正作用（研究）方面所做的最重要的突破。

（3）多元文化或者说文化的多样性对整个人类共同体命运的重要价值

在更深的层面上，多元文化通过反思以西方文明为标识的一元化现代性而反思整个人类共同体的命运。一元化价值取向的西方现代性建立在这样一个基础之上，即认为存在着永恒的、约束所有人的价值，相信到现在为止之所以还没有认识或实现这些价值，是因为缺少相应的道德、智力或物质的能力。② 所有美好的事物都"在一个单一、完美的整体中相互关联，或至少彼此相容"，"实现由这些美好事物所构成的模式，乃是所有理性活动，包括公共的和私人的理性活动的真正目的"。③ 人类社会自身目的的同一性与和谐性，可以从宇宙的单一性与和谐性推出。人从来不是规则和价值的制定者，而只是它们的服从者。"人通过发现自己在宇宙合唱团里的位置来充分发现自己；因为试图让自己适应某种遵循自身规律的东西，无论这种东西被设想为静止的还是变动的，是置于经验流之上的不变的实体还是在自然或历史中得到实现的有目的的过程，都同样是服从某

---

① ［英］阿克顿：《自由与权力》，侯健、范亚峰译，译林出版社 2011 年版，第 119、113、114、120 页。

② Isaiah Berlin, *the Declines of Utopian Ideas in the West*, in the *Crooked Timber of Humanity*, NewYork: Vintage books, 1992, pp. 45 – 46.

③ ［英］以赛亚·伯林：《自由论》，胡传胜译，译林出版社 2003 年版，"导论"第 4 页。

种一个人无法决定的东西，服从外部发布命令的法则；或者如果它们从内部发话，它们也不是被创造的，无法被个人或社会自由改变。"①

西方现代性的核心价值理念是，人们可以通过掌握着真理或"理性命令"的哲学家、道德学家的权威引导和外部灌输，渐次进入一个近乎先验的秩序世界。这种理念相信，人类在发展方向上有一种坚定不移的一致性和进步性。在理性主义和普遍主义的引导下，无论是人们的精神世界还是物质世界都会发展得越来越好。人应该怎样生活或生活的最后的答案在西方现代性那里有着明确而固定的答案。

理性主义主导的一元论思想最早可以追溯到（前）苏格拉底、柏拉图、亚里士多德时代。文艺复兴和启蒙运动以后，这种一元论又换上了理性主义的盛装。在与神学一元主义的对决中，理性主义一元论取得了空前的主导地位，不仅成为西方社会占统治地位的哲学观、道德观和精神观，而且成为政治理念、制度安排和生活秩序背后主宰性的观念形态。几个世纪以来，这种理性主义一元论虽经历了休谟的经验主义方法论和怀疑论、维科的古典人文主义、法国大革命及其后的浪漫主义（主观主义）等思潮和运动的冲击，始终没有更改其作为西方世界乃至一些东方社会"主旋律"的历史性地位。直到第一次世界大战尤其是第二次世界大战，人们才开始在关注人类文明和整个人类命运的层面上，对理性主义的一元论开始反省，其中比较著名的事件是坚信多元论的伯林与一元论者施特劳斯的论战。②

严格来说，对理性主义一元论的反省最早肇始于法国大革命所引发的一系列问题。在这场以自由、平等、博爱为标识的革命中，激进的革命者试图以一种划一的美好理想去改造社会制度及人们的生活式样。特别是卢梭式的"强迫你自由"的"美好生活"范式在法国造成了严重的后果。然而，针对法国大革命所做的反省很大程度上仅限于法国特殊的自由主义模式尤其是卢梭理想主义。对于超出法国、欧洲范围及至世界层面的有关美好生活、秩序与社会制度乃至人类文明发展方向的反省一直到第二次世

---

① ［英］以赛亚·伯林：《现实感》，潘荣荣等译，译林出版社 2004 年版，第 202 页。

② 严格来说，施特劳斯与伯林之间从未发生过真正意义上的面对面的论战，施特劳斯在其《相对主义》一文中，对伯林的《两种自由概念》进行了尖锐的批评，伯林对这一批评在施特劳斯的有生之年从未做正面的、直接的回应。多年之后，在被问及与施特劳斯的分歧时，伯林说，"我无法答复他了，因为他已经躺在坟墓中了，而我对他的众多信徒丝毫提不起兴趣"。Isaiah Berlin and Ramin Jahanbegloo, *Conversations with Isaiah Berlin*, New York：MacMillan, 1991, p. 32.

界大战后才得以真正展开。

"二战"后著名的"拉德布鲁赫的转向"吸引了全球的目光。在多元主义与一元主义的关系问题上，"拉德布鲁赫的转向"是一个极富象征意义的历史事件。拉德布鲁赫奉行相对主义法哲学，不相信人间存在任何终极价值。按照这种法哲学逻辑，不管是自由主义的个人主义，还是非自由主义的超个人主义（集体主义、国家主义）都是多种价值中的一种，都具有某种合理性。然而，面对"二战"期间德国纳粹的暴行，拉德布鲁赫陷入了某种困境：如果承认所有价值都是相对的，那么纳粹党的国家民族主义就有了存在的合理性，这与他的保护人的尊严和平等权的正义观相抵触；如果承认某些价值是终极性或具有最高价值，则会动摇的他的整个相对主义法哲学体系。在这个问题上，拉德布鲁赫采取了与伯林相似的学术进路：一方面，坚持每一种特定文化都有其价值；另一方面，也承认某些价值的普遍性。与伯林有所不同的是，拉氏明确地将价值的普遍性限定在基本人权上。

在著名的"拉德布鲁赫公式"中，拉氏提出了解决法的可预测性与法的正义性的冲突的三个标准：（1）法的可预测性（安定性）高于法的正义性；（2）当法律违反正义达到令人无法容忍的程度时，该法律就不再是法律，而只是权力的运作而已（即"恶法非法"论）；（3）当立法者在立法时有意否定正义（平等）原则时，即适用第二个原则。拉氏承认法的正义性与法的安定性与合乎目的性之间存在冲突，认为必要的时候，需要在这三种理念中做出抉择。但是当一项法律出现"不能容忍的"或"明显的不正义"（如纳粹法律明确否认少数族裔的人格和基本人权）时，该项法律就不再具有有效性。在《法哲学入门》中，拉氏提出"完全否认人权的法，不管从哪一个立场看，都是绝对不正当的法"。认为保护人性即"人的尊严"是法哲学至高无上的课题。①

拉氏追求普遍主义价值观的动机与他对战争的厌恶和否定及对世界和平的希望与追求情怀密切相关，他曾引用雨果在1879年的反战演说词，号召"鄙视战争！让我们也发誓，恳求、呼吁全世界：永远告别战争"②；

---

① 转引自铃木敬夫、陈根发《拉德布鲁赫"法哲学时事问题"的现代意义》，中国法学网，http：//www.iolaw.org.cn/showNews.aspx? id=23533。

② ［德］古斯塔夫·拉德布鲁赫：《法学导论》，米健等译，中国大百科全书出版社1997年版，第166页。

他主张具有世界市民志向的人组织起来，牵制国家，控制国家。他还指出："把战争作为不能避免的灾祸并与之相妥协，这是与法律家最不相称的行为。"① 对于纳粹利用"民族神话"② 发动战争、弹压人权的做法，拉氏在《社会主义文化论》的"后记"中，以极其沉痛的语气说道："永远都不可以再说，你什么都不是，你的人民才是一切。"③

以相对主义法哲学家闻名的拉德布鲁赫"二战"后的"转变"引起了思想界的广泛争议，许多人认为鉴于实证主义法学与纳粹暴行的内在亲和性，拉德布鲁赫通过反省实证主义法学而转向了自然法，即承认存在永恒不变的最高价值；认为"二战"期间纳粹的暴行使拉德布鲁赫从价值相对主义（多元主义）转向了追求以自然法正义为基础的一元主义。也有人认为，拉德布鲁赫在认知上坚守的是相对主义，而在道德上坚持的则是绝对主义。而在拉氏本人看来，其主旨从来就没有离开过相对主义。他认为相对主义就是普遍的宽容——只是对不宽容者才不讲宽容。他的"转向"与其说是从相对主义转向了绝对主义，不如说是对他的相对主义施予尊重基本人权的限制。在他看来，相对主义哲学的任务仅仅在于为每个个体提供穷尽各种观点的可能性，"每个个体就会听凭来自其人格深处所发出的决断——这绝不可能是个体的任性，而是来自良知"④。

"拉德布鲁赫的转向"的一元与多元关系的意蕴构成伯林与施特劳斯论争的重要理论和历史背景。第二次世界大战以极其严酷的形式向人们提出了有关人类命运的重大命题。对于何种思想或价值观引起了这场人类有史以来最大的人祸灾难，一元主义倾向的施特劳斯与多元主义者伯林给出了截然不同的答案。⑤ 施特劳斯认为，伯林的多元自由主义抛弃了自由主义赖以生存的绝对主义哲学基础而走向相对主义，而相对主义正是纳粹等

---

① ［德］古斯塔夫·拉德布鲁赫：《法哲学》，［日］田中耕太郎译，东京大学出版会1969年版，第199—200页。转引自《拉德布鲁赫"法哲学时事问题"的现代意义》。

② 纳粹党以德意志国家民族主义之威压制公民的基本人权，其喧嚣一时的口号有"民族的必要之物就是法""公益优于私益""你是无，你的民族才是全部"，等等。拉德布鲁赫：《法哲学入门》（1947年）。转引自《拉德布鲁赫"法哲学时事问题"的现代意义》。

③ ［德］古斯塔夫·拉德布鲁赫：《社会主义文化论》，米健译，法律出版社2006年版，第141页。

④ 转引自张龑《拉德布鲁赫法哲学上的政党学说批判》，《清华法学》2013年第2期。

⑤ 这场争论的两篇代表性文章即施特劳斯的《什么是政治哲学》和伯林的《政治理论还存在吗》，刊载于［美］詹姆斯·A.古尔德、文森特·V.瑟斯比主编《现代政治思想：关于领域、价值和趋向的问题》，杨淮生等译，商务印书馆1985年版，第58—86、401—441页。

极权主义兴起的价值根源。伯林则坚决捍卫自由多元主义的价值。在他看来，包括极权主义在内的现代政治困境不是多元主义造成的，而恰恰是某种绝对主义、一元论造成的。特定价值观的绝对化是导致极权主义的重要（价值）根源。伯林坚持认为，一元论是造成 20 世纪最黑暗的专制主义的根本原因——把 20 世纪的最黑暗的专制主义与理性主义联系在一起，这是伯林自由主义的最惊世骇俗的思想。① 针对以自然法观念为圭臬的一元论理性主义和普遍主义，伯林指出，从自然中不能推出任何人的权利，理性无法为我们提供一个普遍有效的道德准则。他批评施特劳斯竟然还"相信世界上存在着永恒不变的绝对价值——超越时间、地域、民族的真理，简直是在侮辱现代人的智慧"②。

在反省"二战"的观念性起因方面，著名的自由主义者波普和哈耶克等人，都把原因归结为民族主义即特殊主义的崛起，他们把民族主义视为冲突和暴力的一个根源，对民族主义都持反对态度，"认为个人主义与普遍的个人自由权利是通向和平的康庄大道"③。

"二战"祸起的一元论与多元论成因之争，是人类面对战争这一影响自身命运的重大因素所做的一次重要反省。一元论者认为，多元论的相对主义是导致纳粹主义的重要价值观根源，其逻辑轨迹是：按照多元主义，每一种文化包括纳粹的国家主义文化都有存在的合理性。他们认为，正是多元主义包容各种价值的秉性，才导致了纳粹的崛起和犹太少数民族的悲惨的命运。多元论者则认为，一元论所包含的将某种价值取向的绝对化的倾向是导致纳粹主义的重要根源，其逻辑轨迹是：按照一元主义，世界上存在着超越任何特定情形的解决问题的最优方案。他们认为，正是由于一元主义的"最优"方案论才导致纳粹党将日耳曼民族"钦定"为"最优秀"的民族并继而清除他们眼中的劣等民族。多元论者认为，从另一个向度来看，如果纳粹治下的德国社会存在着富有生命力的多元主义，德国就不会出现"万众一心"荼毒犹太少数族裔的悲剧。

多元论者认为，一元主义的最大特点是，它试图在充满多样性的现实生活中寻找并推行最优的生活方案，当这种对"美好生活"的追求与国

① 胡传胜：《自由的幻像》，《伯林思想研究》，南京大学出版社 2001 年版，第 140 页。
② 转引自刘小枫《刺猬的温顺》，《书屋》2001 年第 2 期。
③ 马德普：《普遍主义的贫困：自由主义政治哲学批判》，人民出版社 2005 年版，第 161 页。

家权力结合在一起时，便会产生一种破坏力巨大的现实力量。在这种力量面前，任何意义上的有关美好生活的理想都可能最终落空。相形之下，多元主义所蕴含的包容多样性的价值理念，则会因为尊重或容忍多样性的美好生活理念，而使得各种生活价值相安无事、和谐共处。尤其需要强调的是，多元主义因反对国家以政治强权推行某种价值或生活方式，而使一个国家或社会不因强制推行某种划一的理想而变得动荡不安。从这个意义上来说，多元主义更有利于维护国家、社会乃至人类共同体的福祉和安全。

值得注意的是，在双方的论战中，一元论者对多元主义的批评预设了两个不能确证的前提，一个是多元主义必然与普遍主义的个人自由相冲突，另一个是多元主义必然是价值相对主义，即不加区分地承认一切价值或生活方式的合理性与合法性。就前者而言，有人认为，虽然多元主义者伯林的自由观是为个人自由辩护的，但他的文化多元主义却逻辑地取消了这种自由。就后者来说，许多论者将多元主义与相对主义相提并论，认为多元主义者接受任何价值和生活方式。他们甚至认为多元主义导致伯林"并不认为纳粹的行为有什么越轨之处"。伊格纳季耶夫更是做出了这样的评价："伯林是惟一一个真正重要的自由主义思想家，他不辞辛苦地闯入了与自由主义不共戴天的敌人的精神世界中。"①

而在多元主义者看来，个人自由与多元主义不仅不矛盾，而且是互相支撑的。"多元主义是一种关于价值之来源的学说。"② 它为自由主义的"自由选择"提供了精神养料和价值选项。自由主义是关于价值选择规则的学说，它不仅为多元主义提供了内在支撑，而且其本身也是多元主义产生的重要历史和理论条件。在尊重"自由"这一基本价值的立场上，多元主义不仅不会否认自由主义所珍视的个人自由，而且其本身就是个人自由得以存在和行使的重要前提。

多元主义者同样认为，多元主义与相对主义之间有着鲜明的界限。多元主义不会不加区别地肯定一切价值或生活方式。相反，多元主义不仅强调任何美好生活都不能拒绝的"基本的善"，而且明确限定了可接受的多元价值的边界。③ 伯林承认一种广泛接受的、"深深地扎根于人的现实本

① ［加］伊格纳季耶夫：《伯林传》，罗妍莉译，译林出版社2001年版，第338页。
② ［美］查尔斯·拉莫尔：《现代性的教训》，刘擎等译，东方出版社2010年版，第170页。
③ 在这个意义上，多元主义可概括为一种有前提或有限制的相对主义。

质中"的规则或命令，认为它们是"正常人的基本组成部分"。他的结论
是：自由的某些疆域是"任何人都不能跨越的"。被冠之为相对主义的拉
德布鲁赫甚至认为，人性、人的尊严是任何其他价值都不得凌驾的。他的
相对主义实际上已经止步于基本人权。

从更深远的意义来看，"二战"后一元主义者与多元主义者的论争，
已然涉及西方（人类）自文艺复兴以来，就一直纠结于心的现代性问
题——一方面，文艺复兴、启蒙运动、工业革命等似乎昭示着人们已经找
到了解决人类精神与物质文明的道路；另一方面，伴随这一历史过程，人
类社会的各种问题层出不穷。恩格斯说，"和启蒙学者的华美语言比起
来，由'理性的胜利'建立起来的社会制度和政治制度竟是一幅令人极
度失望的讽刺画"。这种失望到"一战"尤其是"二战"时达到一个高
峰。两次世界大战以前所未有的方式颠覆了自 18 世纪以来启蒙哲学家们
给人们的坚定信念，即由于工业革命产出了巨大的社会财富，它给我们带
来了快乐和幸福。但是事实并非如此，现代科学技术的迅猛发展所带来的
工业产品却成了杀人的武器，让人们陷入了痛苦的深渊。[1] "现代文明的
技术非但没有保证我们不向过去倒退或朝不可预知的方向盲目猛冲，反而
成了那些随心所欲、根据自己某些任意模式对抗文明生活准则的人手中最
有效的武器。"[2]

两次世界大战的发生为人类社会深刻反思所谓现代性提供了重要的历
史契机。人们认识到，现代性所创造的物质文明可能成为毁灭性极大的杀
人工具，而其所造就的价值准则和制度文明也不能防范这种物质文明所带
来的灾难性后果。残酷的战争、巨大的生命和财产损失、野蛮的种族清洗
和人类基本价值规范的沦陷为文艺复兴以来的现代性做了生动的注释。

这种由现代性危机所昭示的人类命运的不测成为"二战"后各种哲
学思考的重要议题，它所关涉的具有全局性意义的反思是：现代性是否是
人类发展方向的正确选择？理性主义的一元论是否是解决人类面临的诸多
问题的唯一选项？人类究竟该向何处去？

---

① 任剑涛：《方法引导下的政治理论：对政治哲学、政治生活与研究方法关联性的一个宏
观勾画》，郭正林、肖滨主编《规范与实证的政治学方法》，广东人民出版社 2003 年版，第 88—
89 页。

② ［英］以赛亚·伯林：《现实感》，潘荣荣等译，译林出版社 2004 年版，"导论"第 12
页。

文艺复兴以来，以西方文明为标杆的现代性逐步独霸了人类发展方向的话语权，他们把源于自身特殊经历的现代性说成是整个人类的发展方向，把西方化转换为现代化推销给全世界。实践层面，他们先是剿灭世界各地的土著民族文化，将其主体（死文化）封存于博物馆供人观赏，而将其残余的部分（活文化）人为地隔离开来，以防止其彻底灭绝。后是在世界范围（尤其是第三世界）以推行现代化的名义，继续消解和同化各种多元性文化。

正是在上述历史背景下，多元（文化）主义者展开了抢救自身和拯救世界的反击（抗）。这也是为什么亨廷顿将多元文化主义的冲击比作反欧洲文明的"第三次大革命"，认为多元文化主义"实质上是反欧洲文明"，认为多元文化主义"基本上是一种反西方的意识形态"①。

多元（文化）主义者思考人类前途和命运的逻辑是：多元文化是人类生活式样多样性的表现。保存多元文化不仅是理解人类自身完整性的一个必要方面，而且也是确保人类在事关自身前途命运选择的重大问题上不误入歧途的重要保障。多元性不仅是人类社会自身真实性的确切反映，不仅是人类各种群体丰富精神和文化生活的重要保证，它也是保证人类社会整体不走偏的平衡器。

多元文化（主义）正是在反思欧洲文明或西方文明主导的现代性的基础上，开始反思整个人类的命运。资源的掠夺性开发、环境的严重污染、理性主义光环下的个人主义泛滥、人类精神家园的荒芜、大规模杀伤性武器乃至核武器等惊骇性毁灭力量的出现等，无一不提示着我们：倚重了数百年的理性主义和科学主义可能同时潜含着毁灭性的因素；过往的现代性选择，最终可能将人类引向不归之路。而矫正或救赎的力量已不可能从现代性的狂飙惯势中获得，我们需要在多元的文化和价值及生活方式中去寻找人类命运的最终救赎或矫正之道。一些论者敏锐地发现，少数民族（族群）的"社会组织和生活方式是整个人类社会可资借鉴的一面镜子。特别是土著人与大自然之间的协调、和谐关系对于西方工业社会的那种非持续性的、自我毁灭的发展模式具有十分重要的借鉴意义"②。被理性一

---

① ［美］塞缪尔·亨廷顿：《我们是谁？——美国国家特征面临的挑战》，程克雄译，新华出版社2005年版，第143页。

② 李忠：《论少数人权利——兼评〈公民权利和政治权利国际公约〉第27条》，《法律科学》1999年第5期。

元主义视为野蛮、落后的价值和生活方式可能潜含着拯救人类或救赎人类以往过错的因子。今天，面对现代性狂飙奋进所留下的一地散片，即使是最激进的一元主义者，也应该认识到，由于人类智识的有限性和道德上的不完善性，理性一元主义者所选定的道路至少潜藏着风险和不确定性；盲目地排斥多元文化不仅是在拒斥"他者"，而且也是在封堵矫正自我过失和错误的可能之道；尊重多元文化，保护其载体——少数人群选择生活方式和价值理想的权利，不仅在道义上是可嘉的，而且在攸关人类自身整体命运的意义上也是必需的。

由于人类自身和所面对环境的极端复杂性，人类对追求充满确定性的一元主义有着近乎本能的热情。逻各斯、上帝、绝对精神、自然法、理性等都是这种一元主义的外在盛装。正是在这一过程中，一元主义者由于忽视了现实和具有质感的多样性和差异性，而将人类由最初的追求确定性而引入了巨大的不确定性中。

总之，多元（文化）主义是在人类社会经过数百年乃至数千年的一元主义浸洗之后所做的一次深刻的反省。作为现代性的一种反动力量，尽管遭到现代性阵营中诸种力量的联合围攻，多元（文化）主义仍然取得了不俗的"战果"：它迫使坚守理性主义和普遍主义的自由主义逐步微调或修正其理论体系和话语，甚至使自由主义自身发展出"自由多元主义"或"自由多元文化主义"。多元（文化）主义的出现，不仅是少数人权利保护历史上一个划时代的事件，也是人类社会自身自我完善、自我矫正内生机制发挥作用的一个重要表现。

当然，也要看到，以理性主义和普遍主义为标识的（西方）现代性，在经历了怀疑论、古典人文主义、浪漫主义、两次世界大战的反讽意义上的武器的批判，以及后来的尼采主义、法兰克福学派、存在主义、结构主义、东方主义、后现代主义、后殖民主义甚至自由多元主义等多种反启蒙理性主义的批判，仍旧保持着巨大的活力。时下，对多元文化主义的批评乃至围攻是这一活力表现的一个特征。

2. 多元文化主义强调不同文化和价值之间的平等、正义、包容和共存

多元文化主义的提出不是要在国家文化中平均地分配每一种亚文化的地位和影响，而是在多民族（族群）已经不可逆转地生活在一个政治共同体的情况下，给予每种文化同等的尊重、包容和接纳，以实现各个族裔

和文化群体的平等和正义。

　　追求平等与正义是多元文化主义出现的最初历史动因，也是多元文化主义的影响日益扩大甚至成为"政治正确"的重要原因。卡伦提出多元文化主义的初衷是为了在多民族、多族群和多文化的美国建立起一个各民族（族群）一律平等的政治和法律构架，而不是为了制造一个各民族（族群）各自为政的"巴尔干"。在现代多民族国家，民族（族群、种族）间平等在其重要性上也并不亚于自由主义所鼓吹的个人间的平等。因此，如果说个人间的平等和自由，均可以证成正义的话，那么，在民族（族群、种族）间，只有平等才能证成自由。民族（族群、种族）间的不平等，不仅严重危害一国的政治安定和社会秩序，而且也将严重侵害属于少数群体成员的个人自由。

　　同样，多元文化主义追求各民族（族群、种族）之间的包容和共存，而不是绝对的多元化或者为多元化而多元化，更不是为了"制造"特殊群体。多元文化主义的提出，与其说是为了鼓励多元，不如说是为聚合多元——合多元为一体。威廉·A. 盖尔斯敦认为，即使是主张最多元化价值的现代人，也需要作为政治共同体的国家为其提供公共生活的框架和公共秩序，包括"明晰而稳固的财产关系；法律规范；能够执行法律的公共权力；不将人口分化为一小部分富人和大量穷人的经济；以及一种足以（在大多数情况下）超越种族和宗教差异的政治共同体成员归属意识"① 等。

　　正是在平等、正义、包容和共存意义上，多元（文化）主义最大限度地囊括了各种"主义"包括自由主义、社群主义、共和主义甚至保守主义②，成为"政治正确"的重要话语之一。

　　3. 多元文化主义理念的评价

　　多元文化主义自走向历史的前台以来，人们对于其内容和要旨一直存在着各种各样的争论（观点）。那么，强调多元文化主义的人意欲何为？或者说多元文化主义有哪些意味？笔者认为，多元文化主义的价值理念至少在三个方面显示了其存在的意义。一是保护多元的文化（少数群体的

---

① 参见［美］威廉·A. 盖尔斯敦《自由多元主义：政治理论与实践中的价值多元主义》，佟德志等译，江苏人民出版社 2005 年版，第 88 页。

② 保守主义强调地方性和尊重传统，在这个意义上，多元文化主义也是保守主义的价值准则。

文化);二是为不同的人们共同体尤其是多民族国家处理内部和外部关系提供了重要价值准则;三是为少数民族权利保护与多民族国家构建提供了理念支撑。

(1)多元文化主义价值理念鼓励保护多元的文化。保护少数群体的文化是多元文化主义最为直接的意义。一般来说,这种保护有三种出发点或动机。一是把保护少数民族(文化)视为一种对逝去或正在逝去的文明的挽留。这种权利保护的理念往往伴随着浓厚的文化欣赏动机,或怀古幽情——多数民族对与自己有关的逝去的岁月的追忆。当然有时也纯粹出于一种猎奇的心态。典型的例证是国家采取积极措施将那些濒危的少数民族(文化)相对隔离加以保护,防止其被多数民族文化彻底同化,以留下"活的"文化标本。这一活的文化标本,连同存在于博物馆的已经被浓缩为一个文化符号的死的标本,一同成为保存多元文化的一个体征。这方面典型的例证是北美世界的印第安文化。二是把少数民族(文化)权利视为完整的人类文化的一部分,强调保护少数民族(文化)权利就是保护人类文化本身。这一出发点建构在这样的理念之上:认为每种文化"都具有尊严和价值,必须予以尊重和保存","所有文化都是属于全体人类的共同遗产的一部分","应尊重每一文化的特殊性质"。① 三是把保护少数民族(文化)权利视为与人类社会利益攸关的文化参照措施。这种观点认为少数民族的文化是矫正主流文化现代性弊端的一种重要资源,认为少数群体多元文化的存在对于保存和保护整个人类共同体具有十分重大的意义。从此出发,建议采取措施积极保护少数民族的文化。值得注意的是,在全球化的背景下,对人类社会利益攸关的多元文化的寻找,还蕴含着反对全球范围内经济、社会、政治单一化(西方化)趋势的努力。这种努力为了使全球化具有人性(to humanize globalisation),也希望借助于少数民族的文化去平衡可能危及人类整体利益的单一化或西方化趋势。在此情况下,保存多元文化的价值理念还蕴含着反西化的意识形态。

在保护多元文化的问题上,文化相对主义比文化进化论有更多的积极意义。文化相对主义承认文化在其价值基因或内核上具有不可比性,不同文化具有不同的价值——这些价值具有不可替代性,不仅对这些群体自身重要,而且也是整个人类的精神财富——特别是考虑到人类命运充满巨大

---

① 联合国教科文组织:《国际文化合作原则宣言》(1966年)第1、6条。

不确定性因而需要更多的文化选择做参照的情况下——更是如此。

相形之下，以"优胜劣汰"为主旨的文化进化论，在保存多元文化的意义上具有更多的消极性。文化进化论以某种特定的价值为标准，有意推进"先进文化"替代"落后文化"的战略，或放任文化间的"自由竞争"，其结果是文化的种类越来越少，人们的生活方式越来越趋向于单一。特别是，以西方为主导的现代性在全球的胜利，已经在很大程度上使人们处于"昨天回不去、未来充满着巨大不确定性"的位置。

（2）多元文化主义价值理念是人类文明发展到一定阶段（程度）的产物，是不同的人们共同体处理内部和外部关系的重要价值准则。多元（文化）主义兴起前的人类历史是一部充满着对异端（多元）歧视、迫害、驱逐乃至杀戮的历史。古希腊（罗马）时期（及其以前）的对"外族""外邦人"的排斥，欧洲中世纪的对宗教异端的迫害，近代欧洲天主教与新教的战争、中国古代社会对"外族人"的歧视一直到德国纳粹对犹太人的清洗等，都是一元崇拜或某种价值、宗教和族性中心主义的产物。千百年来，人类社会（民族国家）为了找到能够消弭多元纷争、凝聚人心的普适性价值，先后将逻各斯、上帝、自然法、绝对精神、理性等引入各类人们共同体内。但是由于这些概念本身所具有的不确定性和人们共同体的特殊属性①，这些"普适性"价值在实践中几乎无一例外地演变成某种特殊主义，从而继续造成共同体内外的紧张不安和冲突。

多元（文化）主义价值理念是人类社会迄今为止发现的能够通过包容各种价值和善的"最不坏的"的解决方案。它继承了自由主义的平等正义理念，并在此基础上发展出包容、接纳和共存的价值因素。多元（文化）主义价值理念的出现和逐步取得优势，标志着人类社会（民族国家）已经开始学会在尊重、接纳和包容多样性中维持共同体的稳定和繁荣，开始走出一元主义的困境。

（3）多元文化主义价值理念是少数民族权利保护与多民族国家构建过程中的共同价值理念。少数民族权利保护与多民族国家构建是同一个历史过程的两个方面。多元文化主义的价值理念不仅与少数民族权利保护有关，也与多民族国家的构建密切相关。长期以来，人们更倾向于把多元文化主义仅仅视为有关少数民族（权利）的思想、理论和意识形态，而不

---

① 由于地理环境等因素的巨大差别，所有的人们共同体在其本性上都是特殊的。

愿或不能看到它在多民族国家构建中的重要作用。①

多元文化主义的价值理念是（多）民族国家（形态）发展到一定阶段的产物。如果说自由主义的单一性的同质化价值理念曾经是民族—国家事实上的合法性基础和社会团结的重要资源的话，那么，多元文化主义的平等、正义、尊重差异和包容（宽容）价值理念则是现代多民族国家的合法性基础和社会团结的重要资源。多元文化主义价值理念的出现，反映了人们对（民族）国家的观念发生了历史性变化，"从一种文化、一个民族、一个国家的传统排斥性的民族国家转变到接受多种族裔、多样文化共存于一个国家的多民族国家的理念"②。这种理念的变化，反映了现代世界体系的一个阶段性变化以及现代世界体系的政治、经济、文化之间的相互影响、彼此渗透。从历史时序上看，多元文化主义是继民族自决和民族自治这两个族际政治观念之后出现的。它的出现表明，"在从领土边界上确立民族国家的基本轮廓的现代世界体系的形成过程基本结束之后，民族自决和民族自治这些在确立民族国家外部边界和内部政治结构方面曾经发挥重要作用的观念政策，已经不足以应对全球性的经济交往和人口流动带来的族裔文化多样性和由此而来的各种社会问题"③。多元文化主义已然成为（多）民族国家整合各民族或族群的新的价值理念，其核心是在平等、正义、尊重差异和包（宽）容的基础上，实现一国内各民族或族群的和谐相处和国家共同体的整合。

与一元化、同质化论者的看法相反，多元文化主义（价值理念）不是一种"促分"的价值观，而是一套"促合（和）"的价值理念。多元文化主义价值理念的提出表明，在当前的世界体系下，一国内的少数民族或族群在不必通过分治或分离的条件下，就能实现对国家权力的分享和对

---

① 出现这种现象的原因，一方面，由于理论维度（尤其是激进文化多元主义）和意识形态维度多元文化主义强大的解构和"重塑国家"的气场；另一方面，（由于）政策维度多元文化主义乱象所造成的种种不利的国家实践（如德国、英国、法国与荷兰等国的实践。最近以来，欧洲一些国家的元首频宣布多元文化主义政策失败。然而，究竟什么是真正的多元文化主义政策，这并不是一个不需要讨论的问题。如前所述，欧洲多元文化主义政策的制定，各有各的背景、动机、标准和目的），当然也有同质化理想所造成的思维固势。这些原因客观上阻止了人们将多元文化主义视为一种包含了平等、正义、尊重差异和包容（宽容）的多民族国家构建的价值理念。
② 王建娥：《族际政治：20 世纪的理论与实践》，社会科学文献出版社 2011 年版，第207 页。
③ 同上。

主流文化的平等参与。多元文化主义价值理念的提出，解决了一元同化条件下主流民族同少数民族的长期对立，为从两个方向（民族分离主义和大民族主义）上防范对多民族国家的侵害，提供了强大的价值理念支撑。就多元文化主义价值理念所涉及的具体内容——平等、正义、尊重差异和包（宽）容来看，多元文化主义是可以"超越时空"的。

需要说明的是，多元文化主义的价值理念并不具有"溯及既往"的个性，它不必也不可能从"源头上"重新配置国家权力和重新分配少数民族对主流文化的影响力；多元文化主义的价值理念也不具有"解构"现实主流文化的潜力和倾向，它的提出毋宁说是少数民族为融入主流社会争取更公平的条件。同"人民主权""民主""法治"等价值理念一样，多元文化主义的价值理念是现代多民族国家构建中的基本价值理念。

按照哈贝马斯的理解，多元文化主义是在"正义""平等""尊重差异""包（宽）容"等原则的指引下，引领各民族将自己的文化传统与"宪法原则"结合起来，从而形成一种公共的"政治文化"，这一文化是形成多民族国家"宪法爱国主义"的坚实基础。当然如何设计出体现这一价值理念的制度和机制，则是需要我们认真考虑的。

当然，在积极肯定多元文化主义价值理念在多民族国家的重要作用的同时，我们也要看到它的某种局限性：首先，从其缘起来看，主要针对的是移民群体的社会融入问题，其适用对象是否可以合理地推及世居少数民族，是有争议的；其次，多元文化主义理念具有被动应付的一面，它的直接动因就是为了缓和同化主义（包括某种形式的种族主义）所带来的民（种）族关系的紧张；最后，也是最重要的是，虽然与种族主义、同化主义相比，多元文化主义理念具有巨大的历史进步性，但是如何准确理解这一理念所包含的内容——"正义""平等""尊重差异""包（宽）容"，在现实中也是有争议的。从目前一些国家的实践情况来看，多元文化主义理念多停留在一种文化政策上的宽容层面，而未深入触及政治或体制方面的变革。这一点与"政治解决"为主导的马克思主义的各民族一律平等的价值理念相比，具有更为明显的局限性。

第五章

马克思主义的各民族
一律平等的价值理念

马克思主义的各民族一律平等的价值理念是马克思主义处理民族问题的观念、价值观的总和。马克思主义的各民族一律平等的价值理念是在长期的革命和建设实践中逐渐形成的，它体现和蕴含在马克思主义经典理论家和政治家的著述及相关国家的政策和实践中。

马克思主义的各民族一律平等的价值理念既具有阶级性和历史性，又具有发展性和连续性。阶级性、历史性、发展性和连续性的统一是马克思主义的各民族一律平等的价值理念所独有的特色。

一　阶级性、历史性、发展性和连续性的相统一

（一）阶级性和历史性

阶级性和历史性是马克思主义的各民族一律平等的价值理念的一个重大特征。马克思、恩格斯所生活的 19 世纪正值无产阶级与资产阶级的斗争激烈之时，整个欧洲社会被空前激化的阶级斗争所分割，分裂为两大阶级。"阶级分野在阶级社会中已成为最根本和最核心的社会身份，阶级斗争作为最根本和最核心的社会矛盾"远比当时欧洲各国资产阶级提倡的"民族主义"和民族认同更为深刻地影响着现实的政治斗争。① 认识这一特定历史背景是正确认识马克思主义的各民族一律平等这一价值理念的历史和逻辑的起点。在这之前，先让我们了解一下"经典马克思主义"的

---

① 参见马戎《马、恩笔下的阶级与民族之间的关系（一）》，《中国民族报》2013 年 3 月 8 日。

民族理论。

美国学者康纳（Walker Connor）把"经典马克思主义"的民族理论归纳为7个方面：（1）民族及其意识形态是上层建筑的组成部分，是资产阶级时代的产物；（2）民族主义（也许所有民族特性）只是短暂的社会现象，不可能超越资本主义阶段；（3）民族主义可能是进步的力量或者是反革命的力量，对于任何社会来说，（进行判断的）分水岭就在于（该国）是否存在着发展起来的资本主义；（4）不论是进步的还是反动的，民族主义在任何地区都是资产阶级的意识形态，资产阶级用它来转移无产阶级的视线，防止无产阶级去认识并实现自己的阶级意识和利益；（5）但是这一策略不会奏效，因为忠诚度是由经济现实而不是族群—民族情感决定的；（6）共产主义者可以支持任何运动，包括民族主义或其他运动，只要这一运动代表着最进步的选择；（7）但是共产主义者必须保持自己（的奋斗目标）超越在民族主义之上，这一（对于民族主义的）"免疫性"是共产主义者所独有的特征。[①] 除了这7点内容以外，还可以补充一条，即经典马克思主义民族理论是"行动主义的"——理论直接指导实践、理念直接服务于规划政治的和社会的发展蓝图——实现共产主义。

从以上基本的理论预设出发，马克思主义的各民族一律平等价值理念呈现出非常复杂的面相：一方面，马克思主义把民族主义、民族性和民族意识视为资本主义阶段的产物，认为它们必将随着资本主义社会的被推翻而进入纯粹历史的范畴；另一方面，又在一定程度上承认民族主义运动的合理性，并努力将其引入有利于无产阶级革命的轨道之中。一方面，坚持平等地对待每一个民族，认为"古往今来每个民族都在某些方面优越于其他民族"，反对民族偏见和无原则的民族优越感，并严厉谴责"民族利己主义"，认为"民族利己主义表现为非常阴暗的、掺杂着血和肉的、自发的利己主义"[②]；另一方面，又把欧洲的诸民族按照现存的形态分为"大民族"和"消失了的民族（peoples）的残余"，或者以"是否顺应历史演变轨迹"把欧洲的各民族划分为"先进民族"或"革命民族"和

---

① 转引自马戎《马、恩笔下的阶级与民族之间的关系（一）》，《中国民族报》2013年3月8日。

② 《马克思恩格斯文集》第1卷，人民出版社2009年版，第321页。

"落后民族"或"反动民族"。

恩格斯更是明确提出了判断是否是"进步民族"的三个标准：第一，"保持着生命力"，特别是在社会制度和科技经济方面的创新能力；第二，"具有同化异族的能力"；第三，"积极地影响历史"。①

在民族平等方面，恩格斯在《工人阶级同波兰有什么关系》② 中的论断颇具代表性。他提出，关于欧洲每一个大民族在一切内部事务上都有权支配自己的命运而不受领邦干预这一点，的确不会有两种意见，只要这种权利不侵犯别国自由。事实上，这种权利是所有民族内部自由的基本条件之一……欧洲各个大民族所享有的这种政治独立权利，已为欧洲民主派所承认，那么工人阶级就尤其不能不同样予以承认。实际上，这只不过就是：承认各个国家的工人为自己要求享有独立的民族生存权利，也承认其他无疑具有生命力的大民族同样享有的民族生存权利。但是，**这种承认和对民族愿望的同情，仅仅针对欧洲那些大的、历史上已清楚确定的民族，这就是意大利、波兰、德意志和匈牙利**。③

恩格斯在文章中强调，"每一个民族都应该是自己命运的主宰，任何一个民族分离出去的每一个小部分应当被允许与自己伟大的祖国合并"，但这里的"民族"指谓的应该是"nation"，而不是"nationality"。他接着指出，"欧洲没有一个国家不是不同的民族处于同一个政府管辖之下。苏格兰高地的盖尔人和威尔士人，按其民族来说，无疑地有别于苏格兰。然而谁也不把这些早已消失了的民族的残余叫作民族，就如同不会把法国的布列塔尼的克尔特居民叫作民族一样"。恩格斯批评路易·波拿巴提出的"民族原则""完全不触及欧洲那些有历史地位的民族（peoples）的生存权利这个大问题"，认为"民族原则提出了两类问题：首先是这些有历史地位的大民族（peoples）之间的分界线问题；其次是关于那些民族（peoples）的许多小残余的独立的民族生存权利问题，这些民族（peoples）过去都曾或长或短地活跃于历史舞台，后来终于被融入某个更有生命力因而也能克服困难的较强大的民族之中而成为其组成部

---

① 转引自马戎《马、恩笔下的阶级与民族之间的关系（一）》，《中国民族报》2013 年 3 月 8 日。

② 以下引文见恩格斯《工人阶级同波兰有什么关系》（1866 年），《马克思恩格斯全集》第 21 卷，人民出版社 2003 年版，第 223—226 页。

③ 黑体字为笔者所加。

分。一个民族（people）在欧洲的重要性，它的生命力，从民族原则的眼光看来，是算不了什么的；在它面前，根本没有历史可言——没有创造历史所必需的活力的瓦拉几亚的罗马尼亚人，同具有两千年历史、民族生命力丝毫未减的意大利人是差不多的；威尔士人和马、恩人，只要他们愿意，他们就能——尽管这是荒谬的——向英格兰人一样享有独立的政治生存权利"。

在恩格斯看来，只有那些历史悠久、富有生命力的"大民族"才有政治上的生存的权利，而路易·波拿巴所谓的"民族原则"则试图把那些历史上存在过的、行将消失的小民族（nationalities）也视为可以争取政治生存权利的民族。恩格斯将他的这一观点斥为"整个是荒谬"。这里，我们可以看出，恩格斯是不主张大小民族一律平等的。

需要强调的是，马克思、恩格斯包括后来的列宁，都抒发过一些赞扬"伟大民族"或具有"历史地位的民族"、相对贬抑一些被称为"早已消失了的民族的残余"的小民族的言论，但他们的这些言论不是任何性质的"民族主义"。相反，这些言论是基于阶级本位的，基于大民族能够更快地实现国家的"完备形态"，从而能够更快地建立无产阶级专政，以最终消灭阶级剥削和压迫，并通过消灭阶级而彻底消灭民族压迫。马、恩在《共产党宣言》中指出，"共产党人强调和坚持整个无产阶级共同的不分民族的利益"，无产阶级的最大利益和最终使命是解放全人类，而阶级、国家和民族都只不过是这个过程中的过渡性实体。在马克思主义者看来，只要是有利于实现"自由人的联合体"的共产主义社会的政治举措，在大方向上都值得肯定。这也是他们一再推崇欧洲的"大民族"甚至对一些同化主义（自然的）的现象也予以正面肯定的根本原因。马克思主义的"民族消亡"理论中的"民族"主要指的"大民族"或"国家民族"或所谓"国族"——因为在他的理论前提中，残存的小民族已经或者将很快融入大民族和消失在历史的长河之中。

马、恩的以阶级斗争为核心、以共产主义社会为目标，严重忽视民族主义、民族性和民族意识在无产阶级革命中的作用的"非民族的"革命理论建构严重地影响他们关于民族平等的观点和论说。在马、恩的相关论述中，我们甚至看不到关于"民族"一词的定义或所指。马、恩也没有明确区分这三类民族的不同，没有从文化特性等方面深入研究各民族的差别，更没有强调主权国家框架下的所有民族一律平等。他们所做的是按照是否有利于无产（资产）阶级革命，是否有利于生产力的发展和生产关系的变革等因素将所有民族划分为"革命的"或"反动的"两大类——也只有在这种意义上，马、恩才将上述三类民族"一视同仁"——赞扬它们中先进的、顺应革命潮流的一类，而贬斥那些逆历史潮流而动的一类。可以说，马、恩的关于各民族一律平等的要说只有在无产（资产）阶级革命和共产主义运动的意义上才可能成立。

行文中，马、恩通常使用"people"来指谓一般意义上的民族，用"nation"来指那些已经建立了国家的民族，用"nationality"泛指亚国家层面的民族。他们关于民族平等的理念多限于"国族"（nation，在谈到 nationality 或 people 时也是围绕 nation 进行的）层面，针对的主要是国家之间的民族关系。在这个层面，他们强调民族的平等性，谴责"阴暗的"民族利己主义。

总之，马、恩的民族平等理念深深淹没或者说浸润在革命斗争和共产主义运动需要的基础之上。在马、恩那里，我们不仅看不到今天意义上的"各民族一律平等"的思想，相反看到的是鼓励"小民族"消亡以融入更大民族（国家）并尽快过渡到消灭国家和民族的共产主义社会的大同蓝图。马、恩不是任何意义上的民族主义者，相反他们是真正超越民族主义的共产主义者——这种以解放全人类为目标的共产主义极大地超越了资产阶级的和任何打着社会主义旗号的民族主义。

马、恩的以共产主义为最终目标的政治理论和学说造就了他们独特的（民族）平等观，这种（民族）平等观不问民族亲疏，不看文化远近，只问阶级利害，只为个人的全面、自由的发展。在马、恩所处的时代，他们既坚决反对任何形式的民族主义，也反对通过一点一滴的改良来实现所谓的"权利平等"和"正义"。马、恩最终所要的不是哪个民族的平等、自由和正义，而是所有民族（全人类）的解放。

（二）发展性和连续性

当共产主义运动进入列宁时代，列宁敏锐地发现，完成社会主义建设、实现民族的融合和共产主义社会将是一个长期的历史过程。在此过程中，正确处理民族问题是苏维埃国家必须重视的重大问题。为此，他改变了在民族问题上急于过渡的传统认识和做法，提出了一系列严肃认真处理民族问题的原则和规则。列宁提出，必须坚持"国内各民族无条件地一律平等"；他认为"无产阶级团结的利益、工人的阶级斗争的同志般团结一致的利益要求各民族最充分的平等，以消除民族间最微小的不信任、疏远、猜疑和仇恨"；提出"宪法中还要加一条基本法律条款，宣布任何一个民族不得享有特权，不得侵犯少数民族的权利"；"任何一个民族的任何特权及对于少数民族权利的任何侵犯都是没有法律效力的"。① 由于种种原因，列宁的这种民族平等思想并没有在苏联得到尊重和落实。

20 世纪后半期以来，伴随着世界格局的日益多极化和民族国家内日益多元化的浪潮，以阶级为划分标准的时代逐渐被政治参与、经济发展水平、文化特性和社会化程度等综合标准代替，马克思主义的各民族一律平等的价值理念逐步获得了新的内容。②

马克思主义在人类历史上第一次突破了殖民主义和民族沙文主义的樊篱，提出世界各民族一律平等的思想。马克思主义认为"压迫其他民族的民族是不能获得解放的"，坚持"不承认和不坚持民族平等和语言平等"就"不是马克思主义者"，明确反对民族同化政策，认为"它是反人民、反革命的政策，是有害的政策"。③

马克思主义的民族平等理念建立在反对民族压迫与剥削、各民族政治地位一律平等的基础之上，其平等理念的最大特点是"政治化"，即将民族关系政治化，"坚持从政治上把握民族关系看待民族问题"，试图从政治上、从根本上找到解决历史遗留下来的民族不平等问题的途径。马克思主义民族理念的最大优点在于它的整体性和全方位性：既认同主权理念，又超越狭隘主权论；既承认文化的多样性，又承认统一性（克服了文化相对主义的弊端）；既坚持权利的正义性，又注重权利的阶级性；既尊重人权价值（理念）的一般事实，又形成超越人权价值的共产主义大同视角。

马克思主义的各民族一律平等的价值理念坚持从整个人类的解放和消灭阶级的角度把握少数民族的权利保护和最终解放问题，坚持把民族问题

---

① 《列宁全集》第 25 卷，人民出版社 1988 年版，第 143 页；《列宁全集》第 24 卷，人民出版社 1990 年版，第 60 页；《列宁全集》第 29 卷，人民出版社 1985 年版，第 432 页。

② 关于马克思主义的各民族一律平等的价值理念的新发展，作者将在后章（"研究报告"）中的"中国的实践"部分展开论述。

③ 恩格斯：《波兰宣言》（1874 年 5 月—1875 年 4 月）；列宁：《关于民族问题的批评意见》（1913 年 10—12 月）；斯大林：《民族问题和列宁主义》（1929 年 3 月）。

视为社会问题的一部分——马克思主义把民族问题看作社会总问题的一部分，认为民族问题的表现和解决涉及政治、经济、文化等各个领域，因而从一开始，社会主义国家的民族政策就是一套全方位的政策。它涉及应对不同民族结构的国家体制、少数民族的应有权利、民族关系的准则、国家和国内民族的关系、少数民族经济文化的发展方针等，[①] 同时又表现出鲜明的（个性）特色。对照前述4种价值理念，我们可以简单地把各民族一律平等的价值理念的特点总结为以下4个方面：超越民族主义的阶级利害观、基于解放全人类的（权利）正义观、消灭阶级压迫的人权观和承认多元文化的文化观。

二　马克思主义的各民族一律平等的价值理念具有整体性和全方位的特点

（一）超越民族主义的阶级利害观

与所处时代资产阶级国家普遍强调多数民族（单一民族）的利害（利益）或"国家安全"的理念相比，马、恩更加重视无产阶级作为一个整体的阶级利害或利益。他们在《共产党宣言》中明确指出，"至今所有一切社会的历史都是阶级斗争的历史"，"现今的这个时代，即资产阶级时代，却有一个特点，就是它使阶级矛盾简单化了：社会日益分裂为两大敌对的阵营，即分裂为两大相互直接对立的阶级：资产阶级和无产阶级"。他们认为，"现代的工业劳动，现代的资本压迫，无论是在英国或法国，也无论是在美国或德国，都是一样的，都已经使无产阶级失去任何民族性了……在各国无产者的斗争中，共产党人特别重视和坚持整个无产阶级的不分民族的共同利益"。马、恩认为，不管单个的资产者同其他资产者进行多么激烈的斗争，资产者作为阶级是有共同利益的；[②] 当每一个民族的资产阶级还保持着它的特殊的民族利益的时候，大工业却创造了这样一个阶级，这个阶级在所有的民族中都具有同样的利益，在它那里民族独特性已经消灭。[③]

---

① 王希恩：《多元文化主义与马克思主义民族理论的两点比较》，《科学社会主义》2010年第2期。

② 《马克思恩格斯全集》第42卷，人民出版社1979年版，第256页。

③ 《马克思恩格斯文集》第1卷，人民出版社2009年版，第566—567页。

　　针对资产阶级为分化无产阶级所提出的"民族的生存""民族的荣耀""民族的发展"等诉诸民族主义利害的口号并责备他们"要取消祖国、取消民族"的言论，马、恩响亮地回应"工人没有祖国。决不能剥夺他们所没有的东西"。在19世纪西欧各国无产阶级不断发动起义和资产阶级对革命持续残酷镇压的过程中，资产阶级总是打着"民族利益"的旗帜，通过强调各民族内部享有的共同语言、宗教、族源、历史等构建"民族"的文化和血缘要素，在感情上极力煽动本族民众和工人中的"民族主义情绪"，引导人们把"民族矛盾"看得重于"阶级矛盾"，号召本民族所有成员（包括贵族、资本家、商人和普通劳动群众）团结起来，为了"具有共同祖先、共同文化、共同宗教传统的伟大民族的荣耀和利益"坚决地去与周边其他"民族"（包括贵族、资本家、商人和普通劳动群众）进行对抗甚至战争，这样的政治动员可以有效地通过挑动民族仇恨来分化各国无产阶级运动的国际联合。①

　　民族主义的斗争危害着工人阶级的整体利益。马克思指出，英国工人和爱尔兰工人间的民族对抗，在英国至今还是横在争取工人阶级解放的一切运动的道路上的主要障碍之一，因而也是英国和爱尔兰的阶级统治的主要支柱之一。②他呼吁应该使德国工人与爱尔兰工人、英国工人、美国工人联合起来。③恩格斯提出，工人阶级应当共同战斗，应当以各国工人兄弟的联盟来对抗各民族的资产阶级兄弟联盟④；应当使其他的一切都服从无产阶级解放这一目的⑤。

　　在马、恩看来，阶级的团结和阶级的利害是无产阶级革命中的头等大事，只有西欧各国乃至世界范围内的无产阶级联合起来，才能有效地对抗资产阶级所诉诸的民族主义力量。马、恩看到，要使无产阶级革命取得成功，工人阶级必须摆脱旧时代遗留下来的"民族性"或"民族主义"的羁绊，把自己的命运与全人类普遍的利益牢牢地结合在一起。

　　民族问题从属于阶级问题，民族问题（包括其他一切社会问题）的

　　① 参见马戎《马、恩笔下的阶级与民族之间的关系（一）》，《中国民族报》2013年3月8日。

　　② 《马克思恩格斯全集》第18卷，人民出版社1964年版，第711页。

　　③ 《马克思恩格斯文集》第10卷，人民出版社2009年版，第330页。

　　④ 《马克思恩格斯选集》第1卷，人民出版社1972年版，第290页。

　　⑤ 《马克思恩格斯全集》第35卷，人民出版社1971年版，第272页。

最终解决依赖于阶级问题的解决。因为"阶级对立一消失，民族之间的敌对关系就会随之消失"①。在阶级问题未解决之前，强调民族问题甚至以民族问题来冲击甚至代替阶级问题将会给无产阶级的解放全人类事业带来巨大的损失。

恩格斯在《英国工人阶级状况》中说道："我极其满意地看到你们已经摆脱了民族偏见和民族优越感这些极端有害的东西，它们归根到底不过是大规模的利己主义而已；我确信你们是认识到自己的利益和全人类的利益相一致的人，是伟大的人类大家庭的成员。"②

基于这样一个认识，即"当发生任何真正严肃而深刻的政治问题时，人们是按阶级而不是按民族来进行组合的"③。列宁认为，工人如果把"本"民族资产阶级在政治上的统一看得高于同各民族无产阶级的完全统一，那就违背了自己的利益，违背了社会主义的利益和民主的利益；所有民族的工人要是不在一切工人组织中实行最紧密最彻底的联合，无产阶级就无法进行争取社会主义的斗争和捍卫自己日常的经济利益。④

列宁强调，我们的任务不是把各个民族分开，而是把各个民族工人阶级团结起来⑤；只有各族工人在各种统一的组织中打成一片，无产阶级才有可能进行反对国际资本、反对反动派的胜利斗争，粉碎各民族的地主、神父和资产阶级民族主义者的宣传和意图。因为这些人通常都是在"民族文化"的幌子下，贯彻反对无产阶级的意图。⑥斯大林也呼吁，为了无产阶级的胜利，必须不分民族地把一切工人联合起来。⑦他主张把不同民族的无产阶级组成一个共同的政党，认为"把同一国家的无产阶级按民族组织起来只能使阶级团结的思想归于毁灭。同一国家内的所有无产者应当组成一个不可分的无产阶级的集体"⑧。

基于阶级利害论，或阶级利益至上的理念，列宁甚至对少数民族的同化和民族分离主义做了民族平等论者和主权完整论者难以接受的解读。他

---

①　《马克思恩格斯文集》第 2 卷，人民出版社 2009 年版，第 50 页。

②　《马克思恩格斯文集》第 1 卷，人民出版社 2009 年版，第 383、384 页。

③　《列宁全集》第 24 卷，人民出版社 1990 年版，第 139 页。

④　《列宁全集》第 23 卷，人民出版社 1990 年版，第 331 页。

⑤　《列宁全集》第 24 卷，人民出版社 1990 年版，第 248 页。

⑥　同上书，第 61 页。

⑦　《斯大林全集》第 1 卷，人民出版社 1953 年版，第 30 页。

⑧　《斯大林全集》第 3 卷，人民出版社 1955 年版，第 51—52 页。

说谁没有陷入民族主义偏见，谁就不会不把资本主义的民族同化过程看作是极其伟大的历史进步，看作是对各个偏僻角落的民族保守状态的破坏，对俄国这样的落后国家来说尤其如此①；任何鼓吹把一个民族的工人同另一个民族的工人分割开来的论调，任何攻击马克思主义的"同化"的言论，都是资产阶级民族主义，应该与之做无情的斗争。无产阶级欢迎民族的一切同化，只要同化不是强制性的或者依靠特权进行的。②

鉴于阶级利益高于民族（国家）利益的理念，鉴于无产阶级治下的各民族的联合是出于完全自愿，列宁甚至提出，"采取完全自由和民主的办法解决各民族的政治自决问题，即各民族的国家分离权问题"③。他说："如果我们要求给予蒙古人、波斯人、埃及人及所有被压迫的和没有充分权利的民族以分离自由，那么这绝不是因为我们主张他们分离，而仅仅是因为我们主张自由地、自愿地接近和融合，但不主张强制的接近和融合。仅仅是因为这一点！"④

总之，在经典马克思主义者看来，阶级利益或阶级利害是无产阶级革命中最值得关注的利益或利害考量点，任何试图以民族主义或民族利害为由侵蚀这一核心利益的行为都是与马克思主义的基本原则相抵触的。在这一点上，马克思主义者和民族主义者，就像自由主义者和牧师一样，"注视的似乎不是同一个过去"⑤。

（二）基于解放全人类的（权利）正义观

与自由主义在既定的（资本主义）社会制度和体制中寻找权利正义价值理念的进路不同，马克思主义关于人的权利的平等观或正义观，一开始就建立在批判和否定现存的社会制度的基础之上。尽管马克思看不起主流现代伦理学，从不介入他们的任何学术争论，但马克思的学说就其本质来说却是卢梭、康德开启的"道德政治"这一思想趋向发展的顶点，其对现代政治提出了最高的道德要求，因此成为最深刻的现代性批判。⑥

---

① 《列宁全集》第24卷，人民出版社1990年版，第132—133页。
② 同上书，第135、138页。
③ 《列宁全集》第24卷，人民出版社1990年版，第123页。
④ 《列宁全集》第28卷，人民出版社1991年版，第161页。
⑤ ［英］以赛亚·伯林：《启蒙的三个批评者》，马寅卯、郑想译，译林出版社2014年版，第5页。
⑥ 张盾：《"道德政治"谱系中的卢梭、康德、马克思》，《中国社会科学》2011年第3期。

马、恩毕生致力于研究社会发展的规律，探寻真理，追求包括少数群
体在内的全人类的最终解放的正义。在他们生活的早期，他们试图在西方
源远流长的自然法体系中发现内藏于人类社会的正义理念。马克思认为，
"法律只是在自由的无意识的自然规律变成有意识的国家法律时才起真正
法律的作用"，"它是人的行为本身必备的规律，是人的生活的自觉反
映"①；法律"是事物的法的本质的普遍和真正的表达者。因此，事物的
法的本质不应该去迁就法律，恰恰相反，法律倒应该去适应事物的法的本
质"②。在马克思看来，国家制定的法律（人为法）只有适应了"事物的
法的本质"，才可能成为"真正的法律"或正义的法律；人为的国家法律
必须尊重"自由的无意识的自然规律"。

马、恩早期的思想具有浓郁的自然法学派的色彩，他们相信某种形式
的永恒（权利）正义。事实上，正是在追寻这种（权利）正义的过程中，
马、恩发现了影响和决定（权利）正义的历史、现实和观念因素，并继
而提出了他们的唯物史观和辩证法思想。唯物史观和辩证法塑形下的马克
思主义的（权利）正义理念具有以下 3 个特点：（1）认为（权利）正义
的基础是历史唯物主义；（2）认为（权利）正义的最终发展趋向是全人
类解放的共产主义社会；（3）在历史（现实）和未来共产主义社会之间，
无产阶级的权利斗争，要以消灭阶级剥削、阶级压迫为最终目标。

1.（权利）正义的基础是历史唯物主义

马、恩认为，权利正义价值理念的基础是历史的，认为"权利永远
不能超出社会经济结构及由经济结构所制约的社会的文化发展"，"人们
每次都不是在他们关于人的理想所决定和所容许的范围之内，而是在现有
的生产力所决定和所容许的范围之内取得自由的"。③ 恩格斯指出，"人们
往往忘记他们的法权起源于他们的经济生活条件，正如他们忘记了他们起
源于动物界一样。随着立法发展为复杂和广泛的整体，出现了新的社会分
工的必要性：一个职业法学者阶层形成起来了，同时也就产生了法学。法
学在其进一步发展中把各民族和各时代的法权体系互相加以比较，不是把
它们视为相应经济关系的反映，而是把它们视为本身包含有自己根据的体

---

① 《马克思恩格斯全集》第 1 卷，人民出版社 1956 年版，第 72 页。
② 同上书，第 139 页。
③ 《马克思恩格斯全集》第 3 卷，人民出版社 1960 年版，第 507 页。

系。比较都是以具有某种共同点为前提的：这种共同点表现在法学家把这些法学体系中一切多少相同的东西统称为自然法权。而衡量什么算自然法权和什么又不算自然法权的标准，则是法权本身最抽象的表现，即'公平'"①。恩格斯认为，法权是现存经济关系的反映，而所谓"公平"不过是这种法权的一种更为抽象的表现，公平是法学家衡量各种法律体系的抽象物。他说，"在法学家和盲目相信他们的人们眼中，法的发展只不过是使获得法的表现的人类生活条件一再接近于公平理想，即接近于永恒公平。而这个公平则始终只是现存经济关系的或者反映其保守方面、或者反映其革命方面的观念化的神圣化的表现"。恩格斯指出，希腊人和罗马人的公平（观）认为奴隶制度是公平的；1789 年资产者的公平则要求废除封建制度，因为据说它不公平，所以关于永恒公平的观念不仅因时因地而变，甚至也因人而异，这种东西正如米尔柏格正确说过的那样"一个人有一个人的理解"②。

在马、恩看来，（权利）正义是一个历史概念，不同的历史时期有着不同的（权利）正义理念（观念）。"在最古老的自然形成的公社中，最多只谈得上公社成员之间的平等权利，妇女、奴隶和外地人自然不在此列；在希腊人和罗马人那里，人们的不平等的作用比任何平等要大得多。如果认为希腊人和野蛮人、自由民和奴隶、公民和被保护民、罗马的公民和罗马的臣民，都可以要求平等的政治地位，那么这在古代人看来必定是发了疯。"③ 权利主体和权利内容范围的确定归根到底取决于生产方式及由这种生产方式所决定的文化和观念结构。这是马、恩在唯物史观的基础上对（权利）正义理念所做的凝练表达。正是这一点使马、恩的（权利）正义观与自然法学派分道扬镳。

2. （权利）正义的最终发展趋向是全人类解放的共产主义社会

马、恩的（权利）正义观既是对人类历史发展到资本主义阶段的初步总结，也是其（理论）最终导向共产主义社会的一个理论基点。在批判资本主义的生产资料的私人占有所造成的不公正的基础上，马、恩提出最终"代替那存在着阶级和阶级对立的资产阶级旧社会的，将是这样一

---

① 《马克思恩格斯全集》第 18 卷，人民出版社 1995 年版，第 309—310 页。
② 参见《马克思恩格斯选集》第 3 卷，人民出版社 1995 年版，第 211—212 页。
③ 《马克思恩格斯选集》第 3 卷，人民出版社 1995 年版，第 444—445 页。

个联合体，在那里，每个人的自由发展是一切人的自由发展的条件"①。恩格斯认为，"真正的自由和真正的平等只有在共产主义制度下才可能实现；而这样的制度是正义所要求的"②。

与一些论者借口"意识形态性"而否认马、恩的正义学说相反，恰恰是正义的意识形态功能使马、恩能够实现对资本主义的内在批判。资产阶级将"正义"的规范内容应用于歪曲的事实来为资本主义制度辩护，而马克思通过揭穿资本主义社会之正义"真相"证明了这一制度的不正义③，并最终为全面实现正义的共产主义社会提供了理论支撑。

值得注意的是，马、恩的（权利）正义理念所导向的共产主义社会，是一个以个人的自由和全面发展为目的和特征的社会。在这个社会，个人的充分自由发展是所有人自由充分发展的条件。这种定位既契合了马克思的"全部人类历史的第一个前提无疑是有生命的个人的存在"④的论说，也为马、恩一贯提倡的"共同体社会"⑤做了最后的注脚。同时，由于高度重视个人的自由与权利，马克思主义的（权利）正义理念也部分地契合了自由主义的某些价值理念。当然，与自由主义不同的是，马克思主义理念下的个人是历史的、具体的，因而更可能关照到族裔和文化上的少数人的特殊处境。

3. 无产阶级的权利斗争，以消灭阶级剥削、阶级压迫为最终目标

在历史（现实）和未来共产主义社会之间，马、恩并不否认权利斗争的重要意义。他们鼓励工人为改善工作条件、争取合理劳动待遇而斗争，并且注意把这种"合法的"权利斗争引向有利于无产阶级革命的方向。但马、恩反对将这种合法的斗争本身视为工人阶级的最终目的。马克思生活在阶级矛盾激化的革命时代，面对推翻旧社会建立新社会的革命目标，实际投身革命实践要比单纯的权利斗争更为紧迫。正义、权利等道德话语不仅容易产生分歧，"难以将工人整合为统一的政治力量，还有可能

---

① 《马克思恩格斯选集》第1卷，人民出版社1995年版，第294页。
② 《马克思恩格斯全集》第1卷，人民出版社1956年版，第582页。
③ 李旸：《马克思主义正义观的合法性问题辨析》，《中国特色社会主义研究》2012年第6期。
④ 《马克思恩格斯选集》第1卷，人民出版社1995年版，第67页。
⑤ 马、恩指出，"只有在共同体中，个人才能获得全面发展其才能的手段，也就是说，只有在共同体中才可能有个人自由"。《马克思恩格斯选集》第1卷，人民出版社1995年版，第119页。

将革命方向引向仅仅要求公平分配的改良主义……将革命降低为意识形态领域的纷争甚至倒入改良主义"①。

恩格斯指出，"无产阶级所提出的平等要求有双重意义。或者它是对明显的社会不平等，对富人和穷人之间、主人和奴隶之间、骄奢淫逸者和饥饿者之间的对立的自发反应……或者它是从对资产阶级平等要求的反应中产生的，它从这种平等要求中吸取了或多或少正当的、可以进一步发展的要求，成了用资本家本身的主张发动工人起来反对资本家的鼓动手段；在这种情况下，它是和资产阶级平等本身共存亡的。在上述两种情况下，无产阶级平等要求的实际内容都是消灭阶级的要求。任何超出这个范围的平等要求，都必然要流于荒谬"②。

马、恩将彻底的平等和权利要求寄托在完全消灭阶级压迫、阶级剥削或阶级本身上。认为任何可能导向脱离这一最终目标的权利斗争都是不可取的。在马、恩看来，工人阶级的权利斗争之所以可贵，不仅在于它可以在现体制下改善工人的工作条件和待遇，更重要的是，它可以引导工人阶级"认识到产品是劳动能力自己的产品，并断定劳动同自己的实现条件的分离是不公平的、强制的"，这是一种"了不起的觉悟"，"这种觉悟是以资本为基础的生产方式的产物，而且也正是为这种生产方式送葬的丧钟，就像当奴隶觉悟到他不能做第三者的财产，觉悟到他是一个人的时候，奴隶制度就只能人为地苟延残喘，而不能继续作为生产的基础一样"③。在权利斗争的终极意义上，马克思号召工人阶级"应当摒弃'做一天公平的工作，得一天公平的工资'！这种保守的格言，要在自己的旗帜上写上革命的口号：'消灭雇佣劳动制度！'"④。

在无产阶级的权利斗争方面，马、恩持有一种相对正义和绝对正义相结合的观点。就前者来说，他们承认"只要与生产方式相适应、相一致，就是正义的；只要与生产方式相矛盾，就是非正义的"⑤。就后者来看，马、恩甚至将社会主义时期（共产主义第一阶段）的平等权利都视为

---

① 李旸：《马克思主义正义观的合法性问题辨析》，《中国特色社会主义研究》2012 年第 6 期。

② 《马克思恩格斯全集》第 31 卷，人民出版社 1972 年版，第 17 页。

③ 《马克思恩格斯全集》第 30 卷，人民出版社 1995 年版，第 455 页。

④ 《马克思恩格斯选集》第 2 卷，人民出版社 1995 年版，第 97 页。

⑤ 《资本论》（第三卷）（上），人民出版社 1975 年版，第 379 页。

"资产阶级权利"①，因为"生产者的权利是同他们提供的劳动成比例的；平等就在于以同一尺度——劳动——来计量"②。在马、恩看来，只有到了彻底消灭阶级的共产主义主义高级阶段，权利斗争所指向的正义诉求才会得以真正实现。

十月革命之后，列宁敏锐地发现，共产主义社会作为无产阶级革命的终极目标不是一个一蹴而就的事情。阶级压迫和阶级剥削的消除也不能立刻带来人与人之间的实际平等尤其是各民族之间的实质平等。为解决这一问题，列宁一方面在国家的政治实践中，继续使用资本主义社会条件下的权利话语；另一方面，用权利的实质平等来区隔以往的资产阶级法权式的平等。列宁认为，资产阶级民主由它的本性所决定的一个特点就是抽象地或从形式上提出平等问题，包括民族平等问题。③而无产阶级追求的是各阶层和各民族间的实质平等。为了在各民族间实现权利正义的价值理念，列宁提出"压迫民族或所谓'伟大'民族的国际主义应当不仅表现在遵守形式上的民族平等，而且表现在压迫民族即大民族要处于不平等地位，以抵偿在生活中事实上的不平等"④。

以上简要论述了马克思主义的基于解放全人类的（权利）正义观。严格来说，马克思主义尤其是马、恩本人并没有一个一以贯之的正义论体系。早期的马、恩相信世界上存在着某种永恒的正义理念。随着马克思主义理论体系的逐渐成熟尤其是唯物史观的逐步形成，马、恩改变了在抽象的价值理念中去寻找人类社会正义理想（目标）的做法，将目光聚焦于研究社会的生产方式及由这种生产方式所决定的生产关系，从中发现人类社会发展的一般规律。追求正义是马、恩研究社会科学的起点，发现唯物史观并找到共产主义社会的目标是马、恩正义理论的终点。科学社会主义理论成熟、共产主义社会范式形成后，马、恩对正义等抽象理念逐渐失去了探讨的兴趣。他们认为，共产主义社会本身就是正义的最后实现和最终体现——无产阶级当下的主要任务是为共产主义的实现而行动而不是空谈

---

① 《马克思恩格斯选集》第 3 卷，人民出版社 1995 年版，第 304 页。

② 同上。

③ 《列宁全集》第 39 卷，人民出版社 1986 年版，第 160 页。恩格斯曾在《反杜林论》中说，"平等应当不仅是表面的，不仅在国家的领域中实行，它还应当是实际的，还应当在社会的、经济的领域中实行"。这一述论应该对列宁产生了影响。《马克思恩格斯选集》第 3 卷，人民出版社 1995 年版，第 448 页。

④ 《列宁全集》第 43 卷，人民出版社 1987 年版，第 352—352 页。

正义。①

当然，我们也看到，在现实和未来的共产主义社会之间，马、恩也并不排除使用正义、权利等话语，他们经常用资产阶级所熟悉的权利正义话语批评资本主义社会的不公正现象。也惯用权利、正义等话语鼓励工人阶级的"合法斗争"并设法将其引导在推翻资本主义制度的革命道路上。在民族平等方面，他们也提出，"努力做到使私人关系间应遵循的那种简单的道德和正义的准则，成为各民族之间的关系中的至高无上的准则"② 等。

在权利正义方面，马克思主义与自由主义的最大区别是，前者认为资本主义社会不再有用正义、权利等理念改造的价值，而后者则坚持用权利正义的理念去完善和拯救资本主义社会。罗尔斯认为，马、恩之所以没有把正义问题看成是"更为紧迫的"问题的原因有两个，一是他们反对乌托邦社会主义者，立志要成为"改变世界"的行动派；二是他们反对改良主义及那种关注狭义的分配正义问题的倾向。

罗尔斯指出，马克思认为"如果克服了资本主义，并建立了一个'生产者自由联合的社会'，那么，就再也不需要思考正义问题了。关于正义的这些讨论都属于意识形态，它们将随着资本主义的消亡而消失"，马克思所追求的不仅是一个"完全正义的社会"，而且实质上是一个"超越了正义的社会"，因为"共产主义社会中的成员不是能够被正义的原则和美德所打动的人；也就是说他们不是那种具有依据的原则和观念来采取行动之倾向的人。在那样的社会中的人们可能会知道何为正义，而且，他们可能会回想起他们的先人曾经被正义的原则和美德所感动；但是，对于正义的令人厌烦的考虑，以及关于正义之具体要求的争论不是他们日常生活的一个组成部分"。罗尔斯认为"这些人对我们来说是奇怪的；要描述他们是很困难的"③。

总之，在权利正义问题上，马克思主义与自由主义有着截然不同的观点和理念。前者试图通过打破后者对既定社会制度（资本主义）的修修

① 这一点或许我们可以从马、恩将"正义者同盟"改为"共产主义同盟"这一历史事件看出一些端倪。在马、恩那里，实现共产主义就是最大的正义。

② 《马克思恩格斯文集》第 3 卷，人民出版社 2009 年版，第 14 页。

③ ［美］约翰·罗尔斯：《政治哲学史讲义》，杨通进等译，中国社会科学出版社 2011 年版，译者前言第 8 页。

补补，而将资本主义社会引向社会主义乃至共产主义社会，后者则致力于在既定的社会制度下通过权利、正义等理念寻找解决资本主义制度弊病的手段，从而达到保留资本主义社会的目的。在此意义上，马克思主义对罗尔斯等自由主义者来说，确实是"奇怪的"。

需要强调的是，马、恩虽然没有形成系统的权利正义理论，并且由于权利正义理论（念）经常被资产阶级学者用来为资本主义辩护、阻止无产阶级革命，马、恩本人对权利正义理念多持谨慎和批判的态度。但是，权利正义理论（念）对马克思主义来说，仍然具有重大的历史和现实意义。从历史的维度来看，权利正义理念是催生马、恩的无产阶级革命意识的最初酵母，也是他们批判资本主义制度的重要话语理论；从现实的角度来看，权利正义理念也是社会主义条件下，解决各个阶层、族群公平问题的重要价值理念。

（三）立基于唯物史观的去阶级压迫、阶级剥削的人权观

与资产阶级（自由主义）的在现行制度框架下追求人权实现的观念不同，马克思主义的人权观建立在消灭阶级压迫、阶级剥削的辩证唯物史观的基础之上。它将包括少数民族在内的全人类的人权的实现寄托于通过无产阶级革命达致共产主义社会的目标上。马克思主义的人权观有4个基本特点：首先，它承认终极意义上的人权的普遍性，并把实现这种普遍的人权作为无产阶级奋斗的最终目标；其次，它承认资本主义人权的历史进步性，同时指出其不可克服的历史局限性；再次，它揭露了资本主义条件下实现"普遍人权"的不可能性，提出人权的实现必须以推翻压抑人性、异化人性的资本主义社会制度为前提；最后，马克思主义把阶级的解放或消灭阶级视为实现包括少数民族在内的全人类"普遍人权"的必要条件。

1. 马克思主义承认终极意义上的人权的普遍性，并把实现这种普遍的人权作为无产阶级奋斗的最终目标

早在中学时期，马克思就流露出为整个人类谋福祉的职业取向。他说选择职业时，我们应该遵循的主要指针是人类的幸福和我们自身的完美，他认为"最幸福的人"是"那些为大多数人带来幸福的人"，并且立志选择"最能为人类福利而劳动的职业"①。青年马克思在费尔巴哈人本主义

---

① 《马克思恩格斯全集》第40卷，人民出版社1982年版，第7页。

的基础上，提出了"人是人的最高本质""人的根本就是人本身"的论断。① 理论成熟后的马克思在其《1844 年经济学哲学手稿》中写道，共产主义就是"人向自身的复归""是通过人并且为了人而对人的本质的真正占有""是人的解放和复原的一个现实的必然的环节"。在"作为完成了的自然主义"的意义上，共产主义就"等于人道主义"。②

恩格斯认为，人权普遍性的论断建立在这样一种认识基础上："一切人，作为人来说，都有某些共同点，在这些共同点所及的范围内，他们是平等的，这样的观念自然是非常古老的"；而现代的平等要求"更应当是从人的这种共同特性中，从人就他们是人而言的这种平等中引申出这样的要求：一切人，或至少是一个国家的一切公民，或一个社会的一切成员，都应当有平等的政治地位和社会地位"。③

无产阶级的"普遍的"人权不是在现存的资本主义制度的基础上，通过"人权斗争"获得的，而是通过暴力革命，推翻资产阶级的统治、消灭生产资料的私有制并在新的社会制度下，组织以公有制为基础的社会化大生产的条件下实现的。这种新的社会化大生产，"不仅可能保证一切社会成员有富足的和一天比一天充裕的物质生活，而且还可能保证他们的体力和智力获得充分的自由的发展和运用"④。

2. 马克思主义承认资本主义人权的历史进步性，同时指出其不可克服的历史局限性

马、恩指出，"资产阶级在历史上曾经起过非常革命的作用"⑤。资产阶级首创了"天赋人权""人人生而平等"，提出了人人拥有"不言而喻、不可剥夺的"的基本人权，颁行了人类历史上的"第一个人权宣言"（马克思语）。恩格斯在 1875 年发表纪念波兰起义的演说中说，"宣布人权和公民权"的法国 1791 年宪法是"一面革命旗帜"⑥。列宁也认为，"资本主义和封建主义相比，是在'自由''平等''民主''文明'的道路上向前迈进了具有世界历史意义的一步"⑦。

---

① 《马克思恩格斯选集》第 1 卷，人民出版社 1995 年版，第 9 页。
② 《马克思恩格斯全集》第 42 卷，人民出版社 1979 年版，第 120、131 页。
③ 《马克思恩格斯选集》第 3 卷，人民出版社 1995 年版，第 444 页。
④ 同上书，第 633 页。
⑤ 《马克思恩格斯选集》第 1 卷，人民出版社 1972 年版，第 274 页。
⑥ 《马克思恩格斯选集》第 2 卷，人民出版社 1972 年版，第 630 页。
⑦ 《列宁全集》第 37 卷，人民出版社 1985 年版，第 109 页。

　　然而，人权就其本质来说，"不是天赋的，而是历史地产生的"①。"人们每次都不是在他们关于人的理想所决定和所容许的范围内，而是在现有的生产力和所决定和所容许的范围之内取得自由的。"②"平等的观念，无论以资产阶级的形式出现，还是以无产阶级的形式出现，本身都是一种历史的产物，这一观念的形成，需要一定的历史关系，而这种历史关系本身又以长期的已往的历史为前提。"③历史地看，人权是资产阶级革命的产物。随着资本主义经济的萌芽和进一步发展，资产阶级反对封建等级和特权、要求平等权的呼声日益高涨。随着革命的进一步推进，这种特定历史背景的平等权要求，迅速地"获得更大的规模"，资产阶级所要求的"自由和平等也很自然地宣布为人权"④。

　　资产阶级所谓的人权"无非是市民社会的成员的权利""利己主义的人的权利"，这种权利之所以取得了"人权"的形式，"只有用政治国家和市民社会的关系，政治解放的本质来解释"——"封建社会已经瓦解，只剩下了自己的基础——人，但这是作为它的真正基础的人，即利己主义的人"——"国家通过人权承认的正是这样的人"，"这些个人的关系通过权利表现出来，正像等级行为制度的人的关系通过特权表现出来一样"⑤。

　　但是，资产阶级的"自由这项人权并不是建立在人与人结合起来的基础上，而是建立在人与人分离的基础上。这项权利就是这种分离的权利，是狭隘的、封闭在自身的个人的权利"，"这种自由使每个人不是把别人看作自己自由的实现，而是看作自己自由的限制"。资产阶级的"人权的实际应用就是私有财产这一人权"，它"是任意地、和别人无关地、不受社会束缚地使用和处理自己财产的权利；这项权利就是自私自利的权利"；在资本主义条件下，"任何一种所谓人权都没有超出利己主义的人……即作为封闭于自身、私人利益、私人任性，同时脱离社会整体的个人的人"⑥。

　　因此，马、恩认为，如果把资产阶级的以"平等、正义"等价值为内

---

① 《马克思恩格斯全集》第2卷，人民出版社1957年版，第146页。
② 《马克思恩格斯全集》第3卷，人民出版社1960年版，第507页。
③ 《马克思恩格斯全集》第20卷，人民出版社1971年版，第117页。
④ 同上书，第115页。
⑤ 《马克思恩格斯全集》第1卷，人民出版社1956年版，第443、442页。
⑥ 同上书，第438、439页。

核的人权"当成是最高的原则和最终的真理，那是荒唐的"①。资产阶级的人权是历史的产物，同时具有历史所赋予的进步性和局限性两个方面。无产阶级关于人权的普遍性的最终要求是要消灭资产阶级以及阶级本身。

3. 马克思主义提出人权的实现必须以推翻压抑人性、异化人性的资本主义社会制度为前提

马克思主义认为，人权"既不能从它们本身来理解，也不能从所谓人类精神的一般发展来理解，相反它们根源于物质的生活关系，这种物质的生活关系的总和"②。资产阶级的人权究其实质来说保护的是资产阶级的所有权。恩格斯说，"被宣布为最主要的人权之一的是资产阶级的所有权"③；"资本是天生的平等派"，"它要求在一切生产领域内剥削劳动的条件都是平等的"，并"把这当作自己的天赋人权"④。"平等地剥削劳动力，是资本的首要的人权"⑤。甚至在资本主义社会，"人权本身就是特权"⑥。这样，资产阶级的人权实际上只是人格化的资本的人权，他们"所谓现代社会制度中占支配地位的是公道、正义、权利平等、义务平等和利益普遍协调这一类虚伪的空话，就失去了最后的根据"⑦。

资本的权利和物对人的支配是资本主义社会人权的基本特征。这种建立在压抑人性或人性异化基础上的人权只是资本家阶级的人权，它与马、恩所设想的实现"人的回归"的普遍人权根本相悖。在资本主义社会，资本和资本化的生产关系及由这种生产关系所决定的社会关系是造成包括无产阶级在内的广大人民群众日益被剥夺和丧失平等地位的重要经济和社会根源。消灭这种被剥夺和丧失平等地位的根本途径是消灭阶级剥削和压迫乃至消灭"消灭阶级本身"⑧。

4. 马克思主义把阶级的解放或消灭阶级视为实现包括少数民族在内的全人类普遍人权的必要条件

恩格斯在《反杜林论》中说，"在罗马帝国时期，所有这些区别，除

---

① 《马克思恩格斯全集》第20卷，人民出版社1971年版，第670页。
② 《马克思恩格斯选集》第2卷，人民出版社1995年版，第32页。
③ 《马克思恩格斯选集》第3卷，人民出版社1995年版，第356页。
④ 《马克思恩格斯全集》第23卷，人民出版社1972年版，第436页。
⑤ 同上书，第324页。
⑥ 《马克思恩格斯全集》第3卷，人民出版社1960年版，第229页。
⑦ 《马克思恩格斯全集》第19卷，人民出版社1963年版，第125页。
⑧ 《马克思恩格斯全集》第23卷，人民出版社1972年版，第324页。

自由民和奴隶的区别外，都逐渐消失了；这样，至少对自由民来说产生了私人的平等，在这种平等的基础上罗马法发展起来了，它是我们所知道的以私有制为基础的法的最完备形式。但是只要自由民和奴隶之间的对立还存在，就谈不上从一般人的平等得出的法的结论，这一点我们不久前在北美合众国各蓄奴州里还可以看得到"①。

按照恩格斯的上述论断，在早期阶级社会，所谓"人权"归根到底只是少部分人的人权，除了奴隶主贵族和君主以外，"自由民"和奴隶分别处于被部分和全部剥夺权利的境地。即使将早期阶级社会简化为"自由民"和奴隶两个阶级，但只要存在这种阶级对立，就谈不上从一般的人的角度去谈论"人权"。因此，在前资本主义社会，不论从形式上还是实质上都不存在一般意义上的人权。阶级压迫和剥削及由此导致的阶级的公然对立，使得人权即使是作为一个单纯的装饰物也难以出现在历史的前台。

资本主义的产生和发展，导致了"摆脱封建桎梏和通过消除封建不平等来确立权利平等的要求"变成了一种普遍的权利要求。"由于人们不再生活在像罗马帝国那样的世界帝国中，而是生活在那些相互平等地交往并且处在差不多相同的资产阶级发展阶段的独立国家所组成的体系中，所以这种要求就很自然地获得了普遍的、超出个别国家范围的性质，而自由和平等也很自然地被宣布为人权"——"这种人权的特殊资产阶级性质的典型表现就是美国宪法，它最先承认了人权，同时确认了存在于美国的有色人种奴隶制：阶级特权不受法律保护，种族特权被神圣化"②。资产阶级消灭了一切形式上的"阶级特权"，却公然保留了"种族特权"——虽然种族特权本质上是一种阶级特权。但是在资本主义条件下，这种种族特权比一般意义上的阶级特权具有更大的压迫性。它一边公开宣称"人人生而平等"，一边却悍然维护极其不平等的奴隶制。③ 美国黑人奴隶的处境是资产阶级的阶级压迫性在民族问题上的生动的体现：由于资本积累

---

① 《马克思恩格斯文集》第9卷，人民出版社2009年版，第109页。

② 同上书，第111—112页。

③ 美利坚的建国者托马斯·杰斐逊一边起草《独立宣言》，一边协助起草并增补弗吉尼亚的《奴隶法典》，修订后的《奴隶法典》不仅否认黑奴拥有自由和追求幸福的权利，而且对试图逃亡的黑奴处以"剥夺法权"或死刑的处罚。杰斐逊甚至怀疑"黑人在肉体与心智的禀赋上劣于白人"。在他看来，黑人从造物主那里得到的并不是平等，而是劣等。［美］艾伦·德肖维茨：《你的权利从哪里来？》，黄煜文译，北京大学出版社2014年版，第2—3页。

的嗜血本能，欧洲资产阶级在贩卖黑人奴隶的过程中"丢掉了最后一点羞耻心和良心"，"贩卖人类血肉"的黑人奴隶贸易使资产阶级完成了最初的原始积累；蓄奴和继续保存奴隶制成为南方大资产阶级发财致富的重要手段。黑人奴隶的不幸与阶级压迫和阶级剥削的存在有着密不可分的关系。马克思说："黑人就是黑人，只有在一定的关系下，他才成为奴隶。"在资本主义的美国，黑人少数族群面临着阶级的和种族的双重压迫。当阶级的平等被宣布之后，种族的压迫成了阶级压迫的唯一形式。在美国，黑人问题主要表现为阶级问题。在其他发达国家及第三世界国家，少数民族问题也主要表现为阶级问题。在这些国家，阶级（层）的分层总是沿着民（种）族或族群的际线展开。在这个意义上，马克思主义的"人对人的剥削一消灭，民族对民族的剥削就会消失"的论断仍然具有很强的解释力。阶级压迫和阶级剥削的祛除是包括少数民族在内的整个人类获得解放和普遍人权的必由之路和必要条件。

（四）承认多元文化的文化观

由于所处时代的特点，马、恩对保存少数民族的多元文化的关注不多，对（多）民族国家内的文化多元性缺乏应有的敏感。及至列宁、斯大林时代，由于社会主义已经由一种理想变成了现实。尊重文化的多样性和民族差别的重要性便随之提上日程。

马、恩所处的时代，正是欧洲大革命的风起云涌之时。社会发展的方向问题或者说未来社会制度选择的问题是马、恩考虑的根本点。为了调动各个民族在革命斗争中的积极性，马、恩把是否有利于革命作为评价欧洲大小民族"先进"与"落后"的主要甚至唯一标准。相形之下，对于在建设时期具有重大意义的文化问题，马、恩没有给予足够的关注。在他们浩如烟海的著述中，鲜有篇幅专门讨论民族的文化、语言、宗教、风俗、传统等问题，也很少关注多元文化的保存及其所关涉的民族平等权问题。相反，他们认为，随着人类社会向更高级的共产主义社会迈进，这些多元的民族文化会逐步消失在一种类似"世界文化"的更高级的文化形态中。

值得注意的是，马、恩一方面强调统一性，贬抑欧洲的小民族，把一些民族如"苏格兰山区的克尔特人和威尔士人""法国布列塔尼的克尔特居民"称为"早已消失了的民族（people）的残余"；另一方面，又积极肯定由欧洲的一些"大民族"如法兰西人、日耳曼民族散落在其他国家所构成的民族性格的多样性①。在马、恩的意识中，民族性格（文化）的多样性不仅是一种联系邻邦的文化优势，也是丰富生活的必要组成部分。

到了列宁时期，共产主义运动在俄国已经开始由革命进入建设时期，文化和民族的差别性（多样性）与苏维埃政权和无产阶级专政的统一性之间的矛盾问题逐渐显现。为了纠正苏维埃政权建设及国际共产主义运动中存在的急于消灭民族差别（多样性）的"左"的做法，列宁在《共产主义运动中的左派"幼稚病"》中指出，"只要各个民族之间、各个国家之间的民族差别和国家差别还存在"，"各国共产主义工人运动国际策略的统一，就不是要求消除多样性，消灭民族差别"，"而是要求运用共产主义的基本原则"，"把这些原则在细节上正确地加以改变，使之正确地适应于民族的和民族国家的差别，针对这些差别正确地加以利用"。列宁强调原则或理论要适应"民族的和民族国家的差别"的事实，认为这些差别即使在"无产阶级专政在全世界范围内实现以后，也还要保持很久很久"，他批评消灭多样性和民族差别是"荒唐的幻想"②。

关于"统一的民族联盟"和少数民族的语言、教育和宗教信仰等权利的关系问题，斯大林在其早期的著述中做了重要论述。他指出，"有人提议把散居各地的少数民族结成一个统一的民族联盟。但少数民族所需要的不是人为的联盟，而是他们在当地拥有的真正权利。……少数民族感到不满的不是没有民族联盟，而是没有使用本族语言的权利。……少数民族感到不满的不是没有人为的联盟，而是它们没有本族的学校。……少数民族感到不满的不是没有民族联盟，而是没有信仰（信教）、迁徙等等的自由。……总之，在一切方面（语言、学校等等）实行民族平等是解决民

---

①　恩格斯在《工人阶级同波兰有什么关系》一文中指出，欧洲最近一千年来所经历的复杂而缓慢的历史发展的自然结果是，差不多每一个大的民族都同它的本身的某些处于边缘位置的部分分离，这些部分脱离了本民族的民族生活，多数情况下参加了某一其他民族（people）的民族生活，以至于不想再和本民族的主体合并了。瑞士和亚尔萨斯的德意志人不愿再合并于德意志，就像比利时和瑞士的法兰西人也不愿在政治上再归附于法国。于是，政治上形成的各个不同的民族大都在其内部有了一个外来成分，这些外来成分构成了同邻邦的联系环节，从而使本来过于单一呆板的民族性格丰富多彩了起来，这毕竟是一件大好事。王希恩主编：《马克思恩格斯列宁斯大林论民族》，中国社会科学出版社2013年版，第8页。

②　中国社会科学院民族研究所编：《列宁论民族问题》（下册），民族出版社1987年版，第806页。

族问题的一个必要条件"①。

到了全面建设社会主义时期，斯大林更加重视政治共同体内的多民族文化。他认为，"每一个民族，不论大小，都有其本质上的特点，即只属于该民族而为其他民族所没有的特殊性。这些特点就是每个民族对世界文化宝库作出的、使这个宝库更加充实、更加丰富的贡献。在这个意义上，一切民族，不论大小，都处于同等的地位，每个民族都是和其他任何民族同样重要的"②。斯大林强调民族的独特性和多元文化对世界文化宝库的重要意义。他的观点在一定程度上体现了当代意义上的多元文化主义。为了保存和发展多民族文化，斯大林还提出了党和国家对少数民族的帮助义务，他说，"党认为必须帮助我国各个已经复兴的民族完全站立起来，振兴和发展自己的民族文化……党支持而且将来也要支持我国各族人民的民族文化的发展和繁荣"③。

总之，马克思主义尤其是列宁和斯大林的多元文化观，强调（民族）文化间的平等和相互交流与学习，强调每一种（民族）文化都有自身的特点和优势，认为每一种（民族）文化都具有不可代替的重要性。当然，也要看到，马克思主义的文化观同其无产阶级革命理论一样，在思想体系上属于"世界主义"阵营。④ 因此，尽管由于无产阶级革命的需要，马克思主义的文化观从民族主义中吸纳了不少有利因素，但其核心要素与民族主义本质上是对立的。⑤ 马克思主义的文化观既尊重和提倡多样性、多元性，又强调统一性、同一性，在文化和民族的发展方向上，马克思主义持有一种坚定不移的现代性和绝对主义价值观。他们相信文化（民族）有先进落后之分，先进文化代替落后文化，落后民族向先进民族靠拢，是人类社会发展的根本趋势——其最终目标是达到人类共性文化的高度发展和

---

① 《斯大林选集》（上卷），人民出版社 1979 年版，第 114 页。

② 《斯大林文集》，人民出版社 1985 年版，第 539 页。

③ 斯大林：《民族问题和列宁主义》，中国社会科学院民族研究所编《斯大林论民族问题》，民族出版社 1990 年版，第 404 页。

④ 王希恩：《多元文化主义与马克思主义民族理论的两点比较》，《科学社会主义》2010 年第 2 期。

⑤ 列宁在《关于民族问题的批评意见》中指出，"资产阶级的民族主义和无产阶级的国际主义——这是两个不可调和的敌对口号，这两个同整个资本主义世界的两大阶级营垒相适应的口号，代表着民族问题上的两种政策（也是两个世界观）"；"马克思主义同民族主义是不能调和的，即使它是最'公正的'、'纯洁的'、精致的和文明的民族主义"。《列宁选集》第 2 卷，人民出版社 1995 年版，第 339、346 页。

所有民族高度融合的共产主义状态。

马克思主义的各民族一律平等的价值理念，在人类历史上第一次真切地关注到弱小民族的生存和命运；第一次以真挚的政治情感将少数民族与主体民族置于完全平等的"兄弟关系"或"同志关系"中。它的最终使命是消灭阶级、消灭压迫，解放包括少数民族在内的所有民族乃至全人类。在这个目标达致之前，马克思主义的民族理念极其重视各民族的平等地位，以坚实的政治平等及政策保障来确保各民族的平等关系。与此同时，马克思主义的民族理念还融入了"权利正义""保护多元文化"等多种现代社会的理念因子，从而使其在本质上超越了殖民主义、种族主义、同化主义和多元文化主义的理念。

马克思主义的各民族一律平等的价值理念是人类社会文明发展到一定阶段的产物。马克思主义的平等理念在其终极目标意义上超越了民族、阶级和各种文化、利益集团。它在思想体系上属于真正的"世界主义的"普遍主义体系和彻底的平等主义。它是人类社会真正意义上的"最后的"普遍主义价值理念。它是人类社会共有的一种宝贵精神财富。

第六章

价值理念的实践：
以法国、美国及加拿大为例

价值理念属观念层面，其有效性归根到底体现在少数人权利保护的制度与实践中。本章选择具有代表性的法国、美国和加拿大，对它们的有关制度和实践进行简要分析，从中发现价值理念的重要作用——这些作用不仅体现在少数人的权益保护方面，也体现在对相关国家政治和社会秩序的影响上。

一　法国的实践

法国是一个号称没有"少数民族（族裔）"的国家。在法国人的理念中，"nation"或"people"是"法兰西"所独享的一个称谓。法兰西人的这种信条或理念并不妨碍我们对其实际上存在的少数民族（族群）及相关制度和实践做出评价。

（一）法国少数民族问题概述

从历史和族源的角度来看，法国是一个多民族（族群）的国家。

大革命前的法国具有十分明显的民族（族群）和文化异质性。大革命及其以后的法兰西民族主义及共和主义运动大大消解了这种异质性。在"自由、平等、博爱"的革命激情和公民精神的激励下，法兰西的各少数民族（族群）积极投身于"法兰西化"的浪潮中。如1789年10月，布列塔尼郡和昂热郡结成联盟并公布宣言称"再也不分什么布列塔尼人和昂热人了，我们都是法兰西人，都是统一国家的公民，我们放弃一切地方的和局部的特权"①。

大革命处理民族（族群）和文化多元化的手段是将其"原子化""个体化"，正如 1789 年法国的革命者克莱蒙托内尔所说，"应该拒绝作为民族的犹太人的一切，赞成作为个体的犹太人的一切"②。经过大革命、法兰西民族主义及共和主义运动，到 19 世纪晚期，一个"单一不可分的"公民均质化的法兰西基本形成。

从族源上看，当今的法兰西民族"历史上是通过征战、迁徙或合并其他不同民族，以及从许多中欧或南欧甚至'殖民地'国家移民形成的"，当今的"许多法国公民是 19 世纪或 20 世纪上半叶来到我们国家移民的后代"③。

"二战"后，由于战争带来的巨大的人员牺牲和两次世界大战期间的法国人口出生率的下降等原因，法国对移民的需求剧增，这一时期，法国移民的绝对数和其在总人口中的比例都有了提高。一个值得注意的现象是，20 世纪 70 年代以后，大量的南斯拉夫人、非洲马格里布人（摩洛哥、阿尔及利亚和突尼斯人）、土耳其人、黑非洲人和东南亚及南亚地区的难民来到法国。至 1990 年，亚非移民已经由 1962 年的占外国人总数的不到 1/5，变成外国人的主体——比例达到 3/5，其中，阿尔及利亚人为 61.9 万，摩洛哥人 58.5 万，突尼斯人 20.7 万，土耳其人 20.1 万。④ 20

---

① ［法］米歇尔·维诺克：《法国资产阶级大革命——一七八九年风云录》，世界知识出版社 1989 年版，第 268 页。当然，"法兰西化"的过程并非都是基于激情和自愿，民族（族群）集体性的抵抗活动也时有发生，只不过"由于雅各宾国家意识形态的强权作用"，这些抵抗没有在档案中留下任何痕迹。转引自陈玉瑶《多元文化背景下重新思考法兰西共和主义价值观》（未刊）。

② 转引自陈玉瑶《法国的科西嘉民族问题》，《世界民族》2013 年第 5 期。

③ 转引自陈玉瑶《法国的科西嘉民族问题》，《世界民族》2013 年第 5 期。整个 19 世纪（以及 1901 年），法国的外国移民主要来自欧洲的邻国英国、意大利、德国、西班牙、比利时等，1830—1831 年，英国移民最多，人数为 10 万—15 万，意大利人和德国人次之；1851 年 13 万比利时人来到法国，为人数最多，意大利人和德国人分别为 6.3 万和 5.7 万；1876 年，比利时人有增无减，几乎占到外国人总数的一半（46.7%）；1901 年，意大利人最多，10 年后占外国人总数的 36.1%，超过比利时人（28.7 万）、西班牙人（10.5 万）和德国人（10 万）。20 世纪特别是"一战"后，其他欧洲国家的移民大量增加，主要有波兰人、捷克人、南斯拉夫人、俄罗斯人、奥地利人、匈牙利人。这一时期，拉丁和日耳曼人相对减少，斯拉夫人的比例则扶摇直上，如波兰人由 1911 年的不到 3.5 万上升到 1931 年的 50 万，占外国总人口的 20%，位于意大利人之后，比利时人和西班牙人之前。以上"外国人"的后代，基本上都变成当今的"法兰西人"。参见王家宝《法国移民问题浅析》，《史学理论研究》1996 年第 3 期。

④ 王家宝：《法国移民问题浅析》，《史学理论研究》1996 年第 3 期。

世纪末，马格里布人及来自其他非洲国家的移民在法国移民中所占比例已超过半数，达50.5％。① 至2008年，法国移民的数量已达到1200万，其中"一代移民"人数为530万，移民的后代数量约为670万人，约占法国总人口的11％，② 其中，穆斯林移民占到移民总数的一半左右。

从19世纪后期开始，法国就确立了鼓励外国人"忘掉原先的历史和文化"的同化和融入政策。两个多世纪以来，那些来自欧洲的移民如比利时人、西班牙人、意大利人和波兰人等，在长期的工作和生活中，逐渐消融在"法兰西人"中。相形之下，那些在人种、语言和宗教信仰方面存在较大差异的北非、中东及土耳其移民，基本上依旧保留着原来的宗教和文化传统。据估计，这一群体目前在法国的数量有600万之巨，占到法国总人口的10％左右——构成了名副其实的宗教上的少数人或少数族裔群体。

从另一个向度来看，法国的世居民族——布列塔尼人、科西嘉人、巴斯克人、加泰罗尼亚人等也没有完全被持续了两个世纪的共和模式所同化或融合。20世纪六七十年代，法兰西国内的特殊主义——少数民族主义兴起，科西嘉人、布列塔尼人、巴斯克人等少数民族纷纷向法国政府提出承认和保护其特殊的文化和政治利益包括要求政府承认其民族（people）的身份、语言和"领土的完整"等诉求。其中，科西嘉人还成立了"科西嘉民族解放阵线"（1976年），该组织诉诸暴力，曾制造过数千起暴力恐怖袭击和40多桩暗杀事件；布列塔尼人成立了"布列塔尼人解放阵线"（1963年），并于1971年组建布列塔尼革命军，该组织共实施了200余次恐怖活动。

虽然上述世居民族的人口数量占整个法兰西人口的比例很低③，但其政治影响和存在已远远超过了其本身，它一再向世人提醒，法国是一个多民族的国家。

以上笔者简要介绍了法国的移民和世居民族的主要情况。这些情况表

①　李明欢、卡林娜盖哈西莫夫：《共和模式的困境——法国移民政策研究》，《欧洲研究》2003年第4期。

②　《法"二代移民"人数已超"一代"》，新华网，http：//news.xinhuanet.com/world/2012—10/12/c_ 123815523. htm？ prolongation＝1，2015年1月26日浏览。

③　科西嘉人28万，约占0.5％；布列塔尼人110万，约占2％；巴斯克人13万，约占0.2％；加泰罗尼亚人25万，约占0.5％。

明，法国似从来都不是一个"单一不可分的"的民族（nation）。从历史的角度来看，法兰西民族是一个由多国移民融合而成的集合民族①；从现实的角度来看，不仅至今还存在着庞大的没有被有效融合的移民少数族裔——穆斯林群体，而且一些世居少数民族如科西嘉人、布列塔尼人的特殊性还有所放大。

法国在事实上是一个拥有若干少数民族（族裔）群体的国家。

从美国中央情报局官网提供的信息来看，法兰西民族的族裔构成为：凯尔特与条顿拉丁人（Celtic and Latin with Teutonic）、斯拉夫人、北非人、印度支那人（Indochinese）、巴斯克少数民族（Basque minorities）；语言或文化上的少数人有普罗旺斯人、布列塔尼人、阿尔萨斯人、科西嘉人、加泰罗尼亚人、巴斯克人、佛兰德人。②

从政策（实践）层面来看，无论是对移民少数族裔群体还是少数民族群体，都存在着一定程度上的实际意义上的"少数民族（族裔）"区别对待政策。就移民群体来说，国家成立专门的机构或通过资助以移民为服务对象的组织，来帮助特定的移民群体；一些专门机构就移民最常使用的语言提供培训（包括阿拉伯语、葡萄牙语和来自亚洲、中欧和东欧的各种语言）；以救助"弱势"儿童的方案来援助移民或少数民族儿童；国家发起和资助旨在教育、就业和公共服务方面，帮助弱势群体的项目，虽没有明确针对特定族群，但无疑具有一定的群体指向性。

就少数民族群体来说，从 1982 年开始，法国开始采取分权的政策，将职权转移至地方领土单位。宪法第 72 条规定："地方领土单位在法律规定的范围内进行自我管理。它只拥有行政权能，不拥有国家性质的权能，如颁布法律或自治条例，也不享有司法职权或处理国际关系方面的专有权能。"这些地方领土单位基本对应了少数民族集中的区域。在一些少数民族集中的地方领土单位如科西嘉岛，法国政府还采纳了特殊的政治解决方案，如 1982 年通过了《科西嘉岛特殊行政地位法案》。通过该法，

---

① 1985 年的一份资料表明，在法国的 5500 万人口中，有 1800 万人的祖先是外国移民，占到法国人口的 1/3。张声：《世界第三移民接纳国——法国移民史上的三次浪潮》，《人口与经济》1988 年第 2 期。

② 美国中央情报局网站，https：//www.cia.gov/library/publications/the-world-factbook/geos/fr.html，2015 年 1 月 23 日浏览。

科西嘉人争取到了不同于法国本土所有地区的"特别地方领土单位"的公法法人地位。法案规定，科西嘉议会具有预算权力、立法权力和协商权力，由此，科西嘉的文化独特性某种程度上得到了承认。这部法律1991年修改时赋予了该区更大的权力。

在少数民族的语言和文化方面，官方支持的双语教学总是包含着一种区域（少数民族）语言；一些法国的少数民族语言最近被地区委员会赋予官方（语言）地位，如奥克语2003年在普罗旺斯—阿尔卑斯—蓝色海岸大区、布列塔尼语和盖洛语2004年在布列塔尼地区被列为官方语言。2008年宪法修改时，还在其第75条第1款加入了"区域语言是法国的遗产"的规定。此外，2000年，《通讯自由法》还强调，公共（国家资助）媒体有责任促进少数民族的语言和文化。

值得注意的是，尽管各种事实都表明，法国是一个多民族（族裔）国家，而且事实上，官方的许多政（策）治和法律措施都程度不同地承认并保障少数民族（族裔）的权利，但是法国宪法（1958年）及其他的重要的政治法律文件还是一致强调"法兰西是一个不可分割的共和国"。按照权威的解释，这意味着"法国不承认少数民族，不论他们是民族的、宗教的、语言的还是其他的。根据法国法律规定，所有公民都享有平等的权利，法律不会给那些因血统、文化、信仰、语言或种族特点而形成的既成群体以具体的权利"[1]。

（二）几种价值理念的实践

自1789年以来，法国一直强调其所有公民的团结和统一性，拒绝承认基于共同的起源、信仰、文化或语言的群体权利[2]。这一原则深深根植于法兰西宪法，该宪法也禁止在普查表中包含宗教、种族或语言使用方面的问题。因此，法国少数民族权利保护的价值理念，总体上主要是通过公民权利和自由的形式来体现的。

---

① Delvainquière（2007年），转引自威尔·金里卡等《多元文化主义政策指标体系研究——加拿大部分》，周少青等编译（未刊稿）。

② 法国避免承认除法兰西民族群体权利以外的任何类型的集体权利。在一项有关科西嘉的立法中，出现了"科西嘉人，法国人的一个组成部分"这样一个象征性的提法，都被认为"威胁到国家的统一"，因而被宣布为违宪，后来这一段被替换为"作为共和国完整领土一部分的科西嘉地（大）区"。威尔·金里卡等：《多元文化主义政策指标体系研究——加拿大部分》。

1. 以保护少数民族（族裔）个人权利和自由为核心的价值理念

法国解决少数民族（族裔）权利保护问题的主要途径是公民模式，即通过保障无差别的公民权利和自由来保障少数民族（族裔）的权益。这种模式的基本特点是，承认少数民族（族裔）文化的独特性，但这种独特性只能表现在作为少数民族（族裔）的个体身上。在相关立法和政策中，没有"少数民族（种族）"或"少数族裔"的提法，在指涉相关群体或问题时，经常使用的词汇是"多样性""多元主义""无歧视"等；在司法判决中，也不允许出现"族裔群体"或"种族群体"之类的概念，如此等等。

总之，在法兰西的少数民族（族裔）保护范式中，个体是唯一存在的政治和法律现实，这种否认族类多样性的"雅各宾意识形态"[①]，在高度迎合"不可分的"法兰西民族理念的同时，因疏离了"权利正义""尊重与保护人权"和"多元文化主义"等价值理念，造成了法国国家与其少数民族（族裔）群体关系的紧张并进而威胁到法兰西共和国的国家安全。以下分别展开评述。

2. 理念的实践

（1）权利正义价值理念的实践

如前述，权利正义的价值理念主要涉及民主权利的制衡、权利的补偿及国家的"族裔非中立性"及结构化歧视的矫正等问题。就民主权利的制衡来讲，由于法国不承认少数民族（族裔）的存在，其制衡多数民主的原则或制度，只有一般意义上的保护少数原则、分权原则、结社自由原则等（而非协商民主制度、差别原则等）。这些原则在保护非族类意义上的少数人方面具有明显效果，但对于那些族裔、宗教或语言上的少数人，基本起不到什么作用。实践中，那些数量上处于少数且文化、宗教或语言上与主流人群相异的群体，在以多数为圭臬的票决制下，天然地处于弱势地位。

从权利补偿的角度来看，虽然理论上法国应对那些有色族裔群体尤其是来自其前殖民地的移民予以一定的权利补偿，但是反对以族群作为区分标准的公民均质化共和理念，客观上阻碍了对少数族裔群体的补偿行为。实践中，为救助移民少数族裔学生，法国政府利用"城市政策"中的

---

① 转引自陈玉瑶《法国的科西嘉民族问题》，《世界民族》2013 年第 5 期。

"优先教育地区"项目，专门针对移民学生比重大的学校，通过提供额外的帮助，以减少学生的"学业失败"。这些政策措施表面上针对"区域"，实际上针对特定人群。同样，为了提升少数族裔的社会流动性，适度缓和族裔群体之间的紧张和矛盾，一些精英大学如巴黎政治学院和高等经济商业学院也试验性地专门接受了郊区少数族裔居住区的学生。这种法国式的"肯定性行动"既没有配额，也不注明少数族裔的身份。

需要指出的是，这种极为有限的法国式的权利补偿或"肯定性行动"，对促进移民少数族裔群体的社会公正的作用几乎是可以忽略的。

在国家的"族裔非中立性"及结构化歧视的矫正方面，由于公民民族主义、共和主义和国家主义的坚固立场，从根本上排除了承认国家的"族裔非中立性"及结构化歧视状况并进而采取一定的矫正措施的可能，法国政府一直在消除或减轻少数族裔群体与主流社会族群的结构性不平等境况方面无所作为。他们做过的和正在做的都是，试图在不触动体制性、结构化歧视的条件下，通过加强公民权利层面的反歧视措施，来实现少数族裔个体的公正与平等。实践证明，这种努力的效果是极为有限的。

（2）尊重与保护人权价值理念的实践

法国是人权观念或意识形态的重要发源地。1789 年颁布的《人权和公民权宣言》是法国历史上第一部人权宣言，也是人类历史上第一部正式的人权宣言。该宣言第 1 条规定，"在权利方面，人人与生俱来而且始终自由与平等，非基于公共福祉不得建立社会差异"。这一条款的前半句强调的是无差别的平等权利和自由，而后半句则为（少数民族或族裔）差异性的权利留下了余地。

由于大革命以来的共和主义、世俗主义和公民主义理念的交织作用，法国在保障人权方面，很大程度上仅限于保护本国公民的个人权利，对于外国人或少数族裔的集体权利，保护人权的价值理念基本上起不到应有的作用。2008 年，素来自认为是"人权之母"的法国，因为"对待外国人的恶劣方式"而受到联合国人权委员会（人权理事会）的批评。① 同时，人权委员会（人权理事会）对法国监狱人满为患及恶劣的狱内条件表示

---

① 人权委员会的报告指出，法国政府将无证人士和难民关押在机场的留置中心或地区行政拘留中心，不经（等）法院判决就将他们强行驱逐回原籍地；对于那些已经取得合法居留资格的难民，则在其申请家庭团聚方面设置重重障碍。

了担忧,对监管人员存在的对犯人的肢体暴力等不当行为提出批评。报告还要求法国修改延期关押已服完刑期的所谓"高危"人群的法律;改正在判决之前无限期地限制被关押人的自由的做法,等等。需要说明的是,这些针对法国对待外国人、监狱条件和相关司法制度的批评,很大程度上针对的是法国对待其少数族裔群体尤其是穆斯林移民群体的做法。因为据估计,在法国监狱里服刑的 60% 的人员来自"文化上或族源上"的穆斯林移民群体①;超期羁押的对象也主要是恐怖主义嫌犯,按照法国法律,他们可在确定犯罪前被关押长达 4 年之久。

总的看来,法国政府虽然在一般意义上的人权保护方面表现得比较积极(甚至在国际社会有"人权卫道士"之称),但在少数民族(族裔)群体的权利保护方面,则表现得非常消极甚至抵触:法国至今拒绝适用国际人权法上普遍有效的《公民权利和政治权利国际公约》有关少数民族权利保护的国际法规范(第 27 条);拒绝签署《欧洲区域或少数民族语言宪章》② 和《欧洲保护少数民族框架公约》。因此,其 1789 年"人权宣言"第 2 条规定的"一切政治结合均旨在维护人类自然的和不受时效约束的权利",实际上只适用于或有利于白种公民的个人权利和自由,对于广大的移民少数族裔群体,这些权利很大程度上只停留在抽象的文本层面。

(3)多元文化主义价值理念的实践

尽管法国历史上曾出现过珍视多元文化的言论,如法国学者曾称道多元文化主义,认为"西部的巴斯克人,东部的加泰罗尼亚人和鲁西荣人(les Roussillonnais),这两个民族的人民实际上既不是西班牙人,也不是法兰西人……这是法兰西的伟大之一,即所有边境地区都存在这样一些省份,它们的法兰西基因中混合着某些外国基因。对德国,有德意志人的法兰西;对西班牙,有西班牙人的法兰西;对意大利,有意大利人的法兰西"③。但是,由于长期坚持"单一不可分的"传统的法兰西价值观,法

---

① See http：//www.worldbulletin.net/news/147038/more-than-half-of-french-prisoners-are-muslims-report；http：//news.nationalpost.com/2015/01/09/frances-problem-up-to-half-its-prisoners-are-muslim-and-the-jails-are-a-hotbed-for-radicalization/,2015 年 2 月 4 日浏览。由于法国法律禁止基于宗教或种族(民族)的统计,所以这一数字是有争议的。

② 该宪章仅适用于签署国的(少数民族)国民传统上所使用的语言,排除了外来移民所使用的语言。

③ J. Michelet, Tableau, *op. cit.*, p. 136. 转引自陈玉瑶《多元文化背景下重新思考法兰西共和主义价值观》(未刊)。

国在实践多元文化主义理念方面一直无所作为甚至公然否定。法国政府的策略是用跨文化主义（interculturalism）对抗多元文化主义。20 世纪 80 年代初，法国的左派政府成立了"跨文化关系发展办事处"，其任务主要是促进移民的社会和职业融入及各种文化间的交流与对话。法国的政策行动逻辑是：承认个体少数族裔（少数民族）的差异化文化，但不承认他们的集体存在。法国不承认以集体身份差异为基础的多元文化主义政策，与同为自由主义国家的美国和加拿大形成对比，后者均在不同程度上承认多元文化主义并给予集体身份一定的政治和法律地位。

值得注意的是，虽然法国从未承认多元文化主义或正式宣布采纳多元文化主义政策，但却追随德国、英国，宣布多元文化主义"已经失败"。

总之，由于种种原因，法国从未将多元文化主义理念应用于本国社会，实践中法国政府虽宣称尊重移民的文化多样性，但实际上只有要求移民尊重法兰西价值观的理念落到了实处。

（4）维护国家安全与统一的价值理念的实践

维护国家安全与统一的价值理念是指，国家基于多数民族的利害或维护国家安全与统一的需要，而保护少数民族（族裔）权利的价值理念。与其他几种价值理念的实践情况有所不同的是，法国对维护国家安全与统一的价值理念非常重视。但值得注意的是，这种重视主要不是体现在通过采取有效的措施保护少数民族（族裔）权益、降低因他们的不满而导致的对国家和社会的损害方面，而是体现在几乎没有特定的少数民族（族裔）保护措施的情况下，对他们的不满、骚乱和犯罪进行严厉的惩处。为维护法兰西的国家安全，法国政府加强了对少数族裔聚居区的治安控制，强化了对少数族裔群体涉恐案件的调查①，严格了相关法律制度，甚至扩建监狱以容纳越来越多的少数族裔罪犯。某种程度上，在法国，少数民族（族裔）问题只是一个单纯的国家安全问题，而不是一个显然的社会问题和严肃的政治问题。将少数民族（族裔）问题简化成了国家安全问题的结果，使法国政府不能从"权利正义""尊重人权"和"多元文化主义"的理念角度思考、反省和解决其日益严峻的少数民族（族裔）问题，其最终结果是所孜孜以求的国家安全目标遭遇严重威胁——2005 年

---

① 法国建立了强有力的监督体制，遍布各处的反恐司法力量，使它能密切关注极端宗教分子的行动，嫌疑犯可以仅仅由于同某些恐怖袭击阴谋"有联系"而遭到指控。

的巴黎骚乱①和时隔 10 年以后的《查理周刊》社总部遇袭以及当年 11 月
发生的巴黎连环暴恐事件，对这种威胁从不同的角度做了注脚。限于篇
幅，以下仅以巴黎骚乱为例略作分析②。

巴黎骚乱是少数族裔权利不平等或遭剥夺的一个极端反映。少数族裔
群体长期处于受歧视的社会地位和不利的生活处境终于在 2005 年导致了
被称为"法国 60 年来未有之大变乱的"的巴黎骚乱。骚乱的发源地是位
于巴黎东北郊的克利希苏布瓦镇，这是一个"各种语言、肤色和信仰的
杂居地"。它的主要居民是来自北非、中东的穆斯林移民。

如果说在法国，有什么可以集中呈现其少数族裔群体的地位的话，那
么克利希苏布瓦镇无疑是一个恰当的选择。该镇不论是从地理位置，还是
从经济、社会的发展程度上，均典型地体现了法国少数族裔群体的总体状
况。从地理位置上看，该镇虽距离巴黎市中心只有 15 公里，但却由于交
通不便、道路曲折，到巴黎需要一个半小时，而从巴黎坐高速列车到 220
公里以外的里尔也要不了这么多时间。从经济、社会的发展情况来看，克
利希苏布瓦镇更是典型地反映出法国移民少数族裔群体的生存境况："那
里总是弥漫着一种被孤立和被遗弃的浓重氛围。克利希 2.83 万位居民中
有 1/5 失业，在某些居民区有一半人没有工作。"

长期以来，人们认为巴黎骚乱是激进的伊斯兰分子所制造的，但是，
根据骚乱后法国国内情报机构的调查和相关结论，骚乱是社会问题尤其是
失业和贫困所导致的"民众的反抗"。他们认为，伊斯兰分子"根本没有
参与暴动的发起和煽动"。一些学者也认为，巴黎骚乱的根源根本不是极
端伊斯兰主义，而是"整合问题"。他们认为，"唯一有意义的整合就是
就业"。克利希苏布瓦镇高企不下的失业率与法国社会根深蒂固的种族歧
视密切相关。克利希苏布瓦镇的居民认为，仅他们的"外国腔的名字和
郊区邮政编码就会让老板们退避三舍"。巴黎大学的一项使用身份曲线的
实验也表明，使用白人姓名得到面试的机会要比那些使用北非姓名的高出
5 倍，蒙恬研究所在 2004 年的一份具有"里程碑意义的"报告中指出，

---

① 以下关于巴黎骚乱的有关资料和评述除非另注明出处，均来自《法国的少数民族问题》，
庄子译，《环球视野》2010 年第 290 期，摘自《国外社会科学文摘》。

② 有关法国为何频遭恐怖袭击的原因分析，详见周少青《法国缘何频遭极端宗教组织的袭
击?》，《中国民族报》2015 年 11 月 24 日；周少青：《法国的世俗主义剑走偏锋?》，《中国民族
报》2015 年 12 月 1 日。

种族歧视的严重性"连做梦也想不到"。

由于弥漫的结构性的种族歧视得不到有效的矫正，法国社会日益分裂成两个以种族为表征的"阶级"，其中一个阶级几乎占据了所有的"一流的岗位"，控制着除了体育和流行文化以外的所有社会体制；另一个阶级除了高失业的人群以外，其余的人基本就业于白人群体所不愿从事的"3D"（脏 Dirty、累 Difficult、险 Dangerous）工作。在法国，议员和行政官员中很少看见有色族裔的面孔，更谈不上出现什么"法国的赖斯和鲍威尔"；据报道，"法国黑人哈里·罗塞尔马克 2006 年夏天被聘为法国一流电视台 TF1 的晚新闻主播时，他的脸居然上了法国杂志的封面，成了重大新闻"。

法国的社会分层基本上契合了白人和有色族裔的种族分层，这一现实使得法兰西试图建立一个"单一不可分的"人人平等的社会尤其是建立一个"不分肤色"的社会的目标成了一种幻想。作家巴伐雷兹甚至说，"法国社会在'平等'的抽象概念外衣下，在实行一种无情的种族隔离"。

巴黎骚乱从一个向度说明了法国在处理少数族裔问题上存在的种种问题。法国当局不承认少数民族（族裔）的存在，因而几乎没有采取任何特定的保护少数民族尤其是少数族裔权利的立法的或政策的手段。实践中，法国把少数民族居住区的问题仅仅作为安全问题来处理。然而，"在最糟糕的地区，犯罪每天在继续，而且往往是暴力犯罪"，解决问题的办法绝对不能仅仅是加强反恐立法甚至是扩建监狱，而是采取有效的立法（政策）、司法手段保护少数族裔群体的教育、就业和社会保障等方面的权利。具体到克利希苏布瓦镇的情况，当务之急是"搭建梯子"让镇里的居民能够出来，而"梯子的重点就是就业"，因为"失业破坏了所有社会模式"。

由于忽视了占人口近 10% 的少数族裔群体的存在和相应的权利保护，法兰西国家所一贯珍视的国家安全（社会稳定）遭遇到重大的挑战：由于失业、贫困加之文化上的污名化，少数族裔群体居住的郊区成为恐怖分子的最好的"兵源地"，他们"稍作努力就能有效赢得年轻人、失业者和反叛者的心"。贫困和边缘化也使得法国囚犯中的半数以上是穆斯林，而这些人正是在监狱被激进分子培养成恐怖分子，这也是"迄今为止发现的贫困与恐怖主义活动直接相关联的证据"。

2005 年 11 月 14 日, 即骚乱接近尾声时, 法国总统希拉克向全国发表电视讲话, 承认骚乱缘起于"法国社会内部存在 (的) 严重的认同危机", 承诺"政府将采取大规模的综合措施解决对少数族裔的歧视问题", 与此同时, 法国总理德维尔潘也宣布"将恢复被削减的对基层社区管理组织的公共拨款, 并致力解决长期困扰移民区的住房、就业和犯罪问题"。法国总统和总理的讲话, 从一个侧面承认了法国少数族裔群体面临的种种问题, 承认了他们在经济、社会方面的边缘化地位和相关权利保护的缺失是导致包括巴黎骚乱在内的一切涉及少数族裔群体"骚乱"的体制性和制度性原因。巴黎骚乱后, 法国政府建立了一系列机构如"国家促进社会团结与机会平等处"和机制来解决少数族裔群体面临的日益严重的歧视问题, 这些措施对于缓解法国社会长期以来存在的"少数族裔问题"起到了一定作用。但是, 由于所采取的政治和法律措施, 基本上没有触动法兰西社会的单一不可分的均质化理念, 尤其是没有触动其"公民一律平等"的形式化理念, 法兰西国家少数族裔群体的整体弱势状况没有得到根本的改变, 这种情况再加上文化价值观方面的持续的排斥, 10 年之后, 一场以"文明的冲突"为符号的另一场灾祸陡然降临在法兰西的国土上。"法国又着火了。"

二 美国的实践

(一) 美国少数民族问题概述

美国是一个典型的移民国家。严格来说, 除了土著民族以外, 其余人群都属于移民的范畴。这些移民中, 最早来到现今美利坚土地上的是盎格鲁 - 撒克逊人。从 17 世纪开始, 黑人作为奴隶被陆续贩运到美国。19 世纪前半期, 爱尔兰人大批迁入美国, 19 世纪中后期主要迁入的是德国人、犹太人, 20 世纪初以后迁入的有意大利人、法国人、德国人、西班牙人、北欧诸国的人、奥匈帝国的人、俄国人、波兰人等, 20 世纪中叶大批墨西哥人迁入美国。20 世纪 70 年代以后, 移民美国的亚洲人开始超过了欧洲人。在相当长的历史时期内, 拉丁美洲人一直不间断地合法或非法地进入美国。

从上述情况来看, 美国是一个名副其实的多民族、多种族、多文化的国家。经过两个多世纪的发展和融合, 那些源于欧洲的人种和文化比较相近的民族或族群逐渐融入成一个主流族群——白人①，而黑人、印第安人、亚裔人、阿拉斯加原住民、夏威夷原住民和其他太平洋岛民等②则由于明显的肤色和语言的差别或种族和文化的界限构成美利坚国家的少数民族（族裔）群体。按照美国中央情报局网站"世界各国概况"提供的最新资料③，美国2007年的族裔分布结构大概如下：白人79.96%，黑人12.85%，亚裔4.43%，印第安人与阿拉斯加原住民0.97%，夏威夷原住民和其他太平洋岛民0.18%，跨两个或两个以上种族的占1.61%。上述民族或族群中，构成比较典型意义上的美国"少数民族（族群）问题"的民族或族群分别有印第安人、黑人、新移民和波多黎各人。以下分述之。

印第安人　印第安人是北美的古老世居民族。在欧洲殖民者到来之前，他们已经在那里生活了数千年乃至上万年。17世纪以后，随着白人殖民者的陆续侵入，印第安人被大规模地驱逐和杀戮，以至于最终在数量上变得微不足道，成为人数最少的"少数民族"之一④。19世纪，美国的白人主流社会对印第安人的政策以强制同化为主。到了20世纪尤其是在经历了两次世界大战之后，伴随着印第安人的一系列运动和美国主流社会的日益包容、进步和尊重差异，印第安人逐渐取得了一定的政治、经济、文化上的自主权。

黑人　黑人是美国社会的一个非常特殊的少数族群，它既不像印第安人那样是美洲的世居民族，也不像新老移民那样——为寻找美好生活或躲避战乱、灾荒和迫害"自愿"而来，他们是被贩卖到美洲的奴隶的后裔。自踏上美洲土地的第一天起，他们遭遇被奴役、隔离、歧视的命运就没有停止过。直到20世纪50年代，在南卡罗来纳、亚拉巴马、佐治亚和南方

① 当然，这里所谓"白人"只是一个官方统计上的笼统称谓，实践中，作为"二等白人"的拉丁美洲裔多属于"少数族裔"。

② 西班牙裔没有作为一个单独的族群列出来，是因为美国人口普查局（the US Census Bureau）认为，西班牙裔是指那些说西班牙语或属西班牙裔和拉丁裔的人，他们包括生活在美国的墨西哥人、古巴人、波多黎各人、多米尼加人、西班牙人和中南美洲人，这些人可能属于任何种族或族群（白人、黑人、亚洲人等），全美大约有15.1%的人为西班牙裔。

③ https://www.cia.gov/library/publications/the-world-factbook/geos/us.html，2015年2月10日浏览。

④ 1980年的普查数据为140万人，这是1860年以来，印第安人第一次超过百万人。参见[美]布·罗贝《美国人民：从人口学角度看美国社会》，董天民、韩宝成译，国际文化出版公司1988年版，第141页。

其他各州，杀害黑人是不受任何惩罚的。① 黑人的不公正的命运激起他们的激烈反抗，自废奴、废除种族隔离和民权运动以来，黑人争取平等权利的斗争一直没有停止过。黑人的反抗尤其是暴力斗争不仅给美国造成了巨大的经济损失②，而且也威胁到其社会稳定和国家安全。自 20 世纪 60 年代开始，美国政府开始采取一定的政策和立法措施，来改善黑人的地位和经济状况，缓和紧张的种族关系。至 20 世纪 90 年代后期，黑人少数族群的总体情况有了很大的改善，黑白种族关系趋向于缓和。

新移民群体　新移民群体主要是指"二战"以来移民于美国的非欧洲裔移民，主要包括中东、北非、南亚及华裔、日裔等有色族裔群体③。这些群体由于文化（宗教）与肤色等方面与主流白人群体差异较大而难以融入主流社会，成为美国社会的比较"稳定的"少数族裔群体。新移民群体长期受到主流社会的排斥和歧视，一些族裔群体如华裔历史上曾遭受到严重的迫害和排斥。④ 20 世纪 60 年代民权运动以来，随着美国社会对少数族裔群体的日渐理解和接受及移民多元文化主义的兴起，新移民少数族裔群体的地位总体上得到较大改善（虽然其中的一些少数群体如穆斯林群体的处境在某种程度上有所恶化），其中，亚裔少数族裔如华裔、日裔在美国的竞争力和影响力与日俱增。

波多黎各人　波多黎各自由联邦是美国的一部分。1917 年，波多黎各人被赋予美国公民身份。"二战"后，波多黎各人大量移居美国本土。据 2000 年的统计数据，美国本土的波多黎各人已达到 340 万人，这个数

---

① ［美］约翰·霍普·富兰克林：《美国黑人史》，张冰姿等译，商务印书馆 1988 年版，第543 页。

② 据 1962 年经济顾问委员会的估计，为种族歧视而付出的全部代价约值 173 亿美元，即国民生产总值的 3.2%，1965 年洛杉矶瓦茨地区的一次种族暴乱就造成了 34 人死亡，1032 人受伤，3952 人被捕，约 4000 万美元的财产损失。［美］约翰·霍普·富兰克林：《美国黑人史》，张冰姿等译，商务印书馆 1988 年版，第 565—566 页。

③ 其中日裔、华裔到美国的时间可追溯到 19 世纪中后期甚至更早。

④ 华人历史上在美国受到的迫害和排斥是除黑人和印第安人以外其他少数族裔群体难以想象的：西部铁路修建及其他艰苦工程完成之后，许多华工被集体屠杀；1882 年及以后通过的排华法案，禁止一般华人入境，大规模驱逐和遣返华人劳工。在迫害华人时，甚至不区分是否已经入籍美国。这是美国国会通过的第一部针对特定族群的移民立法。在这之前的 1854—1874 年甚至有一个法律规定，禁止华人在法庭上提供不利于白人的证词，"这实际上等于公开宣布可以任意凌辱华人，华人遭到抢劫、伤害和攻击时，法律是不管的"。1871 年在洛杉矶，一伙白人歹徒一夜之间射杀、绞死了 20 名左右的华人。［美］托马斯·索威尔：《美国种族简史》，沈宗美译，南京大学出版社 1993 年版，第 178—179 页。

字与留在波多黎各自由联邦的 380 万人已经相差不远。按照加拿大学者威尔·金里卡的关于少数民族（族群）的分类方法，留在波多黎各自由联邦的可称为"少数民族"（national minority），而移居到美国本土的波多黎各人应称为"少数族群"（ethnic minority）。在金里卡看来，这两类性质不同的"少数人"应该得到不同的待遇。从美国的实践来看，金里卡的观点似乎得到了验证：那些留在波多黎各自由联邦的"少数民族"的确享受着比较充分的自治权，在政治、经济、文化和语言权利等方面享受着其他类少数民族（族群）少有的待遇。[①] 作为对这种高度自治权的"交换"，波多黎各少数民族在美利坚共和国的其他权利分享方面，则受到一定限制，如在美国总统及副总统选举中无投票资格、在美国参议院中没有代表，实践中没有一名联邦最高法院的法官来自波多黎各自由联邦等，一些波多黎各人因此而抱怨自己是美国的"二等公民"。

从作为少数族群的波多黎各人一端来看，其权利的享有或保障程度则呈现出一定的复杂性。一方面，作为拥有美国国籍的公民，波多黎各少数族群一开始就有完整意义上的公民权利（而不像他们留在波多黎各岛上的同胞）；另一方面，作为一个特殊的移民群体，他们所享有的公民权利大多还停留在文本层面。实践中，由于存在着肤色、文化（语言）和宗教上的差异性，波多黎各少数族群同其他少数族群一样，面临着反对种族歧视、保存文化传统和争取经济状况改善的基本任务。在包括波多黎各少数族群在内的众多少数族群的努力下，美国联邦政府于 1968 年推出了《双语教育法》（Bilingual Education Act），这个立法为双语教育在美国的发展提供了经费保障和法律支持，也开启了少数族裔群体使用联邦经费提高语言适应性的先河。其后的相关司法诉讼和行政手段也为双语教育的进一步推进创造了条件。但是，随着双语教育逐渐推进和深化，波多黎各少数族群在保存自己的语言文化和适应美国主流社会两个目标上陷入了两难：越是保存自己的语言，就越是疏离主流社会，而越是疏离主流社会，

---

① 其中最突出的是政治上的自决权和语言上的自主权。波多黎各自由联邦具有高度的政治自决权，美国宪法不能完全适用于波多黎各自由联邦。2012 年，波多黎各人第四次公投决定波多黎各自由联邦的未来政治地位时，美国总统奥巴马表示美国尊重波多黎各人民在政治归属上做出的任何选择，包括"扩大自治权""成为美国一州"和"完全独立"。语言权利方面，西班牙语被确定为波多黎各自由联邦的官方语言，西班牙语甚至一度成为排他性的唯一官方语言，如1991 年西班牙语被定为波多黎各自由联邦唯一的官方语言，1993 年西班牙语和英语的双语官方地位得以恢复。

就越使自己的语言和文化边缘化，从而失去更多的发展和向上流动的机会。情况更严重的是，在许多波多黎各少数族群社区，年轻的波多黎各人既没能掌握好西班牙语，也没能学好英语。这种现实使波多黎各少数族群开始反省甚至质疑双语教育。1995 年，纽约市的以波多黎各少数族群（父母）为主的一个家长组织起诉纽约教育专员，要求解除双语教育，他们声称自己的孩子被错划在双语班级，导致英语和西班牙语都没有学好。1998 年，加利福尼亚州出现并最终通过取消双语教育的提案。该提案认为，实施已久的双语教育并没有使移民儿童掌握英语。新通过的法律规定，加州所有的公立学校，一律使用英语教授少数族裔学生学习英语和其他课程。具体办法是，儿童入学后先接受一年的特别英语教育，然后转入普通的全英语班接受主流教育。不愿意接受这种教育且符合一定条件的家长可以通过申请豁免，从而使自己的孩子继续以前的双语教育。加州通过此类法案后，多州效仿加州，最终导致《双语教育法》被取消。2002 年，布什政府颁行的《不让一个孩子掉队法》（No Child Left Behind Act）给追求"保存自己的语言文化和适应美国主流社会"双重目标的波多黎各少数族群一个清晰的结论，即为了能适应美国主流社会，波多黎各少数族群必须"有所失才能有所得"。

　　双语教育的失败，使波多黎各少数族群开始调整他们在美国本土的生存和发展策略，不再追求西班牙语与英语的平起平坐的地位，而是转而追求以学好英语为主要目标，同时将西班牙语作为社区和家庭语言。在放弃以语言为主导的生存和发展策略的同时，波多黎各少数族群强化了他们的"文化存在"和"社会存在"。前者表现为大量波多黎各族裔文化节日如"波多黎各人民俗节"（The Puerto Rican Folk Festival）、"施洗者圣约翰日"（The Feast of Saint John the Baptist）的举办，后者则表现为许多社团如同乡会、联谊会、帮扶会的建立。总的来说，由于肤色、文化语言和经济起点等方面的种种差异，波多黎各少数族群在美国本土的情况长期不容乐观。他们与留在"自由联邦"的波多黎各少数民族的处境明显不同。

　　波多黎各人的权利状况，集中反映了美国国家在对待少数民族（族群）问题上的灵活务实的态度。实际上，美国对其领土上的所有少数民族（族群）都采取了差别对待的做法。印第安人、黑人、新移民群体及波多黎各人的权利状况均在一定程度上享有不同的"民族政策"。

(二) 几种价值理念的实践

1. 维护国家安全的价值理念的实践

美国是一个移民国家。其建国者主要是那些饱受迫害的宗教上的少数人——新教徒。1776 年，这些新教徒以革命的形式实现了拥有自己独立主权国家的历史使命。从此，欧洲大陆的宗教上的少数人，拥有了自己的"民族国家"。作为长期遭受宗教和政治迫害的宗教上的少数人，美利坚合众国的建国者们，不仅深知保护少数人权利的重要性，而且更加深谙维护国家安全的重要意义。在保护少数人权利的价值理念中，维护国家安全的价值理念在美国国家的实践中占有极其重要的意义。可以说，如果不涉及国家安全利益，以自由主义个人权利立国的美国，可能会长期忽略对少数民族 (族群) 权利的保护。

从历史的角度来看，发生于 1861—1865 年的美国内战就是一次重要的维护国家安全的价值理念的实践。为维护国家的统一和人民的团结，林肯领导下的联邦政府 (北方)，毅然宣布南方各州治下的 (黑人) 奴隶制度为非法，因为这些试图保存奴隶制、继续奴役黑人少数族群的州已明确发出脱离联邦的信息。这里，废除奴隶制度，恢复黑人少数族群的人身自由已经与维护美国的国家安全密切地联系在一起。保护黑人少数族群的权利就是在保护联邦的统一。在美国短暂的历史中，还从来没有出现过这种情形，即少数族群的命运与国家的命运如此紧密相连。长期以来，有关美国内战的原因，存在着各种各样的版本，有所谓"经济说""文化说""意识形态说"或"奴隶制说"，更有"为联邦国家统一而战"还是"为解放黑奴而战"的争论，这些版本都试图从某一维度解释内战的原因。而实际上，触发这场战争的原因至少有两个，一个是解放黑人奴隶，另一个则是为了挽救联邦。前者是表层原因，后者为深层次原因。这两种原因也可以用少数族群权利保护的国家安全之维度来解释，即美利坚国家保护黑人权利是为了维护联邦的统一与安全，而不是为了一种纯然的社会正义。林肯在 1862 年 8 月写给《纽约论坛报》编辑格瑞莱的信中说，"我的最高目标是拯救联邦，既不是保存奴隶制度，亦非摧毁奴隶制度。如果不解放一个奴隶就能保存联邦，我就一个不放；如果解放全部奴隶就能保存联邦，我就全部解放；如果解放一部分奴隶，不解放其他奴隶就能保存联邦，我也照办"。他的密友和忠实的支持者威尔·H. 白朗宁在《解放黑人奴隶宣言》发表后，也认为"收到的唯一效果就是气愤的南方更为团结了，而北方内部意见不一，人心涣散"。军队叛变连连。原本从军是为了拯救联邦的官兵发誓说，他们可不愿意为了解放黑奴作战，从而使黑人获得和白人一样的社会地位。一时逃兵成千上万，连各地补充的新兵的数量都减少了。①

可见美国内战的原因绝不纯然是为了解救黑人奴隶，历史上的战争动员之所以采取了解放黑人奴隶的形式，是因为保障黑人的权利尤其是保障他们的人身自由，已经不全然是一个道德问题或意识形态命题，而是一个实实在在的国家安全问题。美国人的这种为维护国家安全而保护少数族群权利的价值理念传统，应该说一直延续着。20 世纪 60 年代，为抗议"解放"百年后仍深受压迫的现实，美国黑人等有色少数族裔，掀起了民权运动的风暴，一些激进的黑人组织突破了"非暴力"的伦理界限，号召拿起武器为黑人的权力而斗争。从 20 世纪 60 年代中后期开始，以争取黑人在政治、经济、文化和社会权利等方面行动能力的"黑人权力"（Black Power）运动蓬勃兴起，这些运动除了鼓动黑人积极参加投票选举、提供一些社会服务之外，还鼓动起大规模的城市骚乱甚至直接诉诸武装斗争。其中"黑豹党"组织的"自卫队"与警察发生了大规模的对抗，其激烈程度被认为对美国国家安全构成了重大威胁。尤其是，1967 年的"黑人权力会议"，公开要求"把美国分为两个独立的国家，一个是白人的祖国，另一个是黑人的祖国"；"黑豹党"的发言人宣称，美国面临的选择要么是"黑人的彻底自由，要不就是美国的彻底毁灭"。当时黑人的暴力斗争遍及全美国，毛泽东为此专门发表了支持美国黑人斗争的声明。②

以"黑人权力"运动为标识的黑人暴力抗争，震动了整个美国主流社会。据统计，1965—1968 年，有多达 50 万黑人参与了全美 300 多个城市的骚乱，骚乱中有 5 万人被捕，8 万人受伤，造成的财产损失超过 1 亿美元。③ 1968 年，约翰逊政府成立委员会对骚乱原因进行调查，7 个月后

---

① 转引自陈舒媛《关于美国内战的思考》，《文史》2010 年 10 月（中旬刊）。

② 马戎：《美国的种族与少数民族问题》，《北京大学学报》（哲学社会科学版）1997 年第 1 期。

③ Civil rights During the Lyndon Administration, 1963 – 1969（Part Ⅴ: Report of the National Advisory Commission on Civil Disorders），A Collection from the Holdings of the Lyndon Baines Johnson Library, Austin, the Lyndon Baines Johnson Library 1987, p. 7.

出台的"科勒报告"指出，种族歧视、种族隔离长期影响并广泛渗透到美国人的生活中，已经威胁到每一个人的未来；如果放任，将会使美国社会分化，使美国的基本价值观遭到破坏，报告警告说，"美国正在变成黑白两个社会，隔离而不平等"。虽然由于种种原因，科勒报告没有被约翰逊政府采纳实施，但它提出的有关种族不平等、种族压迫和弥漫性的种族歧视已严重威胁到美国的国家安全和社会稳定的警告及相应的政策建议如为那些因种族隔离和歧视而受到限制的黑人提供更多的机会，消除在教育、就业公平、住房保障等方面的障碍等，显然为其后继者所重视，成为他们扩大实施影响深远的肯定性行动政策的重要政策依据。

总之，国家安全是美国政府保护少数民族（族群）尤其是黑人权利的一个重要考量。内战时如此，民权运动时期是如此，新时期面对新移民少数族群时更是如此。这种功利主义式的价值理念，使黑人等少数民族（族群）权利得到一定保护和改善的同时，难以从根本上消除美国社会长期存在的种族不平等问题。因为国家安全理念毕竟是一种冷冰冰的利害衡量的功利主义计算。

2. 人权价值理念的实践

保护人权的价值理念意味着从同为平等的人的立场，给予少数民族（族群）同等的权利保护。由于时代的、意识形态的和国家特殊的政治法律结构等原因，美国在人权价值理念的实践方面，呈现出十分复杂和奇特的面相。

众所周知，美国是近代以来北美大陆上第一个通过实施"集体人权"产生的独立主权国家。1776 年，北美十三殖民地"依照自然法则和自然之造物主的意旨"解除了"一个民族与另一个民族之间的政治联系"，创立了与世界其他国家一样具有"独立和平等地位的"美利坚合众国。缔造美利坚合众国的《独立宣言》宣称："我们认为下面这些真理是不言而喻的：人人生而平等，造物者赋予他们若干不可剥夺的权利，其中包括生命权、自由权和追求幸福的权利。为了保障这些权利，人类才在他们之间建立政府，而政府之正当权力，是经被治理者的同意而产生的。当任何形式的政府对这些目标具破坏作用时，人民便有权力改变或废除它，以建立一个新的政府。"

从《独立宣言》的上述内容来看，美利坚合众国在其起源上，就是一个由人权所催生的国家，即国家或主权建立的目的（必要性）是保护人们不言而喻的基本人权和自由。马克思因此称《独立宣言》为人类历史上的"第一个人权宣言"。宣言的主要起草者托马斯·杰斐逊反对奴隶制，主张人民享有平等的权利和自由。北美十三殖民地土地上的第一个人权组织（1775 年）就以废奴或解放奴隶为其宗旨。

美国也是国际人权宪章的主要推动国家之一。

对世界产生广泛影响的国际人权宪章，即《世界人权宣言》《公民权利与政治权利国际公约》《经济、社会、文化权利国际公约》历史上是在美国的强力主导下形成的。1941 年，美国总统富兰克林·罗斯福提出要建立一个以言论和表达自由、以自己的方式信仰上帝的自由、免于匮乏的自由和免于恐惧的自由为基础的世界。战后联合国成立了以罗斯福的夫人埃利诺·罗斯福（Eleanor Roosevelt）为主席的人权委员会负责起草国际人权法。

但是，从 1953 年开始，美国开始明确拒斥国际人权，甚至视人权为洪水猛兽。这其中的原因，从国际层面看，冷战意识形态兴起，20 世纪40 年代自由主义的国际主义精神逐渐萎靡。战争或革命期间兴起的向上的、进步的、开放的人权观念①逐渐让位于一种保守的甚至反动的意识形态，自由主义的美国为了防范苏联等社会主义国家利用国际人权规范来反对、干涉其内部的黑人种族问题，公开表示将不会签署和批准已经成形的和仍在制定中的人权公约。

国内层面，种族隔离和各种形式的种族歧视泛滥，特别是美国南部的一些州，公然隔离和歧视黑人的法律比比皆是，南方的种族主义者和其他保守势力担心批准已经通过的《防止及惩治灭绝种族罪公约》和正在制定中的其他人权公约将会瓦解南方各州的种族隔离制度。担心联邦政府可能会利用人权条约来干涉他们的地方事宜包括他们在种族关系上的一些制度安排。同时，他们也担心，国际人权条约还会危及联邦及州的司法（主权）。这种担心在是否批准"二战"后联合国通过的第一个人权公约——《防止及惩治灭绝种族罪公约》上，表现得非常明显。美国律师协会的和平与法律委员会在论证会上列出了以下原因，来反对批准公约：

---

① 1941 年，罗斯福在给国会的年度国情咨文中说："自由意味着世界所有地方人权至上。我们支持为争取和捍卫人权而斗争的人们。" Micheline R. Ishay ed., *The Human Rights Reader, Major Political Essays, Speeches, and Documents From the Bible to the Present*, New York & London: Routledge, 1997, p. 406.

第一，该公约（包括其他人权条约）所包含的人权标准低于美国人所享有的标准，这样美国人将因批准条约而失去一些人权，而不是获得更多的人权。第二，条约将侵犯美国的司法权限和主权，认为批准条约是"要求我们把作为一个国家的大量主权转移给一个国际团体，而在这个团体中，我们只有明显的少数票"。他们甚至认为"联合国起草条约的特殊目的是侵犯各国司法权限和接管国家主权"。第三，联邦政府将运用根据条约所获得的权力来颁布侵犯州权的宪法，地方司法权限将被公约所改变，认为"强加给美国一个将成为美国国内法的新的法律体系，将给在我们宪法之下的州和联邦政府带来巨大的变化……剥夺州在很大领域里的刑事司法权限，把它仅仅置于联邦的权限之下，或置于一个国际法庭的司法权限之下，是一场真正的革命"。第四，认为条约将加重共产主义的威胁，认为批准条约的"后果可能是建立起包围我们的社会主义和共产主义遏制围墙，这将导致我们的人权原则和我们业已建立的保护它们的自由体制的衰败"①。

以上可以看出，"二战"后美国拒斥国际人权规范的原因是多方面的，其中黑人少数族群权利保护标准低下是一个核心原因或触发性因素。首先，它可能招致联邦政府对（南方）州和地方层面种族隔离和种族歧视行为（政策）的直接干预；其次，它也有可能使美国黑人问题国际化，使美国国内发生的侵犯黑人权利的行为国际司法化；再次，它可能使美国国内违反人权的事实日益公开，动摇美国是公民权利的主要支持者这一信念②；最后，它可能成为社会主义国家批评美国意识形态和国内政策的重要口实。

随着美国国内黑人少数族群权利状况的日益好转和美国人权外交逐渐提上日程，尤其是随着冷战的结束，美国对国际人权规范抵触的事由逐步由"价值"转向"技术"，即抵触国际人权规范不再是因为黑人权利状况不佳而使"家丑"外扬，也不再是因为担心国际人权在意识形态上被社会主义国家利用，而主要是为了避免其既有的政治和法律结构受到冲击。也就是说，经过"二战"后几十年的发展和变迁，美国抵制国际人权标

---

① 周琪：《美国对国际人权条约政策的变化及其缘由》，《美国研究》2000 年第 1 期。

② Natalie Hevener Kaufman, *Human Rights Treaties and the Senate*, *A History of Opposition*, Chapel Hill and London：the University of North Carolina Press, 1996, p. 14.

准的理由越来越趋向于保护其已有的政治法律机构和制度，越来越趋向于保护其主权包括司法权限的完整性。美国的政治制度不能因为普遍的国际人权标准而做任何改变，美国国内的司法权限不能受到其他国家或国际组织的侵犯，美国不应受国际条约条款的约束，除非这些条约条款已经包括在美国法律中，可以说，冷战结束以来，"担心州的司法权限被侵蚀和传统的政府制度遭到国际法的破坏，始终是美国消极对待国际人权条约的真实动机"①，维持州和联邦权力的传统平衡始终是横亘在美国国家与国际人权规范之间的不可逾越的政治文化障碍。

因此，尽管美国最初是国际人权公约的倡导者和促成者，也尽管美国由于其人权外交的需要而日益成为"人权卫士"，但人权的国际规范甚至人权的话语在美国政治和法律系统内都一直不受欢迎。从 20 世纪 50 年代起，美国强大的司法系统就开始有意识地排除国际人权规范在美国的适用。美国宪法（第 6 条）规定，合众国已经缔结及将要缔结的一切条约与本宪法及依本宪法所制定之合众国法律一样，"皆为全国之最高法律"。然而，1957 年联邦最高法院通过判例改变了这一宪法条款。该判例确认，任何条约（款）如果与宪法发生冲突，就不具有法律效力。② 1948 年，联邦最高法院的法官曾援引《联合国宪章》来支持反歧视的诉讼，但是到 1952 年及以后的相关案件中，《联合国宪章》的法律效力遭到否认。加州的最高法院借口《联合国宪章》既不是"自动执行的"（self-executing treaties）③，也没有被国会立法所肯定而拒绝使用。

这种司法所主导的对国际人权规范的排斥性力量一直延续到美国批准最重要的国际人权公约——《公民权利和政治权利国际公约》之后。为了削弱国际人权公约所规定的人权标准对保护少数民族（族群）的保护效能，法院继续以"非自动执行的"条约为由否定原告的诉权。如在波多黎各少数民族（居住在波多黎各自由联邦的波多黎各人）诉美国联邦政府的选举案例中，原告以不能参加美国总统的选举，其选举权受到损害

---

① 周琪：《美国对国际人权条约政策的变化及其缘由》，《美国研究》2000 年第 1 期。

② ［美］托马斯·伯根索尔：《国际人权法概论》，潘维煌等译，中国社会科学出版社 1995 年版，第 129 页。

③ 为了规范和限制国际人权条约的作用，联邦最高法院在实践中制造出所谓自动执行条约（self-executing treaties）和非自动执行条约（non-self-executing treaties），前者是指已批准的国际条约无须经过国内立法即可直接适用，后者则指已批准的国际条约还需再经国内立法机构予以具体化后方可适用。

为由,依据《公民权利和政治权利国际公约》第 25 条①提出诉讼。这是一个典型的以"人权"的形式寻求公民权救济的案例。此案中法院以《公民权利和政治权利国际公约》是一个《非自动执行条约》(non-self-executing treaties)为由,拒绝承认原告的诉权。

在波多黎各少数民族诉美国联邦政府一案之后,围绕《公民权利和政治权利国际公约》的适用问题,联邦法院均以"该公约并没有为美国规定具体的可以执行的义务,也没有为原告授予可以执行的私人诉权"为由拒绝适用②。

总之,美国虽然在国际人权领域经常以人权的维护者甚至"人权斗士"自居,但在其国内实践中,人权的价值理念甚至人权话语本身,都不是一个正当性或合法性很强的概念。加之,美国人推崇公民权利和政治权利,抵制经济、社会和文化权利,使它的人权理念实质上处于撕裂状态。与其他类型的价值理念在保护少数民族(族群)权利方面的作用相比,在美国,人权的价值理念所起的作用十分有限。甚至在一些情况下,人权理念对它的国内少数民族(包括外国人)而言,是一个被高度意识

---

①　《公民权利和政治权利国际公约》第 25 条规定,每个公民应有下列权利和机会,不受第 2 条所述的区分和不受不合理的限制:一、直接或通过自由选择的代表参与公共事务;二、在真正的定期的选举中选举和被选举,这种选举应是普遍的和平等的并以无记名投票方式进行,以保证选举人的意志的自由表达;三、在一般的平等的条件下,参加本国公务;第 2 条第 1 款规定,本公约每一缔约国承担尊重和保证在其领土内和受其管辖的一切个人享有本公约所承认的权利,不分种族、肤色、性别、语言、宗教、政治或其他见解、国籍或社会出身、财产、出生或其他身份等任何区别。

②　在 1998 年的怀特诉鲍尔森案中,原告曾经在华盛顿州服刑,声称自己在监狱服刑时,监狱医生未经其同意就对其进行人体试验,因而依据《公民权利和政治权利国际公约》和《禁止酷刑公约》提起诉讼。法院认为,《公民权利和政治权利国际公约》和《禁止酷刑公约》都是非自动执行条约,并不能直接约束美国赋予个人以实体上的私权或者程序上的诉权。因此,法院最终裁定原告的起诉没有法律依据,驳回原告的起诉。在 2004 年的索萨案中,美国联邦最高法院拒绝认定《公民权利和政治权利国际公约》的约束力。该案起源于一名美国麻醉品管制局特工在墨西哥被杀,美国麻醉品管制局认为墨西哥国民阿尔瓦雷斯·马沁具有重大嫌疑,就雇用墨西哥国民索萨将阿尔瓦雷斯·马沁从墨西哥绑架到美国,并开始刑事追诉程序。后来,阿尔瓦雷斯·马沁被判无罪,并根据《联邦侵权请求法》对美国的非法逮捕提起诉讼,还依据《外国人侵权请求法》对索萨提起违反国际法的诉讼。阿尔瓦雷斯·马沁认为,根据《世界人权宣言》和《公民权利和政治权利国际公约》的规定,"任意拘禁"违反了"国际法"。法院认为,《世界人权宣言》没有课以国际法上的义务;虽然《公民权利和政治权利国际公约》明确禁止非法逮捕和拘禁,但是美国是将其作为非自动执行条约而批准的,该公约并没有为美国法院创设可以执行的义务。李庆明:《国际人权条约与美国法院的双重标准》,《人权》2013 年第 5 期。

形态化了的、有着相反实践效应的观念形态。

美国不仅签署和批准的国际人权核心公约很少，而且已经批准的人权公约在其国内实践中也多处于被架空的状态。因此，在美国以人权的价值理念谋求少数民族（族群）权利的保护，不是一个有效的途径。根本的出路还在于谋求"公民权"的有效保护——寻求公民权的落实，或者寻求公民权利的正义是美国的少数民族（族群）面临的一个重大而又现实的任务。

3. 权利正义价值理念的实践

美国是一个以"公民权"立国的国家。经过长达几个世纪的斗争，美国的少数民族（族群）陆续取得了宪法和法律上的公民权利。《宪法修正案》及后来的《民权法案》等相关法律虽然在形式上保证了没有人因他的种族、肤色、宗教和民族出生等的不同而受到不同的对待，但是，不论是在历史上还是现实中，少数民族（族群）总是因为上述因素而受到歧视或不公正的待遇。

为了最大限度地保障少数民族（族群）的权利，实现权利作为一种资格、资源等的分配符合正义的要求，美利坚的政治家和学者们一方面设计了种种制度如"主权在州""结社自由"、印第安人自治等来平衡多数人（民族、族群）的民主权利；另一方面，采取了诸如"肯定性行动"来直接对少数民族（族群）进行权利补偿。主权在州的宪法分权模式，使那些人口相对较多的少数民族在包括州层面在内的各种地方自治中找到行使"集体权利"的渠道；充分的结社自由等权利为那些人口很少的族群开辟了通过游行、游说、宣传和投票等途径影响相关决策（尤其是涉及自身权益的决策）的有效渠道。印第安人自治是指，"居住在同一保留地的印第安人部落，或诸部落，有权为其共同福祉组织起来，并可以制定适宜的宪章及自治法规"[①]。在 1975 年的"合众国诉马祖里"（United States v. Mazurie）一案中，联邦最高法院确认，部落领土内，包括部落成员及非成员，都由部落主权统辖。

当然，在权利正义价值理念的实践方面，实施了长达数十年的直接针对少数民族（族群）进行补偿的"肯定性行动"具有十分重要的地位。

"肯定性行动"补偿的对象主要是黑人、印第安人、新移民等有色族裔人群。在实施肯定性行动之前，黑人遭受了长达几个世纪的奴役、隔

---

① 《印第安人重组法案》（1934 年）第 16 条。

离、歧视和压迫。① 至于印第安人，他们是美国历史上的"西进运动"、工业化和城市化的最大受害者。实际上，整个"19世纪美国白人社会发展的每一页历史都是以牺牲印第安人的利益甚至生命写就的"②。在以肤色区分的美国社会中，亚裔、拉丁裔、西班牙裔等有色移民也一直是种族歧视的受害者。长期的种族歧视尤其是制度性的隔离和压迫，使美国社会形成了一种对有色族裔的坚固的结构化的排斥性力量。对这种力量，任何单纯公民化的政治和法律措施，都难以起到应有的矫正和平衡作用。因此，从20世纪60年代开始，在美国联邦政府的主导下，发起了一场以平等权为目的的权利正义行动，即在美国社会经历了长达数个世纪对少数民族（族群）尤其是对黑人的压迫、隔离和歧视后，在种族矛盾已经高度紧张的情况下所采取的一种涉及行政、立法和司法系统的综合的"救治"行动。这一行动包括两个方面的内容，一是坚定不移地反对任何以种族、信仰、肤色和原籍等为由的歧视；二是对历史上遭受严重歧视的黑人等少数族裔采取一定的矫正措施，从而实现宪法第十四条修正案所规定的对全体公民的平等保护（equal protection），其中第一个方面为"本"，第二个方面为"末"。

（1）肯定性行动的反歧视实践③

其一，政策中的反歧视实践。1961年，肯尼迪总统签署的10925号行政命令被视为肯定性行动的发起性文件，这个文件开门见山地申明了其反歧视的立法本位，其"前言"明确指出，"鉴于基于种族、信仰、肤色和原籍的歧视违反宪法原则"，"鉴于不分种族、信仰、肤色和原籍的促进和保障所有符合条件的人的平等的机会是美国政府的明确的积极的义务"，"鉴于现有的有关政府就业和遵守非歧视性合同条款的行政命令、实践和政府机构程序的审查和分析表明，迫切需要在促进充分平等就业机

---

① 美国内战及随后的修宪虽然形式上"解放"了黑人，但1876年以来各州和地方通过的一系列"吉姆·克劳法"（Jim Crow Laws）公然全面限制和剥夺黑人少数族裔的权利。19世纪后期通过判例所确立的"隔离但平等"原则更是将黑人划分在另一个世界。甚至在"布朗案"宣布"隔离但平等"后，黑人的被隔离、受压迫的困难也远远没有结束。总之在20世纪60年代的肯定性行动以前，黑人一直遭受着严重的不平等待遇，甚至可以被随意处以死刑。

② 张骏：《从同化政策到尊重差异——美国印第安人政策演变的思考》，《世界经济与政治论坛》2014年第3期。

③ 周少青：《"肯定性行动"刍议》，北京大学《民族社会学研究通讯》第139期，2013年7月15日。

会方面做出更大的努力……特制定并发布此命令"。"命令"要求政府承包商"采取积极的行动（affirmative action）以确保申请人在被雇用、雇员在工作中一律不考虑其种族、信仰、肤色或原籍"。为了保证反歧视目标的实现，该法令创制了以副总统为主席、劳工部长为副主席的"平等就业机会总统委员会"。

1965 年，约翰逊总统签署第 11246 号行政命令，该"命令"在"禁止联邦承包商及联邦援助的建筑承包商和分包商（一年内与政府的业务超过 1 万美元）在雇用时有基于种族、信仰、肤色或原籍的歧视行为"的同时，要求"承包商采取积极的行动（affirmative action）以确保申请人在被雇用、雇员在工作中一律不考虑其种族、肤色、信仰、性别或原籍"。

1969 年，尼克松签署了第 11478 号行政命令和第 11458 号行政命令。前者禁止基于种族、信仰、肤色、原籍、残疾和年龄的歧视，要求所有机构和部门采取积极措施，促进其所辖范围内的公平就业（主要是美国邮政管理局雇员和美国武装部队文职人员的雇佣）；后者则主要就少数族群企业的设立、保护和加强规定了商务部长的协调职责。

1980 年，卡特总统颁发了第 12232 号行政命令，该"命令"称"为了克服歧视性待遇的后果，加强并扩大传统黑人大学提供合格教育的能力"，"教育部长应实施旨在大幅度增加传统黑人大学参加政府资助项目机会的联邦计划，这一计划将寻求识别、减少和消除可能不公平地导致传统黑人大学在参加和受益于联邦资助项目方面的障碍"（Executive Order 12232）。

总之，20 世纪 60 年代到 80 年代前期（即所谓肯定性行动的上升时期）出台的行政命令，强烈地表现出反歧视本位，其所推出的矫正性措施（优惠措施）也紧紧围绕于"反歧视"这一政策基点展开，这一政策模式为后来的行政命令所延续。80 年代以后（来），里根、布什、克林顿总统等均签署过有关肯定性行动的行政法令，如里根的第 12320 号（1981 年）和第 12432 号（1983 年）行政命令，布什的第 12677 号行政命令（1989 年），克林顿的第 12876 号（1993 年）、第 12892 号（1994 年）和第 12900 号（1994 年）。这些行政命令的内容与前期的大同小异，都是在强调反歧视和平等保护的前提下，给予诸如黑人学校、拉美裔少数民族、少数民族企业等一定的优惠政策以矫正历史上的歧视行为。

从 20 世纪 90 年代后期开始，有关肯定性行动的行政命令除了继续强调平等保护和反歧视以外,对西班牙裔少数民族(第 12900 号)、亚裔少数民族和太平洋岛民(第 13125 号)及信仰群体和社区(第 13198、13199、13279 号)实施了一定幅度的矫正措施(优惠政策)。这一时期,肯定性行动的一个重要的转向是,将残疾人、退伍军人等弱势群体纳入保护范围(克林顿、小布什和奥巴马总统先后签发了十几个行政命令,以提升这两个群体在就业及其他方面的机会)。

其二,立法中的反歧视实践。肯定性行动立法中影响最大、最有代表性的无疑是 1964 年的《民权法案》,该法案内容广泛,规定了从禁止种族隔离到禁止歧视黑人、少数民族和妇女的一系列内容,其中第七章对就业中的歧视问题做出了专门、详细的规定,其第 703 条和第 704 条明确将雇主、职介机构、劳动组织及劳工管理联合委员会(joint labor-management committee)等主体的基于种族、肤色、宗教信仰、性别或者民族的歧视,宣布为非法。《民权法案》是美国历史上第一部综合的反歧视立法,它的实施为肯定性行动提供了强大的法律支撑。事实上,这部法律的效力是如此巨大,以至于它后来在某种程度上成为消解肯定性行动(尤其是矫正措施)的一个重要力量。

1965 年,国会通过《投票法案》,废除了选民登记和投票方面的种族歧视;1968 年,通过《公平住房法案》,该法案废除了私有住屋租售方面的种族歧视。这些法律的颁行进一步加强了《民权法案》的反歧视力度。

与行政命令的"立法结构"相似,国会在颁布《民权法案》等反歧视法律的同时,也推出了一些配套性的、矫正型的法案,如《学校援助紧急法案》(1972 年)、《公共工程就业法案》(Public Works Employment Act)(1977 年)、《陆上交通援助法案》(Surface Transportation Assistance Act)(1982 年)、《国防授权法案》(National Defense Authorization Act)(1987 年)、《民权法案》(1991 年)(该法案第二条要求成立一个委员会就少数族裔、妇女在经历其决策层缺乏代表性方面进行调查)等。

其中,《公共工程就业法案》是美国现代史上第一个种族划分(racial classification)的法案,它明确规定了公共工程建设中对少数族裔企业的 10% 的预留条款(set-aside),它的通过标志着国会对于反歧视矫正措施的正式接受(也有论者指出,国会之所以通过这部法律,是因为视其为一般的利益群体诉求)。该法案创造的矫正(优惠)模式,为各州和地方政府竞相追随。1978 年,国会又为"社会上或经济上处于不利的人"举办的企业（DBEs）创制了预留条款的法律。由于 DBEs 与 MBEs（少数族裔企业）高度重合（重合度超过95%），所以该法律实际上也是反歧视矫正措施的一部分。

（2）肯定性行动中的矫正（优惠）实践

反歧视的行政法令（政策）及《民权法案》（1964年）出台后，面对弥漫性的种族歧视意识和结构性的种族不平等现状，美国政府敏锐地意识到，单纯地搞"毫无差别"的平等和"色盲性"的反歧视已不足从根本上改变现状。历史上的歧视造成的严重后果已化为根深蒂固的"体制性种族主义"（institutional racism），这种镶嵌在文化和制度中的种族歧视是如此严重，以至于任何单纯的反歧视都将会使过去的不正义永久性地固化——即使是个体公民从此不再有种族偏见和歧视性的意图。

由于历史上种族压迫和种族歧视的积累，20世纪60年代的美国种族矛盾和冲突全面爆发，种族街头政治四处上演，首都和其他城市的以黑人为主的有色族裔的烧掠性暴动和抗议活动到处蔓延，这些"武器的批判"已严重影响到美国"自由"社会的根基——如肯纳委员会报告（Kerner commission report）指出的那样，美国"正在变成两个国家，隔离且不平等"。

基于上述认识和判断，从20世纪60年代后期开始，联邦政府和司法系统在一般地反歧视的同时，开始了一系列致力于真正机会均等的反歧视矫正行动（实践）。

第一，联邦政府的矫正（优惠）实践。联邦政府的反歧视矫正行动的主要做法是给予少数族裔成员在就业方面一定数额的保障名额和在大学录取方面一定幅度的优惠照顾，以及给予少数族裔举办的企业一定份额的保留条款等。

需要说明的是，所谓"种族配额"制并不是一开始就有的，而是反歧视实践自身的产物，即反歧视矫正行动起源于反歧视行为自身。为了保障有关政策和立法中设立的反歧视标准的实施，联邦政府在其劳动部、商业部、健康、教育和福利部等系统成立了一系列机构以直接监督政府承包商的人员录用、联邦有关机构的项目发放和受政府资助的高校学生的录取工作。以劳动就业为例，鉴于一些政府承包商在雇用黑人等少数族裔成员问题上一直含糊、敷衍，劳动部"联邦合同执行情况办公室"（Office Of Federal Contract Compliance Programs）决定通过督促他们制定明确可行的雇用少数族裔的"目标和时间表"来完成非歧视或平等雇用的目标。及至尼克松时期,这种"目标和时间表"或所谓"代表性"终于被明确为"实际上增加雇用少数族裔(妇女)的人数"——人数比例大致与他们所占当地劳动力的比例相当——这就是后来引起广泛争议的所谓"种族配额""逆向歧视"的前身。

联邦政府的反歧视矫正行动最典型的案例是尼克松主政时期的"费城计划",该计划以严格的配额和时间表,克服了国会和法院的障碍,将少数族裔的优惠计划成功地应用到超出建筑业的数十万家与政府有商业往来的公司,覆盖了整个非农私人公司就业人口的近一半,覆盖所有的联邦机构和实际上全美所有的重要雇主。

此外,通过执行国会的相关法案,截至20世纪90年代,联邦政府为少数民族企业预留份额的现象已十分常见:10%的国际发展援助项目(international development grants),8%的NASA合同、10%的美国海外使馆工程造价额度(份额)、10%的超高能超导对撞机的建设和运营,至1990年联邦政府各机构已为少数族裔企业争取到86.5亿美元的合同份额。①

第二,司法系统的矫正(优惠)实践。司法系统的反歧视矫正行动主要围绕《民权法案》(1964年)和宪法第十四条修正案的反歧视规定展开。

在早期的诉讼中,法院认为一些机构由于它们过去的排斥性历史和现在的继续找不到合格的少数族裔和女性雇员,需要"下猛药"(stronger medicine),他们命令这些机构采取"配额",雇用特定数量的以前受排斥群体的成员。②

法院做出这类"种族偏好"的裁决(决定)是基于民权法案和宪法第十四条修正案的立法目的。在法院看来,如果严格按照《民权法案》(1964年)的条文规定(如其第六章规定:"任何美国公民都不得因种族、肤色或原籍被限制参加、收益于联邦资金援助的项目或活动,或在此类项目、活动上遭受歧视")和宪法第十四条修正案字面意思来办案,就会放任实践中已经很严重的种族歧视,其结果必然是违反歧视立法的初衷。

---

① 转引自Hugh Davis Graham, Race, History, and Policy: African Americans and Civil Rights Since 1964。

② "affirmative action" from Stanford University, first published Fri Dec 28, 2001; substantive revision Wed Apr 1, 2009.

当承包商控告"费城计划"违反了民权法案第六、第七章节时，联邦法院（1971 年、1972 年）明确指出，这种考虑种族的雇佣目标，在为补偿过去的歧视而制订的合同遵守项目下是正当的。

司法系统反歧视矫正行动具有标杆性意义的是联邦最高法院的司法实践。自 20 世纪 70 年代以来，联邦最高法院做出了一系列带有矫正倾向的判决，其中比较有代表性的是格里戈斯诉杜克电力公司 ［Griggs v. Duke Power Company，401 U. S. 424（1971）］一案。此案由位于北卡罗来纳州杜克电力公司丹河蒸汽发电厂的 13 名在职黑人员工提起，诉讼发生时，该厂共有 95 名雇员，其中黑人 14 名。大致案情如下：杜克公司历史上长期隔离和歧视黑人，在丹河蒸汽发电厂，最好的工作职位都留给了白人，黑人所在劳作间的最高收入低于其他 4 个只有白人的工作间的最低收入。1955 年，杜克公司的政策规定，除了劳作间以外，其他 4 个工作间的就业者均需要有高中文凭。在禁止种族歧视的《民权法案》（1964）颁行后，杜克公司停止了公开将黑人限制在劳作间的做法，转而宣布了一项新的雇用、晋升和转换车间的政策，根据这项新的政策（拥有高中文凭或通过公司相应的考试），几乎没有黑人能够满足转换到其他 4 个工作间的条件，这种做法实际上将杜克公司过去的歧视性政策固化。同时法院还查明由于种族隔离时代的教育政策，北卡罗来纳州的黑人教育水平普遍低下。

在审查了地区法院和上诉法院的裁决后，联邦最高法院一致认为：民权法案第七章下的实践、程序和考试形式上的中立性，甚至动机上的中立性（杜克公司提供了由公司出资 2/3 让黑人接受高中教育的证据以证明其动机的中立性），都不能被用来为将先前的歧视性做法"固化"做辩护；（民权法案）第七章不仅禁止公开的歧视，也禁止那些形式上公平而实际上歧视（性）的雇用行为；雇主的任何做法或要求必须与工作上的必要性相关。

在决定中，联邦最高法院充分考虑了以下因素：《民权法案》第七章的立法目的；杜克公司历史上的歧视行为和北卡罗来纳州种族隔离导致的黑人教育权受损的历史事实，以及杜克公司现行政策淘汰的黑人要远远高于白人的现状。

关于《民权法案》的立法目的，联邦最高法院指出，国会制定第七章的目的很清晰，就是为了实现平等的就业机会和消除过去的优待白人群体的障碍。

关于历史上种族隔离导致的黑人教育权受损的情况，联邦最高法院提到另一起案件，即加斯顿县诉美国［Gaston County v. United States, 395 U. S. 285（1969）］案。在此案中，联邦最高法院基于北卡罗来纳州黑人受教育很差的状况，禁止了选民登记读写能力测试的政策，因为法院认为这将会间接剥夺黑人的投票权。

总之，在格里戈斯诉杜克电力公司一案中，联邦最高法院通过裁决将肯定性行动矫正措施的一个重要法理基础——纠正过去的歧视造成的后果——发挥到极致，这一裁决所体现的"补偿性"正义，对后来的相关案件产生了重要影响。

格里戈斯案以后，联邦最高法院先后在加州大学校董事会诉巴克案［Regents of the University of California v. Bakke, 438 U. S. 265（1978）］、美国联合钢铁厂诉韦伯案［United Steel Workers of America v. Weber, 443 U. S. 193（1979）］、富利洛夫诉克卢兹尼克案［Fullilove v. Klutznick, 448 U. S. 448（1980）］中，分别对多元化的招生方案、优惠黑人的培训方案及对少数族群企业的预留条款做出了支持的裁定，在后两个案件中，联邦最高法院认为那些为"纠正过去的歧视"而采取的措施"符合民权法案和宪法的规定"。

最能体现司法反歧视矫正措施的案件是1986年的钢铁工人诉就业机会平等委员会（Sheet Metal Workers v. EEOC – 478 U. S. 421）一案，此案涉及纽约市当地的钢铁工会违反《民权法案》及《宪法修正案》的平等保护条款，排斥非白人会员，法院命令工会招收非白人会员，直到达到与其在纽约的行业劳动力总人数比例相当的29%。最高法院维持了上诉法院的这一裁决，原因是钢铁工会存在着故意的种族歧视行为。

此外，最高法院还通过拒绝受理某些上诉案件而间接地支持矫正措施（优惠政策），如1971年拒绝受理东宾夕法尼亚承包商协会的上诉，从而实际上支持了尼克松的"费城计划"。

当然，由于法院本质上的消极主义本位和中立性，司法系统的反歧视矫正行动不可能单线性地持续。实际上，20世纪80年代以来，（联邦）法院（包括最高法院）在有关肯定性行动矫正措施的诉讼上一直处于"平等""反歧视"和"矫正"三者的平衡中。

迄今为止，联邦最高法院对肯定性行动（矫正措施）的最大支持可能是，它从来没有公开挑战过肯定性行动政策本身的合宪性问题。

经过三十多年行政的、司法的（包括立法的）矫正措施，到 20 世纪 90 年代后期，少数族裔（包括黑人）的政治、经济、社会状况发生了重大变化：少数族裔在政治上、法律上全面进入主流社会，黑人议员、市长、法官，大学校园中各个族裔的学生及各个行业的少数族裔白领，等等，都已大致符合人口比例地出现。总体上有超过 1/3 的少数族裔进入了美国社会的中上层。这些变化是肯定性行动取得的重要成绩。

4. 多元文化主义价值理念的实践

尽管美国存在着事实层面的多元文化（主义）现象[①]，但有关其是否存在或在多大程度上存在一种官方的多元文化主义政策，国内外学界一直存在着争议。笔者认为，从政策维度来看，美国至少存在着一种"有限多元文化主义"，其主要内容涉及双语教育、语言政策和学校课程设置等方面。从社会学的角度来看，美国则存在着一种影响广泛的多元文化主义，主要影响领域是教育界和学术界。因此，有关美国多元文化主义理念的实践，可以从政策和社会学的角度分别加以分析。

首先，从政策维度来看，在民权运动的促动下，美国式的多元文化主义政策首先在少数族裔学生的语言（教育）问题上表现出来。1968 年，美国联邦政府（国会）出台《双语教育法》（Bilingual Education Act）[②]，这是联邦政府第一次为少数族裔学生的双语学习提供资金支持和法律保障。双语教育可分为"过渡式双语教育"（transitional Bilingual Education，TBE）和"发展式双语教育"（Developmental Bilingual Education，DBE）

---

① 这些事实层面的多元文化（主义）现象包括但不限于以下几个方面：从人种或族源上来看，"美国人"几乎涵盖了全世界所有的人种和民族；从语言上看，美国是一个多语言的国家，其中说英语的人口占到总人口的 82.1%，西班牙语占 10.7%，其他印欧语系的占 3.8%，亚洲和太平洋岛屿语言占 2.7%，其他语言占 0.7%；从宗教分布情况来看，新教占 51.3%，天主教 23.9%，摩门教 1.7%，其他基督教 1.6%，犹太教 1.7%，佛教 0.7%，伊斯兰教 0.6%，其他或未指明宗教的占 2.5%，不属于任何教派的占 12.1%，无宗教信仰的占 4%（2007 年估算），等等。历史上的"美国化"运动和大量的族际通婚并没有从根本上改变美国多元文化（主义）的事实。上述数据来源于美国中央情报局的统计。

② 当然，"双语教育法"并不强制性地要求学校为英语水平有限的少数族裔学生提供双语教育，它基于自愿原则，以项目资金竞争的形式，由联邦政府对那些提出申请的学校进行资助，以帮助他们设计和实施双语教育计划。项目资助的对象只限于一定数额（3000 美元以下）年收入的家庭，这大大限制了法案的受惠对象，从而影响了它的保障平等教育机会功能的发挥。随后一些少数族裔群体又通过包括诉讼等手段，使得少数族裔学生的双语教育成为政府的一项强制性责任。Jr. Guadalupe San Miguel, *Contested Policy: the Rise and Fall of Federal Bilingual Education in the United States, 1960 - 2001*, Denton, Tex.: University of North Texas Press, 2004, pp. 17 - 18.

两类，前者主要是指少数族裔学生入学后先以本民族的语言为媒介学习英语，等英语水平提高后，再逐步取消本族语言的一种教育模式；后者则是指在教学中少数族裔学生的母语与英语教学占一样的比重，学生在英语熟练后仍然部分地接受母语教学以发展他们的双语技能。美国的双语教育主要是过渡式双语教育。

值得注意的是，双语教育（立法）的最初推动者主要是西班牙裔的少数族群，他们的动机是建立一种"发展式双语教育"，以便使他们的孩子能够在适应英语主流社会的同时，能够保存自身的文化（语言）传统。这样的多元文化主义，正如一位波多黎各少数族裔教育家理解的那样，使得他们的语言文化与主流文化享有平等地位。因此，仅仅给他们一个参与美国主流社会的机会是不够的，他们不想以牺牲文化特性为代价来实现这种参与①。

但是，随着双语教育的推进，人们发现接受双语教育的少数族裔学生既没能学好英语，也没能学好母语，而且学科成绩也远不如事先想象的那样理想。因此，不仅一些政治家开始公开批评双语教育②，而且少数族裔学生和家长也开始公开抵制双语教育，这种情况再加上 20 世纪 80 年代美国民间兴起的声势浩大的"英语第一"（English First）运动③，双语教育受到了巨大的冲击。

语言政策上的多元文化主义的一个最大特点或许是——到目前为止——美国在联邦层面没有通过立法确立英语的官方语言地位（但是这种努力一直没有停止过）。值得注意的是，已有一半以上（28 个）的州将英语规定为官方语言，在这些州，法律规定州政府在文件和交流中必须使用英语。此外，夏威夷语被规定为夏威夷州的官方语言。学校课程设置方面，大多数州的学校课程都已采纳多元文化原则，尤其是在那些多样性

---

① Sandra Del Valle， "Bilingual Education for Puerto Ricans in New York City：From Hope to Compromise"，*Harvard Educational Review*，Vol. 68，No. 2，Summer 1998，p. 193.

② 如里根总统就公开表示，双语教育保存了儿童的母语，但却无法使他们获得良好的英语能力，以便在劳动力市场上找到工作，这是完全错误的，是有悖于美国观念的。Carlos J. Ovando，*Bilingual Education in the United States：Historical Development and Current Issues*，Bilingual Research Journal，Vol. 27，No. 1，Spring 2003.

③ 这一运动到 20 世纪 90 年代在加州促成了取消双语教育的"227 提案"，并最终在加州率先形成了"所有公立学校一律使用英语来教授英语水平有限的少数族裔学生学习英语和其他课程"的法律。

程度很高或移民数量很大的州（如加利福尼亚州、纽约州、得克萨斯州、佛罗里达州等），但是在联邦层面，不存在一个为此类项目而设的"国家框架"。

美国的多元文化主义缺少一种明确的法律地位，它更多的是作为一种社会实践存在于教育界和学术界。根据美国教育部的统计，1960 年美国大学毕业生中的少数民族成员仅占总数的 6%，到 1988 年时这个比例上升至 20%，同期的女大学毕业生的比例也由 35% 上升到 54%。根据美国教育部的统计，20 世纪 60 年代在美国高等院校任教的有色人种和妇女人数寥若晨星；到 1985 年，高校教师总数的 27% 是妇女，10% 是有色人种；1995 年，少数族裔占全国高校教师队伍的 12.9%。① 这或许是 20 世纪 60 年代以来，美国多元文化主义实践最突出的一个成果。从学术界来看，多元文化主义影响最为深远的一个标志是所谓美国新史学的出现，一些少数族裔背景的史学家致力于建立一种多元文化主义的新的历史观，他们的新史学的研究成果在 20 世纪 90 年代不仅被普遍纳入大学的历史教育中，而且也为中学历史教材所采用。引起巨大争议的《美国中学历史教学标准》（1994 年完成）就是后者最集中的表现。②

此外，多元文化主义理念的实践还出现在司法领域。③ 这是美国式多元文化主义的另一个重要特点。

总之，美国官方多元文化主义的实践是一种有限接纳文化差异群体的自由主义多元文化主义实践。这种实践模式的最大特点是，国家在不同的文化集团之间保持"中立"，其倾向性的支持与其说是为了保存多元文化，不如说是为了支持移民的融合。布洛姆拉德（Bloemraad）在比较了加拿大和美国对移民公民社团的国家支持方式后说，"加拿大政府对移民组织提供财政与象征性的支持。而在美国，国家更喜欢与移民、种族组织及社团鼓吹者保持较远、较中立的关系"。她认为美国对待移民少数族群的方式更多的是一种"放任自由"（laissez-faire），指出尽管美国也给各

① 王希：《多元文化主义在美国的起源、发展及其面临的挑战》，《中国社会科学报》2010 年 2 月 4 日。

② 同上。

③ 最近出现的一个典型案例是一个穆斯林女孩诉某品牌公司。此案中，联邦最高法院的大法官们不分自由主义和保守主义立场地站在移民少数族裔一边，支持其戴头巾工作的诉求。详情参见周少青《要宗教信仰还是要工作》，《中国民族报》2015 年 3 月 10 日。

种各样的移民组织提供资金帮助，但主要是为了支持融入，而不是保存他们的文化传统。①

综上所述，少数民族（族群）权利保护价值理念的美国实践有两个基本特征，一个是始终重视国家安全的价值理念，某种程度上可以说，美国少数民族（族群）权利保护改善的每一个历史转折点上，都可以看到国家安全考量的浓重痕迹；另一个特点是，在美国司法领域尤其是社会层面，多元文化主义理念有着十分重大的影响。可以说，尊重多元文化已"成为国人生活中的一种具有政治意义的真实存在"，"多元化"已成为美国社会公民行为的一种道德和法律准则。这两点再加上其突破"均质化"公民主义的矫正行动——肯定性行动，美国在少数民族（族群）权利的保护问题上基本实现了与其历史、族裔构成和政治法律结构相适应的和谐状态。

三　加拿大的实践

（一）加拿大少数民族问题概述

加拿大是一个多民族国家，也是一个典型的移民国家。在欧洲殖民者到来之前，加拿大最早的居民印第安人已经在那里生活了数千年甚至上万年。从近代殖民意义上来讲，第一批在加拿大开始大规模殖民活动的是法国人，他们在这个被视为"无主土地"的大陆上，率先建立了"新法兰西"。在很长的一个历史时期内，法兰西人是加拿大的"多数民族"。七年战争后，法兰西人失掉了加拿大的控制权，从此沦落成"被统治民族"。英国人接手加拿大后，正式开启了缔造和构建加拿大（多）民族国家的历史征程。在新移民到来之前，加拿大的民族问题主要表现为英裔民族、法裔民族和土著民族三者之间的抗衡和斗争，其中，英裔民族与法裔民族之间的抗衡决定和影响着加拿大的"国家建构"方向。

1763 年，英国殖民者颁布了"皇室公告"（Royal Proclamation），公告决定对法裔民族实施"盎格鲁化"，措施包括普及英语，实施英国法

①　转引自［加］威尔·金里卡《多元文化主义政策指标体系数据库——美国》，周少青等编译（未刊稿）。

律，建立英式教堂和学校等。在受到法裔居民的抵制后（加之英属北美十三州殖民地的革命形势），英国议会被迫于 1774 年制定《魁北克法》，对法裔居民采取安抚政策。《魁北克法》初步确立了加拿大的双语、双元文化的基本国策。1791 年，英国议会通过了加拿大第一部《加拿大宪法》，这部宪法确认了加拿大概念中的英裔民族和法裔民族的基本构成，第一次规定了印第安人的权利。从这个意义上来看，这部宪法首次确立了三个"民族"（nation）的法律地位。从空间上来看，英裔民族主要在南部，法裔民族在东部，而中西部则主要由印第安人占有。

19 世纪上半叶，英国再次在加拿大推行盎格鲁化政策，引起法裔民族的激烈反抗。1837 年，魁北克发生了多次起义被镇压。1840 年，英国皇家调查委员会在调查后，决定将上、下加拿大合并，合并后的加拿大继续推行同化法裔民族的政策。英裔民族与法裔民族的同化和反同化较量一直存在着。

1867 年的《英属北美法案》（加拿大宪法）发布，魁北克等 4 省合并为英国的自治领。法案第 133 条规定，英语和法语可作为任何人在加拿大议会和魁北克的立法机构，或者任何加拿大及魁北克的法庭使用的语言。此时的印第安人分属各省管理。1931 年，加拿大通过《威斯敏斯特法案》获得独立。"二战"后，以英裔民族为主导的联邦政府同化法裔民族和土著民族（尤其是印第安人）的努力持续遭到抵制。直到 20 世纪 70 年代初期多元文化主义（政策）的兴起，加拿大的民族关系才开始走向系统的治理与和解。

从族裔构成上来看，加拿大是一个民族（族裔）成分十分复杂的国家。据估计，加拿大共有 100 多个民族（族裔）成分和 40 余种宗教信仰，其中英裔和法裔民族是两个人口最大的民族。此外，土著民族包括印第安人、因纽特人和梅蒂斯人也占有一定比例。"新移民"主要包括德意志人、乌克兰人、意大利人、华人、西班牙人、葡萄牙人、匈牙利人等。①

从大的结构上来看，加拿大的众多民族（族群）已然形成了一个由英裔民族、法裔民族、土著民族及新移民少数族群构成的四元民族（族

---

① 美国中央情报局的统计口径有所不同，他们的统计情况是："加拿大人"占 32.2%，英裔占 19.8%，法裔占 15.5%，苏格兰裔占 14.4%，爱尔兰裔占 13.8%，德裔占 9.8%，意大利裔占 4.5%，华裔占 4.5%，土著民族占 4.2%，其他占 50.9%。统计的总百分比远远超过 100% 的原因是，受访者被允许同时选择多个族裔来源。

群）结构。其中前三类民族在英语世界中被冠以"nation"，并且在三个 nation 中，其中两个又属于"少数民族"。这种结构充分反映了加拿大民族问题的特殊性和复杂性。

（二）几种价值理念的实践①

加拿大是世界上最早采纳多元文化主义政策的国家。联邦政府宣称，多元文化主义是加拿大认同的实质，每一个族裔群体都有权在加拿大范畴内保存和发展自己的文化和价值，多元文化主义政策必须是所有加拿大人的政策。② 尽管加拿大政府在实践中坚持了差别对待，但其有关少数民族（族群）权利保护的实践被一揽子纳入了一个伞状的政策系统——多元文化主义政策。在这个系统内，每一类少数民族（族群）都享有某种程度和意义上的多元文化主义政策。因此，可以说，加拿大的多元文化主义政策实践内在地包含着上述"国家安全"等四种价值理念，其有关保护少数民族（族群）的实践带有相当大程度的"综合性"。鉴于这种情况，本节有关加拿大的实践，将不再按照前述法国和美国的实践模式，而是按照附录"中国的实践"的模式③在综合的层面上展开。

按照加拿大少数民族（族群）的现有机构，本节将按照"移民少数族群""历史少数民族"和"土著少数民族"的简单分类，对加拿大的以"多元文化主义（政策）"为话语的价值理念实践展开分析，通过考察其政治和社会效果，来进一步认识它对不同的价值理念的侧重。

1. 移民少数族群的多元文化主义实践

一般来说，移民少数民族是多元文化主义政策的最明显受益者。在多元文化主义政策正式实施之前，移民少数民族在英裔、法裔两大民族集团的"两种语言""两种文化""两个民族"的强大压力下，其保存原有文化、语言、宗教及传统的选择，始终面临着来自主流社会的歧视和排斥。

---

① 周少青：《多元文化主义政策的政治和社会效果——以加拿大为对象的研究》，《学术界》2013 年第 12 期。

② Seymour Martin lipset, *Continental Divide: the Values and Institutions of the United States and Canada*, New York Routledge, 1990.

③ 中国的实践发生在"马克思主义的价值理念"话语下；"马克思主义的价值理念"话语与加拿大的"多元文化主义"话语具有表现形态上或载体意义上的对等性。

多元文化主义政策在宪法和法律中公开宣称尊重和鼓励不同的文化和传统在加拿大的发展，认为多元文化是加拿大的宝贵财富，这一接纳不同文化和价值观的"法律宣言"，极大地缓解了外来移民的文化和精神压力，为他们逐步调适文化和价值观的冲突并继而提高文化适应性提供了重要的缓冲。这一立法上的保障，加上其他政策（和判例）如"学校课程设置中采纳多元文化主义""在公众媒体管理或媒体许可方面体现族裔代表性""着装规范的豁免""允许双重国籍"等，① 为加拿大移民提供了大部分西方国家移民所不能拥有的基本的政治和社会环境。

金里卡在最近的研究中从"政治权利""机会平等"和"社会团结"三个方面，对加拿大多元文化主义政策的政治和社会效果做了重要评价。②

关于政治权利，金里卡指出，与其他西方国家相比，加拿大的移民更有可能获得公民资格，这些取得公民身份的移民更有可能作为选民、党员甚至政治竞选（political office）的候选人真正参与政治过程。在加拿大，有更多的在外国出生的公民和在加拿大出生的少数族裔当选国会议员，不论是按绝对的数量，还是按人口的百分比。虽然在联邦议会，外国出生的公民当选的比例（13%）低于其占人口总数的比例（19.3%）③，但是这个"人口平价"（demographic parity）水平，远高于美国（2% 的外国出生的公民当选为众议院议员，外国出生的公民占总人口的比例为 14.7%）和澳大利亚（这两个数字分别为 11% 和 23%）或任何欧洲国家（实际上在法国，绝大部分外国出生的国会议员都是法国外交官或殖民者的孩子，不是移民族裔血统的人）。与其他国家相比，加拿大的政党更有可能积极吸纳少数族裔的候选人，并让他们在有竞争力的选区参选（不是仅作为象征性的候选人），一旦获得提名，没有证据表明加拿大的选民会歧视（排斥）这些候选人。

关于机会平等，金里卡提出，加拿大移民在获得技术和将这些技术变成相应的工作这两个方面都具有比较大的优势。根据最近的一份经合组织

① Erin Tolley, *Multiculturalism Policy Index：Immigrant Minority Policies*, School of Policy Studies, Queen's University at Kingston, 2011, Canada.

② 以下内容见 Will Kymlicka, "Testing the Liberal Multiculturalist Hypothesis：Normative Theories and Social Science Evidence." *Canadian Journal of Political Science*, Vol. 43/2 (2010), pp. 257 – 271。

③ 据 2001 年人口普查数据。

（OECD）的研究报告，加拿大移民和少数民族的孩子比任何其他西方民主国家移民和少数民族的孩子都受到更好的教育。在西方国家中独一无二的是，加拿大的第二代移民确实比非移民的孩子做得更好。就获得工作而言，所有西方国家的移民在将他们的技能转化为工作的过程中，都遭受着"族裔的惩罚"（ethnic penalty）。当然，这种族裔的惩罚的大小，会因国家的不同而不同。根据英国研究院（British Academy）的最近一份研究，这种族裔的惩罚在加拿大是最低的。

关于社会团结，金里卡指出，加拿大人视移民和人口的多样性为自身加拿大身份的关键组成部分。与其他西方民主国家相比，加拿大人更有可能认为移民是有益的，而更少可能相信移民容易犯罪。移民和少数民族也投桃报李（return the compliment），他们对加拿大国家有着很强的自豪感，最自豪的是加拿大的自由、民主和它的多元文化主义。这种高水平的相互认同也反映在这样的一个事实中——即使族裔的多样性在其他国家被证明侵蚀社会资本或信任，但在这方面似乎总存在着一个"加拿大例外论"。

金里卡关于移民多元文化政策效果的评价多少带有一些理想主义色彩及"报喜不报忧"的嫌疑。实际上，正如其批评者所指出的那样，多元文化主义政策在尊重文化差异、接纳不同价值观的同时，一开始就具有某种很强的政治策略性，这种政治策略性反映在对待移民方面，就是策略性地造就一种搁置矛盾、减轻压力，降低冲突的政治氛围，以消减制度化的种族主义和排外主义可能造成的紧张局面。移民多元文化主义政策的实质在于，仅承认移民少数民族的文化"存在"，而并不在政治参与、经济分享和社会接纳等方面采取实质性的行动，其对于移民的意义，多限于象征性而缺乏实质性内容。一些加拿大学者指出，"大部分少数族群认为多元文化主义策略是失败的。他们认为政府只是口头承认种族和民族差异，庆祝民族节日和流行文化，不过是把少数族裔异域风情化"①。

值得注意的是，加拿大移民多元文化主义政策在实践中，已不可逆转地造成了这样一种现象——为了反对来自主流社会的歧视，主张少数族群

① ［加］安顿·L. 阿拉哈：《主流族群与少数族群的权利之辨：论加拿大黑人、社会团体与多元文化主义》，《深圳大学学报》（人文社会科学版）2011 年第 3 期。

采取战略性退步，即"回归少数族群的原有文化和价值体系……追求独立机构和并联机构的发展"①，其结果是一系列以移民少数民族为中心的小企业、小商业、教堂（清真寺）、社区中心和特殊学校的出现。针对此现象，一位少数族裔学者尖锐地指出，主流社会不能在其体制中接纳少数民族是一种错误，但脱离主流社会建立单独的如黑人学校则是另一种错误。他还认为，建立黑人学校是主流社会的一个阴谋，也是移民多元文化主义政策的动机之一，目的就是要把这类学校的"黑人小孩作为未来廉价劳动力的后备军，并教育黑人小孩从意识上接受将来他们所要面临的低薪工作"。

以上我们就金里卡及反对者关于移民多元文化主义的政治和社会效果做了简单分析。值得注意的是，当前关于移民多元文化主义政策的批评，已经不再简单、笼统地重复类似"多元文化主义政策影响国家统一、破坏社会团结"等宏大话语，而是侧重于沿着其发生作用的方式、轨迹、意义和关联性的方向，发现移民多元文化主义政策的实际社会及政治效果。

公允地说，移民多元文化主义政策的实际效果应该介于其拥赞者（金里卡）和批评者之间。笔者认为，总的来说，多元文化主义政策一方面使移民不同程度地保全了自己的宗教和传统，赢得了文化上的承认和尊重；另一方面，也使他们与主流社会之间始终存在着一种价值观上的张力，而后者从长期来看，明显影响了移民的融入和发展。一份由瑞尔森大学多元化研究所在多伦多大区做的"有色族裔"在各领域任领导职位的情况调查研究②缩略性地反映了这一点。在这个研究中，加拿大的移民（有色族裔）在"民选官员"等六大领域，担任领导职位的比例都远远低于其人口比例（见表 6-1，据加拿大统计局公布的数据推算，2009—2011 年有色族裔人口占整个多伦多大区人口的比例为40%—49.5%）。

---

① ［加］安顿·L. 阿拉哈：《主流族群与少数族群的权利之辨：论加拿大黑人、社会团体与多元文化主义》，《深圳大学学报》（人文社会科学版）2011 年第 3 期。

② A Snapshot of Diverse Leadership in the GTA, DiverseCity Counts 3, 2011. by Diversity Institute, Ryerson University.

表 6 - 1   2009—2011 年多伦多大区有色族裔担任领导职务情况

	2009 年	2010 年	2011 年
民选官员	16.1%	15.4%	19.0%
公共领域高管	8.1%	9.4%	8.8%
企业董事会和高管	4.1%	4.1%	4.2%
志愿部门董事会和高管	12.8%	12.5%	12.5%
教育部门董事会和高管	19.8%	19.9%	20.0%
政府机构任命的官员	18.6%	22.3%	22.0%
平均比例	13.4%	14.0%	14.5%

在极具有说明意义,又富有象征意义的法律领域中,有色族裔担任领导职务的比例更是低得惊人(见表6 - 2)。

表 6 - 2   2011 年多伦多大区有色族裔在法律领域担任领导职务情况

	总人数	调查人数	调查百分比	少数族裔人数	少数族裔人数百分比
法官	249	180	72.3%	15	8.3%
管理机构与法学院	38	38	100%	4	10.5%
律师事务所	2191	2178	99.4%	144	6.6%
政府法律服务人员	14	14	100%	0	0%
总计及平均数	2492	2410	96.7	163	6.8%

文化上的承认或接纳可以在短时期内,在情感上赢得移民对加拿大国家的认同,尤其是对那些来自战乱国家的移民更是如此。[1] 但是从长远和理性的角度来看,移民的国家认同与其融入和发展程度密切相关。一般来说,移民越是融入——积极有效的政治参与、体面的职业和收入及较发达的社会交往空间(公民社会网络)和私人网络,就越有更强的国家认同,这一点在笔者所做的田野调查中表现得特别明显。[2]

---

[1] 这方面的内容可以参见周少青《加拿大移民是怎样看待他们的国家认同的》,《中国民族报》2012 年 10 月 12 日。

[2] 参见周少青《加拿大移民是怎样看待他们的国家认同的》,《中国民族报》2012 年 10 月 12 日理论周刊国际版。

根据权威性的加拿大民意调查公司安格斯瑞德（Angus Reid poll）近期做的一份调查，55%的加拿大人认为多元文化主义政策"非常好"，与此同时又有54%的加拿大人认为，加拿大应该成为一个大熔炉（a melting pot），这两个貌似矛盾的调查结果，不仅间接地评价了加拿大移民多元文化主义政策的政治及社会效果，而且还指出了加拿大国家下一步努力的方向——让多元化的人口成为"Canadian"，让加拿大成为一个伟大的多民族国家。

2. 历史少数民族的多元文化主义实践

由于种种原因，历史少数民族多元文化主义政策的政治和社会效果呈现出某种复杂的面相。一方面，作为少数民族，法裔人群和其他移民群体一样，有着保存自身文化语言和传统的愿望和要求——从这个意义上来看，多元文化主义政策是他们可以借助的一种合法性资源；另一方面，作为所谓两大"建国民族"之一的"人民"，法裔少数民族又有着与其他移民群体不一样的需求——强烈的政治（领土）自治要求——在这个意义上，他们又难以接受将他们与其他移民群体"一视同仁"的多元文化主义政策。

历史地看，远在多元文化主义政策实施以前，法裔少数民族作为加拿大联邦同盟的四个发起者之一，已经享有很多权力（利），这些权力包括1867年《宪法法案》中的法语地位保障（以及1969年《第一官方语言法》承认两种语言是所有联邦机构的官方语言）、联邦下议院和参议院的代表席位保障及超越一般省级政府的——教育、卫生、司法行政权等以外的权力（如征税、移民等）等。因此，从历史的维度看，魁北克法裔少数民族的政治和社会权利现状（格局）主要是英裔、法裔两大民族长期政治甚至军事角逐的产物。

但是也要看到，在以尊重差异、包容特性、平等地保护和发展各种族裔文化为特征的多元文化主义政策全面推行后，魁北克法裔人群作为历史少数民族，其自治权利（力）结构和内容得到了进一步的补充、加强和完善。1977年，魁北克制定了《法语宪章》，规定法语是魁北克省的（唯一）官方语言，适用于立法、司法、行政、类政府机构、劳动、商业等各个领域；1982年《宪法法案》进一步肯定了两种语言在加拿大政府所有机构使用时的"平等地位、权利和特权"；1985年的《最高法院法》明确规定，"最高法院的九名法官中必须至少有三名是来自魁北克省的法官或律师";1991年的《广播电视法》规定,广播电视节目应为"英文和法文,反映每个官方语言群体的不同需求和情况"。并进一步规定,鉴于"互联网依旧是一个英语主宰的空间,文化管理部门应确保至少50%的通过'加拿大文化在线战略'支持的项目,建成法语或双语的内容空间"。

这期间最引人注意的是1987年的《米奇湖协定》和1992年《夏洛特城协定》,前者决定为魁北克省保护其法语语言和文化提供宪法保障,后者则呼吁对加拿大宪法进行修改,承认魁北克为加拿大联邦中的"独特社会",虽然这两个协议由于被认为"给予了魁北克省过大的权力"和"忽略了其他少数族裔的权益"等原因,而没有获得批准和被全国性的"全民公决"所否定,但这两个事件,在一定程度上反映了加拿大社会在多元文化主义政策的大背景下,日益倾向于全面容忍或接受魁北克"独特地位"的现状。2006年,加拿大下议院以压倒性多数通过了总理斯蒂芬·哈珀提出的要求承认魁北克在一个统一的加拿大内形成了民族(nation)的动议。这一事件标志着在历史少数民族多元文化主义政策的框架下,加拿大社会已经接受魁北克独特地位的历史诉求。

当然,技术地看,我们很难将历史少数民族多元文化主义政策的政治和社会效果及历史上已经形成的法裔少数民族的独特政治、经济、社会和文化地位"惯性"作用所造成的继发的政治和社会效果区分开来,但无论如何,法裔少数民族20世纪70年代以来从联邦政府取得的种种增益权力(利)和特权,不能不说与多元文化主义政策有着密切的联系。

从更大的历史背景来看,历史少数民族多元文化主义政策的提出,不仅是在为历史少数民族确权、增权,而且更重要的是也在抑制他们的权力(利)。多元文化主义政策出台的一个重要历史背景是20世纪60年代出现的魁北克运动。为了应对咄咄逼人的魁北克民族主义运动,缓解历史上长期紧张的英裔、法裔关系,联邦政府决定引入一种突破英法二元格局的各民族"一律平等"的民族政策——多元文化主义政策。在这个政策框架下,法裔少数民族和其他族裔群体的加拿大人(在形式上)享有同样的保存语言、文化和传统的权利,遵守同样的认同加拿大国家的义务。其政治效果一,将法裔少数民族由所谓的"两个建国民族"之一,变成加拿大众多民族中的一个,打破了法裔民族长期坚持的"两个民族"的加拿大观;政治效果二,将法裔少数民族已经取得的过分膨胀的自治权利,置于多元文化主义的平等主义框架下加以淡化和抑制；政治效果三，为建构各民族一律平等的加拿大多民族国家提供了一个策略性的政策、法律基础。

多元文化主义政策的这种对法裔少数民族的策略性，也可以从法裔少数民族对多元文化主义政策的态度看出，他们认为多元文化主义政策损害了他们的独特地位和利益，"降低了法裔加拿大人作为加拿大两大语言（文化）共同体的平等地位"，"伤害了法裔加拿大人对联邦政府保护他们的语言和文化能力的微弱信心"。①

需要强调的是，多元文化主义政策作为解决"魁北克问题"的政治谋略性产物，并不影响它对法裔少数民族群体的实际作用。总的来看，多元文化主义政策对法裔少数民族的意义和作用，既有授权、增权的一面，也有控权、抑权的一面。从授权、增权的一面来看，多元文化主义政策不仅显然有利于法裔少数民族的权益保障，而且在一定程度上为魁北克的现状提供了合法性支撑。从控权、抑权的一面来看，多元文化主义政策不仅从法理上削弱了法裔少数民族的进一步的权利（力）要求，而且也或多或少地减弱了魁北克独特社会的合法性诉求，无论是哪一种，我们都可以说多元文化主义政策对法裔少数民族或者魁北克产生了明显的政治和社会影响。②

3. 土著少数民族多元文化主义的实践

与历史少数民族——法裔魁北克族群有些相似，土著少数民族既有保存自己语言和文化传统的强烈愿望，又有超越移民甚至法裔少数民族的特殊权利要求。对于多元文化主义政策，土著少数民族一般的态度是"不热心""不关心"。但当这种政策可能危及自己经过多年斗争而取得的

---

① 高鉴国：《加拿大多元文化政策评析》，《世界民族》1999 年第 4 期。

② 当然，这种影响归根到底是有限的。同时这种有限性也在提醒我们，解决魁北克法裔少数民族问题的根本途径，不在于改变甚至取消多元文化主义政策，而在于一种公正有效的宪政框架秩序的建立。加拿大国家已经在这方面取得了重要的成就。在维护魁北克省高度自治地位的前提下，1998 年 8 月联邦最高法院裁决 "即使魁北克省多数人同意，魁北克省也无权在没有获得联邦和其他省份认可的情况下单方面宣布脱离加拿大而独立"。2000 年 3 月国会通过《清晰法案》，该法案授权下议院审核所有省级公决的议题，以判定它是否明确。法案还特别指出，如果公决的议题只要求选民授权省政府谈判主权独立而不让选民对他们"是否愿意脱离加拿大"直接表态，那么就是 "不明确议题"。通过这两个重大的宪政措施，魁北克的分离势力得到了有效遏制。

（土著少数民族）特殊权益时，他们甚至有可能抵制多元文化主义政策。

　　土著少数民族对多元文化主义政策的这种认知，并不影响统一的多元文化主义政策的推行。实际上，从历史发展的时序来看，正是在多元文化主义政策普遍推行的大背景下，土著少数民族不仅逐步取得（恢复）了诸如土地权利、自治权利、条约权利、文化权利、习惯法的承认，在中央政府的代表和协商权、独特地位的宪法及议会确认，以及在联邦监管的就业领域享受"照顾"等权利和自由，而且在此之前延续了长达一个多世纪的被"自愿"或强行"解放"了的印第安人也逐步恢复了其身份。①

　　当然，与造成魁北克现状的原因相似，由于多种因素（如人权事业的进步、土著人的斗争等）参与了土著少数民族权利保护状况改善的历史性过程，技术上我们很难将土著少数民族多元文化主义政策所带来的政治和社会效果与土著民族长期不懈的斗争所争取到的"历史动能积累"所带来的政治及社会效果区分开。事实上，就连多元文化主义政策本身，都是土著人长期的历史性斗争的结果之一。② 从这个意义上来看，多元文化主义政策对土著少数民族的政治及社会意义，具有更大范围的历史从属性与合法性派生性。

　　（1）历史从属性

　　土著少数民族是加拿大最早的主人（居民），早在 1 万多年前，土著少数民族的祖先就已生活在现今加拿大的区域内，这种历史优先性（historical priority）使得土著民族常常以"第一民族"或"唯一真正的加拿大人"自称。在加拿大联邦成立之前，英国政府在其著名的 1763 年皇家声明中，明确将土著民族置于"国家"（nation）的地位，宣称对于土地和第一民族"国民"性（"national" character）的固有尊重原则构成英国—印第安关系的核心。

　　加拿大联邦建立不久，联邦政府背弃这些原则，开始了同化和消灭土著少数民族的民族特性的历史进程。其中最有代表性的是 1876 年开始制

---

　　① 据有关统计数据，1985—2005 年，加拿大的在册土著人口从 36 万多上升到近 75 万，增长了一倍多。

　　② 1969 年，加拿大联邦政府发布"印第安白皮书"，试图废除印第安人的条约特权和特殊地位，遭到印第安人的一致拒绝，此举加上同年"两种语言与二元文化主义皇家委员会"发布的"二元加拿大"的报告引起了英法族裔以外其他族裔的广泛关注和不满，加速了"多元文化主义政策"的出台。

定的《印第安人法》，该法案（及以后的修正法案）以强制同化印第安人为目标，成为白人主流社会压迫和同化印第安人的象征。但当 1969 年印第安人白皮书试图取消这一法律时，却遭到了印第安人的一致反对。印第安人认为，这个法文件恰好见证了他们与众不同的历史悠久性，也证明了联邦政府对土著人负有特殊义务，土著人享有独特的权利和自由。

在土著少数民族关于"加拿大人"的主体分类中，他们把除了自己以外的所有民族包括英法裔一律称为"移民"，这种"主人（原住民）—客人（移民）"的分类模式，清楚地表明了他们对自身权利来源的看法。在他们看来，以英法裔为主导的联邦政府提出的多元文化主义政策，不过是老移民为新移民制定的利于同化或融合的工具性政策而已，这些政策对于他们自身权利的意义，远没有其自身"久远的历史性"来得更大。

(2) 合法性的派生性

基于"法律不能追溯的年代"（time immemorial）的在先性和正统性，土著少数民族提出了一系列具有合法性抗辩的历史事实，包括领土、人口和前主权等。在其合法性话语体系中，土著少数民族认为，在欧洲殖民者"发现"美洲时，他们已经拥有自己的政治和社会结构（氏族部落或部落联盟），拥有领土和主权治下的土著人民，他们反对将英裔和法裔人口称为"创始民族"。除了这种历史的先在性和原初性所支持的合法性以外，土著少数民族还对其在历史上所遭受的种族灭绝和强制同化、剥夺、压迫和歧视等，提出了另一种合法性抗辩，即土著人的权利不仅来源于先在和固有，而且也来源于对历史上不公正遭遇的补偿和矫正。

在土著人享有特殊权利的问题上，多伦多大学法学院教授迈克莱姆（Patrick Macklem）的观点颇具代表性，他提出土著人之所以享有特殊的宪法性权利，源于 4 个复杂的社会事实，即土著文化差异、土著人的先占、土著人的前主权及土著人的条约权（包括参与及继续参与政府的条约过程）。① 按照迈克莱姆教授的观点，土著少数民族享有的权利不仅是一种特殊的宪法权利，而且实质上也是一种前宪法性质的权利。在这种权利面前，多元文化主义政策只具有一种派生性的合法性。多数土著人认为，多元文化主义政策远不如其直接参与的斗争与协商来的效率更高

---

① See Patrick Macklem, *Indigenous Difference and the Constitution of Canada*, University of Toronto Press Incorporation 2001, Reprinted 2002, p. 4.

（保护其权利），在多元文化主义政策可以为其带来正收益的时候，他们一般也不会拒绝它，但如果政府借口多元文化主义（政策）而将他们视为"无差别的"公民时，他们一般都会站出来反对。

总的来看，多元文化主义政策是加拿大国家为建构统一的多民族公民国家而做出的一次重大努力。在多元文化主义政策正式推出前，加拿大社会的四元结构（英裔人群、法裔人群、移民群体和土著人群体）的差异公民权利格局已然形成，为消弭这种重大差异的公民结构，1960 年加拿大政府批准了反对基于民族、种族、肤色、宗教或性别歧视的《加拿大权利法案》，1969 年即多元文化主义政策正式推出前夕发布《官方语言法》和"印第安人政策白皮书"，决心以英裔、法裔二元结构建设统一的加拿大国家，在这种尝试遭到失败之后，转而推出了涵盖移民和印第安人在内的多元文化主义政策。[①]

从这种历史脉络，我们可以清晰地看出，加拿大多元文化主义政策的推出，并不像许多论者所指出的那样，是为了鼓励和颂扬差异，而是为了最大限度地容纳、接纳已经成为事实的多元文化。特鲁多以"一视同仁"来解释多元文化主义政策，反映了加拿大政府试图以多元文化主义黏合四元结构、建构统一多民族国家的良好愿望。

4. 加拿大实践的简要评价

以多元文化主义（政策）为话语的加拿大实践，在不同程度上体现了笔者提出的四种价值理念。

首先，从维护国家安全价值理念的角度来看，加拿大联邦把对法裔少数民族权利的保护与维护联邦的安全理念紧密结合起来。从宗教、语言权利的承认到官方双语政策的确立，从魁北克省的自治到对其"独特社会"的有限承认等，无一不反映着对加拿大联邦的国家安全的价值考量。

其次，从权利正义价值理念的角度来看，虽然加拿大联邦政府宣称对

---

① 这一脉络在特鲁多总理于众议院的讲话中，表现得非常清晰。他说在过去的很长一段时间内，政府的公共文化投入主要给了英语语言艺术和文化，由于皇家双语和二元文化委员会的建议，政府有意识地支持和鼓励法语机构和文化，并采取多种措施发展土著民族的文化教育事业，现在政府必须接受来自组成加拿大的其他族裔的意见和建议，支持所有给加拿大带来活力和特色的族裔文化。特鲁多明确指出，不能对英裔、法裔群体采取一种政策，对土著民族采取另一种政策，对其他族裔成员实行第三种政策，国家的统一和团结需要的政策只能是多元文化主义政策。See *Cultural Diversity and Canadian Education: Issues and Innovations*, edited by John R. Mallea & Jonathan C. Young. Ottawa: Carleton University Press, 1984, p. 518.

其境内的所有民族"一视同仁",所有民族都平等地适用联邦的多元文化主义政策,但是从实践层面来看,联邦政府对三类不同性质的少数民族(族群)实施了不同的民族政策:对基于"法律不能追溯的年代"的、有着"在先性"和"正统性"的土著少数民族,加拿大政府给予了文化语言权利保护、土地权利、领土自治等一系列其他少数民族无法攀比的少数人权利;对于有着"建国民族"身份的法裔少数民族,则不仅赋予了层级非常高的语言权利,而且准予其实施以领土为载体的高度自治权;而对于那些为谋求"美好生活"自愿而来的新移民(包括难民)则只赋予了一定的保留自身语言、宗教和文化传统的权利,此种权利很大程度上只是一种过渡性的或适应性的权利。这些差别性的权利赋予反映了加拿大联邦政府对权利正义理念的超越自由主义价值观的理解,即不同历史境遇和现实状况的少数民族(族群)应该享有不同的权利;多数人的民主权利应该受到保护少数人原则的约束;历史上受害的少数民族的权利应该得到应有的补偿,等等。

再次,从保护人权价值理念的角度来看,无论是多元文化主义项下的少数民族权利保护立法、人权委员会、人权法庭的设立,还是对国际少数人(包括土著民族)人权标准的承认,都体现了对人权价值理念的尊重。

最后,从多元文化主义价值理念的角度来看,加拿大的实践典型地体现了宽容、包容、尊重各种不同文化、平等对待不同族裔群体、将多元文化视为国家的共同财富和象征的多元文化主义理念。

第七章

少数民族权利保护的价值
理念在中国的实践

一　中国的民族关系和民族问题概述

（一）民族关系

中国是一个历史悠久的多民族（族群）共居的文明古国。早在夏代，就在原始族类集团的基础上形成了某种民族（族群）的大致轮廓，所谓"东夷""北狄""西戎""南蛮""中华夏""五方之民"，这种以地理方位为标准的"民族"区分，具有文化上的开放性和接纳性。《礼记》说"中国戎夷，五方之民，皆有性也，不可推移"，五方之民"皆有安居、和味、宜服、利用、备器。五方之民，言语不通，嗜欲不同。达其志、通其欲，东方曰寄，南方曰象，西方曰狄鞮，北方曰译"①，这可以被视为最早的"多元一体"观。在长达五千年的漫长历史过程中，各种文化、族裔集团或各据一方、相安无事，或互相征战（表现为民族间的掠夺和征服及民族叛乱的平定、反抗民族压迫的民族起义等）、互易政治主导权，或以和平的方式如"和亲""通贡""互市""会盟"等相互示好和交往，或是在常态化条件下，基于地域（地界）相邻、相交或共居同一地区的经济往来和文化交往。

秦统一中国后，由于实行了一系列的"归于一统"的政治和社会改革，以中原和汉文化为依托的"一体"开始明朗，从此中国进入了一体的中央政府与多元的少数族裔之间互相融通的历史过程。自秦汉以来，中国出现过四次大的统一，其中两次即秦汉统一和隋唐统一，以汉民族为主导型性力量，另两次即元朝统一、（明）清统一，少数民族则发挥了重要

---

① 《礼记》，王制，第五，《十三经注疏》。

的主导性作用。

值得注意的是，不管是哪种力量主导统一，"中原"或"中央"始终是各民族共同认同的"正统"和归属所在，这种多民族共存共建一个政治中心的传统，在全世界的（多）民族国家建构的历史过程中都是少见的。

早在秦朝时期，今天中国的广西、云南等少数民族较为集中的地方就已被纳入中央政权的统一管辖之下。至汉朝（及以后）时，今天中国甘肃敦煌以西的地区（包括新疆）也已陆续被纳入中央政权的统辖范围。秦汉以来，历代中央政权都力图扩展和巩固"大一统的"多民族国家格局——即使是以蒙古族和满族为主建立的两个中央政权也不例外。元朝的统治者在全国实行行省制度，通过土官（即以少数民族首领充任并世袭的地方行政长官）来实现对南方部分少数民族聚居的府、州的间接统治。元朝还通过设立主管军政事务的宣慰使司都元帅府来实现对西藏的管理。元时的民族成分已基本涵盖了今天中国的民族成分。清朝建立后，继续加强对新疆和西藏的统治，分别设立伊犁将军和驻藏大臣对两个地区进行管理。此外还在西藏确立了由中央政府册封达赖、班禅两大活佛的历史定制。在西南则实行了"改土归流"制度，进一步加强了对少数民族地区的控制。

纵观以汉族为主体建立的王朝的民族政策，其基本点有两个方面，一是"以夏变夷"的"包进来"策略，即用儒学和汉文化去同化那些文化上多元且落后的"蛮夷"，使之成为中原（央）华夏族群①的一部分；二是"以夏驱夷"的"逐出去"策略，即对于不能"变之"的夷族则是驱赶到更远的地方。② 这两种策略的一个共同点是对多族裔文化的不适应。而以少数民族为主体建立的封建王朝则往往采取文化上的自我同化与政治上的民族分化政策，其结果是一方面促进了各民族的大融合，另一方面是民族矛盾外表下的阶级矛盾日益加剧。

总之，中国古代的民族关系总体上呈现出三大特点：一是民族关系中

---

① 正如《春秋·公羊传》所说的那样，"诸夏而夷狄也，则夷狄之；夷狄而诸夏也，则诸夏之"。作为中华文化重要组成部分的华夏文化在源头上是开放性的，即它不以不可选择或更改的血缘身份，而是以可选择、可更改的文化身份来区分民族或族群。

② 历史上这两种策略最典型的例子是南、北匈奴，前者被融合，后者远走。参见费孝通等《中华民族多元一体格局》，中央民族学院出版社1989年版。

的民族主体不断地处于流变之中，表现为"入主中原"的少数民族不断融入当地的汉民族，而一些汉族也因为戍边屯垦、移民、逃避战乱，以及在战争中被掳掠等原因逐步融入边疆或外围的少数民族，形成了一种"你中有我、我中有你"的民族大格局。二是民族关系中的民族冲突和对立主要表现为阶级冲突和对立。①　因此，无论是汉族主导建立的政权，还是少数民族主导建立的政权，都远远谈不上民族平等。中国古代社会的民族关系虽有民族压迫、民族战争的外形（而且有时这种民族压迫和民族战争还具有实质意义），但是从总体上和阶级实质来看，这些民族压迫和民族战争均属于阶级斗争和阶级冲突的范畴。三是各民族之间虽有冲突和对立的一面，但是始终没有产生近现代意义上的"民族问题"。实际上，直到近代西方殖民者大规模入侵和以孙中山为代表的资产阶级革命党将西方的"一族一国"的民族国家理念引进中国以前，中国的民族关系总体上都是一种阶级的或地方的关系范式——各民族共居"天下国"——中国的地域内，相互竞争、相互依赖、相互渗透——既有争夺更好地理区位和文化主导地位的一面，也有相依相存共同发展的一面。但是，无论是哪个民族主导建立的国家，都不会以"民族"掠夺国家或独占国家，而是坚持多民族共拥"天下"，共同拥有一个国家。

这种内生的多元一体的政治和文化传统（格局），在近代中国遭受外来力量侵略的历史条件下，得到了空前的巩固。20世纪初，在西方外来异族的"船坚炮利"器物文化的强烈冲击下，中国各民族为保卫家园、共同抵抗外辱空前地团结在一起。19世纪70年代，新疆各族人民支持清政府、协同清军消灭了阿古柏反动势力，挫败了英俄入侵者企图分裂中国的图谋；19世纪末和20世纪初，西藏军民在隆吐山、江孜两次重创英国侵略者，有力地维护了中国对西藏的主权。可以说，西方列强的入侵是对我国数千年以来形成的各民族多元一体结构的一次重大检验。在这次检验中，各民族同仇敌忾，一致对外，充分展示了中国各民族的向心力和凝聚力。这种共同的历史经历为中华民族的形成奠定了重要的基础。

---

①　如西晋王朝对于内迁的贫苦少数民族实行残酷的压迫和剥削迅速激化了阶级矛盾；元朝虽实行了把各民族分成"四等"的民族分化政策，但其社会的主要矛盾仍体现为阶级矛盾和阶级对立——汉族上层阶级在政治和经济上享有特权，而蒙古族的一些贫民也濒临破产流亡，有的甚至沦为奴隶。

（二）民族问题

严格来说，"民族问题"的形成，或者说"民族"成为"问题"与孙中山领导的资产阶级革命（运动）密切相关。这场以推翻清朝贵族统治的民族、民主革命在其"民族革命"的意义上导致了中国民族关系的空前紧张——以孙中山为代表的资产阶级革命党在"一族一国"的观念文化的强烈冲击下，一度提出要恢复"汉人的国家"。正是在这种背景下，"民族问题"——国家与亚国家族裔群体的关系或者说主体民族与少数民族的关系问题摆在了历史前台。

率先进入视野的是统治中国长达近三个世纪的清王朝（满族）的定位问题。对于以孙中山为代表的资产阶级革命派而言，清王朝作为民族革命的目标已经被推翻，因此如何定义它在整个中国历史中的地位已经成为次要的问题——更为迫切的问题是如何处理王朝政治垮塌后满族等少数族裔在现代（多）民族国家的地位问题。

由于"反清排满"成功后的巨大历史和政治惯性，孙中山一度陷入种族建国的窠臼，其政治上最大的后果是导致了所谓"十八省"独立建国的自我主权分裂方略——按照这一方略，东三省、新疆、西藏及内外蒙古将被排除在现代的中国国家主权之外。以孙中山为代表的资产阶级的狭隘建国理念，不仅造成国内民族关系的紧张和少数族群的边缘化，而且引起巨大的边疆分裂危机。

为应对这一危机，同时也基于深刻认识到辛亥革命的完整的民主政治意义，孙中山于 1912 年宣布"国家之本，在于人民，合汉、满、蒙、回、藏诸地为一国，即合汉、满、蒙、回、藏诸族为一人，是曰民族统一"[1]。此时的孙中山已将"民族统一"理解为多民族在一个主权框架下的统一。随后袁世凯在其大总统令中也宣布"现在五族共和，凡蒙、藏、回疆各地方，同为我中华民国领土，则蒙、藏、回疆各民族，即同为我中华民国国民"；孙中山也重申蒙、藏、回等少数民族"皆得为国家主体，皆得为国家主人翁"[2]。至此，国内的一些主要少数民族蒙、藏、回在国家的政治构架中，被赋予了不可或缺的政治地位。相关的少数族群也取得了同为

---

[1] 《孙中山全集》第 2 卷，中华书局 1982 年版，第 2 页。

[2] 孙中山：《在北京蒙藏统一政治改良会欢迎会的演说》，《民立报》1912 年 9 月 8 日。

"国家主体"的平等地位。

值得注意的是，由于民国以来的政治乱象，特别是地方和军阀的割据，也由于孙中山根深蒂固的一族一国的建国理念及当时世界范围内蔓延的民族主义浪潮，孙中山在以"五族共和"统一中国无望的历史条件下，开始在美利坚合众国的熔炉模式中寻找答案，他试图用所谓"积极的民族主义"来改造和同化中国境内的少数民族，使他们成为"汉人之自决"① 熔炉中的质料，共同冶炼出具有国族属性的"中华民族"。至此，各民族平等的五族共和模式遭到颠覆。

受苏俄革命的影响，在1924年召开的中国国民党一大上，孙中山又一次回到"各民族平等"的立场上，不仅提出"中国境内各民族一律平等"，而且还提出"对于国内之弱小民族，政府当扶植之，使之能自决自治"②。国民党一大后，孙中山在各民族的平等及现代多民族国家的构建方面出现摇摆和反复。

以上笔者简要述及辛亥革命以来"民族问题"发生的基本历史脉络。中国的民族问题发生在传统的松散的"天下式的"王朝国家向现代国家转型的历史过程中。其核心问题是如何处理王朝体制中各个"自在的"民族在现代多民族国家的地位问题。在近代的语境中，民族问题又集中表现为如何定义或解释"中华民族"这一涉及各个民族主体性地位的重大概念问题。

1902年，梁启超提出"中华民族"的概念，其后围绕"中华民族"指谓汉族一族，还是中国境内多民族的总称，各方政治力量及学界展开了激烈的争论。辛亥革命前后以孙中山为代表的资产阶级革命派在一定程度上倾向于"汉族国族说"。其后越来越多的政治力量及学术界倾向于将"中华民族"解释为各个民族的集合体。

1928年，新派历史学家常乃惪提出"中华民族，非一单纯之民族也"的观点③。

抗战爆发后，"中华民族危机论"又逻辑地导致了关于什么是"中华民族"的大讨论。1938年，杨松提出"中国是一个多民族国家"，"中华

---

① 《孙中山全集》第6卷，中华书局1985年版，第24页。
② 《孙中山全集》第9卷，中华书局1986年版，第118、127页。
③ 常乃惪：《中华民族小史》，爱文书局1928年版，第1页。

民族代表境内各民族，因而它是境内各民族的核心，它团结中国境内各民族为一个近代的国家"①。杨松承认中国是一个多民族国家，但似乎认为"中华民族"是一个与其他国内民族平行的概念。1939 年，顾颉刚提出"中华民族是一个"的论断②，他明确否认中国是一个多民族国家。费孝通则针对性地提出了中国民族多样性的观点，并认为多元的民族结构并不妨碍政治上的统一。③

1939 年，毛泽东在其影响深远的《中国革命和中国共产党》一文中对这场事关对少数民族主体身份的"承认的政治"做出了明确的表述，他说中国"十分之九以上为汉人。此外，还有蒙人、回人、藏人、维吾尔人、苗人、彝人、壮人、仲家人、朝鲜人等，共有数十种少数民族，虽然文化发展的程度不同，但是都已有长久的历史。中国是一个由多民族结合而成的拥有广大人口的国家"④。在此基础上，中国共产党明确提出"中华民族包括汉、满、蒙、回、藏、苗、瑶、番、黎、夷等几十个民族"，"中华民族是代表中国境内各民族之总称"的结论。⑤

时隔三年即 1942 年，国民党也提出了"中华民族观"，蒋介石说"我们中华民族乃是联合我们汉满蒙回藏五个宗族组成一个整体的总名词"⑥，"我们只有一个中华民族，而其中各单位最确当的名称，实在应称为宗族"。在随后发表的《中国之命运》中，蒋介石进一步指出"就民族成长的历史来说，我们中华民族是多数宗族融合而成的。融合于中华民族的宗族，历代都有增加，但融合的动力是文化而不是武力，融合的方法是同化而不是征服"，"中国五千年的历史，即为各宗族共同的记录"。⑦

辛亥革命以来以"中华民族"概念分歧为标识的近代中国民族问题几乎涵盖了当代中国民族问题的所有要素。其表征是汉族与其他民族的关系问题，内里是中国是单一民族国家还是统一的多民族国家，实质是中国

---

① 转引自郝时远《中国共产党怎样解决民族问题》，江西人民出版社 2011 年版，第 62 页。

② 顾颉刚：《中华民族是一个》，《益世报》1939 年 2 月 13 日。

③ 费孝通：《关于民族问题的讨论》，《益世报》1939 年 5 月 1 日。

④ 《毛泽东选集》第 2 卷，人民出版社 1991 年版，第 622 页。

⑤ 中共中央统战部编：《民族问题文献汇编》，中共中央党校出版社 1991 年版，第 808 页。

⑥ 秦孝仪编：《总统蒋公思想言论总集》卷十九，中国台湾"中央"文物供应社 1984 年版，第 216 页。

⑦ 秦孝仪编：《总统蒋公思想言论总集》卷四，中国台湾"中央"文物供应社 1984 年版，第 2—6 页。

境内各民族在国家中的地位问题。在现代多民族国家建设的语境下，这三个向度的话语也可以置换为各民族在政治国家中的平等问题。鉴于主体民族在多民族国家中的结构性主导地位，民族平等问题也可以转换为少数民族的权利保护问题。正是在解决中国的民族问题尤其是在少数民族的权利保护问题上，中国共产党不仅赢得了少数民族，而且赢得了整个中国。

二　中国共产党保护少数民族权利的政治实践

（一）新民主主义革命战争时期的实践

在保护少数民族问题上，中国共产党奉行马克思主义的各民族一律平等的价值理念。这一理念从无产阶级兄弟般的立场和情怀出发，将少数民族视为与主体民族完全平等的阶级兄弟。中国共产党将中国革命的成功与少数民族的政治解放密切联系在一起，并将后者视为前者的组成部分。

早在1922年中共二大上，中国共产党就提出了"尊重边疆人民的自主，促成蒙古、西藏、回疆三个自治邦"① 主张。这是中国共产党首次提出"边疆人民"——少数民族的自主问题，这种自主的最终目的是要建立"自治邦"。大革命失败后，中共开始将工作重心转向农村，少数民族问题成为重要议题。1928年，中共六大首次明确提出中国境内少数民族的主体范围包括"北部之蒙古、回族，满洲之高丽人，福建之台湾人，以及南部苗、黎等原始民族，新疆和西藏"②。这是中共第一次突破资产阶级革命党的"五族共和"框架，确认中国是一个多民族国家。这一判断反映了中国民族结构的实际。

1931年年底，中华苏维埃共和国临时中央政府成立。临时中央政府在其"宪法大纲"中明确了少数民族的公民权利，并确认保护他们的文化和语言权利。"宪法大纲"规定："在苏维埃政权领域内的工人、农民、红军士兵及一切劳苦民众和他们的家属，不分男女种族（汉、满、蒙、回、藏、苗、黎和在中国的台湾、高丽、安南人等）宗教，在苏维埃法

---

① 早在中共成立前的1920年，毛泽东就已提出"帮助蒙古、新疆、西藏、青海自治自决"的问题。参见《毛泽东书信选集》，人民出版社1983年版，第3页；《中国共产党第二次全国代表大会宣言》，中共中央统战部编《民族问题文献汇编》，中共中央党校出版社1991年版，第17页。

② 中共中央统战部编：《民族问题文献汇编》，中共中央党校出版社1991年版，第87页。

律面前一律平等，皆为苏维埃共和国的公民。"在谋取少数民族政治解放的同时，"苏维埃政权更要在这些民族中发展他们自己的民族文化和民族语言"①。

宪法大纲和关于中国境内少数民族问题的决议案还提出了解决民族问题的基本原则和目标：建立一个"没有民族界限的国家"，"消灭一切民族间的仇视和成见"，提出实现这一目标的途径是发展少数民族地区的生产力、民族文化和语言；培养少数民族干部，反对大汉族主义。决议案还提出了反对"所谓孙中山'民族主义'"，认为"他完全是代表地主资产阶级的利益"。②

值得注意的是，宪法大纲和决议虽然受到列宁的"民族自决"的重要影响，但中共仍然坚持"民族自决"不是民族"独立"的重要主张。这是马克思主义民族平等思想与中国民族国情初步结合的重要成果。

九一八事变及红军长征过程中与少数民族的接触，使中国共产党深刻认识到少数民族与中国革命的关系问题。毛泽东提出，少数民族获得解放与他们支持中国革命之间存在着密切的联系，"民族的压迫基于民族的剥削，推翻了这个民族剥削制度，民族的自由联合就能代替民族的压迫。然而这只有中国苏维埃政权的彻底胜利才有可能，赞助中国苏维埃政权取得全国范围内的胜利，同样是各少数民族的责任"③。少数民族的最终获得解放与推翻阶级（民族）压迫和剥削的中国苏维埃政权的彻底胜利之间存在着深刻的关联：只有消灭了阶级压迫和阶级剥削，少数民族才有可能获得自身的彻底解放。因此，对于中国革命少数民族不能置身其外。反过来，为了保证革命的成功，中国共产党必须通过保护少数民族的权益来调动他们参加革命的积极性。毛泽东的话深刻地揭示了中国革命的命运与少数民族解放的命运之间的关联。

基于革命成功的重大利害关系，中国共产党在长征期间，采取了一系列保护少数民族的政策措施：充分尊重少数民族内部的统治方式，不过早发动其内部的阶级革命；充分尊重少数民族的宗教信仰和风俗习惯，维护少数民族的利益；充分尊重少数民族自主管理本民族内部事务

---

① 中共中央统战部编：《民族问题文献汇编》，中共中央党校出版社 1991 年版，第 166 页。
② 同上书，第 169—170 页。
③ 同上书，第 244 页。

的权利，在建政问题上不推行苏维埃政权形式；联合少数民族和宗教上层，建立反帝反封建的民主统一战线，争取少数民族支持和参加中国革命。①

抗日战争爆发后，针对帝国主义"加紧分裂我国内各少数民族的诡计"，毛泽东明确提出"允许蒙、回、藏、苗、瑶、夷、番各民族与汉族有平等权利，在共同对日原则下，有自己管理自己事务之权，同时与汉族联合建立统一的国家"②；在内蒙古和西北地区，党的一个重大任务是"动员蒙民、回民及其他少数民族，在民族自决和自治的原则下，共同抗日"③。

抗日战争胜利后，毛泽东及时指出"必须将分裂的中国变成统一的中国，这是中国的历史任务"④，为此必须帮助各少数民族，使他们在政治、经济、文化上获得解放。毛泽东认为，少数民族反抗民族压迫的力量是无产阶级革命的重要组成部分，同时也是促进国家统一的力量。他认为历史上的（中央政权）对少数民族的"怀柔羁縻的老办法是行不通了"⑤；苏联处理民族问题的经验也不宜照搬，"承认中国境内各少数民族有平等自治的权利"⑥ 是解决中国民族问题的正确路径。此时的中国共产党已经把先前的"民族自决和自治的原则"发展和明确为"民族平等和实行民族自治"。这一历史性选择是中国共产党将马克思主义的基本原理同中国实际相结合的典范。既保护了少数民族的平等权，也维护了国家的统一。1947年，在中国共产党的领导和帮助下，在已经获得解放的蒙古族地区成立了我国第一个省级民族区域自治地方——内蒙古自治区。这是中国共产党保护少数民族权益的一次重要实践。

（二）新中国的实践

为了及时将长期革命中形成的保护少数民族权益的政策、制度、法律和相关实践上升到共和国层面的政治和法律制度，1949年9月召开的第

---

① 郝时远：《中国共产党怎样解决民族问题》，江西人民出版社2011年版，第59页。
② 中共中央统战部编：《民族问题文献汇编》，中共中央党校出版社1991年版，第595页。
③ 同上书，第557页。
④ 《毛泽东选集》第3卷，人民出版社1991年版，第1071页。
⑤ 中共中央统战部编：《民族问题文献汇编》，中共中央党校出版社1991年版，第595页。
⑥ 《毛泽东选集》第4卷，人民出版社1991年版，第1238页。

一届中国人民政治协商会议在其通过的具有临时宪法性质的《中国人民政治协商会议共同纲领》（以下简称《共同纲领》）中第一次明确将民族区域自治制度确定为国家的一项基本政策和重要政治制度。《共同纲领》规定，"中华人民共和国地内各民族一律平等，实行团结互助"，"反对大民族主义和狭隘民族主义，禁止民族间的歧视、压迫和分裂各民族团结的行为"；"各少数民族聚居的地区，应实行民族的区域自治，按照民族聚居的人口多少和区域大小，分别建立各种民族自治机关。凡各民族杂居的地方及民族自治区内，各民族在当地政权机关中均应有相当名额的代表"。《共同纲领》还规定"各少数民族均有发展其语言文字、保持或改革其风俗习惯及宗教信仰的自由"；"人民政府应帮助各少数民族的人民大众发展其政治、经济、文化、教育的建设事业"。三年后，中国政府发布《中华人民共和国民族区域自治实施纲要》（以下简称《实施纲要》），《实施纲要》对民族区域自治制度的实施做了全面规定，明确了民族自治地方的建立、自治机关的组成及自治机关的自治权利等重要内容。

新中国成立前夕及初期的《共同纲领》和《实施纲要》初步明确了少数民族的基于公民身份的平等权、不受歧视的权利、文化语言权利、宗教信仰自由权及实施基于区域的自治权利等。《共同纲领》还规定了国家帮助少数民族发展的义务。1954年，民族区域自治正式写进中华人民共和国宪法，此后，宪法虽经数次修改和政治运动的冲击，但是民族区域自治的宪法性地位从来没有动摇过。

经过几十年的实践和发展，1984年宪法规定的民族区域自治制度被具体化为《民族区域自治法》，该法不仅对少数民族的政治、经济、文化和社会（发展）权利作出了系统的规定，还规定了中央政府与民族自治地方的关系及民族自治地方各民族间的关系等重要内容。2001年修改后的《民族区域自治法》明确将民族区域自治制度定位为"国家的一项基本政治制度"。至此，少数民族的权利保护被提到国家基本政治制度建设的高度。

除了《宪法》和《民族区域自治法》以外，中国政府还采取了其他政策和法律形式如其他法律、行政法规、地方性法规、部门规章，以及自治区、自治州和自治县的自治条例和单行条例等保障少数民族权利。从功能和定位来看，《宪法》从总体上确认了少数民族的（公民）平等权、自治权、语言文化权、人权及国家帮助的义务①，《民族区域自治法》则将这些权利（自由）及国家帮助的义务细化。"其他法律"和行政法规则依据各自调整的领域对《民族区域自治法》加以补充。部门规章、地方法规及自治区、自治州和自治县的自治条例和单行条例等则在部门职责范围和地方权限范围内具体落实宪法、法律和行政法规有关少数民族权益保护的内容。总体上看，国家对少数民族权利的保护采取了政策、制度和法律三位一体的做法（模式）。

经过数十年的权益保护实践，55 个少数民族群体在经济发展、政治参与、文化和语言的保存与发展、社会保障等各个领域取得了长足的进步。其中有 14 个少数民族在教育等领域的发展指数超过了全国平均水平。一些少数民族更是在政治、经济、文化和社会发展等综合领域取得了跨越社会形态的"一步登天"式的巨大发展。

三 中国少数民族权利保护制度和 实践背后的价值理念

中国的少数民族权利保护取得了举世瞩目的重大历史成就。这一重大历史成就的取得当然与政策、制度和法律的选择密切相关。然而，更具有决定性意义的是这些政策、制度和法律背后的价值理念。我国少数民族权利保护制度和实践体现和反映了马克思主义的各民族一律平等、国家安全、尊重人权、权利正义和多元文化主义的价值理念。其中马克思主义的各民族一律平等的价值理念和其他价值理念既有交叉的一面，又有发展和超越的一面。具体来说，我国少数民族权利保护的制度和实践体现和反映了以下价值理念。

（一）阶级取向和国家安全的价值理念

与同时代的西方国家相比，我国少数民族权利保护的制度和实践同时

---

① 《宪法》第 4 条规定，中华人民共和国各民族一律平等。国家保障各少数民族的合法的权利和利益，维护和发展各民族的平等、团结、互助关系；禁止对任何民族的歧视和压迫，禁止破坏民族团结和制造民族分裂的行为；国家根据各少数民族的特点和需要，帮助各少数民族地区加速经济和文化的发展；各少数民族聚居的地方实行区域自治，设立自治机关，行使自治权；各民族都有使用和发展自己的语言文字的自由，都有保持或者改革自己的风俗习惯的自由。第 13 条规定"中华人民共和国公民在法律面前一律平等；国家尊重和保障人权"。

体现了阶级利害和国家安全的价值理念。从阶级利害价值理念的角度来看，我们对少数民族（权利）的保护并没有停留在笼统的整体保护层面。在全面实施权利保护之前，中央政府对一些仍旧处于剥削性和压迫性社会制度下的少数民族群体实行以阶级斗争导向的政治解放。中华人民共和国成立以前，我国少数民族地区大多仍处于封建农奴制、奴隶制甚至是原始社会末期。这些地区的少数民族群众大都依附于封建领主、大贵族、寺庙或奴隶主，成为他们可以任意买卖或当作礼物赠送的客体。在西藏，形成于 17 世纪并沿用了 300 多年的法律如《十三法典》《十六法典》，将人严格划分为三等九级——"上等人"是大贵族、大活佛和高级官员，"中等人"为一般僧俗官员、下级军官和上等人的管家等，"下等人"是农奴和奴隶。按照"法典"，"上等上级人"的命价按尸量黄金计，"下等下级人"的命价仅为一根草绳，而"下等人"占西藏总人口的 95% 以上。[①]

　　显然，不消灭这种深重的阶级压迫和剥削制度，就谈不上平等地保障少数民族的权利和自由。中华人民共和国成立后，基于解放受压迫阶级的理念（阶级利害），中央政府在尊重广大少数民族群众意愿的基础上，在少数民族地区逐步开展民主改革。"这场改革废除了领主、贵族、头人等特权者的一切特权，消灭了人剥削人、人压迫人的旧制度，使千百万少数民族群众翻身解放，获得人身自由，成为国家和自己命运的主人。1959 年在西藏进行的民主改革，彻底废除了长达 700 多年的政教合一、贵族僧侣专权的封建农奴制，昔日百万农奴和奴隶获得了人身自由，成了新社会的主人。"[②]

　　从国家安全价值理念的角度来看，中国共产党保护少数民族权利的一个重要历史动因是，少数民族多处于国家领土的边缘地带（边疆），如果不能以适当的或公正的政治和法律措施去保护这些少数民族的权利，他们就有可能被国内外分裂势力所蛊惑、所利用。[③] 自近代以来，中国的领土完整和主权统一就一直受到各种各样的挑战。帝国主义及西方殖民势力所

---

　　① 《中国的少数民族政策及其实践》白皮书：国家民委官方网站，http：//www.seac.gov.cn/art/1999/9/1/art_ 2265_ 61073. html。

　　② 同上。

　　③ 近代以来发生的"边疆危机"虽然有着复杂的原因和历史背景，但几乎都与统治者没能公正地对待少数民族的（权利）诉求密切相关。辛亥革命后，孙中山一度提出"同化于我"的排斥性民族政策，结果造成严重的边疆危机。

策划、制造的"西藏独立""东突厥斯坦"、伪"满洲国"等在历史上危害甚大。可以说直到今天，一些地区如西藏和新疆仍然面临着反分裂和维护国家安全的严峻考验——正是这种考验——促使我们更加慎重地对待少数民族的权益保护问题。

改革开放后，随着"以阶级斗争为纲"时代的结束和民族地区阶级分化现象的日益消退，以阶级利害为价值理念的少数民族权利保护范式逐渐退出历史舞台——阶级感情不再是联系主体民族与少数民族的主要纽带；中央政府也不再以阶级斗争为手段处理少数民族地区的利益冲突和诉求。传统的国家安全利益与阶级利害交织在一起的少数民族权利保护的价值取向开始让位于以国家安全为主要考量的价值理念选择。从此，国家安全的考量成为裁量少数民族权利保护的主要因素之一。

（二）保护人权的价值理念

所谓保护人权的价值理念，就是从同等的作为人的角度对少数民族的权利和自由加以保护。需要说明的是，虽然中国政府尚没有以"人权"话语对少数民族的权利保护进行官方意义上的立法，但是在实践中，少数民族的权利保护往往与人权的理念紧密地联系在一起。早在1991年的第一个"人权白皮书"中，"少数民族的权利保障"就是一个重要的组成部分。在后来历次的"人权白皮书"及其他类型的人权发展报告中，少数民族的人权发展情况一直是一个重要的主题。

从相关立法的具体内容和形式来看，中国的少数民族权利保护遵循了国际人权法所确立的平等、非歧视和特殊保护原则。从新中国成立前夕的《共同纲领》到新中国成立后的四部宪法都明确规定中国境内"各民族一律平等"，除非常时期的七五宪法外，其余版本的宪法都无一例外地规定"禁止对任何民族的歧视和压迫。"现行宪法明确规定："各民族一律平等，国家保障少数民族的合法权利和利益，禁止对任何民族的歧视和压迫。"根据宪法的这些规定，"有关法律法规相应做出了一系列规定，保障各少数民族作为中华人民共和国平等的一员，享有在政治、经济、文化、教育等社会生活的各个方面的一切平等权利"[1]。

---

[1]　"吴仕民在中国少数民族人权事业发展新闻发布会上介绍有关情况并答记者问"，国家民委官方网站，http：//www.seac.gov.cn/art/2008/8/18/art_ 4623_ 119087.html，2015/6/6 访问。

　　同时针对少数民族在族性、宗教、语言和文化上的差异性及经济社会发展的滞后性，国家对少数民族又采取了特殊保护的原则。这种特殊保护原则在少数民族与汉族的共有领域表现为经济社会发展上的"优惠"和政治参与方面的超越比例代表制的优惠；在少数民族特有的领域则表现为国家对少数民族的语言使用和发展、文化传统的保存和发展、风俗习惯和宗教信仰的保持等方面，提供特殊的政策、法律和行政方面的保障。

　　中国政府尊重并遵守国际人权法的基本原则，曾对《世界人权宣言》做出高度评价，认为"作为第一个人权问题的国际文件，为国际人权领域的实践奠定了基础"[①]。中国政府已加入了《经济、社会及文化权利国际公约》《消除一切形式种族歧视国际公约》《禁止并惩治种族隔离罪行国际公约》《防止和惩治灭绝种族罪行公约》等有关少数民族权利保护的国际公约，正在积极准备批准《公民权利和政治权利国际公约》。联合国消除种族歧视委员对中国历次提交的关于《消除一切形式种族歧视国际公约》的履约报告做出了高度评价。认为中国在发展少数民族地区的经济、保护少数民族文化等方面做出了重要的成就。2004年，《中华人民共和国宪法修正案》庄严写进"国家尊重与保障人权"之后，中国政府两次制定"国家人权行动计划"，进一步落实尊重和保障人权宪法原则。在最近的国家人权行动计划（2012—2015年）中，中国政府郑重承诺将"根据宪法关于'国家尊重和保障人权'的原则，遵循《世界人权宣言》和有关国际人权公约的基本精神，从立法、行政和司法各个环节完善尊重和保障人权的法律法规和实施机制，依法推进中国人权事业发展"。"行动计划"称，"制定国家人权行动计划是中国政府落实尊重和保障人权宪法原则的一项重大举措"。

　　在保障少数民族权利方面，"2012—2015年国家人权行动计划"提出了"依法保障少数民族平等参与管理国家和社会事务的权利""重视培养和使用各类少数民族人才""保障少数民族均等享受公共服务的权利""保障少数民族的经济发展权利""加快发展民族教育""保障少数民族的文化权利""依法保障少数民族学习使用和发展本民族语言文字的权利"

---

　　① 《中国的人权状况》（中国人权白皮书）（1991年11月），北京大学法学院人权与人道法研究中心网站，http://www.hrol.org/Documents/ChinaDocs/Reports/2012—12/2958.html。2015年6月6日浏览。

等 7 个方面的人权促进目标。其间，中国政府在 2013 年的人权白皮书（即《2013 年中国人权事业的进展》）中表示要"对少数民族继续实施倾斜性政策"。

相信上述人权目标和计划将会通过中央和地方政府的各类政策、法律和施政活动得以具体实施。

（三）权利正义的价值理念

所谓权利正义，是指权利作为一种资源、资格、荣誉、利益、机会、"权能"和"自由权"在公民中的分配，应该遵循正义的原则。权利正义的价值理念体现于主权国家的基本社会结构的建构方面，涉及三个基本问题，一是民主权利的制衡问题，二是权利补偿问题，三是"国家的族裔非中立性"及结构化歧视的矫正问题。

中国宪法和法律规定了各民族的平等权。根据宪法，各民族公民"不分民族、种族、性别、职业、家庭出身、宗教信仰、教育程度、财产状况、居住期限，都有选举权和被选举权"；都有言论、出版、集会、结社、游行、示威的自由、宗教信仰自由、通信自由；都有接受教育的权利；都有使用和发展本民族语言文字的权利；都有保持或改革自己风俗习惯的自由；都有从事科学研究、文学艺术创作和其他文化活动的权利；都有劳动、休息和丧失劳动能力时从国家和社会获得物质帮助的权利；都有对国家机关和国家工作人员提出批评和建议的权利。同时，宪法规定，各民族公民的人身自由和人格尊严不受侵犯，如此等等。

然而，由于民主多数的"洪流"和历史上少数民族所遭受的不公正的待遇，以及现代（多）民族国家的族裔非中立性及其所造成的结构化歧视等原因，仅仅以"无差别的"平等权来保护少数民族显然难以实现权利的符合正义原则的分配。为实现权利正义的价值理念，中国政府采取了一系列制衡和矫正性的制度和原则来制衡民主的大多数、补偿少数民族的历史遭遇和矫正因国家的族裔非中立性所导致的结构化歧视问题。限于篇幅，以下仅纲要性论及。

1. 人民代表大会中的超比例代表权

为保障地方人大中少数民族的参与权，《中华人民共和国全国人民代表大会和地方各级人民代表大会选举法》（2010 年 3 月第 5 次修正）规定，"有少数民族聚居的地方，每一聚居的少数民族都应有代表参加当地的人民代表大会"；"聚居境内同一少数民族的总人口数不足境内总人口数百分之十五的，每一代表所代表的人口数可以适当少于当地人民代表大会每一代表所代表的人口数"；"人口特少的其他聚居民族，至少应有代表一人"；"散居的少数民族应选当地人民代表大会的代表，每一代表所代表的人口数可以少于当地人民代表大会每一代表所代表的人口数"。

为充分保障少数民族在全国人民代表大会中的代表权，"选举法"规定，"自治区、聚居的少数民族多的省，经全国人民代表大会常务委员会决定，代表名额可以另加百分之五。聚居的少数民族多或者人口居住分散的县、自治县、乡、民族乡，经省、自治区、直辖市的人民代表大会常务委员会决定，代表名额可以另加百分之五"；"人口特少的民族，至少应有代表一人"。

自第一届全国人民代表大会以来，历届全国人民代表大会中的少数民族代表名额都明显高于其人口比例。其中第十届全国人民代表大会的少数民族代表人数占到与会代表总数的近14%，大大高于其同期在全国人口中8.4%的比例。

2. 政治协商会议中的协商民主和参政议政权利

除了人民代表大会中的聚合式民主参与形式外，少数民族还可以通过政治协商会议这一重要的协商民主形式参与地方和国家层面的政治过程。具体体现为以下三个方面，一是对国家和地方的大政方针及政治、经济、文化和社会生活中的重要问题在决策之前（包括决策执行过程中的重要问题）进行协商；二是对宪法、法律和法规的实施、重大方针政策的执行，以及国家机关及其工作人员的工作，通过建议和批评的形式进行监督；三是通过调研、提案、建议案或其他形式，就国家政治、经济、文化和社会生活中的重要问题和人民群众普遍关心的问题，向中国共产党和国家提出建议或意见。

新中国成立以来，少数民族通过政治协商会议这一制度发挥了重要的政治参与作用，对国家和地方事务中有关少数民族地区的发展和少数民族的权利保护起到重要推动作用。政治协商会议制度是中国共产党解决在人数上处于少数地位的少数民族的政治参与的一个重大制度创新。

3. 民族区域自治制度

民族区域自治制度是中国共产党解决民族问题的又一个重大制度创新。它是抵御多数民主洪流的重要制度性依托。对于少数民族权利保护而言，它具有综合性、系统性和基础性的作用。所谓民族区域自治，是指在保持国家的统一领导下，在各少数民族聚居的地方实行区域自治，设立自治机关，行使自治权，使少数民族人民能够在聚居区当家做主，自主管理本自治地方的内部事务。

民族区域自治制度的精髓在于，民族自治地方的自治机关在行使地方国家机关职权的同时，还能够依据宪法和民族区域自治法的规定，行使立法权、变通执行或者停止执行权、经济发展权、财政权、少数民族干部培养使用权、发展教育和民族文化权、语言文字使用和发展权，以及科技文化发展权等。① 这种立法体制，既保障了少数民族对地方一般公共事务的参与权，也保证了他们对带有地方特色的（民族）公共事务的主导权。截至2003年年底，中国共建立了包括5个自治区、30个自治州、120个自治县（旗）的155个民族自治地方。55个少数民族中，有44个建立了自治地方。实行区域自治的少数民族人口占到少数民族总人口的71%，民族自治地方的面积占全国国土总面积的64%左右。尤其值得注意的是，对于一些聚居地域较小、人口较少并且分散，不宜建立自治地方的少数民族，中国政府采取了"民族乡"的自治范式。截至2003年年底，共建立1173个民族乡，没有建立自治地方的11个少数民族中，有9个建立了民族乡②。这意味着55个少数民族中，有53个少数民族建有民族自治地方或民族乡。这种系统的、大规模的、政治关切入微的少数民族自治实践在当今世界实属罕见。

民族区域自治制度的另一个重要内容是少数民族干部的培养和任用。民族干部是实现少数民族自治权的重要的主体性因素，《中华人民共和国民族区域自治法》规定，"民族自治地方的人民代表大会常务委员会中应当有实行区域自治的民族的公民担任主任或者副主任"；"自治区主席、自治州州长、自治县县长由实行区域自治的民族的公民担任。自治区、自治州、自治县的人民政府的其他组成人员，应当合理配备实行区域自治的民族和其他少数民族的人员"。按照这一规定，国家大力培养和使用少数

---

① 关于自治立法，《中华人民共和国立法法》也作出了相关规定，该法第75条规定"民族自治地方的人民代表大会有权依照当地民族的政治、经济和文化的特点，制定自治条例和单行条例"；"自治条例和单行条例可以依照当地民族的特点，对法律和行政法规的规定做出变通规定"；第90条规定"自治条例和单行条例依法对法律、行政法规、地方性法规作变通规定的，在本自治地方适用自治条例和单行条例的规定"。《中国的少数民族政策及其实践》白皮书：国家民委官方网站，http://www.seac.gov.cn/art/1999/9/1/art_2265_61073.html。

② 《中国的民族区域自治》白皮书（2005年）。

民族干部。自新中国成立以来，中央和各级政府通过各种渠道共培养、选拔、使用少数民族干部约300万人。全国公务员队伍中，少数民族约占10%。① 这些少数民族干部和公务员分散在中央和地方国家权力机关、行政机关、审判机关和检察机关，对于充分实现少数民族的代表权、政治参与权发挥了巨大的作用。

民族区域自治制度使少数民族在主体民族人口占绝大多数的情况下，能够在自身人口相对集中的地方行使政治、经济、社会和文化发展方面的主导权。这一制度保证了少数民族的平等政治地位和平等的权利，极大地满足了他们参与国家和地方政治（行政）生活的愿望。

4. 经济、教育、计划生育等方面的优惠

经济、教育、计划生育等方面的优惠主要基于少数民族被剥夺和被边缘化的历史境况及由这种历史境况所影响的少数民族在经济社会方面普遍落后的现实状况。同时，优惠政策的采纳还考虑到国家的非族裔中立性——以语言和宗教特性为例，绝大部分少数民族属于非通用语言民族，他们的宗教信仰也与国家所倡导的无神论意识形态不尽一致，由此所造成的语言和文化（宗教）等方面的障碍，影响了他们在经济和教育等方面的竞争能力和融入主流社会的能力。

国家对少数民族的优惠主要体现在经济和教育领域。《宪法》规定："国家尽一切努力，促进全国各民族的共同繁荣。"《民族区域自治法》等法律法规及政策进一步将国家帮助少数民族发展的责任和义务法制化。实践中，国家通过"把加快民族自治地方的发展摆到突出位置"；"优先合理安排民族自治地方基础设施建设项目"；"对西藏的基础设施建设和基础产业发展给予特殊安排"；"加大对民族自治地方财政支持力度"；"采取特殊措施帮助民族自治地方发展教育事业"；"加大对少数民族贫困地区的扶持力度"；"增加对民族自治地方社会事业的投入"；"扶持民族自治地方扩大对外开放"；"组织发达地区与民族自治地方开展对口支援"；"照顾少数民族特殊的生产生活需要"等十多种手段和渠道来促进少数民

① 其中在西藏，自治区历届人民代表大会常务委员会主任和人民政府主席均由藏族公民担任。藏族和其他少数民族的人大代表始终在全区各级人大代表中占有绝对多数；经过直接和间接选举产生的现任34244名四级人大代表中，藏族和其他少数民族代表31901名，占93%以上。在全区干部队伍中，藏族和其他少数民族占82.05%，其中县乡两级领导班子中，藏族和其他少数民族占80.06%。详见《2013年中国人权事业的进展》白皮书。

族和民族地区的经济增长和教育发展。近年来，少数民族的经济、社会权利继续得到有力的保障。"国家对少数民族和民族地区经济社会发展投入力度继续加大，少数民族和民族地区的经济社会发展取得显著成效。2013年，在均衡性转移支付向民族地区倾斜的基础上，中央财政安排民族地区转移支付 464 亿元，比 2012 年增长 10.5%。国家对内蒙古、广西、西藏、宁夏、新疆 5 个自治区和贵州、云南、青海 3 个少数民族人口较多省份的扶贫投入大幅提高，中央财政扶贫资金投入 166.05 亿元，占全国总投入的 43.76%，资金总量比 2012 年增加了 16.8%。2013 年，国家深入贯彻落实'十二五'扶持人口较少民族发展、兴边富民行动和少数民族事业三个国家级专项规划，继续加大对少数民族和民族地区的专项扶持力度。"①

实践证明，这种优惠政策对于少数民族及民族地区缩小与发达地区的差异、提高他们参与主流社会的竞争能力具有重大的促进作用。经过数十年的优惠措施保障，少数民族及民族地区经济增长快速、人民生活水平显著提高、基础设施明显改善。同时教育政策上的各种优惠和照顾，也使得少数民族的教育水平普遍提高。到 2000 年，就已经有十几个少数民族的受教育年限高于全国平均水平。

考虑到少数民族人口的基数、经济社会发展特点及所处的自然环境等因素，中国政府对少数民族采取了比主体民族宽松的计划生育政策。根据这项政策，"少数民族家庭可以生育两个或三个孩子；边境地区和自然环境恶劣的地区、人口特别稀少的少数民族可以生育三个以上的孩子；西藏自治区的藏族农牧民可以不受限制地生育子女"②。这使得少数民族人口的增长速度高于全国平均水平。

（四）多元文化主义的价值理念

多元文化主义的价值理念是指，在多民族国家的框架内，平等地承认、尊重和保护每一个民族的文化特性。特别需要指出的是，与西方国家很大程度上仅是被动地承认多元文化相比，中国共产党治下的各级政府不仅始终如一主动地承认和尊重多元文化的存在，而且积极采取各种政治

---

① 《2013 年中国人权事业的进展》白皮书。
② 《中国的民族区域自治》白皮书（2005 年）。

的、法律的和政策的手段来保护这种多元文化。中国政府的多元文化主义理念主要体现在以下几个方面。

1. 民族识别：确立各少数民族平等的主体地位

最能体现中国政府在践行多元文化主义理念方面主动性的事例是民族识别活动。为了明确历史上存在的松散的文化或政治意义上的少数民族，从 20 世纪 50 年代开始，中央政府组织大批的人类学、民族学、社会学、历史学和语言学学者在全国范围内进行少数民族的语言文字和社会历史调查工作，对中国的多民族、多文化、多语言、多宗教的国情进行了深入摸底。调查结果表明，中国各个少数民族的经济社会生活不仅展现着采集、狩猎、畜牧、农耕等不同类型，表现着语言、文化、生活习俗、宗教信仰、人口规模、分布范围等多样性，而且各个少数民族的社会形态也多种多样，保留着由各个群体内部阶级分化程度和生产力发展水平所决定的多种制度形式——氏族族长制、部落头人制、贵族奴隶制、政教合一领主农奴制、伯克（牧主）封建制等，体现了从原始公社末期到封建社会的不同社会形态。[①]

如何确定这些文化、语言、宗教差异很大，经济社会发展水平悬殊，政治治理结构跨社会形态的具有"复合多元性"特征的中国少数民族的政治和社会地位？是否像苏联那样将它的少数民族划分为"部族""民族"和"社会主义民族"？客观地或科学地来看，苏联的划分标准的确具有一定的合理性，但它不利于各民族的主体地位的平等。中国共产党经过深思熟虑，决定以"民族"称呼所有的少数民族和汉族。在起点上确立了"大小民族一律平等"的基本原则。至 1965 年，中国政府确认了 54 个少数民族，连同 1979 年确认的基诺族，一共确认了 55 个少数民族。

民族识别是中国共产党盘点民族多样性家底的重要举措，也是中国政府实施各民族一律平等的政治和法律举措的逻辑起点。通过民族识别，国家确认了中华人民共和国的多民族构成之事实，为进一步采取具体的政治（政策）和法律措施提供了前提。

2. 切实采取有效的政治、法律和政策措施保护各民族的语言权利

语言权利是少数民族权利体系中最重要的也是关涉性最大的权利——它关系到少数民族特性的维护、政治参与及教育、就业、社会生活等方方

---

① 郝时远：《中国共产党怎样解决民族问题》，江西人民出版社 2011 年版，第 75 页。

面面。在中国的 55 个少数民族中，语言上通用国语（汉语）的民族只有回族和满族，其余 53 个少数民族都有自己的民族语言。中国政府一贯重视少数民族发展和使用语言的权利。早在 20 世纪 50 年代就组织人员对少数民族的语言情况进行了全面的调查和研究，建立了专门的民族语文工作机构和研究机构，培养民族语文方面的专门人才。与西方一些国家试图消灭少数民族语言的行为形成强烈反差的是，中国政府先后帮助壮、布依、苗、纳西、傈僳、哈尼、佤、侗、景颇、土等十多个少数民族创制或改进他们的文字。

在语言的使用方面，国家保障少数民族语言在国家政治和社会生活中的使用权。一些重大的会议如中国共产党全国代表大会、全国人民代表大会和中国人民政治协商会议等都提供蒙古、藏、维吾尔、哈萨克、朝鲜、彝、壮等少数民族语言文字的文件和同声传译。人民币上除了国语（汉语）外，还通印着蒙古、藏、维吾尔、壮 4 种少数民族文字。在国家组织的普通高等学校招生入学考试中，少数民族可以选择使用民族语言文字进行答卷，等等。

在行政、司法、教育领域，民族自治地方的自治机关和司法机构在执行职务时，均使用当地通用的一种或几种（少数民族）文字。各民族自治地方的自治机关可以依据国家的教育方针和法律规定，决定本地区（方）的教育规划和各级各类学校的教学用语。少数民族为主的学校及其他教育机构，使用少数民族或者当地通用的语言文字进行教学。截至 2013 年，全国共有 1 万多所学校使用 21 个民族的 29 种文字开展双语教学。①

在新闻、出版、广播、影视等领域，截至 2013 年，中央人民广播电台和地方广播电台每天用 21 种少数民族语言进行播音，边境地区民族语广播电视的覆盖率进一步提高。全国建立民族文字图书出版社 32 家，民族语言文字类音像电子出版单位 13 家，编辑出版民族文字期刊 222 种、民族文字报纸 99 种、民族文字图书 9429 种。民族自治地方有广播电台 73 座，节目 441 套，民族语言节目 100 个，电视台 90 座，节目 489 套，民族语言节目 100 个。②

---

① 《2013 年中国人权事业的进展》白皮书。
② 同上。

3. 少数民族宗教信仰和风俗习惯的保护

国家尊重和保护少数民族的宗教信仰,从宪法到地方层面的相关立法都确认并保障少数民族按照他们的意愿进行正常宗教活动的自由①。包括少数民族地区在内的全国各大中小城市都有各种宗教活动的场所。在一些民族地区,医院和机场等公共场所也设有宗教功修点。

最能体现国家对少数民族文化权利尊重与保护的是少数民族风俗习惯。在中国,少数民族与主体民族(包括少数民族)之间的风俗习惯差异很大。这些差异表现在饮食、服饰、居住、礼仪、婚姻、丧葬等各个方面。特别是有 10 个少数民族在饮食和丧葬方面与主体民族及其他少数民族有着很大的差别。为保护这 10 个少数民族食用清真食品的传统习惯,国家在少数民族较为集中的地方广泛设立清真饮食网点——在城市、交通要道、旅馆、医院及列车、轮船、飞机等交通工具上,设置清真食堂或清真伙食点;在一些食用清真食品的少数民族相对集中的机关、学校、企事业单位,设立清真食堂或清真窗口;在一些情况下,单位即使只有一位清真食品的食用者,也会被依政策予以照顾。在清真食品的生产供应方面,国家也有严格的规定。

丧葬方面,中国少数民族大致有火葬、土葬、水葬、天葬多种风俗习惯。对于实行天葬、水葬习惯的少数民族,国家予以尊重与保护。对于实行土葬的,国家也同样予以尊重并采取积极措施提供相应的条件——在有实行土葬风俗少数民族居住的大中小城市(包括非民族自治地方),国家专门划拨土地建立公墓陵园。

在保护少数民族宗教信仰自由和风俗习惯方面,国家还专门确定了用于宗教和民族文化活动的服装、衣帽、食品、装饰用品、乐器等十几个大类、4000 余种民族用品并采取建立生产基地、优先供应生产资金和原材料及低息贷款、减免税收、运费补贴等优惠政策予以保障。

此外,为满足一些少数民族基于宗教信仰或民族习惯的节庆活动要求,国家及地方政府还设立了专门的节假日。

4. 少数民族文化遗产的保护

国家视少数民族的文化遗产为中华民族文化宝库的有机组成部分。极其重视少数民族文化遗产的保护。从 20 世纪 50 年代起,国家就组织数千

---

① 在西藏等地,藏传佛教特有的活佛转世的传承方式也得到国家的尊重和承认。

名专家对少数民族的历史文化进行挖掘、整理和编纂，至 20 世纪 80 年代，已完成《中国少数民族》《中国少数民族简史丛书》《中国少数民族语言简志丛书》《中国少数民族自治地方概况丛书》和《中国少数民族社会历史调查资料丛刊》5 种少数民族丛书的编辑出版工作，使中国的各少数民族都有了文字记载的简史。国家还设立专门工作机构，对藏族、蒙古族和柯尔克孜族的三大英雄史诗《格萨尔》《江格尔》《玛纳斯》进行有组织、有计划的收集、整理、翻译和研究工作。

国家还加强保护少数民族的历史文化遗产和名胜古迹。斥巨资对西藏的布达拉宫、哲蚌寺、色拉寺、甘丹寺和青海的塔尔寺、新疆的克孜尔千佛洞等进行修缮。其中仅布达拉宫的一期维修，国家就投入了 5500 万元人民币、黄金 1000 公斤；从 2001 年开始，国家又划拨巨款对其进行二期修缮。在世界文化遗产、自然遗产、文化与自然遗产录上，多种具有少数民族文化特色的文化和自然遗产在目：布达拉宫、丽江古城、九寨沟、黄龙风景名胜区、"三江并流"自然景观、丝绸之路、红河哈尼梯田、新疆天山、澄江生物群、元上都遗址等。纳西东巴古籍文献还被列入"世界记忆遗产名录"。可以说，没有国家对少数民族（地区）历史文化遗产和自然遗产的精心保护和经营，就不可能出现这一切。

此外，国家还对历史悠久、极富民族特色的藏、蒙、维、回、傣医药进行保护，使其成为中华医药宝库中熠熠生辉的部分。

以上笔者从四个方面简单列举了中国政府在接纳、尊重和保护各民族多元文化方面的种种努力。中国政府的这种对待多元文化的态度具有悠久的历史传统和丰富的历史底蕴——不仅可以追溯到新民主革命时期，甚至可以回溯到更为久远的封建社会时期——在这段漫长的历史过程中，历代统治者大都对少数民族地区实行"因俗而治"的政策和理念，即在维护国家政治统一的前提下，保持少数民族（民族地区）原有的文化形态以至社会制度。

在新的历史条件下，中国共产党领导下的中国政府对于多元文化价值的认识有了更深刻的内涵和更高的眼界。20 世纪 90 年代，江泽民在谈到多元文化价值的时候说："世界是丰富多彩的。如同宇宙间不能只有一种色彩一样，世界上也不能只有一种文明、一种社会制度、一种发展模式、一种价值观念。各个国家、各个民族都为人类文明的发展做出了贡献。应充分尊重不同民族、不同宗教、不同文明的多样性。世界发展的活力恰恰在于这种多样性的共存。"① 中国共产党的十七大报告将这种尊重多元文化的理念高度概括为"尊重差异、包容多样"。至此，中国政府在对待多元文化主义价值理念方面有了更为明确和更为具体的政策导向。

四　结论

少数民族问题是当今世界绝大部分（多）民族国家都要面对的重大问题。如何在（多）民族国家的框架内妥善处理好少数民族的权利保护问题，不仅考验着执政者的政治智慧，也考验着他们的道德良知。中国共产党在马克思主义的各民族一律平等的价值理念指导下，以真诚的阶级感情在政治参与、经济发展、文化和传统的保护等各个方面全面帮助因历史原因和自然条件处于相对劣势的少数民族，使他们在短短的几十年时间内获得了历史性的、跳跃式的发展，实现了与主体民族平等的政治、经济和法律地位。

中国共产党解放少数民族、保护少数民族权利的实践贯穿着马克思主义的各民族一律平等的价值理念、维护国家安全的价值理念、尊重人权的价值理念、权利正义的价值理念和多元文化主义的价值理念。这些价值理念之间既存在着时间上的共时性和历时性，也存在着逻辑上的关联性，既有相互促进的一面，也有彼此消减的一面。

第一，中国共产党以马克思主义的阶级利害观为先导，通过阶级斗争、土地改革、民主改革、社会主义改造等手段，循序渐进地消灭了少数民族内部的阶级压迫和阶级剥削，解放了奴隶、农奴和各种存在人身依附关系的受压迫主体，为实现少数民族的平等权利奠定了基础。

第二，鉴于少数民族多处于边疆，对于国家安全和社会稳定具有重要的影响，国家在他们的权利保护问题上不仅满怀阶级情感和无产阶级兄弟友谊，而且也怀有严肃的国家安全意识，并以是否有利于国家安全作为少数民族权利保护的重要考量因素。

第三，随着时代的进步和国际社会人权事业的日益发展，中国政府逐步将少数民族的权利视为人权，将其权利保护视为国际人权事业的一部

---

① 江泽民：《在联合国千年首脑会议上的讲话》，《江泽民文选》第 3 卷，人民出版社 2006 年版，第 110 页。

分。自1991年第一个人权白皮书发布以后，尊重人权的价值理念成为保护少数民族权利的重要价值理念——尽管在相关立法和机构的设置中并没有出现"人权"的话语。

第四，鉴于少数民族历史遭遇和现实中多居于自然条件恶劣的边远地区，以及中国（多）民族国家实际上的族裔非中立性等问题，中国政府从一开始便注重从制度设计的高度来保护少数民族的权利，采取了政治参与上的超比例代表制、协商民主①及经济、社会、教育领域的优惠来平衡民主的大多数、补偿少数民族**先在的**劣势，从而实现权利正义的价值理念。

第五，多元文化主义价值理念是中国共产党奉行马克思主义的各民族一律平等的价值理念的逻辑结果。民族的平等必然体现为文化上的平等，而文化上的平等反过来又为民族的平等提供精神和意识形态上的支撑。多元文化主义价值理念同样也是中国政治和历史传统的产物——几千年来的"天下国"意识，使中国文化一直有着海纳百川的胸怀和境界。"中国文化"本质上就是一个多元的概念。近代以来的（多）民族国家建设使这种文化上的多元逐渐走向更为鲜明的一体。

中国政府保护少数民族权利的价值理念，既有原创性的一面，也有顺应世界潮流的一面。就前者来说，中国共产党创造性地发展了马克思主义的各民族一律平等的价值理念，将马克思主义所具有的解放全人类的普遍情怀应用于少数民族的权利保护。创造性地提出了民族平等原则、民族团结原则、民族互助原则、民族和谐原则，以及贯彻这些原则的民族区域自治制度、政治协商（协商民主）制度、特殊代表权制度等。其中民族区域自治制度超越了包括社会主义国家在内的世界绝大部分国家在处理民族问题上所坚持的"民族自治（民族自决）"做法；协商民主制度比西方社会整整领先了30多年。当其他社会主义国家在处理少数民族问题上遭遇

---

① 与西方协商民主传统不同，中国式的协商民主（政治协商）一开始就有联系（族群）多元化社会力量的特征。传统语境中的"民主协商""人民民主统一战线"及多元化人群的称谓如"不同界别""无党派民主人士和其他爱国人士所联系和代表的一部分人民"，都直接或间接地与少数民族群体相关。因为执政党早就认识到"政治协商的好处在于既能实现最大多数人民的民主权利，又能尊重占少数地位的人民的民主权利"（李维汉语）；认识到由于少数民族天然的"少数者"地位，单纯的普遍民主的票决制会使他们"自动地"处于弱势地位。因此，早在新民主主义革命时期，中国共产党就十分注意运用协商民主的方式，解决少数民族的平等政治参与问题。周少青：《云南民族区域自治实践中的协商民主》，《民族研究》2014年第3期。

挫折和失败，西方国家因民族问题而陷入各种各样的困境时，中国因循马克思主义的各民族一律平等的价值理念，取得了巨大的成功。

中国政府在提出并且运用多元文化主义的价值理念处理少数民族的权利保护方面，同样具有原创性：当多元文化主义政策的提出国——加拿大仍在挖空心思地试图消灭其少数民族（族群）的文化差异时，中国共产党领导下的中国却已然在国内发起了大规模的民族识别，甚至为没有文字或文字不完善的少数民族创制和完善文字。当加拿大被迫接受多元文化主义政策时并在随后的几十年里有所动摇的时候，中国政府却在几乎同一历史时期下大力气抢救少数民族的文化、语言和文献，保护他们的文化遗产，并将保护他们的政治、经济、文化、社会等权利上升到宪法层面，贯彻到各级政府的施政纲领中。在中国，多元文化主义不仅是文化的，也是政治的。中国的多元文化主义实践体现了实质的甚至是激进的多元文化主义。事实上，被誉为世界上"最早"实施多元文化主义政策的加拿大不过是受了中国的启发，在其民族（种族）关系高度紧张的环境里实施了一些缓和性的文化政策而已。

从顺应世界潮流的一面来看，中国共产党承认并接受少数民族权利的人权性质并积极采取措施以履行保护人权国际义务的方式来保护国内的少数民族。迄今为止，在已发布的人权白皮书中，少数民族的权利保护始终是一个重要的内容。这表明，中国不惧怕少数民族权利保护的国际化，愿意在少数民族保护问题上接受国际社会的监督。这种制度、理论和道路的自信，反映的不仅是一种大国的自信，更重要的是反映了我们在少数民族权利保护标准上的自信。

正是由于我们在少数民族权利保护方面所贯彻的价值理念，中国共产党领导下的中国，不仅守住了古代帝国所留下来的多民族领土、文化和政治格局，而且也经受住了苏东社会主义破败的冲击。中国在践行少数民族权利保护的价值理念方面，不仅创造了独特的中国经验，而且也为世界其他多民族国家处理民族问题和保护少数人权利提供了可资借鉴的世界意义。

需要注意和值得警醒的是，由于国内外多种因素的共振，当前国内学界和媒体中出现了一定程度的否定上述价值理念的倾向。表现在：一些人试图用大小民族主义代替马克思主义的各民族一律平等的价值理念。在多元文化主义问题上，一些人表现出明显的"悔棋"意识——认为我们所做的民族识别和保护多元文化的行为"固化了"民族的边界，不利于民族融合。在对待权利正义价值理念上，试图以"逆向歧视"为由取消相关的优惠措施。一些人甚至公开反对国际人权法上关于少数人保护的标准和基本价值理念，如此等等。

出现上述问题的原因很多，核心的一点是一些人把维护国家安全的价值理念与其他价值理念对立起来，认为践行"尊重人权""权利正义""多元文化主义理念"甚至马克思主义的各民族一律平等的价值理念会削弱国家安全。笔者认为，强调和珍视国家安全在任何意义上都是不容置疑的。因为国家安全对于包括少数民族在内的全体中国人民有着重大的不可妥协的利益关切性。然而，如何实现或保障国家安全却是一个十分复杂的问题。简单地以否定其他价值理念的方式来确保国家安全，在很多情况下恐怕会适得其反，这方面的例子在国际社会已屡见不鲜。

以国家安全作为衡量或裁剪少数民族权利的主导甚至唯一价值理念，面临着道德和技术上的无法克服（走出）的困境。从道德上看，让少数民族明白国家之所以保护他们的权利是因为顾忌到国家安全，而不是基于马克思主义的各民族一律平等的价值理念、尊重人权的理念、权利正义的理念，或者基于多元文化主义的理念，不仅会严重危害国家安全所依托的道德基础，而且会给少数民族群体中的功利分子造成以危害国家安全相威胁，换取更大利益的功利主义算计的机会。从技术上看，我们无法确认究竟是单一的国家安全理念有利于国家安全，还是多种理念并行更有利于国家安全。现实的情况可能是，越是不顾其他理念地追求国家安全，就越有可能将国家安全置于危险之中。相反，多种理念并行追求合乎道德的国家安全，反而更有可能赢得国家安全。

安全是指没有危险的一种客观状态，它是主体的一种属性。安全感是主体对于自身存在状态的一种主观评价，它具有某种主观任意性。在对待国家安全问题上，必须注意区分安全和安全感。安全具有主体间性，它是主体间通过交往、对话、协商和相互理解而达成的一种可以预期的安全状态，具有超乎主体性——主客二元对立的不以单方面意志为转移的普遍性特点。而安全感具有强烈的主体性，它是社会现实中，（族）群体关系行为工具化的产物，具有（安全主体的）单方面性和（安全后果的）不可预期性。

在追求国家安全问题上，我们需要实现从追求安全感向追求实质性的国家安全范式的转变，为此必须首先实现从主体性向主体间性的哲学范式转变。在主体间性的范式中，安全是主体之间的一种相互承认和给予，它具有双向性。主体间性所意指的安全是辩证的、动态的和互为因果的。从这个意义上看，只有通过多种价值理念的并用，让少数民族知晓国家之所以保护他们的权利，不仅是因为国家安全的利害，更重要的是因为他们的权利保护关涉尊重人权、权利正义、多元文化主义和马克思主义的各民族一律平等的价值理念的践行，关涉他们自身对于安全和发展的渴望。只有这样，国家和少数民族对于安全的追求才能同时实现。

结 束 语

为什么要保护少数民族的权利？本书关于少数民族权利保护的价值理念研究给出了初步的答案。少数民族权利保护问题是一个涉及面广泛、极为复杂的问题。从目前国内外相关讨论所及的层面来看，"平等权"显然居于核心地位——无论是少数民族权利的拥护者还是反对者，都用"平等权"进行抗辩。反对者认为，少数民族权利违反了法治的基本精神——平等；而拥护者则认为不承认差别的"平等"违反了法治的真正精神——平等。

某种程度上来看，本书所谓的五种价值理念，均可以用平等（权）的话语进行解析：国家安全的价值理念涉及多数民族与少数民族对国家关系的平等权；尊重人权的价值理念涉及少数民族（与多数民族一样）的作为人的平等权；权利正义的价值理念涉及权利在少数民族与多数民族之间分配的平等性；多元文化主义的价值理念涉及各民族文化和语言权利的平等性；马克思主义的各民族一律平等的价值理念侧重于从政治上寻求各民族的平等；等等。

自由主义者真诚地信奉平等，他们视"平等的尊重"为内化于人的自我的本质属性：寻找用更深层的原则来证成平等尊重之理想的困难，与其说是一种哲学上的缺陷，还不如说这是一种标志——这种理想已经属于我们作为道德存在之所是的基本感知。它构成了这样一种生活形式，我们从中获得我们的道德品行。如果我们不知道如何证成它，那是因为它界定了"我们所理解的道德论证的框架"①。然而，如何践行"平等的尊重"却成为几乎每一个自由主义者终身的挑战。

---

① Charles Larmore, *The Morals of Modernity*, Cambridge University Press, 1996, p. 150；刘擎：《国家中立性原则的道德维度》，《华东师范大学学报》（哲学社会科学版）2009 年第 2 期。

可以说，迄今为止，世界上还没有哪个国家能够在实践中真正实行无视差别的"一律平等"。加拿大联邦最高法院在解释《加拿大权利宪章》中的平等保障时指出，"包容差异是真正平等的本质"①。该国虽然坚称对国内各民族（族群）实行"无差别的多元文化主义政策"，但实践中移民少数族群、法裔少数民族和土著少数民族无论是在群体政治地位，还是在文化、语言权利、土地权利及自治权利等方面都有着巨大的差异。美国虽以宪法修正案的形式规定了"平等权"的至高无上的地位，但其少数民族（族群）公民——印第安人、波多黎各人、黑人和其他有色族裔群体至今都只能享受不同于主流社会公民的一些特殊权利（力）。法国以不承认少数民族的形式向全世界宣布了其高度无视差别的（公民）平等政策，但实践中，无论是科西嘉人，还是布列塔尼人，抑或来自西北非的马格里布人，均享有不同程度的差别待遇。

马克思主义的各民族一律平等的价值理念，在坚持各民族一律平等的同时，明确地提出以差别化为手段的实质平等目标。虽然马克思主义的各民族一律平等的价值理念在一些国家和地区如苏联和东欧的实践并不尽如人意，但在指导中国民族问题的解决方面发挥了极其重要的作用。

---

① Andrews v. Law Society of British Columbia 1 SCR 143 ; 56 DLR (4th) 1.

附　录

"非均质化民族自治"：多民族国家处理民族自治问题的一种新范式[①]

严格来说，民族自治是近代以来民族—国家构建的衍生物或伴生物[②]——多数民族（主体民族）建国后，为了维护民族—国家的主权和领土完整，同时也为了平息或安抚与自己有着类似诉求但由于种种主客观原因不能独立建国的少数民族[③]，逐渐采取与均质化民族—国家理念相近的民族自治政策或立法。值得注意的是，随着全球国际移民的大量流动和传统民族—国家内部人口结构的变迁，一方面，不仅"均质化的"民族—国家在现实中难觅，而且"均质化的"话语也受到越来越多的质疑（以致逐渐失去现实和文本的合法性）；另一方面，"均质化的"民族自治诉求和话语——"真正的自治""名副其实自治""全面的自治"等，却在理论和话语层面大行其道，由此造成非均质化的（多）民族国家与均质化的民族自治之间的巨大张力。

笔者认为，均质化民族自治是均质化民族—国家的对应物或产物。在民族国家日益非均质化的历史条件下，民族自治应该做出适应性的调整，其目标应趋向于一种更加开放和包容的"非均质化自治"——在这种自

---

① 本文的灵感来源于笔者在多伦多大学法学院访问期间发生的系列学术访谈。在这些访谈中，笔者与多名加拿大同行及一些少数族裔人士（包括法裔加拿大人），深入探讨了如何平衡特殊的少数民族自治权与普遍的中央国家（政府）权力之间的关系，并试图在制度和理念上寻求对传统民族自治的突破。笔者在此感谢多伦多大学法学院的（Bruce Chapman）教授、约克大学亚洲研究中心的苏珊·亨德斯（Susan J. Henders）教授和女王大学的威尔·金里卡（Will Kymlicka）教授。

② 古代帝国时期的民族自治虽然具有近现代民族自治的某些基因或特点，但从总体上说，它不是对统治下的少数民族权益要求的回应，而是在很大程度上为了统治的方便。

③ 本文所谓"少数民族"主要指生活在一定历史疆域内的世居少数民族（但不排除一定条件下的其他类少数民族如移民少数民族等），在威尔·金里卡的分类框架中，这类少数民族属national minority 或者 historical national minority。

治模式下，少数民族的集体自我被认为是与"他者"紧密联系而不是分开的，内部是异质化的和协商性的（negotiated），而不是一致化的和固定的①。"非均质化自治"民族自治是对传统的均质化民族自治在新的历史条件下的发展。它不仅可以释放民族自治与（多）民族国家建设的内在紧张，而且可以有效地保护自治体范围内的少数人即"少数民族中的少数人"②权利。不仅如此，长远地看，通过在制度上确立一种非均质化的民族自治，使民族自治在（多）民族国家内部乃至国际社会受到一种具有普遍约束力的法律规范的保障与限制③，是解决多民族国家民族自治问题的重要途径。

一　民族自治的基本类型

按不同标准，民族自治可以有不同的分类。按照自治权主体范围的不同，民族自治可以分为属人性自治和属地性自治，前者以一定的族群为自治主体，后者则以一定区域内的族（人）群为自治主体。按照自治的宪政化或法治化程度，民族自治可分为法律自治和政治自治④，其中法律自治是指在宪政框架下，中央与少数民族（地区），形成了以宪法规范（共识）为中心（前提）的权利（力）划分体系；而政治自治则侧重于少数民族（地区）与中央的政治协商，它甚至不必以宪法规范（共识）为中心（前提）（如加拿大的魁北克）。一般说来，政治自治的规则化程度较低，或者更准确地来说，其规则仍然处于某种政治协商之中。因此，政治自治往往意味着比法律自治更大的权利（力）。

---

① Susan J. Henders, "the self-government of unbounded communities: emancipatory minority autonomy in China and western Europe", in David Laycock, edited, *Representation and Democratic Theory*, Vancouver, B. C.: UBC Press, 2004, pp. 119 – 140.

② *Minorities within Minorities: Equality, Rights and Diversity*, edited by Avigail Eisenberg and Jeff Spinner-Halev, Cambridge University Press, 2005.

③ 按照目前的国际法体系，无论是少数民族的自治活动，还是中央政府限制自治的活动，均没有明确的国际法规范。

④ 日本学者宫泽俊义把自治分为政治自治和法律自治，他认为政治自治指国家领土内一定区域的公共事务由该地区的居民决定，法律自治则是指国家领土内的以一定区域为基础的团体，或多或少地具有独立于国家的人格，可以按照自己的意志管理公共事务。本文在形式上也采用这种分类方式，但对政治自治和法律自治有不同的理解和解释。[日]宫泽俊义、芦部信喜:《日本国宪法精解》，董瑶舆译，中国民主法制出版社1990年版，第660页。

按照自治所依托的载体，民族自治可区分为社团化自治、政党化自治、议会化自治、领土化自治。社团化自治以民族社团为单位，将少数民族的自治权纳入结社自由权的范畴，使其自治权仅体现为一种社团组织的自我管理权。政党化自治是指以民族为依托组建政党，并以此作为少数民族参与国家管理尤其是地方管理载体的自治形式。议会化自治是指以民族为基础组成议会，并以此作为少数民族的代言甚至统治机构。领土自治是指以一定的领土为单位的少数民族自治，这种自治形式往往意味着民族和领土的高度重合。

按照自治程度的强弱，民族自治可分为领土或区域自治、行政自治、司法自治和文化自治。领土自治或区域自治是一种综合性的自治方案，内容涉及政治、经济、文化、社会体制等各个方面，它是中央国家为维护国家领土、主权完整①而采取的仅次于（少数民族）独立建国的一种政治方案，是对内民族自决权的典型形式。行政自治是指在国家统一的行政体系内，将少数民族（地区）建成一级行政单位，通过具体制度和机制的设定，使少数民族在该行政单位具有行政主导权，行政自治具有较少的政治性。司法自治是指在国家相关政治制度和安排保持基本均质化的条件下，使涉及婚姻、家庭、遗产继承等私人身份的有关法律充分多元化，让不同的族群按照他们的风俗和传统自我治理②。司法自治主要适用于宗教与文化类的少数民族。文化自治则是指在国家或地方的政治安排中不考虑民族因素，少数民族通过成立全国性或地方性的社团来实现语言文化教育等事务的自治，其原型是奥地利社会民主党提出的"自主管理本民族的内部事务"③。文化自治本质上是一种自由主义的民族自治观。

按自治是否以民族整体划界，或自治体成员的身份是否以一定的族裔、语言、文化和血缘为基础可划分为"均质化民族自治"和"非均质化民族自治"。按此标准，上述"属人性自治"是比较典型的均质化民族自治形式，而"属地性自治"则属于比较典型的非均质化自治形式。当然，大多数的自治类型，都介于这二者之间，或偏向于均质化民族自治，或偏向于非均质化民族自治。

---

① 当然还有其他原因如为保障少数民族的平等权（人权）、保存一国文化的完整性等。

② Ayelet Shachar, *Multicultural Jurisdictions*: *Cultural Differences and Women's Rights*, Cambridge University 2004, p. 1.

③ 在国内的现实语境下，民族权利的"文化化"某种程度上也是文化自治的一种表达。

均质化民族自治缘起和激发于帝国统治、殖民地异族压迫尤其是近代以来欧洲"一个民族、一个国家"的均质化民族—国家的勃兴，它强调自治边界的"民族（裔）性"和自治主体的"属人性"。作为一种在更大社会与统治民族共存的妥协方案，均质化民族自治一开始就具有排他性、从属性①和权宜性。值得注意的是，均质化民族自治的这些特性并没有随着传统帝国的解体、殖民统治的瓦解和均质化民族—国家的多元化而消解，相反，它们仍然鲜活并加强于各种有关民族自治的理论、实践、话语和理念中，导致自治少数民族（民族自治）与多民族国家持续紧张的关系。

二　非均质化民族自治思想的提出

21 世纪初期族际政治学研究中的一个重要事件是，在中国、西班牙及加拿大学界几乎同时出现了反省（思）均质化民族自治的研究成果②。

朱伦反思和批判（均质化）民族自治③是从反思和批判古典民族主义包括均质化"国民—国家"（nation-state）理论开始的。他在《走出西方民族主义古典理论的误区》④一文罗列了古典民族主义理论的 8 个盲点，认为均质化"国民—国家"理念在族际政治实践中"不仅导致了已经存在的'国民—国家'旨在使族体边界与国家边界一致的族际战争连绵不绝，而且导致了民族复国主义、民族收复失地主义、泛民族主义和民族分离主义的泛滥成灾"。朱伦认为，（均质化）民族自治实际上是对均质化

---

① 朱伦：《自治与共治：民族政治理论新思考》，《民族研究》2003 年第 2 期。

② 参见朱伦《民族共治论：对当代多民族国家族际政治事实的认识》[《中国社会科学》（中文版）2001 年第 4 期]、《论民族共治的理论基础与基本原理》，（《民族研究》2002 年第 2 期）、《关于民族自治的历史考察与理论思考》（《民族研究》2009 年第 6 期）等；西班牙一些著名政治学者编写的《21 世纪的政治思想》，参见朱伦《关于民族自治的历史考察与理论思考》；[加拿大] Susan J. Henders, the Self-Government of Unbounded Communities: Emancipatory Minority Autonomy in China and West Europe, in David Laycock, edited, Representation and Democratic Theory, Vancouver, B. C. : UBC Press, 2004; Ecological Self-Government: Beyond Individualistic Paths to Indigenous and Minority Rights, Journal of Human Rights, 4: 1, 23 – 36. 以下我们主要以朱伦和（Susan J. Henders）的文章为例展开讨论。

③ 在朱伦的相关论文中，"民族自治"多指"均质化民族自治"。实际上朱论并不一概地反对民族自治，他反对的只是"整体民族自治""单一民族自治"。他曾试图以"传统的民族自治"等提法区别于他所提出的"新自治观""后自治观"或"民族共治观"。

④ 朱伦：《走出西方民族主义古典理论的误区》，《世界民族》2000 年第 2 期。

"民族—国家"理念的一种调整和模仿,认为这种"以族划界"的自治方式,"容易导致民族分离主义倾向的发展,(这)不利于维护国家的统一","往往导致族际差别观念的增强,(这)不利于增进民族团结和社会和谐",它"也不是对少数民族政治权利的完整认识,并不能充分保护少数民族的权益"①。他还引用现代主义学派的观点,认为在人类历史的大部分时间里,政治组织的边界并不与民族或族体单位一致。

总的来看,朱伦是从(均质化)民族自治产生的背景、功能及可能的结果等角度否定"民族自治"的,他认为(均质化)民族自治产生于帝国统治和异族压迫,它"不一定能保证民族关系的平等、自由与和谐,因而不一定能实现多民族国家的长治久安",断言(均质化)民族自治"在实践中不是流于形式,就是成为走向独立的开始"。在国内族际政治学研究领域,朱伦是古典民族主义理论的有力批判者,同时他也是(均质化)民族自治的严厉批评者之一。

朱伦对均质化民族自治的批评很多都是切中要害的,虽然他没有提出非均质化民族自治,但他的"民族共治"②的解决方案,在许多方面都提示着一种非均质化民族自治的解决路径。

如果说朱伦是在批评、反思传统的民族自治过程中,间接地触及非均质化民族自治主题的话,那么,加拿大学者苏珊·亨德斯教授有关"解放性少数民族自治"(Emancipatory Minority Autonomy)和"生态型自治"(Ecological Self-Government)的论说则直接触及非均质化民族自治的一些重大问题。

在批评和反思传统的"疆界固定、内部均质化和秉持排斥性身份认同"的均质化民族自治过程中,亨德斯提出了一系列反映非均质化民族自治的概念和思想。

亨德斯首先认为,少数民族的自治缘起于自私的"民族—国家"和

---

① 朱伦:《走出西方民族主义古典理论的误区》,《世界民族》2000年第2期。

② "民族共治"是朱伦批评传统民族—国家和均质化民族自治的理论和实践后,提出的解决方案,它的大概含义,用朱伦的话来说,就是"在国家统一的前提下,由各民族共同造就的以共和为目标、以权益平衡发展为取向、以民族关系良性互动为核心的政治结构、运作机制和实现工具"。民族共治有两个层面:一个是各民族对国家的共治;另一个是有关民族对民族杂居地区的共治。朱伦的"民族共治"理论提供了一种处理国家或主体民族与少数民族关系的新框架,在这个框架内,少数民族的(自治)权利不再单纯局限于自治范围,更重要的是它包括了对中央国家的共治权。

它的公民模式所造成的代表性及其他方面的缺陷，而设计克服这些问题的自治又复制了这些问题。① "均质化的"民族自治是对自私的"民族—国家"在文化和政治代表性等方面存在的排斥性的简单复制。在"均质化的"民族自治框架下，少数民族的自我建立在否认内部多样性和外部联系性的基础之上。

这种孤立的自我观和利己主义（individualistic）的民族自治，不仅违反了人类认同的流动性、重合性、内部争议性和社会（再）生性的经验，② 而且也削弱了少数民族的自治能力——因为他们没有认识到自己与其他政治共同体之间深深的互联性（interconnectedness）及所有这些共同体对非人类自然环境的依赖（nonhuman natural environment）。③

亨德斯批评了那些把少数民族自治仅仅理解为，允许少数民族独自做出"自己的决定"，以保护他们免受外部权威或多数民族将自己的偏好加在他们身上的观点。④ 认为这些观点将自治单纯理解为"分开"（separateness）⑤。

亨德斯进而指出，利己主义的民族自治有两个后果，一个是由于将认同和跨政体（interpolity）关系建立在零和博弈基础上，因而导致了各方的不安全感；另一个是使少数民族群体与个人，无法影响外部权威或多数民族做出的对他们生活有重要影响的决定。⑥

以上笔者简单介绍了中国学者朱伦和加拿大学者亨德斯对传统的均质化民族自治的反思和批评意见。尽管两位学者在所依据的理论⑦和结论方

---

① Susan J. Henders, the self-government of unbounded communities: emancipatory minority autonomy in China and western Europe, in David Laycock, edited, Representation and Democratic Theory, Vancouver, B. C.: UBC Press, 2004, pp. 119 – 140.

② Ibid. .

③ Susan J. Henders: Ecological Self-Government: Beyond Individualistic Paths to Indigenous and Minority Rights, Journal of Human Rights, 2005. 4: 1, 23 – 36.

④ Hurst Hannum, Autonomy, Sovereignty, and Self-Determination: The Accommodation of Conflicting Rights (Philadelphia: University of Pennsylvania Press), 1990, pp. 467 – 468; Yoram Dinstein, "Autonomy" in Yoram Dinstein, ed. , Models of Autonomy (New Brunswick: Transaction Books), 1981, pp. 291 – 303.

⑤ Susan J. Henders, "Ecological Self-Government: Beyond Individualistic Paths to Indigenous and Minority Rights", Journal of Human Rights, 2005. 4: 1, 23 – 36.

⑥ Ibid. .

⑦ 朱伦的主要理论依据有自由主义、共和主义和民主政治的有关理论，而亨德斯则将其分析建立在女权理论、佛教思想及北美印第安人哲学的基础之上。

面有着明显的差异,但他们对传统民族自治"均质化"特质的批评和反思是高度一致的,即认为这种强调边界明确、内部均质和外部非干预的传统自治形式,不再适应多民族国家建设的现实,也不利于少数民族自身权利的实现。他们的观点提示着一种超越性的民族自治——非均质化民族自治的出炉。

所谓"非均质化民族自治",是指少数民族自治建立在一种混合的、没有明确文化、血缘或族裔边界的基础之上。这种"无边界"的民族自治与"他者"是密切相联系而不是分开的,其内部是异质化(heterogeneous)的和协商性的(negotiated),而不是一致性的(coherent)和固定不变的(fixed)。非均质化民族自治不是通过与内外他者的分离,而是通过对与内外他者的共同起源和命运的承认实现的。①

三 非均质化民族自治的事实基础、法理依据及规则化意义

(一) 事实基础

非均质化民族自治最重要的事实基础是全球化和(国内)市场经济所造成的传统民族—国家及其亚国家(民族)地区的人们共同体的普遍非均质化。这一点再加上许多亚国家(民族)地区本来就存在的不同民族(族群)混居的历史状况,使得非均质化民族自治具有坚实的事实基础。

首先来看全球化对人们共同体结构造成的影响。由于视角的不同和全球化自身的多重维度,不同的人有着不同的全球化观。从造成世界范围内人们共同体(国家)人口、民族(族裔)结构发生变化的角度来看,全球化的时间起点可以追溯到几万年甚至百万年以前的"环境性的全球化"——其时,由于气候和环境的变化,人类的祖先曾从其发源地非洲迁往美洲,由此改变了美洲的人口状况。还有一种全球化历史同样非常久远——"军事的全球化"——至少可以追溯到2300多年前的亚历山大帝国时期。帝国的征服战争不仅带来被占地区人口结构的重大变化,也把西

---

① Susan J. Henders, "the self-government of unbounded communities: emancipatory minority autonomy in China and western Europe", in David Laycock, edited, *Representation and Democratic Theory*, Vancouver, B. C.: UBC Press, 2004, pp. 119 – 140.

方的思想和社会以"希腊化"的形式带到东方。[①] 此外，在造成人们共同体（国家）人口、民族（族裔）结构发生重要变化方面，还有一个重要的全球化形式——"生物性的全球化"也不容忽视，它曾经极大地影响了一些地区的人口数量和结构。比如，起源于亚洲的黑死病，它于1346—1352年传播至欧洲，杀死了那里的 1/4～1/3 的人口。当欧洲人在15—16 世纪殖（移）民"新世界"时，他们所携带的病原体杀死了那里高达95%以上的印第安人口[②]——美洲的人口（族群）结构由此发生了巨大的变化。

近现代意义上发生的对人们共同体（国家）人口或民族（族裔）结构有重大影响的全球化主要发生在 15 世纪末以后，其中最显著的是基于各种背景的国际移民现象。粗略地分期，自地理大发现以来，大规模的国际移民有四次[③]。第一次发生在"资本原始积累时期（1500—1800 年）"，以老牌资本主义国家西班牙、葡萄牙、荷兰、法国、英国的殖民侵略为主轴展开。这一时期，欧洲人通过在美洲、亚洲和非洲开辟殖民地，使欧洲人的足迹开始在亚洲、非洲尤其是美洲散落。其结果，不仅是欧洲人走向海外，开始在"异乡"生根，而且也永久性地改变了美洲的人口和民族结构。这时期还有一个引人注目的"移民"现象是，为满足美洲殖民地对劳动力的需求，有高达 1500 万的非洲黑人被贩卖到美洲。这一数字为同期欧洲白人移民的 4—5 倍。[④]

第二次发生在"欧美工业化时期的国际移民（1800—1914 年）"，以英国（包括爱尔兰人）、德国、斯堪的纳维亚诸国及南欧、东欧国家的移民潮为特征。到 20 世纪初期，欧洲每年向海外移民的数量高达 100 万人。至第一次世界大战爆发前夕，这一数字已达到 150 万之巨。根据有关学者的统计，1846—1924 年，共计有 4800 万人离开欧洲。这一数字占欧洲 1900 年总

① "Governance in a Globalizing World", edited by Joseph S. Nye Jr., John D. Donahue, *Visions of Governance for the 21st Century*, Brookings Institution Press, 2000, p. 4.

② Ibid., p. 3.

③ 分别为资本原始积累时期的国际移民（1500—1800 年）、欧美工业化时期的国际移民（1800—1914 年）、世界大战期间的国际移民（1914—1960 年）和后工业化时期的国际移民（1960 年至今），参见丘立本《国际移民的历史、现状与我国对策研究》，《华侨华人历史研究》2005 年第 1 期。

④ R. T. Appleyard, International Migration: Challenge for the Nineties. Geneva, International Organization for Migration, 1991.

人口的 12%，其中英国向外移民的数量达到其总人口的 41%，其他欧洲国家的这一数字依次为：挪威 36%，葡萄牙 30%，意大利 29%，西班牙 23%，瑞典 22%，丹麦 14%，瑞士 13%，芬兰 13%，奥匈帝国 10%，德国 8%，比利时 3%，俄罗斯和波兰各 2%，法国 1%。这些移民绝大多数前往阿根廷、澳大利亚、加拿大、新西兰和美国等新世界国家，其中仅美国就接收了总数的 60%。① 如此庞大的向外移民人口，不仅改变了移入国家和地区的人口和民族（族裔）结构，而且也为移出国——欧洲（西欧）国家，后来为满足发展所需，从其他地区大量引进劳工移民——从而为改变自身的人口和民族（族裔）结构留下了历史性的伏笔。

第三次发生在 "世界大战期间的国际移民（1914—1960 年）"，主要以战争造成的政治性移民为特征。由于战争、军事占领及主权国家疆界的变化，一些国家和地区的人口、民族（族裔）结构发生重要变化。②

第四次发生在 "后工业化时期的国际移民（1960 年至今）"，这一时期总的来说，国际移民的特点是移出国与移入国及移民种类日益多元化。从移出国来看，除欧洲（国家）外，亚洲、非洲和拉丁美洲（国家）也加入了移民输出国的行列，并且日益呈现出后来者居上之势。从移入国来看，不仅新世界的美洲和大洋洲国家在继续接纳移民，而且一些传统的欧洲民族—国家如德国、法国、比利时及东亚的一些新兴工业化国家如韩国、马来西亚、新加坡等也在大量接受外来移民。从移民的种类来看，这一时期除了传统的经济移民、难民以外，还有大量的不能严格归类的移民如临时移民（temporary migration）、往返、巡回性移民（repeated and circulatory migration）等，这些移民以双重国籍或公民资格/居留权的身份游走于主权国家之间，具有浓厚的跨国主义甚至世界公民的情怀。这一时期

---

① Douglas S. Massey, Patterns and Processes of International Migration in the 21st Century. 2003; Douglas S. Massey, Joaquin Arango, Graeme Hugo, Ali Kouaouci, Adela Pellegrino, and J. Edward Taylor, *Worlds in Motion: Understanding International Migration at the End of the Millennium.* Oxford, Clarendon Press, 1998, pp. 1 – 2. 同时参见丘立本《国际移民的历史、现状与我国对策研究》，《华侨华人历史研究》2005 年第 1 期。

② 如法国，由于第一次世界大战中人员损失高达 290 万人，不得已从国外引进移民。1931 年流入法国的外国移民总数达 270 万人，占到法国总人口的 6.6%；第二次世界大战期间德国从其占领国家强行征集 750 万外国劳工；1945—1948 年，约 150 万波兰人和犹太人迁至苏联，同时又有 50 万人从苏联迁到波兰；1951 年印巴分治导致 1400 多万人的人口交换；等等，这些事件导致上述国家人们共同体结构发生重要变化。

的国际移民具有真实意义的"全球化"色彩——种类复杂的移民大范围的移进移出,不仅使新世界的人们共同体(国家)人口或民族(族裔)结构越来越多元化,而且使欧洲和亚洲的一些传统上比较均质化的民族—国家也打上深深的族裔和文化多元化的烙印。

20世纪90年代以来,经济维度的全球化浪潮席卷世界主要(多)民族国家。这一进程在加重全球经济同质化的同时,进一步增强了社会(人口)和文化(民族)方面的非均质化程度。

以上简要论述了全球化对世界范围内人们共同体(国家)的人口或民族(族裔)结构的重大影响。总的来说,全球化已经不可逆转地或永久性地改变了绝大多数传统民族—国家历史上固有的均质化格局。不仅如此,由于全球化的普遍性和弥漫性质,绝大多数主权国家内部的亚国家(民族)地区的人们共同体也日益非均质化[1]。

从(国内)市场经济影响的维度来说,早在民族—国家初创时期,为了实现国内市场的统一,新兴的资产阶级诉诸各种形式的改革甚至革命,以打破地方的或民族的壁垒,实现原料、资金、技术、人员的自由流动。经过两百多年的发展,资产阶级不仅在全球层面,征服了"野蛮人最顽固的仇外心理",把"一切民族甚至最野蛮的民族都卷到文明中来了",而且在(多)民族—国家内部也借助于"改进了的工具""便利的交通"和"低廉价格的商品",把各个民族和地区连在一起,实现了各种生产要素包括劳动力的自由流动。

为了寻求更好的工作机会和生活环境,多数民族或少数民族(族裔)成员大批流动或迁徙,逐步在主权国家内形成了"你中有我,我中有你"的混合格局。在有些少数民族地区,外来人口(包括外国移民)甚至占到该地区总人口的一半还多,语言的异质化程度很高[2]。这种多民族(族

---

① 如西班牙的加泰罗尼亚地区、英国的苏格兰地区、加拿大的魁北克地区等,都吸收了相当数量的来自世界各地的多元化移民,其中苏格兰的巴基斯坦移民与当地居民关系密切,他们甚至成为苏格兰民族独立运动的同盟者或支持者。Will Kymlicka, "Multicultural citizenship within multination states", *Ethnicities*, Vol. 11/3, 2011: 281-302.

② 如西班牙的加泰罗尼亚,讲卡斯蒂利亚语(西班牙语)的人云集加泰罗尼亚寻找工作或经济机会,这些人及他们的后裔占到加泰罗尼亚人口的50%。20世纪90年代以来,这个地区引来了摩洛哥及北非其他地区和国家,以及中国和巴基斯坦移民,加泰罗尼亚地区的经济移民已经占到西班牙总移民的28.6%。这些移新民中讲卡斯蒂利亚语的不到20%,讲加泰罗尼亚语的人就更少了。Stephen Burgen. *Barcelona faces a new challenge of diversity*, Times 23 April (2003): "features" 5.

裔）的非均质化混居状态甚至溢出主权国家边界，成为一些地区（如欧盟）的民族（族裔）分布特征。

总之，全球化和主权国家内部的市场经济运动（经济一体化进程），使得民族—国家及其亚国家（民族）地区无法逆转的走向非均质化。不同种族、民族和文化、宗教集团的人群在国际和地方层面的流动已成为"生活世界"的一种常态。如果说，全球化与市场经济某种程度上是人类的一种命运（而不仅仅是一种选择）的话，那么由此所导致的"非均质化"也具有相似的属性——非均质化已成为人类走向合作与交往、发展与繁荣之路的不可避免的一种命运（而不仅仅是一种选择）。这种情形再加上历史上许多亚国家（民族）地区本来就存在的不同民族（族群）混居的非均质化状态，使得试图"划界而治"的"真正民族自治"成为一个没有事实依托的空梦。

（二）法理依据

非均质化民族自治不仅有事实上的支撑，而且也有法理上的支撑。非均质化民族自治的法理依据主要有平等与安全两项原则。

1. 平等原则

在族际政治中，平等是一个主体（间）性问题。它涉及民族自治相关主体在政治、经济、文化、社会诸领域的真实而有效的平等地位（待遇）问题。民族自治至少涉及以下主体：作为"自治民族"的少数民族群体，中央国家（多数民族），自治区域内的其他少数民族群体（即少数民族中的少数民族），自治区域内的多数民族群体，"自治民族"内部和外部的个人等不同层级的主体。在欧盟层面，民族自治还涉及超国家的区域性组织主体等。其中，作为"自治民族"的少数民族群体与中央国家（多数民族）是两个最重要的结构性主体。

长期以来，在民族自治与民族平等问题上，存在着两类比较有影响的学说或话语系统，一类是传统的均质化自治理论或话语，一类是"民族共治"。前者的理论基础是由自决权演变而来的自治权。其基本观点是，民族不分大小，一律平等，均具有自主决定本民族发展和命运的权利——在大民族已经历史地取得建国民族地位的情况下，给予那些不能单独建国的小民族在其世居领土上建立自治单位的权利。在自治单位内，"自治民族"享有自主决定其"内部事务"的权利。传统的均质化自治理论秉承的理念是"分开但平等"。后者的理论基础是"共和"与"民族民主政治",其基本观点是,"民族政治性组织合法"、各民族的"民族政治人格平等"①——在现代国家和公民社会的条件下,少数民族有权参与中央政府的公共事务与管理,有权(也有义务)与其他民族一起参与自治地方的公共事务与管理。少数民族与其他民族(包括多数民族)在中央和地方两个层面享有对国家和地方公共事务的共治权。民族共治秉承的理念是"分开就是不平等"②。

应该说,在民族自治问题上,无论是"分开但平等",还是"分开就是不平等"都存在着明显局限性:前者沿袭了民族—国家"划界而治"的传统意识,认为无国家的(stateless)小民族如果想在政治上实现与建国大民族的平等,就必须在一定的领土单位(世居领土)上保持一种平行的独立性。这种"分开但平等"的理念使少数民族在保持其语言、文化和传统的同时,客观上将少数民族置于主权国家的一隅,使他们失去了影响中央国家(政府)的介质和能力,在更大的公民社会中处于边缘化境地。后者因恐惧于由"分治"而导致"分离"的历史教训,不分缘由、不加区别地一概拒绝少数民族的"划界自治"。其所坚持的"分开就是不平等"理念通过引入"民族民主政治""共和""共治"等宏大话语,导致少数民族保存自身语言、文化和传统及参与自身公共管理的愿望缺乏真实的制度性或体制性依托③,客观上(实践中)将少数民族置于主体民族持续的同化压力之下。

如果说"分开但平等"在哲学上体现的是一种"主客对立"的思维特点的话,那么,"分开就是不平等"则体现的是一种"主客合并"的思维逻辑。④ 其共同点在于二者都以传统的主客二分的主体性哲学为基础。主体性哲学把自我看作是外在于对象世界的独立自足的存在。这种认识论模式的重要特征是:在认识"客观"世界时将其他主体也对象化、客体

---

① 朱伦:《自治与共治:民族政治理论新思考》,《民族研究》2003年第2期。

② "民族共治论"的提出者朱伦教授反复强调,传统的"划界而治"的民族自治不是民族平等的体现,相反它是民族不平等的体现。他认为这种自治不过是"那些自视为代表文明进步的大国家对他们所界定的小民族实行的绥靖政策而已",没有什么平等而言。

③ 朱伦教授承认,如何在"民族共治"的实践中,避免少数民族(自治)权利的"形式化""象征化"是一个重要的问题。

④ "主客合并"的思维逻辑本质上反映的仍是"主客对立"二元思维模式,区别仅在于前者试图通过合并主体而消灭"主客对立"。

化,"从而遮蔽了对主体本身领悟的可能性"①。主体性哲学最严重的后果之一是,它破坏了人(主体)的社会统一性和存在或解释活动中的人与世界的同一性。通过无限放大"自我"的主观性,建立起对其他主体的"在各种意义上的霸权"。在主体性哲学的框架下,自我主体与其他主体的平等性和共生性不复存在。因此,主体性哲学——这一近代哲学的最高成就——被认为"既不能真正给人类带来全面的、实质的自由和幸福,也不能真正解决人类社会的尖锐的、深重的社会冲突"②。

由于在少数民族平等权问题上,主体性哲学所造成的"自我"与"他者"的鸿沟,始终没有得到有效的修复或弥补。因此,尽管 20 世纪中后期以来,许多杰出的思想家如罗伯特·诺齐克(Robert Nozick)、约翰·罗尔斯(John Rawls)、罗纳德·德沃金(Ronald Dworkin)等都提出了非常具有启发意义的平等或正义思想,但这些思想没能对少数民族群体平等权问题的解决起到多少作用——在少数民族的自治权问题上,自由主义的思想家们并没有拿出什么有新意的对策——许多人要么是用自由主义、公民主义或共和主义的传统理论来遮蔽、回避或代替民族自治,要么重弹自决权的老调,给予少数民族"分开但平等"的均质化自治。

公民主义的平等观无视少数民族与多数民族的差异,试图用"一视同仁"的政治和法律标准解决事实上差异性很大的公民群体的不同诉求,而"分开但平等"的均质化自治则走向另一个极端——"划界而治"——用平行独立的均质化民族自治来满足少数民族的差异性诉求。实践证明,无论是"一视同仁"的形式平等观,还是"分开但平等"的实体平等观,均不能有效地解决少数民族群体的平等权问题——真正的平等既不可能通过无视差别的公民主义实现,也不可能通过满眼尽是差别的均质化民族自治实现,而是通过始终承认内部差别和外部联系的非均质化民族自治实现。

非均质化自治的哲学基础是在批判和反思主体性哲学基础上形成的主

---

① 王树人:《关于主体、主体性与主体间性的思考》,《江苏行政学院学报》2002 年第 2 期。

② 黄小英:《法律解释学的新向度:走向主体间性》,《南京师范大学学报》(社会科学版) 2010 年第 1 期。

体间性哲学。主体间性哲学主要涉及认识论和本体论领域①，它"首先涉及人的生存本质，即人的一种自我与对象相互通达的生存状态，生存不是主客二分基础上主体征服、构造客体，而是自我主体与对象主体的交互活动。在现实存在中，主体与客体间的关系不是直接的，而是间接的；它要以主体间的关系为中介"，"主体间性不是把自我看作原子式的个体，真正的主体只有在主体间的交往关系中，即主体与主体相互承认和尊重对方的主体身份时才可能存在"。"主体间性是主体与主体在交往过程中所产生的主体间关系而衍生出来的一种人类所独有的特性。所以，主体间性就是主体间即'主体—主体'之间的内在规定性，是指主体间的相关性和统一性。"②

　　主体间性哲学从认识论和本体论的角度为非均质化民族自治提供了坚实的支撑。按照主体间性哲学，多民族国家的两个结构性主体（包括其他有关主体）——少数民族群体与中央国家（多数民族）不再是相互客体化的他者。它们相互承认并尊重对方的主体身份。民族区域自治权和中央政府的普遍权力不再是两个截然分开且各自拥有绝对控制权（观念）的权力，③而是一种既有权力划分，又有权力共享，既有权力的边界，又无人（族）群边界的"你中有我、我中有你"的主体间性权力。在主体间性的权力框架下，规则的有效性和约束力不再"要么是归结为众多'小我'的多数意见（众意）的力量，要么是归结为一个'大我'（人民）的总体意见（公意）的力量"④。而是归结为"通过商谈性意见形成和意志形成过程的交往形式才能得到确保"的东西。有效的或有约束力的规则只能是"所有可能的相关者作为合理商谈的参与者有可能同意的

---

　　① 它在社会学或伦理学意义上是指作为社会主体的人与人之间的关系，其关涉点主要是人际关系及价值观念的统一性问题。根据需要，本文也将在这一意义上使用这个概念。

　　② 黄小英：《法律解释学的新向度：走向主体间性》，《南京师范大学学报》（社会科学版）2010年第1期。

　　③ Ayelet Shachar, *Multicultural Jurisdictions: Cultural Differences and Women's Rights*, Cambridge University, 2004, p. 146.

　　④ "在前一种情况下，法律的基础是只具有统计学意义的多数人的当下意见，这样的多数人意见不仅很容易排斥少数人的正当权益，而且也容易违反多数人自己的真实利益。在后一种情况下，也就是用共同体主义的'大我'来超越自由主义的'小我'，则在哲学的层面意味着倒退到形而上学的思维。"童世骏：《没有"主体间性"就没有"规则"——论哈贝马斯的规则观》，《复旦学报》（社会科学版）2002年第5期。

那些行动规范"。在哈贝马斯看来,只有对(法律)规则的有效性①做如此理解,人们才可能把自己不仅仅理解为法律的"承受者",而也可以把自己理解为法律的"创制者"或康德所谓的自我立法者。②

主体间性哲学天然地契合了非均质化民族自治所要求的认识论、本体论和主体的社会统一性理论条件。它所倡导的平等原则不仅大大超越了"分开但平等"的均质化民族自治,而且从本质上超越了自由主义内部的"法律面前人人平等"甚至"差别性平等"等平等观。主体间性哲学从人的生存本质角度揭示了主体间的相互通达性和统一性的极端重要性。少数民族与中央国家(多数民族)的生存与发展不是建立在主客二分基础上的主体征服和客体构造过程,而是自我主体与伙伴主体之间的交相互动——协商、理解和达成共识的过程。在族际政治的现实生活中,不存在主体—客体的二元互动情形。所有的互动都是主体间的互动——客体作用于主体的方式——也是以主体间的关系为中介的。在主体间性哲学中,主体从来都是复数单位,孤立的主体是不存在的。真正的主体只有在主体间的交往关系中才能存在。因此,主体间性概念中的主体是一个关系性和关联性的概念。

以上笔者就非均质化民族自治的哲学基础——主体间性所提示的一种主体间深切关联的平等(观)展开一定论述。就主体间深切关联的平等这一主题来说,我们还可从文化间性的角度进一步展开。文化间性是主体之间的相互对话、相互理解、相互沟通。它是主体间性在文化上的体现,是主体间精神和价值层面的交互性。按照文化间性,"我们"与"他者"的深切关联性不仅体现在"我们"与外部"他者"的相关主观性,体现在外部的"他者"实际上是另外一个"自我",体现在"我们"与"他者"相互赋予意义,我们自身的"他者性"——"我们的全部表述充满了他人的话语,注入了另一个表述的回声和他人的回答",而且更重要的是,"文化差异的经验也存在一个文化的内部",我们称之为"他者"的东西,不仅存在

① 规则的有效性或公正性是哈贝马斯从主体性范式转向主体间性范式的重要原因,他的规则理论主要涉及遵守规则的条件、规则意识的产生和规则正当性的辩护三个方面。如果把康德的"无规则即是无理性"的观点与哈贝马斯的"没有主体间性就没有规则"的观点结合起来,就可以得出"没有主体间性就没有理性"的重要结论。哈贝马斯的最终理论关切点在于"由规则而构成、由规则所指导的社会建制和社会生活的公正性问题"。参见童世骏《没有"主体间性"就没有"规则"——论哈贝马斯的规则观》,《复旦学报》(社会科学版)2002年第5期。

② 童世骏:《没有"主体间性"就没有"规则"——论哈贝马斯的规则观》,《复旦学报》(社会科学版)2002年第5期。

于外部, 也存在于"我们"内部。塔利指出, 正是这种意义上的"文化间性"(interculturality) 使适应文化差异 (accommodate cultural difference) 的创造性形式有了可能, 这种形式不会将固定的和排斥性的"自我"和"他者"二分体制化。① "自我"与"他者"始终处于一种深切的关联之中。

2. 安全原则

在族际政治的语境下, 安全同样是一个主体 (间) 性问题。它涉及民族自治中各相关主体尤其是自治民族 (少数民族) 与中央国家 (多数民族) 对自身"没有危险的状况"的确认等问题。

在少数民族的区域自治或领土自治与国家安全问题上, 金里卡指出, 虽然领土自治在稳固的西方民主国家被看作一个成功的模式, 但它在后共产主义的东欧国家被认为是危险的, 因为这类国家缺乏支撑领土自治的关键因素: 地缘政治安全与人权的保护。关于地缘政治安全, 金里卡指出, 大多数后共产主义国家在它们的边境上都有一个或多个想破坏它们国家稳定的敌人。破坏稳定的通常做法是, 招募这些国家内的少数民族, 鼓励他们参与不稳定的抗议活动甚至武装起义。在这样一个地区不安全的背景下, 少数民族 (national minorities) 被视为是邻近敌人的潜在的第五纵队, 他们的自治被视为是对国家安全的一种威胁。② 关于人权的保护, 金里卡指出, 由于后共产主义东欧国家少数民族的自治主张发生在"民主国家整固"之前, 其人权保护缺乏良好的法治传统、独立的司法体系、专业的官僚制度 (bureaucracy) 和民主的政治文化等自由主义宪政要素的支撑——在一个缺乏有效的人权框架的情况下, 民族自治区域的外来者可能会被剥夺财产, 失去工作, 甚至遭到驱逐或杀戮。③

---

① James Tully, *Strange Multiplicity: Constitutionalism in Age Diversity*. Cambridge, UK: Cambridge University Press, 1995, pp. 13 – 14, 56.

② 当少数民族 (national minority) 与邻国存在着语言或族性 (ethnicity) 上的联系, 因而被认为对其边境外的亲属国的忠诚超过了对自己政府的时候, 这种看法就尤为强烈。例如, 生活在波斯尼亚的塞尔维亚族人, 被认为更忠诚于塞尔维亚; 生活在斯洛伐克的匈牙利少数民族更忠诚于匈牙利, 等等。因此, 在地区不安全的条件下, 赋予相关少数民族领土自治, 被认为会削弱主权国家甚至危及它的生存。Will Kymlicka, "Minority Rights in Political Philosophy and International Law", in the *Philosophy of International Law*, Edited by Samantha Besson and John Tasioulas, pp. 377 – 396.

③ 事实上, 这一点已经在几个建立了少数民族自治政府的地方发生: 格鲁吉亚的阿布哈兹地区在宣布自治时, 将格鲁吉亚族人赶出该地区; 克罗地亚的塞族为主的地区在宣布自治时, 将克族人赶出该地区, 如此等等。Will Kymlicka, "Minority Rights in Political Philosophy and International Law", in the *Philosophy of International Law*, Edited by Samantha Besson and John Tasioulas, pp. 377 – 396.

显然,金里卡语境中的民族自治(领土自治)是一种均质化的民族自治概念。在这种均质化的民族自治框架下,少数民族与中央国家(多数民族)在权益划分及各自的安全保障问题上,处于一种零和博弈的状态:当中央国家(多数民族)在自身权益和安全保障方面所有增加(强)时,少数民族的自身权益和安全保障就会有所减少(弱);反之亦然。在这种情况下,即使在地缘政治安全与人权的保护无虞的所谓西方民主国家,仍然存在着威胁国家安全的重大隐患。[①]

安全是指没有危险的一种客观状态,它是主体(间)的一种属性。安全具有主体间性,它是主体间通过交往、对话、协商和相互理解而达成的一种可以预期的没有危险的状态,具有超乎主体性——主客二元对立的不以单方面意志为转移的普遍性、统一性特点。主体间性哲学提示我们:主体对自身命运的把握,必须建立在与其他伙伴主体的命运的相互关联中,没有哪一个主体(哪怕再强大)能够完全自我地、孤立地确保自身的安全。主体的安全和命运从来都不是单个主体单方面可以"决定的",只有将民族自治建立在主体间性所支撑的非均质化的基础上,相关各主体才能获得真正的安全。

非均质化民族自治建立在主体自我关联性的观念之上。这种观点认为,如果认同是主体间(intersubjectively)产(再)生的,而不是先于社会关系的本体论意义上的原子化式的给予,那么(一般性的)少数民族自治并不能必然地减少少数民族与主体民族面临的不安全。[②]认同在主体间的不断生产和再生产,客观上要求一种具有更大开放性的、非均质化的民族自治来保障相关主体的安全。在这种更大开放性的民族自治模式下,自治体内部的各种主体包括"自治民族的个体成员""非自治民族的少数民族及其个体成员""多数民族群体及其个体成员"不会因为自身差异性的认同而被限制作为公民的基本权利和自由;更不会因为维护原有的认同或因为有了新的认同而遭到排斥或驱逐。"自治民族"群体也不会因为拥有自治权而享有超公民的权利和自由,更不会因为是"自治民族"而营

---

① 近几年来闹得沸沸扬扬的西班牙加泰罗尼亚独立问题就是这方面的极好例证。

② Susan J. Henders, "the self-government of unbounded communities: emancipatory minority autonomy in China and western Europe", in David Laycock, edited, *Representation and Democratic Theory*, Vancouver, B. C.: UBC Press, 2004, pp. 119 - 140.

建"地方的专制岛屿"（*islands of local tyranny*）。[①]如此，自治体内部的这种非均质化和包容力，不仅可以确保其内部各种群体及个体成员的安全，而且也将确保更大国家的安全。

事实表明，包括少数民族自身安全在内的国家安全，需要一种内部非均质化和包容力俱强的民族自治形式作保障。民族自治自身的形式和结构是影响和决定国家安全的重大因素。在少数民族的领土自治权与国家安全的关系问题上，金里卡过分注重前者所依托的环境（地缘政治安全和人权保护状况），而忽视对其自身形式和结构的考察。实际上，像西班牙这样一个在地缘政治安全和人权保护状况方面不存在什么问题的国家，但由于其少数民族自治在形式和结构方面存在的问题（如地区政党的民族化等），也面临着领土分裂的比较严重的国家安全问题。

（三）规则化意义

历史地看，民族自治与民族自决一样，均缘起于民族主义运动。一般认为，民族自治是主权国家内部的一种政治安排，而民族自决则是突破主权国家界限，另外建立独立国家的行为。[②]

值得注意的是，不论是民族自治权，还是作为民族自治权前提和基础的民族自决权"实际上是一种只有目标而无规则、仅有选手而无裁判、因而是只论实力而难说公平的政治游戏"[③]。首先，从民族自决权的维度来看，虽然从联合国的有关决议及国际社会对自决权的传统理解来看，民族自决权只适用于去殖民化过程（背景）及其他一些相似情形如武装占领、种族主义政权（前南非）、外国占领（巴勒斯坦）、二次殖民主义（secondary colonialism）（西撒哈拉、前东帝汶）[④] 等，但在实际的历史进程中，大量的非上述背景和情形的自决权独立运动风起云涌，其中相当一

---

① Will Kymlicka, "Minority Rights in Political Philosophy and International Law", in the *Philosophy of International Law*, Edited by Samantha Besson and John Tasioulas, pp. 377 – 396.

② 许多人把民族自治看作是一种对内的民族自决权，并且认为自决权理论是自治权的最终理论依据。

③ 朱伦：《关于民族自治的历史考察与理论思考》，《民族研究》2009 年第 6 期。

④ Marc Weller, Escaping the Self-determination Trap, Martinus Nijhoff Publishers, Leiden · Boston 2008, p. 16.

部分成功地建立了自己的 "民族国家"。① 因此,在国际法层面,民族自决权很难说是一种具有普遍约束力的明确规范。其次,从民族自治权的维度来看,虽然自欧洲的帝国时代,就有关于民族自治的某种规范,但是在实践中,民族自治从来都不是一个具有明确国际国内标准的政治实践。许多主动或被动地实行民族自治的国家所能做的,仅是笼统地要求实行民族自治的少数民族尊重更大国家的领土和主权完整(而不是从民族自治自身的结构和形式方面明确设定各方应共同遵守的具有普遍意义的规范),其后果往往是,要么民族自治成为一种徒有虚名的存在,要么是民族自治变成民族自决的中转站。

出现上述情况的原因,一方面,是以民族—国家和民族自治为标示的民族主义运动自身的高度复杂性;另一方面,也是更重要的,是民族自决和民族自治内部所蕴含的深刻的矛盾性:其一,像任何政治运动或政治实体的开展或构建一样,民族自决和民族自治需要某种明确的规范的指引;其二,以均质化为基本理念的民族自决和民族自治本质上又是排斥规则(范)化的:一个凭借民族自决权规则产生的民族—国家很快就会排斥民族自决权规则自身(对内);一个从民族自治发展、演变到民族自决乃至民族独立的政治共同体则本来就是以否定民族自治规则为前提的,结果是无论是民族自决还是民族自治,均没有恒定、有效的规则援引,均缺乏一种真正规则化的引导规范。

当前多民族国家内部民族分离主义现象严重的重要原因是,一方面,在国内法层面,分离群体难以有效地受到民族自治法规的约束,因为所谓 "民族自治" 本身就是一个不具规范性、没有封口的、随时可能转向民族自决的政治实践;另一方面,在国际法层面,分离群体也不受国际法领土完整原则约束,因为他们不是国际法的主体。② 在国际法领域,国家的出现或消失是一个事实问题。③ 因此通过分离而产生一个新国家是完全可能

---

① 为解决这些实际上已经存在的国家的合法性,国际社会及相关学者发明出各种实用的自决权理论,以在规范意义上解决自决权理论存在的矛盾。

② J. Crawford, "The Right of Self-determination in International Law: Its Development and Future", in P. Alston (ed.) Peoples' Rights, Oxford: Oxford University Press (2001), p. 50.

③ Opinion No. 1 of the Badinter Arbitration Commission, para. 1 (c), 31 International Legal Materials (ILM) (1992), 1497ff.

的，即使有关主体不享有实在的（positive）自决权。[①]

上述情况表明，能否建立起一套真实有效的规则化体系，是保障多民族国家民族自治不走形、不裂变的关键。由于"非均质化的民族自治"所具有的种种特质，它为这一问题的解决提供了重要的契机。非均质化民族自治通过内外主体的相互合作、相互制约、相互联系和相互制衡，形成一种以尊重规则为核心的博弈系统。由于相互权益和命运的主体间性式的联系，这个博弈系统内的民族自治规则不再是"自我"和"他者"零和博弈过程的反映，而是一种因缘共生"自我"（dependent co-arising "self"）的相互规则的照写，因而其所导向的目标亦不再是民族自决甚至民族独立，而是各民族共同发展、共同繁荣的民族共和。在非均质化自治的条件下，即便是中央国家不强调主权国家的"不可分割性"，其自治规则都将"自动"导向多民族国家的团结、稳定与共赢。这便是非均质化民族自治所特有的规则化意义。不仅如此，通过将这种特有的规则化意义传递到国际法层面，使其形成一种真实有效的、具有普遍约束力的国际法上的民族自治准则，并以此来区隔传统的含糊不清的民族自决规范，具有十分重大的意义。

四　非均质化民族自治的实践

与均质化民族自治的广泛实践相比，非均质化的民族自治很大程度上还停留在一种理论范式上。但这并不妨碍笔者依据非均质化自治的主要内涵，对一些在实践方面比较接近非均质化民族自治的国家和地区做一简单评述。

（一）西班牙的非均质化民族自治

从实践形态上来看，西班牙总体上比较接近笔者提出的非均质化民族自治范式。首先，西班牙的民族自治建立在"一种混合的、没有明确文化、血缘或族裔边界的基础之上"。1978 年，宪法确立"自治共同体"制度时，曾试图区分"民族自治"和"地区自治"，但这一做法很快引起激

---

① Marc Weller, Escaping the Self-determination Trap, Martinus Nijhoff Publishers, Leiden · Boston, 2008, p. 15.

烈争论。因为缘于复杂的历史过程，中央国家很难认定哪些共同体属"民族自治"，哪些共同体属"地方自治"。宪法最终以"自治共同体"统称 17 个不同的民族和地区，并笼统规定"西班牙国家（nation）是由不同的民族和地区组成的"。其次，在对待内部"他者"问题上，各自治共同体承认所有居民的平等权利和自由，不以文化、血缘或民族区分成员身份。最后，在与外部"他者"的关系上，西班牙宪法和法律也做了明确规定，即自治共同体必须遵守宪法，以维护西班牙国家"牢不可破的团结"和全体西班牙人所共有的祖国"不可分割"；中央在自治地方派驻代表，监督其遵守宪法，国家有权采取一切措施纠正和制止自治共同体破坏国家统一的行为；国家整体利益在自治地方必须首先得到保证；国家的法律、法规，各自治共同体都必须执行，自治共同体的法律必须经国会通过；自治共同体的立法权是国会授予的，国会对自治共同体的法规实行控制措施；自治共同体在国会的参议院（领土代表院）拥有议员席位；自治共同体不得限制公民的自由移入和移出；国家对自治共同体实行垂直领导，各自治共同体之间不得进行联盟[1]，等等。

应该说，西班牙"自治制国家"已经在很大程度上实践了非均质化民族自治的绝大部分内容。这些保证非均质化民族自治的措施，对于西班牙这样一个内部异质性很强的国家[2]，长期保持领土完整和主权统一，可谓功不可没，意义深远。

当然，我们也看到，近些年随着西班牙经济危机的加深，深遭拖累的加泰罗尼亚人独立诉求空前高涨。造成这一状况的原因，一方面，是"西班牙的资产阶级"[3]——加泰罗尼亚人，缺乏与其他民族和地区共命运的精神；另一方面，也与其均质化色彩较为浓厚的地区民族党（治理）

① 以上是朱伦对西班牙"自治制国家"特征的概括，具体参见朱伦《民族共治伦》，《中国社会科学》2001 年第 4 期。

② 西班牙不仅族裔—地区的多样性突出，而且社会结构、经济发展水平及各地区各部门的价值观、态度都有很大的不同。Linz, Juan J., Within-nation differences and comparisons: the eight Spains. In Comparing nations, the Use of Quantitative Data in Cross-national Research. Richard L. Merritt and Stein Rokkan, eds. New Haven and London: Yale University Press, 1966, p. 270.

③ Linz, Juan J., Within-nation differences and comparisons: the eight Spains. In Comparing nations, the Use of Quantitative Data in Cross-national Research. Richard L. Merritt and Stein Rokkan, eds. New Haven and London: Yale University Press, 1966, p. 289.

有关。①

政党的民族化或民族化的政党是包括西班牙在内的一些国家处理民族自治时面临的一个重要问题。一般说来，政党主要是阶层、阶级、政治派别和利益集团的代表或代言人。作为现代政治文明的一个重要象征，政党政治是现代多元社会中聚拢利益、凝聚人心的一种重要手段。以政党政治、议会选举等形式配置政治权利，有利于摆脱狭隘的族裔、血缘或文化集团的不利影响，有利于防范以这类因素为基础形成的地方势力的离心倾向。②

然而，由于政党的民族化，政党政治的"普遍性"被地方民族利益的特殊性所裹挟。在加泰罗尼亚，四大主张独立的政党支配着加泰罗尼亚地区的基本政治走向。③ 地区政治成为民族化政党政治的牺牲品。

在民族自治的非均质化程度较高的西班牙，民族党或民族化的政党已成为其实现中央与地方和解及信任，彻底解决民族问题的最后一个屏障。

（二）中国的非均质化民族自治

与西班牙相比，中国的非均质化民族自治则呈现出另一种特色。总体上看，中国的民族自治建立在一种与内外"他者""和合而治"的基础之上，其非均质化程度之高，在世界其他国家中很少见。

首先，从自治的载体来看，在中国不存在专有的民族自治区域或领地，所有的"自治地方"都建立在"自治民族"聚居并与其他民族（包括多数民族和非自治的少数民族）混居的地域内，不存在单一民族"世居领地"式的均质化自治。此外，自治载体中，也不存在以特定民族为主体的政党、社团和议会组织。

---

①　在加泰罗尼亚，政党成为均质化民族自治的重要载体。加泰罗尼亚的几个主要政党如加泰罗尼亚民主联盟和加泰罗尼亚民主团结党等都是民族主义性质的政党。当经济形势稳定，人们对现状比较满意时，这些政党一般掀不起独立的风浪，因为外来人口占一半（非均质化度）的加泰罗尼亚居民不会支持本地民族主义政党的独立诉求。但当经济形势严峻、失业率高，生活水平持续下降时，这些具有独立诉求或倾向的民族主义政党，就可能不仅得到本民族成员的支持，而且还得到其他民族甚至（国际）移民的支持。2012年的加泰罗尼亚地区大选充分说明了这一点。在这次选举中，有三分之二的选民将选票投给了四个具有独立或分裂倾向的民族主义政党。
②　实际上，正是出于这样的考虑，西班牙宪法明确规定，自治共同体的政府组成实行政党政治的民主选举原则，任何政党都有竞选自治共同体主席及胜选后组建政府的权利。
③　相似的情形还有在加拿大魁北克，魁人党成为地方分离势力的领导者；在英国的苏格兰，苏格兰民族党（苏格兰国家党）成为独立运动势力的最大代表者，如此等等。

其次，从民族自治的内部结构来看，中国各级民族自治地方的人口结构都是异质化的——没有任何一个自治单位（包括不属于"民族自治地方"的民族乡）是按居住人口的族裔、血缘、宗教或文化传统分配权利和利益的。这一点与西班牙有一定的相似性。从"自治体"内部自治机构（关）的设置来看，所有层级的自治机构（关），都是更大社会中政府和人大机构（关）的一个有机部分，不存在任何意义上的专属"自治民族"的政府和人大机构（关）。

最后，从"自治体"与"外部"社会（包括中央政府）的联系来看，由于自治机构（关）是更大社会国家机关的有机组成部分，所以包括法律明确授予的"自治权"在内的所有职权活动，都受到上级机关的领导和监督。"民族区域自治法"还规定了国家与上级政府对自治地方的责任。此外，根据宪法的有关规定，少数民族在国家甚至非民族自治地方的政治生活中也享有"当家做主"的权利。

中国的民族自治具有强烈的非均质化色彩，其最大的特点是，有关民族自治的任何载体或组织形式，都不具有族裔、文化和血缘上的排他性。所有的民族自治机构（关）都建立在与其他民族密切相连的基础之上，建立在各民族"和合"而不是"分开"的基础上。这一制度的设计与安排，将维护国家主权统一与维护各民族的真正平等、团结结合在一起，将秦汉以来形成的"多元一体"的大传统与新中国成立以来形成的"三个离不开"的小传统结合在一起，有效解决了多民族国家的非均质化与传统民族自治的均质化之间的内在紧张与矛盾。

中国的民族自治制度不仅经受住了20世纪90年代第三次民族主义浪潮的冲击，也是对金里卡关于民族（领土）自治与国家安全关系判断的一个修正。[①]

当然，中国的民族自治制度和实践也面临着自身的问题：由于过分强调制度设计过程中的非均质化取向，导致民族自治缺乏必要的载体支撑和效能保证。少数民族在自治地方的主导权，一般只能通过一定比例的在场代表来实（体）现。

---

① 金里卡认为，在地缘政治安全和人权保护存在问题的国家，少数民族的领土（区域）自治是一个没有前提条件的政治安排。中国存在着严重的地缘国家安全问题，同时中国的人权保护也处于起步阶段，但这两个"前提条件"并没有影响中国对少数民族自治权的保护。实践证明，中国的非均质化的民族自治制度，对金里卡的相关判断是一种修正或启发。

总体上，套用民族自治的从属性与排他性的话语来说，中国的非均质化民族自治制度及实践过于强调"自治民族"的从属性，这在一定程度上激发了一些少数民族的排他性，并继而在一些地区产生了分离主义问题。这是我们在肯定中国的非均质化民族自治模式时，所必须注意的。

（三）西欧诸国"多领域的公民身份"：非均质化民族自治的另一种实践

由于欧洲尤其是西欧国家的联合性，一些欧洲国家的非均质化民族自治呈现出与一般（多）民族国家不同的特点。在西欧，非均质化民族自治已经开始摆脱少数民族与中央国家（多数民族）二元纠合的模式，逐步转向一种多维度的——国家、跨国家、超国家及亚国家区域的"多领域公民身份"的认同和实践。

按照《马斯特里赫特条约》建立的欧洲区域委员会，给予区域性和地方性的政府在欧盟政策制定过程中咨询地位。这一规定使得欧洲国家的一些地区性或区域性少数民族绕开其中央政府直接获得了某种超国家的权力（利）。此外，欧盟坚持的辅助性原则（principle of subsidiarity），也使得地区性或区域性的少数民族获得了超越中央政府授权的决策权。[1] 这些规定加上欧洲区域或少数民族语言宪章的签署、超主权的司法救济权的设定[2]，以及拥有有限权利、义务和参与机构及程序的欧盟公民身份的制度化[3]，等等，使得欧洲一些国家的少数民族在获得跨国家、超国家的保护的同时，其自治权也在多个层面和维度被分解，[4] 呈现出分权式非均质化的面相。

欧洲的"多领域的公民身份"同时在多领域给予个人和共同体权利

---

① 按此原则，政策决策应该尽可能地由最低层级的政府做出。

② 欧盟公民不满本国法院的判决可向欧洲人权法院上诉。

③ Susan J. Henders，"the self-government of unbounded communities：emancipatory minority autonomy in China and western Europe"，in David Laycock，edited，*Representation and Democratic Theory*，Vancouver，B. C.：UBC Press，2004. pp. 119 – 140.

④ 为了限制少数民族自治政府可能的专断行为，一些国家允许自治区域的公民将区域议会的立法直接上诉到欧洲法院和欧洲人权法院，而不是国内法院。Susan J. Henders，"the self-government of unbounded communities：emancipatory minority autonomy in China and western Europe"，in David Laycock，edited，*Representation and Democratic Theory*，Vancouver，B. C.：UBC Press，2004. pp. 119 – 140.

和承认①，这些领域中，每个领域都会阻止其领域试图将等级式的（hierarchical）和排斥性的认同永久固化，各个领域的持续张力和争论构成和重构着少数民族和主体民族的无边界的"自我"②。

欧洲"多领域的公民身份"是传统的均质化民族—国家向上、向下分权的结果。这一模式不仅缓解了传统民族—国家与其少数民族所面临的基于同质化的相互压力，而且为世界范围内的少数民族自治提供了一种新的范式③。

五　结语

在迄今为止的人类漫长的历史过程中，均质化的民族—国家只是一段时间相当有限的插曲。随着近代（包括近代以前）以来全球化的持续推进和民族—国家内部流动性的日益增强，以及民族—国家内部少数民族尤其是历史少数民族围绕自治权斗争的持续，均质化的民族—国家已经通过一系列的观念和制度④的改进，成功地将自身改造成包容力较强的非均质化的多民族国家。而在这一历史进程中，均质化的民族自治在理念和制度上却依旧停留在均质化民族—国家的旧时代和旧背景里。这一历史演进的

---

①　以英国为例，在某些情况下，出于某些目的，大多数苏格兰人视他们自己为英国政府（the British state）必须尊重的拥有源于自身主权要求的独特人民（people）；但是在其他情况下，出于其他一些目的，他们也视自己为拥有源于自身的自决权要求的英国国家的成员。我们还可以看到第三种可能的层面，如欧盟在某些问题上，被看作是人民主权权利的承载者。每一层都是忠诚和自决权的适当的基点，每一层面都在其成员中合法地采取旨在加强"我们，人民"（we, the people）意识的政策。Will Kymlicka, Multicultural citizenship within multination states, Ethnicities, Volume 11/3, 2011: 281 – 302.

②　Susan J. Henders, "the self-government of unbounded communities: emancipatory minority autonomy in China and western Europe", in David Laycock, edited, *Representation and Democratic Theory*, Vancouver, B. C.: UBC Press, 2004. pp. 119 – 140.

③　当然，如果考虑到欧洲经验的特殊背景，这种范式的意义又是极为有限的。

④　其中最重要的是"多民族公民身份"观念和领土自治制度的确立。在多民族公民身份观念中，少数民族不再是"无国家的民族"，而是多民族国家中与多数民族平等的一员。自20世纪初瑞士和加拿大对其历史少数民族采取领土自治和官方语言地位结合的做法以来，几乎所有存在着大的历史少数民族的西方民主国家都朝着这个方向发展。第一次世界大战后的芬兰接受瑞典语奥兰群岛的自治，第二次世界大战后南蒂罗尔和波多黎各的自治，20世纪70年代加泰罗尼亚和巴斯克地区的自治，20世纪80年代的佛兰德斯自治和20世纪90年代苏格兰和威尔士的放权（自治）等，都属于这一类。Will Kymlicka, "Multicultural citizenship within multination states", *Ethnicities*, Vol. 11/3, 2011: 281 – 302.

非同步性，不仅造成了非均质化的多民族国家与均质化的民族自治之间的紧张，也使得均质化的民族自治内部各种认同和利益冲突频现。

"划界而治"的均质化民族自治不是一个完整的少数民族权利保障方案——从少数民族一方来看，作为多民族国家平等的一员，不能公平参与国家管理甚至不能有效影响中央国家有关他们切身权益的决策，这是他们所不能接受的；对于中央国家来说，作为各民族政治权利的最大代表，不能有效干预其领土组成单位的政治决策甚至不能使居住在少数民族自治区域内的非自治少数民族和多数民族的成员免受被排斥、被剥夺的命运，这也是不可接受的。均质化的民族自治在固化自治少数民族身份认同的同时，有意无意地排斥属于非自治民族的其他民族，这不仅不利于自治体内部平等、自由的公民社会建设，也不利于整个多民族国家的统一和安全——从根本上说，划界而治的民族自治（尤其是领土自治）从心理上加深了自治少数民族与中央政府双方的猜忌和不信任，强化了包括自治少数民族和中央国家在内的各方的不安全感。

正是基于均质化民族自治存在的种种问题，笔者提出了"非均质化民族自治"的解决多民族国家民族自治问题的新范式。当然，我们应该看到，非均质化自治在克服均质化自治所带来的内部排斥性和外部孤立性、缓解自治民族与更大社会紧张关系的同时，也面临着诸多问题。例如，如何在非均质化自治的实践中，保障少数民族的自治权利尤其是独特的文化权利？[①] 如何设计出具体的制度和机制，使民族自治在保持非均质化的同时，少数民族的自治权利不被形式化和符号化，或者少数民族不被同化或边缘化？毕竟，多民族国家的非均质化与民族自治的非均质化背后的两种推动力量是如此的不对等。

总之，如何在实践中落实非均质化民族自治方案并最大限度地克服它的局限性，是值得我们深入研究的重要课题。

（本文原载《当代世界与社会主义》2013 年第 5 期）

---

① 加拿大魁北克坚持均质化自治的一个重要理由是为了保持其文化（语言）的独特性和完整性。加拿大的许多非法裔人士也认为，就法裔文化处在北美盎格鲁－撒克逊文化和语言的汪洋大海这一情况来看，魁北克的独特社会包括其单一语言法案的诉求是可以理解和接受的。

参考文献

中文参考文献

1. 世界知识出版社编辑：《国际条约集》（1648—1871），世界知识出版社1984年版。

2. 世界知识出版社编辑：《国际条约集》（1872—1916），世界知识出版社1986年版。

3. ［美］帕尔默·科尔顿：《近现代世界史》，杨慧娟等译，商务印书馆1988年版。

4. 徐显明主编：《国际人权法》，法律出版社2004年版。

5. 周少青：《我们为什么坚持这样的民族政策》，《中国民族报》2012年2月24日。

6. ［德］汉娜·阿伦特：《极权主义的起源》，林骧华译，生活·读书·新知三联书店2014年版。

7. ［美］艾伦·德肖维茨：《你的权利从哪里来》，黄煜文译，北京大学出版社2014年版。

8. ［英］J. S. 密尔：《代议制政府》，汪瑄译，商务印书馆1982年版。

9. ［美］塞缪尔·亨廷顿：《谁是美国人？——美国国民特性面临的挑战》，程克南译，新华出版社2010年版。

10. 周勇：《少数人权利的法理》，社会科学文献出版社2002年版。

11. 周少青：《少数民族权利保护与国家安全问题》，《世界民族》2013年第1期。

12. ［法］古朗士：《希腊罗马古代社会研究》，李玄伯译，上海文艺出版社1990年版。

13. ［加］威尔·金里卡：《少数的权利》，邓红风译，上海译文出版社

2005 年版。

14. 王铁崖主编:《国际法》,法律出版社 1995 年版。

15. 于琳琦:《国际联盟的历程》,黑龙江人民出版社 2003 年版。

16. 国际人权法教程项目组编:《国际人权法教程》第二卷(文件集),中国政法大学出版社 2002 年版。

17. [奥]曼弗雷德·诺瓦克:《民权公约评注——联合国〈公民权利与政治权利国际公约〉》(上),毕小青,孙世彦等译,生活·读书·新知三联书店 2003 年版。

18. [美]莱斯利·里普森:《政治学的重大问题:政治学导论》,刘晓等译,华夏出版社 2001 年版。

19. [美]迈克尔·桑德尔:《公正——该如何做是好》,朱慧玲译,中信出版社 2012 年版。

20. [美]约翰·罗尔斯:《正义论》(修订版),何怀宏等译,中国社会科学出版社 2009 年版。

21. 田源:《移民与国家安全》,世界知识出版社 2010 年版。

22. 周少青:《国家安全的实质是人民安全》,《中国民族报》2014 年 7 月 11 日。

23. 周少青:《"非均质化民族自治"——多民族国家处理民族自治问题的一种新范式》,《当代世界与社会主义》2013 年第 5 期。

24. 齐延平:《人权与法治》,山东人民出版社 2003 年版。

25. [美]路易斯·亨金:《权利的时代》,信春鹰等译,知识出版社 1997 年版。

26. [美]梅里亚姆:《美国政治学说史》,朱曾汶译,商务印书馆 1988 年版。

27. 沈宗灵、黄楠森主编:《西方人权学说》(下),四川人民出版社 1994 年版。

28. [英]丹尼斯·劳埃德:《法律的理念》,张茂柏译,台北联经出版事业公司 1984 年版。

29. 亚里士多德:《政治学》,吴寿彭译,商务印书馆 1983 年版。

30. [美]路·亨金:《人权概念的普遍性》,王晨光译,《中外法学》1993 年第 4 期。

31. 钱永祥:《罗尔斯与自由主义传统》,《二十一世纪》2003 年 2 月号总第 75 期。

32. 夏勇：《人权概念起源》（修订版），中国政法大学出版社 2001 年版。

33. 齐延平：《人权精神的危机与拯救》，《法律科学》2006 年第 6 期。

34. ［英］A. J. M. 米尔恩：《人的权利与人的多样性——人权哲学》，夏勇、张志铭译，中国大百科全书出版社 1997 年版。

35. ［美］科斯塔斯·杜兹纳：《人权的终结》，郭春发译，江苏人民出版社 2002 年版。

36. ［英］伯克：《埃德蒙·伯克读本》，陈志瑞、石斌译，中央编译出版社 2006 年版。

37. 亚里士多德：《雅典政制》，力野、日知译，生活·读书·新知三联书店 1957 年版。

38. ［美］乔治·霍兰·萨拜因：《政治学说史》，盛葵阳等译，商务印书馆 1990 年版。

39. ［美］庞德：《通过法律的社会控制》，沈宗灵等译，商务印书馆 1984 年版。

40. ［美］埃德加·博登海默：《法理学—法哲学及其方法》，邓正来译，华夏出版社 1987 年版。

41. 周少青：《西方权利正义理念的发展演变述评》，《民族研究》2015 年第 1 期。

42. 查士丁尼：《法学总论》（第 1 卷），张企泰译，商务印书馆 1989 年版。

43. 周辅成编：《西方伦理学名著选辑》（上卷），商务印书馆 1964 年版。

44. 亚里士多德：《政治学》，吴寿彭译，商务印书馆 1965 年版。

45. ［英］贝尔纳：《历史上的科学》，伍况甫等译，科学出版社 1983 年版。

46. ［英］罗素：《西方哲学史》（上卷），何兆武译，商务印书馆 1963 年版。

47. ［美］埃里希·弗洛姆：《逃避自由》，黄颂杰主编《弗洛姆著作精选——人性·社会·拯救》，上海人民出版社 1989 年版。

48. ［美］亚历山大·汉密尔顿、詹姆斯·麦迪逊、约翰·杰伊：《联邦党人文集》，程逢如等译，中国青年出版社 2014 年版。

49. ［美］约翰·罗尔斯：《政治哲学史讲义》，杨通进等译，中国社会科学出版社 2011 年版。

50. 〔美〕罗纳德·德沃金：《至上的美德——平等的理论与实践》，冯克
利译，江苏人民出版社 2007 年版。

51. 〔美〕麦金太尔：《德性之后》，龚群等译，中国社会科学出版社 1995
年版。

52. 〔加〕贝淡宁：《社群主义对自由主义之批判》，石鹏译，《求是学
刊》2007 年第 1 期。

53. 〔加〕查尔斯·泰勒：《承认的政治》，汪晖、陈燕谷主编《文化与公
共性》，生活·读书·新知三联书店 2005 年版。

54. 周少青：《多元文化主义视阈下的少数民族权利问题》，《民族研究》
2012 年第 1 期。

55. 〔法〕托克维尔：《论美国的民主》（上卷），董果良译，商务印书馆
1997 年版。

56. 〔美〕乔·萨托利：《民主新论》，冯克利等译，东方出版社 1998
年版。

57. 〔美〕罗纳德·德沃金：《认真对待权利》，信春鹰、吴玉章译，中国
大百科全书出版社 1998 年版。

58. 任东来等：《美国宪政历程：影响美国的 25 个司法大案》，中国法制
出版社 2013 年版。

59. 周少青：《“肯定性行动”刍议》，《民族社会学研究通讯》第 139 期
（2013 年 7 月 15 日）。

60. 孙哲：《左右未来：美国国会的制度创新和决策行为》，复旦大学出版
社 2001 年版。

61. 周少青：《云南民族区域自治实践中的协商民主》，《民族研究》2014
年第 3 期。

62. 周少青：《中国的结社权问题及其解决———种法治化的路径》，法律
出版社 2008 年版。

63. 〔法〕托克维尔：《旧制度与大革命》，冯棠译，商务印书馆 1992
年版。

64. 〔加〕威尔·金里卡：《当代政治哲学》（上），刘萃译，上海三联书
店 2004 年版。

65. 李强：《自由主义》，中国社会科学出版社 1998 年版。

66. 应奇主编：《自由主义中立性及其批评者》，江苏人民出版社 2007 年版。

67. ［美］约翰·罗尔斯：《政治自由主义》，万俊人译，译林出版社 2011 年版。

68. ［美］罗伯特·诺奇克：《无政府、国家与乌托邦》，姚大志译，中国社会科学出版社 2008 年版。

69. ［英］约瑟夫·拉兹：《自由的道德》，孙晓春等译，吉林人民出版社 2006 年版。

70. ［加］威尔·金里卡：《多元文化的公民身份》，马莉等译，中央民族大学出版社 2009 年版。

71. 郝时远、朱伦主编：《世界民族：第二卷　种族与语言》，中国社会科学出版社 2013 年版。

72. 耿焰：《少数人差别权利研究——以加拿大为视角》，人民出版社 2011 年版。

73. ［以色列］耶尔·塔米尔：《自由主义的民族主义》，陶东风译，上海译文出版社 2005 年版。

74. ［加］威尔·金里卡：《自由主义、社群与文化》，应奇等译，上海世纪出版集团 2005 年版。

75. ［加］威尔·金里卡：《自由多元文化主义假说的检视：规范理论和社会科学的证据》，周少青译，《世界民族》2013 年第 3 期。

76. 周少青：《少数民族权利保护的价值理念问题》，《世界民族》2011 年第 5 期。

77. 王建娥：《族际政治：20 世纪的理论与实践》，社会科学文献出版社 2011 年版。

78. 常士訚：《异中求和——当代西方多元文化主义政治思想研究》，人民出版社 2009 年版。

79. ［加］乔治·瑞泽尔：《后现代社会理论》，谢立中等译，华夏出版社 2003 年版。

80. 郝时远、阮西湖主编：《当代世界民族问题与民族政策》，四川民族出版社 1994 年版。

81. 李林等主编：《少数人的权利》，社会科学文献出版社 2010 年版。

82. ［美］罗纳德·德沃金：《最高法院的阵形》，刘叶深译，中国法制出版社 2011 年版。

83. 〔美〕迈克尔·沃泽尔:《正义诸领域:为多元主义与平等一辩》,褚松燕译,译林出版社 2009 年版。

84. 〔英〕C. W. 沃特森:《多元文化主义》,叶兴艺译,吉林人民出版社 2005 年版。

85. 〔英〕以塞亚·伯林:《自由论》,胡传胜译,译林出版社 2003 年版。

86. 〔英〕约翰·格雷:《伯林》,马俊峰等译,昆仑出版社 1999 年版。

87. 〔英〕约翰·格雷:《自由主义的两张面孔》,顾爱彬、李瑞华译,江苏人民出版社 2008 年版。

88. 〔美〕约翰·凯克斯:《反对自由主义》,应奇译,江苏人民出版社 2008 年版。

89. 〔英〕迈克尔 H. 莱斯诺夫:《二十世纪的政治哲学家》,冯克利译,商务印书馆 2002 年版。

90. 〔加拿大〕伊格纳季耶夫:《伯林传》,罗妍莉译,译林出版社 2001 年版。

91. 〔英〕乔治·克劳德:《自由主义与价值多元论》,应奇译,江苏人民出版社 2006 年版。

92. 〔美〕威廉·盖尔斯敦:《自由多元主义》,佟德志译,江苏人民出版社 2008 年版。

93. 〔英〕以赛亚·伯林:《反潮流:观念史论文集》,译林出版社 2002 年版。

94. 〔英〕以赛亚·伯林:《现实感》,潘荣荣等译,译林出版社 2004 年版。

95. 〔英〕以赛亚·伯林:《启蒙的三个批评者》,马寅卯等译,译林出版社 2014 年版。

96. 〔英〕埃里·凯杜里:《民族主义》,张明明译,中央编译出版社 2002 年版。

97. 甘阳:《自由主义与民族主义》,《将错就错》,生活·读书·新知三联书店 2002 年版。

98. 〔伊朗〕拉明·贾汉贝格鲁:《伯林谈话录》,杨祯钦译,译林出版社 2002 年版。

99. 李亦园:《人类的视野》,上海文艺出版社 1996 年版。

100. ［美］霍贝尔：《初民的法律》，周勇译，中国社会科学出版社 1993
年版。

101. ［英］阿克顿：《自由与权力》，侯健、范亚峰译，译林出版社 2011
年版。

102. ［德］古斯塔夫·拉德布鲁赫：《法学导论》，米健等译，中国大百
科全书出版社 1997 年版。

103. 张龑：《拉德布鲁赫法哲学上的政党学说批判》，《清华法学》2013
年第 2 期。

104. 胡传胜：《伯林思想研究》，南京大学出版社 2001 年版。

105. 马德普：《普遍主义的贫困：自由主义政治哲学批判》，人民出版社
2005 年版。

106. ［美］查尔斯·拉莫尔：《现代性的教训》，刘擎等译，东方出版社
2010 年版。

107. ［美］塞缪尔·亨廷顿：《我们是谁？—— 美国国家特征面临的挑
战》，程克雄译，新华出版社 2005 年版。

108. ［美］威廉·A. 盖尔斯敦：《自由多元主义：政治理论与实践中的
价值多元主义》，佟德志、庞金友译，江苏人民出版社 2005 年版。

109. 王希恩：《多元文化主义与马克思主义民族理论的两点比较》，《科学
社会主义》2010 年第 2 期。

110. 李明欢、卡林娜盖哈西莫夫：《共和模式的困境——法国移民政策研
究》，《欧洲研究》2003 年第 4 期。

111. ［加］威尔·金里卡等：《多元文化主义政策指标体系研究——加拿
大部分》，周少青等编译（未刊稿）。

112. 周少青：《从两个案件看美、法两国的宗教信仰自由》，《中国民族
报》2014 年 11 月 13 日。

113. ［美］约翰·霍普·富兰克林：《美国黑人史》，张冰姿等译，商务
印书馆 1988 年版。

114. ［美］托马斯·索威尔：《美国种族简史》，沈宗美译，南京大学出
版社 1993 年版。

115. 马戎：《美国的种族与少数民族问题》，《北京大学学报》（哲学社会
科学版）1997 年第 1 期。

116. ［美］托马斯·伯根索尔：《国际人权法概论》，潘维煌等译，中国

社会科学出版社 1995 年版。

117. 王希：《多元文化主义在美国的起源、发展及其面临的挑战》,《中国社会科学报》2010 年 2 月 4 日。

118. 周少青：《多元文化主义政策的政治和社会效果——以加拿大为对象的研究》,《学术界》2013 年第 12 期。

119. 周少青：《加拿大移民是怎样看待他们的国家认同的》,《中国民族报》2012 年 10 月 12 日。

英文参考文献

1. Samantha Besson and John Tasioulas, ed. *the Philosophy of International Law*, Oxford University Press, 2010.

2. H. Acton ed. *Utilitarianism*, *Liberty*, *Representative Government*, J. M. Dent, London, 1972.

3. J. Figgis and R. Laurence ed, *The History of Freedom and Other Essays*, Macmillan, 1922.

4. Myron Werner, ed. *International Migration and Security*, Boulder, San Francisco, Oxford: Westview Press, 1993.

5. Georges Vernez, *National Security and Migration*: *How strong the link*? Santa Monica California, Rand Corporation, 1996.

6. Jef Huysmans, *The politics of insecurity*: *Fear*, *Migration and Asylum in the EU*, London, New York: Routledge, 2006.

7. Kristin Henrard, *Devising an Adequate System of Minority Protection*: *Individual Human Rights*, *Minority Rights*, *and the Right to Self – determination*, Kluwer Law International, Martinus Nijhoff Publishers, 2000.

8. Michael Freeman, *Human Rights*: *an Interdisciplinary Approach*, Cambridge: Polity Press, 2002.

9. Will Kymlicka, "Universal Minority Rights?" *Ethnicities*, 2001, Vol. 1/1.

10. Barbara Harff and Ted Robert Gurr, *Ethnic Conflict in World Politics*, 2nd ed., Westview Press, 2004.

11. Arnold Wolfers, "National Security" as an Ambiguous Symbol, Political Science Quarterly, Vol. 67, No. 4 (Dec., 1952).

12. Peter Westen, "the Empty Idea of Equality", *Harvard Law Review*, 1982, Vol. 95, No. 3.

13. Jack Donnelly, *Universal Human Rights in theory & practice*, Cornell Universal Press, 1989.

14. F. G. Stanley, *The Birth of Western Canada: A History of Riel Rebellions*, University of Toronto Press, 1961.

15. John Stuart Mill, *On Liberty*, The Floating Press, 2009.

16. Michael Walzer, *Spheres of Justice*, *A Defense of Pluralism and Equality*, Basic Books, Inc, 1983.

17. Michael Sandel, *Liberalism and the Limits of Justice*, Cambridge University, 1982.

18. James Tully, *Strange Multiplicity*, *constitutionalism in an age of diversity*, Cambridge University Press, 1995.

19. Cozic, Charles P. , ed. , *Israel: Opposing Viewpoints*, Greenheaven Press, Inc. , San Diego, 1994.

20. Geoffrey Cupit, The Basis of Equality, Philosophy, Volume 75, Jan. 2000.

21. Wolf Linder, Swiss Democracy, Possible Solutions to Conflict in Multicultural Societies, Palgrave Macmillan, 2011.

22. Samuel Freeman ed. , *The Cambridge Companion to Rawls*, Cambridge University Press, 2003.

23. Robert E. Goodin and Andrew Reeve (eds.), Liberal Neutrality, Routledge 1989.

24. John Rawls, "Fairness to Goodness", *the Philosophical Review*, 1975, Vol. 84, No. 4, Oct.

25. Alan Ryan ed. , *The Idea of Freedom: Essays in Honor of Isaiah Berlin*, Oxford University Press, 1979.

26. Brian Barry, *The Liberal theory of Justice*, Oxford: Clarendon Press, 1973.

27. Thomas Nagel. *Rawls on Justice*, *Reading Rawls*, New York: Basic Books, 1975.

28. Robert B. Thigpen and Lyle A. Downing, "Liberalism and the Neutrality Principle", *Political Theory*, 1983, Vol. 11, No. 4, Nov.

29. Charles Larmore, *The Morals of Modernity*, Cambridge University Press, 1996.

30. Rawls, "The Priority of Right and Ideas of the Good", *Philosophy & Public Affairs*, 1988 Fall.

31. Margaret Canovan, *Nationhood and Political Theory*, Edward Elgar, 1998.

32. William A. Galston, *Liberal Pluralism: The Implication of Value Pluralism for Political Theory and practice*, Cambridge University Press, 2002.

33. Philip Bell & Roger Bell ed. , *Americanization and Australia*, University of New South Wales Press, 1998.

34. Israel Zangwill, *The Melting Pot: A Drama in Four Acts*, London: William Heinemann, 1915.

35. Stephen Therustrom, *Harvard Encyclopedia of American Ethnic Groups*, Cambridge: Harvard University Press, 1980.

36. Horace Meyer Kallen, "Alain Locke and Cultural Pluralism", *The Journal of Philosophy*, 1957, Vol. 54, No. 5.

37. Horace Meyer Kallen, *Culture and Democracy in the United States: Studies in the Groups Psychology of the American People*, New York: Anro Press and New York Times, 1970.

38. Horace M. Kallen, "Democracy Versus the Melting – pot: A Study of American Nationality", *The Nation*, Feb. 25, 1915.

39. Bhikhu Parekh, Rethinking Multiculturalism: Cultural Diversity and Political Theory, Basingstoke: Palgrave Macmillan, 2006.

40. Jack Citrin, David O. Sears, Christopher Muste, and Cara Wong, "Multiculturalism in American Public Opinion", *British Journal of Political Science* 2001, 31: 2.

41. David Miller, *On Nationality*, Oxford: Clarendon Press, 1995.

42. Andrea T. Baumeister, *Liberalism and the "Politics of Difference"*, Edinburgh University Press, 2000.

43. Iris Marion Young, *Justice and Politics of Difference*, Princeton University Press, 1990.

44. Nathan Glazer, *We Are All Multiculturalists Now*, Harvard University Press, 1997.

45. Michael Sander ed. , *liberalism and Its Critics*, New York University Press, 1984.

46. Isaiah Berlin, *the Crooked Timber of Humanity*, New York: Vintage books, 1992.

47. Michael Walzer, "Are there limits to liberalism?" *New York Review of Books*, 1995, (19th October): 31.

48. Isaiah Berlin, *Vico and Herd*, New York: Vintage Books, 1976.

49. Isaiah Berlin, *Four Essays on Liberty*, Oxford University Press, 1984.

50. Samantha Besson and John Tasioulas, *The Philosophy of International Law*, Oxford University Press, 2010.

51. Herman R. van Gunsteren, *A Theory of Citizenship: Organizing Plurality in Contemporary Democracies*, Westview Press, 1998.

52. Micheline R. Ishay ed. , *The Human Rights Reader*, *Major Political Essays*, *Speeches*, *and Documents From the Bible to the Present*, New York & London: Routledge, 1997.

53. Natalie Hevener Kaufman, Human Rights Treaties and the Senate, A History of Opposition, Chapel Hill and London: the University of North Carolina Press, 1996.

54. Jr. Guadalupe San Miguel, *Contested Policy: the Rise and Fall of Federal Bilingual Education in the United States, 1960 – 2001*, Denton, Tex. : University of North Texas Press, 2004.

55. Sandra Del Valle, "Bilingual Education for Puerto Ricans in New York City: From Hope to Compromise", *Harvard Educational Review*, 1998, Vol. 68, No. 2, Summer.

56. Seymour Martin lipset, *Continental Divide: the Values and Institutions of the United States and Canada*, New York Routledge, 1990.

57. Erin Tolley, *Multiculturalism Policy Index: Immigrant Minority Policies*, School of Policy Studies, Queen's University at Kingston, 2011, Canada.

58. A Snapshot of Diverse Leadership in the GTA, Diverse City Counts 3, 2011. by Diversity Institute, Ryerson University.

59. Patrick Macklem, *Indigenous Difference and the Constitution of Canada*, University of Toronto Press Incorporation 2001, Reprinted 2002.

60. John R. Mallea & Jonathan C. Young, *Cultural Diversity and Canadian Education: Issues and Innovations*, Ottawa: Carleton University Press, 1984.

61. Charles Larmore, *The Morals of Modernity*, Cambridge University Press, 1996.